AF743112

L'économie bleue en Guinée

UNE VISION, UNE AMBITION

Safiatou DIALLO

Luc-Joël GRÉGOIRE

Charlotte DAFFÉ

L'Harmattan Guinée

5-7, rue de l'École polytechnique, 75005 Paris

www.harmattan.fr

ISBN : 978-2-336-43134-5
EAN : 9782336431345

Crédit photos : Africa224 – ZDNet - Istock – Dreamstime.com

Ouvrage publié sous l'égide des Ministres de la République de Guinée

Safiatou DIALLO
Ministre de l'Environnement et du Développement durable

Charlotte DAFFÉ
Ministre de la Pêche et de l'Économie maritime

—

Avec le concours du PNUD

Les coordonnateurs de l'ouvrage

Mohamed ABBA
Conseiller économique principal et Team Leader du cluster Gouvernance du PNUD

Mamadou Ciré CAMARA
Responsable du programme Environnement du PNUD

Amara Camara KABA
Secrétaire général du Ministère de la Pêche et de l'Économie maritime

Naïma PAGES
Conseillère principale du cluster Transformation économique et Développement durable du PNUD

Karim SAMOURA
Secrétaire général du Ministère de l'Environnement et du Développement durable

SOMMAIRE

L'ÉCONOMIE BLEUE en Guinée : une vision, une ambition

–

Préface

—

Safiatou DIALLO
Ministre de l'Environnement et du Développement durable

Charlotte DAFFÉ
Ministre de la Pêche et de l'Économie maritime

Aujourd'hui, le concept de l'économie bleue est considéré comme le moyen privilégié par les pays africains pour promouvoir la croissance économique et l'emploi. Les activités liées à la mer, aux fleuves et aux lacs en Afrique peuvent permettre au continent, si elles sont exploitées judicieusement, d'occuper une nouvelle place géopolitique et stratégique sur l'échiquier mondial et d'accélérer l'émergence économique et l'atteinte des objectifs de développement durable (ODD). Le continent africain apparaît en effet comme le futur hub de la croissance mondiale avec un taux de croissance moyen d'environ 6 % et une croissance envisagée en 2050 à plus de 15 % par an.

Cependant, ces évolutions ne se répartissent pas de manière uniforme. Car, selon les experts, il existe dans les espaces régionaux, dont celui de la CEDEAO, des dispositions à la fois homogènes et pérennes et des modèles de développement socio-économiques qui intègrent des dimensions novatrices du développement durable ou qui préfigurent l'avenir. C'est le cas notamment de l'économie bleue souvent négligée ou sous-exploitée.

Le concept de l'économie bleue voudrait que la bonne santé des eaux douces et des écosystèmes océaniques ouvre la voie à une économie valorisant ses chaînes de valeur et qui soit garante d'une approche intégrée, holistique et participative incluant la dimension du progrès social dans l'utilisation et la gestion durable des ressources en eau. C'est la raison pour laquelle le cadre de l'économie bleue doit désormais dépasser l'approche sectorielle classique pour privilégier une approche multisectorielle.

Face à cette panoplie d'interventions sectorielles aux intérêts souvent contradictoires, l'économie bleue constitue un changement de paradigme, qui suppose que soit reconsidérée la vision de développement des secteurs maritimes afin de tenir compte des principes d'un développement économique fondé sur les services écosystémiques incluant à la fois leur valeur patrimoniale, d'existence et d'usage ainsi que leur durabilité en lien avec les ODD, particulièrement l'ODD 14 consacré à « la vie aquatique » qui vise à « conserver et utiliser durablement les océans, les mers et les ressources marines pour le développement durable ».

La promotion de l'économie bleue offre une opportunité unique de concilier le développement économique et la protection de l'environnement. Aussi, nous encourageons des pratiques de pêche durables qui préservent les stocks de poissons et garantissent la viabilité à long terme de ce secteur. Cela a nécessité la mise en place de réglementations efficaces, la promotion de la pêche responsable et la lutte contre la pêche illégale, non déclarée et non réglementée (dite pêche INN). Les océans sont aussi une source de vie qui joue un rôle crucial dans la régulation du climat mondial. En fait, l'économie bleue repose fondamentalement sur la santé et la préservation des écosystèmes des mers et des océans. En tant que gardiens de ces précieux écosystèmes, nous avons la responsabilité de les protéger et de les gérer de manière durable. Rappelons à cet égard que le gouvernement de la transition a inscrit la promotion de l'économie bleue dans le Programme de référence intérimaire, 2022 - 2025.

Les innombrables activités économiques liées à l'océan, aux fleuves et leurs ressources font du secteur maritime un domaine d'une importance capitale pour notre nation. La Guinée, en tant que pays côtier, possède plus de 300 km de côte, 23 bassins hydrographiques dont 14 internationaux, plus de 1 165 cours d'eau avec des ressources halieutiques diversifiées et d'énormes potentialités liées à la réalisation d'infrastructures portuaires, d'installations énergétiques et touristiques pouvant ainsi jouer un rôle essentiel dans notre développement économique. Nos côtes magnifiques, nos plages et nos paysages marins attirent déjà des touristes du monde entier. En investissant dans le développement d'infrastructures touristiques durables et en promouvant notre patrimoine culturel maritime, nous pouvons attirer davantage de visiteurs et générer des revenus importants.

Au sein du gouvernement, nous sommes conscients des enjeux environnementaux et économiques liés à nos océans et nous sommes déterminés à agir de manière responsable. En investissant dans la préservation de nos ressources marines et en explorant de nouvelles opportunités économiques durables, telles que l'aquaculture, le tourisme côtier et maritime, les énergies renouvelables et l'exploitation responsable des minéraux marins, mais aussi, la protection des écosystèmes marins, nous pouvons bâtir un avenir prospère pour notre nation tout en préservant notre patrimoine naturel pour les générations futures.

Fort de ces atouts naturels, le gouvernement de la République de Guinée a entrepris, depuis 2020 avec l'appui du PNUD, le processus d'élaboration d'une stratégie nationale de l'économie bleue. Cette stratégie nationale est fondée sur des diagnostics et études hautement stratégiques. Elle est le fruit de concertations élargies au plan national, associant les départements ministériels, le secteur privé et paraétatique, les collectivités locales, la société civile et les médias en vue de s'assurer d'une appropriation nationale forte.

Le ministère de l'Environnement et du Développement durable, en collaboration étroite avec le ministère de la Pêche et de l'Économie maritime ont organisé des ateliers d'échanges avec l'ensemble des acteurs y compris les représentants des bailleurs de fonds et agences de développement autour des problématiques de l'économie bleue et des opportunités de développement durable.

Le gouvernement s'est attaché à identifier les acteurs clés et à définir les rôles et responsabilités des parties prenantes, en vue de définir et d'adopter une feuille de route, ambitieuse et mobilisatrice, associant l'ensemble des acteurs, en vue de l'élaboration d'un programme d'investissements publics, réaliste et de portefeuilles de programmes et projets transformationnels pour la promotion d'une économie bleue, résiliente en Guinée.

Nous, ministres de la République souhaitons rendre un vibrant hommage à Son Excellence Monsieur le Président de la Transition, Chef de l'État, Colonel Mamadi Doumbouya dont la vision a permis à la Guinée de donner une dimension forte au concept d'économie bleue et d'impulser de nouveaux modes de gouvernance nationale.

Le gouvernement s'attache en effet à promouvoir des modes rénovés de gouvernance permettant de rompre avec les approches sectorielles souvent trop concurrentielles entre elles et insuffisamment coordonnées et qui pourraient conduire à des impacts négatifs sur les investissements et sur le capital naturel.

Nous souhaitons à cet égard saluer le leadership et le soutien inestimable du Premier ministre, chef du gouvernement, Dr Bernard GOUMOU pour ses orientations et conseils et sa volonté explicite de promouvoir l'inter-ministérialité au sein de son gouvernement et notamment, dans les domaines de l'économie bleue et verte.

Nos remerciements sincères s'adressent également au Programme des Nations Unies pour le développement (PNUD) pour son appui constant aux initiatives de développement humain, de protection et de gestion durable de l'environnement.

Avant-propos

—

Luc-Joël GRÉGOIRE
Représentant résident du Programme des Nations Unies
pour le développement en République de Guinée

Conformément aux engagements internationaux consacrés aux objectifs de développement durable (ODD) et aux priorités pour l'Afrique de l'Union africaine (Agenda 2063), des lignes d'orientations stratégiques ont été déclinées en faveur de l'économie bleue pour le développement durable. Les Conférences des Parties sur les changements climatiques (COP), la première Conférence de haut niveau de Nairobi sur l'économie bleue (2018) et le One Ocean Summit de février 2022 ont contribué à la formulation d'un certain nombre de mesures pour accompagner la transformation des modes de production et de consommation y compris pour l'Afrique. C'est la raison pour laquelle le Système des Nations Unies et le PNUD en particulier ont convenu de promouvoir des démarches stratégiques à travers des orientations mobilisatrices et inclusives pour un accompagnement pertinent des pays dans cette dynamique de valorisation des opportunités de l'économie bleue.

Les modalités spécifiques de cet accompagnement doivent être définies selon les pays et les demandes exprimées par les autorités nationales et les communautés. À cet égard, la République de Guinée a engagé une œuvre pionnière en formulant sa stratégie nationale multisectorielle en faveur de l'économie bleue durable. Cet élan politique est appelé à constituer un modèle d'approche fédératrice et transformationnelle susceptible de servir la promotion de l'économie bleue sur le continent.

Récolter les dividendes de l'économie bleue constitue une dimension fondamentale et un enjeu clé y compris pour la coopération stratégique et transformationnelle du continent.

Quelques chiffres : seulement 7 pays sur les 54 que compte le continent ont réalisé une stratégie nationale multidimensionnelle et intégrée en faveur de l'économie bleue et seulement 12 pays sur les 35 pays ayant un littoral se sont engagés dans l'initiative One Ocean alors que l'économie bleue pourrait permettre, en lien avec l'économie verte, le doublement de la croissance du PIB des pays du continent, une réduction de plus de 30 % de la malnutrition et de l'insécurité alimentaire et la création de plus de 9,5 millions d'emplois par an en Afrique.

La valorisation des potentialités de l'économie bleue constitue une opportunité d'exception notamment dans des domaines clés de la transformation structurelle des marchés et de la zone de libre-échange continentale africaine (ZLECAf) à travers la pêche, l'aquaculture, la saliculture, le tourisme bleu, le transport fluvial et maritime, les ports et la construction navale, l'énergie hydraulique, le secteur minier marin (n'oublions pas que plus de 40 % de l'exploitation pétrolière et gazière du continent est marine), la gestion des mangroves, le stockage du carbone bleu, les biotechnologies marines, etc.

La définition de l'économie bleue retenue par la Commission économique pour l'Afrique des Nations Unies est un concept assez large selon lequel « l'économie bleue concerne toutes les étendues d'eau et les rives qu'il s'agisse des océans et des mers, des côtes, des lacs, des cours d'eau et des nappes souterraines ».

Les ressources bleues du continent sont multiples du fait des façades maritimes et des eaux continentales et impliquent une série d'activités économiques telles que : la pêche et l'aquaculture (6 % du PIB continental/12 % des emplois directs et indirects), le tourisme bleu (plus de 25 % des devises dans certains pays, notamment insulaires), le transport fluvial et maritime (15 % du PIB du continent y compris la construction navale), la gestion de l'eau et de l'assainissement, l'énergie avec un potentiel hydroélectrique considérable de 240 000 MW (12 % du PIB contre 4,5 % actuellement), la bioprospection et toutes les filières du secteur minier sous-marin.

Aussi, l'économie bleue se doit d'occuper une place centrale dans les processus nationaux de planification et de programmation en tant que vecteur majeur d'optimisation du développement humain durable. En effet, le continent comme la Guinée dispose d'un potentiel considérable qui demeure largement sous-exploité, et ce, dans divers secteurs de l'économie bleue.

Les autorités nationales de la République de Guinée ont pris la pleine mesure des enjeux et ont convenu d'options stratégiques et de lignes d'orientation en faveur de l'économie bleue et verte, en développant une stratégique ambitieuse et multidimensionnelle qui intègre à la fois des dimensions de gouvernance, de planification spatiale et maritime, de sécurité humaine, de transformation structurelle et productive, de gestion écologique et environnementale, en considérant les potentialités des conventions internationales et de l'intégration régionale.

L'expérience de la République de Guinée ouvre une perspective pour éclairer et guider la conception de stratégies nationales autour de 5 axes stratégiques :

Le premier axe consiste à consolider l'insertion de l'économie bleue dans les processus nationaux de planification, de programmation des investissements et de budgétisation en assurant l'ancrage institutionnel du développement de l'économie bleue et en veillant à solidifier l'interministérialité, mais aussi l'interaction avec toutes les parties prenantes à l'action de développement. Il s'agit à cet égard de remédier au morcellement des responsabilités, d'assurer la cohérence des initiatives globales et sectorielles en procédant, le cas échéant, à des arbitrages entre usages concurrents (ou incompatibles) avec la gestion des ressources hydriques et des potentialités productives. Une plateforme technique interactive associant toutes les parties prenantes et un cadre de concertation des partenaires techniques et financiers sont également deux mécanismes indispensables pour favoriser l'inclusivité et la coopération technique.

Il est également essentiel d'assurer l'ancrage législatif de l'économie bleue, via l'adoption d'une législation sur la planification spatiale maritime (outil prévisionnel d'allocation du domaine maritime aux différents usages possibles) en lien avec le respect des grandes conventions internationales et continentales. Des lois relatives à la gestion et à la protection du littoral sont indispensables comme la mise en place de conservatoires du littoral, organismes œuvrant de manière concertée à une gestion consensuelle des espaces fragilisés et à la protection de la biodiversité marine et terrestre.

En outre, il est essentiel de faciliter la formulation d'un programme d'investissements publics lié à la valorisation de l'économie bleue, d'établir une cartographie et un pipeline de projets et programmes en lien avec l'économie bleue et verte et de concevoir la préparation de tables rondes sectorielles spécifiques pour la mobilisation des partenariats et le financement du développement durable.

Le second axe proposé a pour objet d'appréhender les défis de la sûreté et de la sécurité maritimes en lien avec l'économie bleue. Les menaces et atteintes sont multiples et se matérialisent notamment par des pratiques de pêche illégales, la pollution de la mer et des autres ressources hydriques (d'origine urbaine, industrielle, agricole, minière y compris l'exploitation pétrolière et gazière).

Le troisième axe suggéré ambitionne de garantir la durabilité de l'économie bleue par le développement d'activités économiques liées aux richesses hydriques en veillant à leur préservation, ce qui rend nécessaire de veiller au bon état écologique des eaux marines, en tenant compte des exigences des conventions internationales de Bâle, Stockholm, Rotterdam et d'Abidjan sur les pollutions industrielles marines (respect notamment des réglementations des institutions classées pour la protection de l'environnement (ICPE), mais aussi des protocoles liés à la pollution tellurique ou à la protection des mangroves) et la gestion intégrée des littoraux.

Le quatrième axe stratégique consiste à identifier des priorités sectorielles émergentes (au-delà de la pêche et du tourisme) qui pourraient jouer un rôle de locomotives de l'économie bleue (approches projets de l'économie circulaire, microprojets de valorisation des ressources, soutien aux initiatives génératrices de revenus et d'emplois pour les communautés, initiatives écologiques et de protection environnementale, etc.). Ces programmes pourraient justifier des efforts de formation et d'investissement, avec le soutien de bailleurs de fonds internationaux dans les domaines de l'aquaculture, du stockage du carbone bleu, des biotechnologies marines, du transport fluvial et maritime, de la gestion des ports notamment du concept d'éco-port mais aussi de l'immense potentiel hydroélectrique et des énergies marines.

Le cinquième axe souligne l'importance du renforcement des capacités nationales notamment du capital humain, des transferts de technologies et de la promotion des partenariats (partenariats entre les universités et centres de recherche, partenariats publics-privés, appui aux incubateurs et aux petites et moyennes entreprises, PME-PMI) pour la mobilisation des ressources internes et extérieures avec le concours des banques de développement et des institutions financières internationales ainsi que des agences spécialisées du Système des Nations Unies telles que le PNUD, la FAO, le PNUE, l'ONUDI, l'UNESCO, etc.

L'expérience acquise et l'effort de capitalisation engagé par la République de Guinée ont permis de définir une vision et une ambition en matière d'économie bleue qui aujourd'hui constituent un cadre d'orientation pour la formulation de politiques et de stratégies inspirantes pour la Guinée, mais aussi pour l'Afrique.

Introduction générale

—

Safiatou DIALLO
Ministre de l'Environnement et du Développement durable

Charlotte DAFFÉ
Ministre de la Pêche et de l'Économie maritime

L'économie bleue, notion relativement nouvelle, reste souvent peu connue et mal comprise dans de nombreuses administrations et même chez les décideurs politiques. Pourtant, celle-ci a été clarifiée par différentes instances internationales, y compris en Afrique.

Pour une définition de l'économie bleue

La définition de l'économie bleue retenue par la Commission économique pour l'Afrique des Nations Unies (UNECA)[1] est un concept assez large selon lequel « l'économie bleue en Afrique concerne toutes les étendues d'eau et les rives qu'il s'agisse des océans et des mers, des côtes, des lacs, des cours d'eau et des nappes souterraines. Elle implique une série d'activités économiques telles que la pêche, l'aquaculture, le tourisme, les transports, la construction navale, l'énergie, la bioprospection et toutes les filières du secteur minier sous-marin ». L'économie bleue durable

1 *L'Économie bleue en Afrique : Guide pratique*, 2016, p. 6.

est aussi « une économie océanique qui fournit aux générations actuelles et futures des bénéfices économiques et sociaux équitablement répartis, tout en restaurant et en protégeant la valeur et la fonctionnalité intrinsèques des écosystèmes côtiers et marins, et qui repose sur des technologies propres et des flux circulaires de matériaux », comme le rappelle le WWF dans leur rapport international de 2018.

Les activités minières maritimes et la production d'énergie marine et hydroélectrique, les ports et les infrastructures connexes ainsi que le tourisme sont des secteurs importants qui, en tirant parti des ressources maritimes et océaniques, créent des emplois et génèrent des avantages économiques et sociaux dont bénéficient des millions de personnes sur le continent.

Grâce aux organismes et aux habitats marins, comme les mangroves, les marais salés, la prairie sous-marine et les algues marines, appelées « forêts bleues », les océans absorbent aujourd'hui plus de 28 % du dioxyde de carbone rejeté dans l'atmosphère du fait des activités humaines.

Le Programme des Nations Unies pour le développement (PNUD) fait de la promotion de l'économie bleue son 14e objectif de développement durable (ODD) à l'horizon 2030 visant à « conserver et exploiter de manière durable les océans, les mers et les ressources marines aux fins du développement durable »[2].

De l'économie bleue en Afrique

L'économie bleue est aussi au cœur de la politique de l'Union africaine (UA) qui en fait le point d'orgue de sa Stratégie africaine intégrée pour les mers et les océans à l'horizon 2050 (Stratégie AIM 2050)[3], et lui accorde une place de choix pour la transformation et la croissance du continent au sein de l'Agenda 2063[4].

Sans utiliser expressément ce concept, la Communauté économique des États de l'Afrique de l'Ouest (CEDEAO) en fait l'objectif numéro 4 de sa stratégie maritime intégrée, adoptée le 29 mars 2014 à Yamoussoukro (Côte d'Ivoire). Celui-ci vise à « promouvoir le développement économique durable en maximisant le potentiel des ressources maritimes en Afrique de l'Ouest, à garantir la sécurité alimentaire et à préserver la biodiversité maritime ».

Si l'économie bleue recouvre les activités économiques découlant de l'exploitation de toutes les ressources hydriques, eaux marines, eaux douces de surface ou eaux souterraines, cette définition large n'a pas toujours été retenue. L'économie bleue a d'abord été considérée comme un enjeu primordial par des États insulaires comme les Seychelles, Madagascar ou l'île Maurice, qui ont eu tendance à assimiler économie bleue et économie maritime. De manière plus inattendue, l'Union européenne, qui a de manière précoce pris conscience du potentiel de la croissance bleue (Blue Growth), s'est également focalisée sur des secteurs liés aux océans. De manière tout aussi surprenante,

---

2 Les 17 ODD visent à éradiquer la pauvreté, protéger la planète Terre et favoriser la paix et la prospérité.
3 Union africaine. *Stratégie africaine intégrée pour les mers et les océans - horizon 2050*, version 1.0.
4 Union africaine. *Agenda 2063, l'Afrique que nous voulons*, p. 4 (point 15).

la Banque mondiale a adopté un programme Blue Economy pour soutenir un développement économique durable et intégré pour des océans et écosystèmes « sains ».

À nouveau, l'économie bleue est assimilée à l'économie des océans, mais cette définition inclut un lien avec la préservation des écosystèmes, et s'ouvre ainsi sur une problématique plus large faisant place par exemple aux systèmes hydriques et à la biodiversité.

Les secteurs d'activités liées à la mer constituent dans leur ensemble ce que l'on appelle l'économie maritime.

Secteurs d'activité liés à la mer : une économie à fort potentiel

- l'extraction des ressources marines (ressources vivantes, minérales, énergétiques) ;
- l'exploitation des espaces et des propriétés physiques des eaux et des fonds marins (énergies renouvelables, constructions d'infrastructures maritimes et côtières, transport maritime, pose de câbles etc.) ;
- l'exploitation des sites maritimes et côtiers (tourisme, loisirs et plaisance) ;
- les industries utilisatrices et transformatrices des ressources biologiques (produits de la mer, algoculture, etc.) ;
- les secteurs manufacturiers et les services qui interviennent en amont des industries d'exploitation (construction nautique, réparations navales, services à l'offshore, services financiers au transport et à la plaisance) ;
- les services publics et de gouvernance (l'État en mer, la Marine nationale, le soutien aux activités maritimes et aux gens de mer, la protection de l'écologie marine et de l'environnement, l'océanographie et la recherche marine).

Les enjeux de l'économie bleue

L'océan abrite de nombreux écosystèmes complexes confrontés à des menaces importantes. Construire une économie océanique durable est l'une des tâches les plus importantes et l'une des plus grandes opportunités. C'est essentiel pour atteindre les objectifs de l'Agenda du développement durable 2030, mais aussi pour voir les pays, notamment ceux du continent, émerger des crises actuelles et futures avec des économies transformées et plus fortes et des communautés plus résilientes.

La protection et la production océaniques doivent être mieux configurées au plan national et demeurer conformes à la Convention-cadre des Nations Unies sur les changements climatiques (CCNUCC) et à l'Accord de Paris mais aussi à la Convention sur la diversité biologique (CDB) et au principe du pollueur-payeur, tels qu'énoncés dans la déclaration de Rio. Les actions réformatrices des modes de production et de consommation doivent également être alignées sur les activités et écosystèmes terrestres et maritimes.

La Convention des Nations Unies sur le droit de la mer, qui est le fondement juridique de toutes les activités maritimes, et les engagements océaniques internationaux existants doivent être mis en œuvre pour parvenir à une économie océanique durable.

Le besoin d'accès à la finance, à la technologie et au renforcement des capacités pour les pays en développement, en particulier les petits États insulaires en développement et les pays les moins développés, doit être reconnu en tenant compte des circonstances et vulnérabilités particulières de chacun d'eux.

L'océan est un système naturel complexe qui est inextricablement lié aux activités et écosystèmes terrestres. Nous devons approcher la gestion des océans de manière holistique, afin d'atteindre la vision de la protection, de la production et de la prospérité.

Les plans océaniques durables doivent être conformes à l'Agenda 2030 pour le développement durable, s'appuyer sur la gestion intégrée des océans et les connaissances des écosystèmes, répondre aux pressions de toutes les sources terrestres et maritimes, et prendre en compte les impacts prévus du changement climatique. En tant que fondement d'une économie océanique durable, ces plans doivent être développés et mis en œuvre par le biais d'un processus inclusif, participatif, transparent et responsable.

Les pays du continent soutiennent l'objectif mondial visant à protéger 30 % des océans d'ici à 2030. En tant qu'objectif mondial, ce défi n'est pas particulièrement contraignant pour les États pris individuellement. En effet, les décisions nationales sur la planification de l'espace marin, les zones marines protégées et les autres mesures efficaces de conservation fondées sur les zones dépendront de l'état et de la fonction des écosystèmes, de l'étendue et de la qualité de la gestion des océans, ainsi que de l'importance de répondre au bien-être humain, à la nourriture océanique durable et au changement climatique.

Pour atteindre cet objectif mondial, les pays sont encouragés à promouvoir des programmes de renforcement des capacités, aux plans local, national et régional en faveur de l'économie bleue et verte.

À cet égard, la protection, la production, la valorisation durable des ressources et la prospérité nécessitent de renforcer mutuellement les transformations dans cinq domaines essentiels :
- la richesse océanique ;
- la santé océanique ;
- l'équité océanique ;
- la connaissance océanique ;
- la mobilisation des ressources et la finance océanique.

Dans tous ces domaines, des actions stratégiques et programmatiques sont nécessaires pour parvenir à une économie océanique durable et à la co-construction des fondements essentiels de la transformation structurelle, de la valorisation économique des potentialités et de la résilience des écosystèmes et de l'écologie humaine.

Rappelons que l'océan produit chaque année 2,5 trillions de dollars américains de biens et de services, en moyenne, selon le panel de haut niveau pour une économie océanique durable (Oceanpanel.org) et que la valeur des actifs de l'océan a été estimée à 24 trillions de dollars américains.

La valeur ajoutée océanique bénéficie d'un potentiel, en capacité de surpasser la croissance de l'économie mondiale, sous réserve, que l'activité humaine non durable, dans l'océan et sur terre, soit maîtrisée et que de nouveaux modes de production soient promus et valorisés.

L'économie maritime mondiale représenterait un chiffre d'affaires global de plus de 1 800 milliards de dollars américains par an (source : OCDE et Banque mondiale – avril 2023). Sur ce montant total, 950 milliards proviendraient des produits d'exploitation de la mer (ressources biologiques et non biologiques, action de dessalement de l'eau de mer), 650 milliards résulteraient d'activités de services comme les transports ou les ports, 150 milliards de la construction navale, et enfin, 90 milliards des budgets étatiques de défense et de sécurité.

Une croissance particulièrement significative qui devrait être multipliée par 2,5 d'ici à 2050.

La conférence de Nairobi (2018)

Les enjeux de l'économie bleue en Afrique ont ainsi été largement débattus lors de la conférence organisée à Nairobi (Kenya), en novembre 2018, qui a rassemblé des représentants de plus de 180 pays et plus de 18 000 participants. Ces travaux ont permis de forger un consensus et ont plus particulièrement souligné la nécessité des actions suivantes qui pourraient largement inspirer les travaux futurs, notamment en Guinée :

- promouvoir des stratégies globales orientées vers l'action et qui placent les ressources humaines et l'économie bleue au centre du développement durable, en tant que contribution à la réalisation du Programme et des objectifs de développement durable à l'horizon 2030 ;
- promouvoir la collaboration en vue de partenariats et de projets durables dans les différents secteurs de l'économie bleue en vue de favoriser la croissance économique, la réduction de la pauvreté et la préservation des ressources pour les générations présentes et futures, grâce à une approche multisectorielle ;
- promouvoir la mobilisation de ressources financières adéquates auprès de sources publiques et privées, l'accès aux technologies et aux innovations pertinentes, de même que le renforcement des capacités des acteurs locaux, nationaux et internationaux afin d'exploiter pleinement le potentiel des ressources de l'économie bleue ;
- promouvoir le rôle des femmes dans l'économie bleue et l'identification des barrières et des possibilités offertes pour les autonomiser encore davantage et renforcer leur rôle dans les postes de responsabilité ;
- reconnaître le fait que l'égalité entre les sexes et la responsabilisation des femmes permettra de bâtir un monde plus pacifique, plus inclusif et plus prospère ;
- renforcer le rôle de la science et de la recherche afin de générer et diffuser les connaissances basées sur des données et des informations factuelles sur les moyens de promouvoir une économie bleue durable ;

- renforcer l'interaction entre la science et les orientations pratiques en ce qui concerne les ressources de l'économie bleue afin de guider les processus de décision ;
- renforcer les mécanismes de gouvernance de l'économie bleue, notamment par la sensibilisation et en veillant à garantir la participation des parties prenantes dans les orientations et la prise de décision ;
- promouvoir les synergies entre les autorités locales et les gouvernements nationaux dans la mise en œuvre des décisions relatives à l'économie bleue, notamment par le biais du Forum des gouverneurs et des maires pour l'économie bleue durable ;
- partager les innovations, les technologies, les meilleures pratiques et les expériences au sein et en dehors des différentes régions.

L'un des aspects les plus intéressants de la conférence a aussi été l'adoption d'une déclaration d'intention qui a permis, à nombre de participants, de s'engager à agir sans attendre pour promouvoir une économie bleue durable, franchissant le fossé souvent profond qui sépare les paroles des actes.

L'Afrique de l'Ouest, on peut le regretter, était plutôt en situation d'écoute à la Conférence de Nairobi, et elle ne s'est pas encore engagée collectivement ni positionnée en leader de l'économie bleue. Pourtant, en Guinée, le potentiel est bien présent comme le confirme l'inventaire des ressources hydriques réalisé infra, qui conduit à conclure que l'économie bleue se doit de valoriser ses vastes ressources en eau, celles du domaine maritime, celles du réseau fluvial, celles des autres eaux de surface et des eaux souterraines.

L'engagement de la Guinée

Par ailleurs, la Guinée est aujourd'hui prête à s'engager résolument dans la voie d'une politique de développement valorisante de son économie bleue et verte. Pour créer les conditions d'une transformation économique et sociale durable, elle avait mis en chantier en 2015 le Plan national de développement économique et social 2016-2020 (PNDES), en l'alignant sur les ODD.

En 2022, le gouvernement de transition conforte l'ambition légitime de la Guinée en établissant un Plan de référence intérimaire (PRI-2022-2025) qui promeut une économie bleue et verte, conforme à l'ambition transformationnelle contenue dans sa vision d'avenir (l'émergence à l'horizon 2040). En tant que vecteur majeur de la transition et levier d'optimisation de la dynamique de développement durable, l'économie bleue y occupe une place centrale. La consolidation de l'option d'une croissance socio-économique, soutenue et durable est certaine avec la mise en œuvre des activités ciblées par l'économie bleue – dont l'amélioration de l'indice de développement humain (IDH) et la réduction, tant de la pauvreté que de l'insécurité alimentaire et nutritionnelle – en boostant les gisements de croissance disponibles dans les terroirs du littoral guinéen.

PRÉAMBULE

Économie bleue en Afrique : défis et valorisation

—

Safiatou DIALLO
Ministre de l'Environnement et du Développement durable

Charlotte DAFFÉ
Ministre de la Pêche et de l'Économie maritime

Luc-Joël GRÉGOIRE
Représentant résident du Programme des Nations Unies pour le développement

Le concept de l'économie bleue et les défis du développement durable

La charte adoptée par les chefs d'État et de gouvernement de l'Union africaine sur la sécurité et la sûreté maritimes et le développement en Afrique, dite Charte de Lomé, s'est attachée à définir, en octobre 2016, le concept d'économie bleue. Celui-ci englobe l'ensemble des activités économiques des espaces marins et aquatiques liées aux océans et aux mers, aux espaces côtiers, aux fleuves, aux lacs, aux nappes phréatiques, aux zones humides et aux plaines inondables ainsi que les ressources en eau qui y sont associées.

Les gouvernements du continent portent aujourd'hui une attention toute particulière à l'économie bleue ou océanique en tant que stratégie de développement économique visant à valoriser les potentialités et chaînes de valeur, à promouvoir les opportunités d'emplois et à améliorer le bien-être humain et l'équité sociale, tout en réduisant de manière significative les risques environnementaux et les atteintes écologiques.

L'Union africaine définit l'économie bleue ou océanique comme le développement économique durable des océans utilisant des techniques pour un développement régional intégrant l'utilisation des mers et des océans, des côtes, des lacs, des fleuves et des eaux souterraines à des fins économiques, notamment dans la pêche, l'aquaculture, les mines, l'énergie et le transport maritime, tout en protégeant la mer pour améliorer le bien-être social. L'Union africaine précise les caractéristiques qui rendent une économie bleue ou océanique plus endogène et plus résiliente, afin de réduire à la portion congrue la probabilité que des chocs, à l'instar des perturbations économiques ou environnementales, se transforment en crises régionales, voire mondiales, comme c'est le cas actuellement.

L'économie bleue vise à promouvoir la croissance économique, une production et une consommation responsables, l'inclusion sociale, la préservation ou l'amélioration des moyens de subsistance et la durabilité environnementale des zones aquatiques, marines et côtières.

En Afrique, la Stratégie africaine intégrée pour les mers et les océans à l'horizon 2050 (Stratégie AIM 2050), adoptée par l'Union africaine en janvier 2014, permet d'orienter et de préciser l'accent mis sur la nécessité de mettre en place une économie bleue et océanique, intégrée et multidimensionnelle.

Les potentialités de l'économie bleue pour le développement durable de l'Afrique

L'Afrique est dotée d'un vaste réseau de ressources aquatiques et de vastes océans interconnectés. Les zones lacustres africaines couvrent environ 240000 km^2, tandis que ses bassins fluviaux transfrontaliers couvrent environ 64 % de la superficie du continent.

La longueur totale du littoral africain est estimée à environ 26000 km, ce qui rend le domaine maritime du continent extrêmement important pour des raisons commerciales, de sécurité humaine et de développement environnemental.

L'Afrique dispose d'un domaine maritime considérable puisque les zones maritimes sous juridiction africaine s'étendent sur quelque 13 millions de km^2, y compris les eaux territoriales, les zones économiques exclusives (ZEE) ainsi que le plateau continental évalué à environ 6,5 millions de km^2, dont l'exploitation est placée naturellement sous la juridiction des États côtiers attenants.

Le continent regorge de plus d'une cinquantaine de grands fleuves internationaux et de 75000 cours d'eau sans oublier 660000 km^3 de nappes souterraines, une provision d'eau potable inestimable pour l'humanité.

L'Union africaine et la Commission économique pour l'Afrique des Nations Unies (CEA) ont établi des diagnostics et des analyses de perspectives fort intéressantes sur les secteurs et les composantes de l'économie bleue.

Selon ces institutions, l'économie bleue africaine générait en 2019-2020 une valeur de 296 milliards de dollars américains de plus-values et 49 millions d'emplois. Selon leurs projections, d'ici à 2030, les chiffres seront respectivement de 405 milliards de dollars américains et de 57 millions d'emplois, tandis qu'en 2063, ils seraient respectivement de 576 milliards de dollars américains de valeurs créées et de 78 millions d'emplois générés. Le nombre d'emplois correspondrait à environ 5 % de la population active du continent en 2063

Les principaux secteurs d'activité de l'économie bleue sont le tourisme, à la fois en termes de valeur ajoutée et d'emplois créés, le secteur des minéraux et le secteur du pétrole et du gaz, qui contribuent fortement à la production de valeur ajoutée, mais participent peu au processus de création d'emplois, et le secteur de la pêche qui reste globalement stable, avec un nombre élevé de producteurs impliqués, tandis que l'aquaculture continuera de croître au cours des prochaines décennies.

Les activités portuaires et la navigation sont également appelées à croître à un rythme relativement constant. La mise en œuvre des innovations industrielles dans tous les secteurs de l'économie bleue devrait également accélérer le développement d'une Afrique prospère engagée dans la transformation de ses structures productives et des technologies de pointe.

La valeur du carbone bleu et des autres services écosystémiques générés par les écosystèmes côtiers, marins et aquatiques devrait augmenter progressivement à mesure que les efforts de conservation se feront sentir.

L'éducation et la recherche suivront le même schéma en raison d'une demande croissante de connaissances, en particulier dans les domaines de l'exploitation minière en haute mer, de l'exploration maritime, et de l'atténuation ainsi que de l'adaptation au changement climatique.

Le continent dispose ainsi de vastes ressources océaniques susceptibles de contribuer au développement humain durable des États africains.

Il compte plus de 100 ports, dont 59 ont la capacité de prendre en charge des conteneurs et de promouvoir une dynamique de commerce transnational à fort potentiel. De plus, l'économie maritime représente environ 90 % du commerce total de l'Afrique et, en 2022, près de trois quarts des pays du continent, en particulier les pays insulaires, dépendent du développement de leur économie bleue.

L'économie bleue du continent pourrait ainsi constituer un puissant moteur de la croissance économique et de la diversification de ses secteurs productifs. L'économie bleue durable est particulièrement prometteuse pour contribuer au succès du Programme de développement durable, à l'horizon 2030, et à l'atteinte des objectifs de développement durable.

Les océans africains comptent parmi les ressources productives et environnementales les plus riches du monde, mais leur importance en tant que source de revenus pour accélérer la croissance des économies africaines et favoriser leur transformation structurelle demeure insuffisamment évaluée et valorisée.

L'économie bleue peut en effet ouvrir des portes nouvelles à l'industrialisation et au développement économique de l'Afrique, notamment au vu de l'extension du développement des champs pétroliers et gaziers offshore du continent mais aussi du potentiel des terres rares.

Parmi les industries nouvelles et en plein développement de l'économie bleue figurent également :
- l'aquaculture ;
- les activités portuaires et navales ;
- les technologies des énergies marines renouvelables pour l'énergie éolienne, houlomotrice et marémotrice ;
- les bioproduits agro-chimiques et pharmaceutiques ;
- le carbone bleu ou océanique, notamment les opportunités liées au stockage du carbone dans les mangroves, les herbiers marins et les marais salants ainsi que les activités de dessalement.

Ces ressources liées à l'économie bleue et verte sont actuellement exploitées presque uniquement en tant que matières premières pour des industries telles que la pêche et l'aquaculture, l'agriculture, la cosmétique et la production pharmaceutique, les transports, les ports, les mines, l'énergie et le tourisme.

Rappelons que les eaux douces et les poissons marins contribuent à la sécurité alimentaire de plus de 230 millions de personnes en Afrique et procurent un revenu à plus de 14 millions de personnes en 2022.

La valeur des ventes des pêcheries africaines, qu'elles soient d'origine marine, continentale ou aquacole, a considérablement pour s'établir à près de 28 milliards de dollars américains en 2022 (contre 19,7 milliards par an en 1994, selon l'Union africaine et le Nouveau partenariat pour le développement de l'Afrique - NEPAD).

Les richesses de l'océan et les autres ressources aquatiques contiennent d'immenses ressources piscicoles et alimentaires et des minéraux hautement précieux (tels que l'or, le pétrole et le gaz ainsi que des terres rares marines, etc.) qui revêtent une importance stratégique.

L'économie bleue et l'économie verte apportent, en outre, une protection, directe ou indirecte, aux habitants des zones côtières contre les catastrophes et évènements extrêmes.

Une vision stratégique et planificatrice pour le développement en lien avec l'économie bleue

En phase avec l'Agenda 2063 de l'Union africaine, les pays du continent dont la République de Guinée souhaitent voir l'économie bleue et ses articulations programmatiques, comme ses impacts potentiels, permettre l'accélération des cheminements en direction des objectifs de développement durable. Il s'agira donc de valoriser les investissements structurants et de consolider des partenariats stratégiques bénéfiques pour les sociétés africaines et leurs citoyens.

La prise en compte de l'économie bleue dans le contexte d'une politique du développement humain durable nécessite à l'échelon politique une prise de conscience et un effort parallèle d'approfondissement des connaissances. Concevoir un cadre stratégique ouvert suppose de réfléchir autrement aux nouvelles sources d'opportunités de développement, ce qui exige de transformer la réflexion politique en recourant à des instruments créatifs et fonctionnels. Sensibiliser les acteurs et s'attaquer aux lacunes des connaissances renforceront la vision stratégique des processus de transformation socio-économique inspirés par l'économie bleue. Malgré la perspective géographique spécifique de l'économie bleue, d'importantes synergies existent entre les deux cadres conceptuels, qu'il s'agit d'identifier.

Si aujourd'hui les politiques et les stratégies s'élaborent en fonction des secteurs économiques de l'économie bleue (pêche, transports, extraction minière, tourisme), leur conception prend encore peu, et insuffisamment, en considération les interconnections inhérentes aux spécialisations et complémentarités des chaînes de valeur mais aussi sur le plan du partage d'un même espace par ces mêmes filières. En effet, la planification spatiale maritime et celle des espaces côtiers sont insuffisamment travaillées pour faciliter la valorisation des potentialités et les synergies inter-programmatiques.

Une approche multisectorielle et une vision intégrant terre et mer devraient permettre une myriade d'initiatives et offrir des opportunités aux écosystèmes entrepreneuriaux des pays.

Dans le cas de la production d'énergie, par exemple, le potentiel des mers et océans est largement ignoré, non planifié et absent des politiques actuelles du tourisme ou du transport.

Il s'agit aussi de placer l'économie bleue dans le contexte valorisant de l'économie verte, un concept désormais largement diffusé et dont la pertinence inhérente est reconnue, bien qu'une approche stratégique de fusion de ces deux dimensions pourrait rendre plus complexe la mise en œuvre des actions transformationnelles du développement durable en Afrique.

Au cours des trente prochaines années, le continent africain est appelé à accroître sa production agricole et alimentaire dans un contexte de pénurie chronique d'eau, notamment au nord du continent, et d'augmentation du coût des facteurs de production.

Sa population de jeunes devrait atteindre 830 millions d'ici à 2050 en raison de la croissance démographique, avec plus de 225 millions d'entre eux qui rejoindront le marché du travail d'ici à 2030.

Les dépenses de consommation devraient quant à elles atteindre 1 500 milliards de dollars américains d'ici à 2030 occasionnant une demande alimentaire et sociale en croissance élevée. Or, si la tendance actuelle du continent en matière d'utilisation non écologique des ressources marines n'est pas enrayée, le potentiel des ressources océaniques sera gravement compromis. Aussi, il convient à la fois et, d'une part, de promouvoir une croissance inclusive, productive et transformationnelle et, d'autre part, de veiller à établir des solutions écologiques durables et équitables qui sont nécessaires pour relever les défis interdépendants de la protection de l'environnement naturel, de la santé des populations humaines et de la résilience des écosystèmes.

En ce qui concerne les océans bordant le continent africain, il y a des espoirs évidents et de véritables opportunités, car certaines ressources océaniques et aquatiques sont potentiellement renouvelables, surtout si les mesures et les mécanismes appropriés sont pris au niveau des pays et organisations régionales pour réaliser une croissance économique saine, sans épuiser les ressources, ni rendre les communautés vulnérables.

Les pays du continent sont dotés d'un vaste littoral et d'abondantes ressources halieutiques provenant d'océans, de lacs, de fleuves, de plaines inondables et de parcs piscicoles, qui procurent un certain nombre d'avantages, notamment en matière de sécurité alimentaire et nutritionnelle, de moyens de subsistance, d'échanges commerciaux et de biodiversité.

Comme la plupart des pays côtiers enregistrent une croissance rapide de leur population, une urbanisation accélérée et une migration de leurs habitants vers les côtes, avec les effets induits de ces mutations sur la croissance socio-économique, ils expérimentent un bouleversement de leur espace côtier, avec une pression accrue sur les ressources marines. Conjuguée aux impacts du changement climatique, cette intensification accroît la pression sur le milieu marin.

Cette situation, combinée aux possibilités des nouvelles technologies, a sensibilisé les différents acteurs à la nécessité d'une gestion durable des mers et des plans d'eau, considérés comme des vecteurs de développement. Par conséquent, cette prise de conscience est à l'origine du concept de l'économie bleue et aux réflexions sur la planification spatiale et l'aménagement des territoires.

Dans le foisonnement des opportunités commerciales découlant des ressources marines et côtières, les femmes et les jeunes peuvent et doivent être en mesure de saisir les opportunités d'autonomisation, d'entrepreneuriat et d'employabilité qui s'offrent aux pays du continent.

Les projets à petite échelle et les initiatives de remontées des chaînes de valeur constitueront des piliers stratégiques pour les communautés côtières, garantissant nourriture, emplois et revenus, et fournissant d'importantes composantes écologiques, notamment liées à la biodiversité.

L'économie bleue, comme le décrit l'Agenda 2063 de l'Union africaine, est appelée à contribuer significativement à la transformation et à la croissance du continent. Selon une étude réalisée en 2014 par l'Organisation des Nations Unies pour l'alimentation et l'agriculture (FAO), la valeur ajoutée brute totale du secteur de la pêche et de l'aquaculture en Afrique était estimée à 24 milliards de dollars américains, soit 1,26 % du produit intérieur brut (PIB) de l'ensemble des pays africains.

En 2022, cette valeur ajoutée pourrait avoir atteint 30 milliards de dollars américains au regard des données des Nations Unies.

De l'intensification de l'exploitation des mers et des océans dans plusieurs secteurs de l'économie africaine

Les productions économiques de la mer emploient environ 14,5 millions de personnes et pourraient être mieux exploitées au sens du développement durable. À cet égard, il est évident qu'il est fondamental de renforcer les chaînes de valeur et l'innovation productive et de professionnaliser le secteur de l'aquaculture et de la pêche afin de réaliser son potentiel de création d'emplois.

Le tonnage des ports africains a significativement progressé au cours des deux décennies écoulées et devrait passer de 265 millions de tonnes en 2010 à 2 milliards de tonnes en 2040, selon les données du NEPAD.

La valeur ajoutée du secteur maritime africain est actuellement estimée à environ 1 000 milliards de dollars américains par an et devrait s'accroître de 5 % en moyenne par an. Avec la mise en place de politiques économiques adéquates, les Nations Unies estiment que ce secteur pourrait tripler au niveau continental et atteindre 3 500 milliards de dollars américains en 2030.

Le potentiel de croissance de l'Afrique dépend en grande partie des liaisons océaniques du transport maritime avec 90 % des importations et des exportations du continent qui transitent par la mer et qui devraient connaître un élan nouveau, notamment après la crise mondiale liée à la pandémie de la Covid-19.

Par ailleurs, au regard des besoins énergétiques des pays du continent et compte tenu de la couverture insuffisante et de la disponibilité irrégulière de l'électricité, priorité doit être donnée au potentiel énergétique marin. En effet, selon les prévisions, la demande d'électricité en Afrique passera de 125 gigawatts en 2010 à 700 gigawatts d'ici à 2040. Une augmentation de l'approvisionnement en énergie est donc nécessaire pour alimenter les industries de l'économie bleue, qui à leur tour constitueront une force motrice pour d'autres sources d'énergie comme l'énergie marémotrice et celle des courants marins sans oublier les énergies dites vertes, notamment le solaire et l'éolien.

La Guinée, le « château d'eau » de l'Afrique de l'Ouest

La Guinée est le « château d'eau » de l'Afrique de l'Ouest avec 1 165 cours d'eau et dispose d'une quantité de ressources en eau renouvelable, estimée à 266 km^3, selon les données du Plan de référence intérimaire (PRI) 2022-2025.

Le potentiel hydroélectrique est donc suffisant pour pallier les difficultés actuelles d'approvisionnement en électricité du pays, voire de la sous-région. La mise en valeur contribuerait par ailleurs à réduire drastiquement l'exploitation des forêts pour la production du charbon de bois comme source énergétique des foyers guinéens.

Le potentiel côtier et marin est conséquent au vu de l'ensemble des services écosystémiques de régulation (protection côtière, séquestration du carbone, production de biomasse halieutique, purification de l'eau, pour ne citer que les principaux), mais aussi d'approvisionnements liés aux activités de pêche, de collecte de bois de mangrove, etc., et de nature ludique et culturelle (activités balnéaires, pratiques rituelles et religieuses des communautés côtières, etc.).

Bien qu'il demeure insuffisamment évalué, ce potentiel est de toute évidence significatif pour considérer que les écosystèmes marins et côtiers présentent des opportunités de valorisation de l'économie bleue pour la Guinée.

La Guinée possède également un potentiel vert considérable avec des formations forestières couvrant près de la moitié du territoire et des écosystèmes et une biodiversité qui, conjugués, ouvrent des perspectives remarquables pour le développement humain durable.

Selon le Programme des Nations Unies pour l'environnement (PNUE), les forêts, les écosystèmes et la biodiversité sont les fondements d'une économie verte qui sous-tend une large gamme de secteurs et de moyens d'existence. La contribution de l'économie verte permet de valoriser également plusieurs autres secteurs comme l'agriculture, l'approvisionnement en eau, la santé, le tourisme, etc.

Avec environ 6 millions d'hectares de superficie cultivable, la Guinée dispose de suffisamment de terres arables pour assurer la sécurité alimentaire de ses habitants, les opportunités d'emplois ainsi que l'amélioration de sa balance commerciale et de ses comptes extérieurs tout en préservant l'environnement.

Avec l'émergence des problématiques liées aux effets du changement climatique, les opportunités qui se présentent à la Guinée débordent largement le contexte forestier et agricole. Ainsi, par exemple, des initiatives simples visant à améliorer la qualité de vie en ville, à développer des alternatives à l'utilisation des énergies fossiles, à promouvoir la production alimentaire de proximité, à valoriser le traitement positif des déchets, etc. doivent être encouragées. Ces opportunités sont de nature transversales ou communes, car elles ne sont pas restreintes à un secteur économique ou un domaine particulier. Enfin, les activités minières font également partie des domaines qui nécessitent une transition vers une économie verte et bleue, en concertation avec les compagnies d'exploitation des gisements miniers.

La valorisation de l'économie bleue, une condition de l'émergence de l'Afrique et de la Guinée

Selon la définition retenue par la Commission économique pour l'Afrique des Nations Unies, « l'économie bleue concerne toutes les étendues d'eau et les rives qu'il s'agisse des océans et des mers, des côtes, des lacs, des cours d'eau et des nappes souterraines. Elle implique une série d'activités économiques telles que la pêche, l'aquaculture, le tourisme, les transports, la construction navale, l'énergie, la bioprospection et toutes les filières du secteur minier sous-marin. Elle constitue un formidable potentiel pour le continent ».

L'Afrique doit à l'évidence adopter des stratégies holistiques, intégrées et complémentaires pour exploiter le plein potentiel de l'économie bleue. Celle-ci peut jouer un rôle essentiel dans sa transformation structurelle, sa croissance économique inclusive et durable et son développement social. Car elle concerne toutes les étendues d'eau, y compris les lacs, les cours d'eau et les nappes souterraines, sans oublier les mers et océans mais aussi les côtes, les rivages et les berges.

Les principales branches de l'activité économique des pays du continent sont fondées sur les ressources marines et aquatiques telles, aujourd'hui, la pêche, l'aquaculture, les secteurs miniers, le secteur portuaire, les transports maritimes, la construction navale, le tourisme etc. Toutefois, des filières émergentes et porteuses d'avenir sont en gestation, notamment l'exploitation des ressources biologiques et non biologiques à travers les industries chimiques, pharmaceutiques et cosmétiques y compris la bioprospection, l'extraction de terres rares et le développement de nouvelles sources d'énergie.

Par ailleurs, la volonté de faire de l'économie bleue le moteur du développement transformationnel du continent est inscrite dans le projet de l'Union africaine intitulé « L'Afrique que nous voulons, une priorité de l'Agenda 2063 ». Et, la Commission économique des Nations Unies pour l'Afrique a promu une démarche incitative en faveur du développement de l'économie bleue en publiant, en 2016, un guide pratique qui se propose d'aider, étape par étape, les États africains, à mieux intégrer l'économie bleue dans leurs législations, leurs politiques et leurs stratégies. En outre, une stratégie maritime intégrée de l'Union africaine (SMIUA) a aussi été formulée avec pour objectif, à l'horizon 2050, de traduire opérationnellement la charte africaine du transport maritime tout en veillant à l'intégration des dimensions portuaires, énergétiques et de lutte contre les pollutions marines.

Depuis un peu moins d'une décennie, les États africains s'efforcent de formuler des stratégies nationales de promotion de l'économie bleue pour valoriser leur potentiel et diversifier leurs économies, en se fondant principalement sur leur expérience acquise dans la mise en œuvre des programmes et projets liés à l'économie verte.

Quant à la Guinée, son contexte général en fait un candidat idéal pour la promotion d'une économie bleue durable :

- les ressources sont multiples du fait de la façade maritime et des eaux continentales du « pays des rivières du Sud », considéré comme « le château d'eau » de l'Afrique de l'Ouest ;
- les opportunités sont immenses pour relever les défis de la pauvreté, de la sécurité alimentaire et de la diversification de l'économie ;
- l'engagement du pays en faveur du développement durable appelle à la fois la valorisation et la préservation des ressources hydriques.

Pour créer les conditions d'une transformation économique et sociale durable, la Guinée avait mis en chantier le Plan national de développement économique et social 2016-2020 (aligné sur les ODD). Aujourd'hui, elle a élaboré sa stratégie de l'économie bleue dans une vision d'avenir ambitieuse pour l'émergence, à l'horizon 2040.

Ainsi, l'économie bleue occupe une place centrale en tant que vecteur majeur d'optimisation du développement, et ce, à travers les filières de l'économie bleue qui se déploient à travers le pays, notamment :

- le secteur de la pêche qui induit directement et indirectement 12 % de l'emploi dans le pays et qui est essentiel à la sécurité alimentaire et joue un rôle social de première importance y compris pour l'emploi féminin (activités post capture) ;
- l'aquaculture qui se caractérise, à la fois, par son important potentiel de création d'activités génératrices de revenus et un poids économique justifiant un renforcement des moyens de l'Agence nationale aquacole et le développement d'activités, notamment en Haute et Moyenne-Guinée ;
- le transport par voie d'eau et les activités portuaires qui sont prometteurs pour l'économie bleue en Guinée, plus encore dans le contexte du changement climatique ;
- la valorisation prioritaire du port autonome de Conakry (PAC) en liaison avec son hinterland immédiat (port sec) et plus lointain avec la connexion ferroviaire avec les pays limitrophes, enclavés, permettant de dégager des revenus significatifs ;
- le tourisme « bleu » semble encore embryonnaire en Guinée, du moins par rapport à son potentiel, car son développement paraît dépendant de celui d'infrastructures d'accueil, de facilités de transport, voire d'une politique environnementale renforcée ;
- l'énergie hydraulique illustre tout l'enjeu de l'économie bleue en Guinée, avec un potentiel hydroélectrique considérable évalué à plus de 6 000 mégawatts.

Le gouvernement guinéen a établi les lignes directrices d'une stratégie de promotion de l'économie bleue, visant à créer une dynamique de développement durable à partir d'un potentiel hydrique encore insuffisamment exploité.

Une stratégie guinéenne reposant sur 7 axes stratégiques

Le premier axe consiste à assurer l'ancrage institutionnel du développement de l'économie bleue. Il s'agit de remédier au morcellement des responsabilités, d'assurer la cohérence des initiatives et de procéder le cas échéant à des arbitrages entre usages concurrents ou incompatibles des ressources hydriques. Il est préconisé à cet égard de mettre en place une structure légère auprès de la Primature, appuyée par un comité et une plateforme technique créant les synergies nécessaires avec toutes les parties prenantes.

Le deuxième axe vise à assurer l'ancrage législatif de l'économie bleue, via l'adoption d'une législation sur la planification spatiale maritime – outil prévisionnel d'allocation du domaine maritime aux différents usages possibles – , d'une loi littorale qui permettrait d'établir une gestion intégrée des zones côtières – conformément au protocole dit de Pointe-Noire de la Convention d'Abidjan, signé mais non encore ratifié par la Guinée –, et la mise en place d'un Conservatoire guinéen du littoral, organisme aux fonctions multiples de nature à permettre concertation, consensus, surveillance et acquisition de domaines protégés ou aménageables au bénéfice des populations.

Le troisième axe proposé a pour objet la dimension de l'économie bleue liée à la sûreté et à la sécurité. Les menaces et atteintes sont multiples et se matérialisent, notamment par des pratiques de pêche illégales, la pollution de la mer et des autres ressources hydriques (d'origine urbaine, industrielle, agricole, minière), mais aussi les incertitudes sur les frontières maritimes ou les accidents de navigation. L'ancrage sécuritaire passe avant tout par le renforcement de l'autorité de la préfecture maritime, sous l'angle de ses moyens financiers, humains et en équipements.

Le quatrième axe suggéré ambitionne de garantir la durabilité de l'économie bleue guinéenne. Le développement d'activités économiques liées aux richesses hydriques de la Guinée doit être combiné avec leur préservation, ce qui rend nécessaire de veiller au bon état écologique des eaux marines (six descripteurs sont proposés pour en assurer le suivi), puis d'étendre cette approche aux eaux continentales, dans un second stade. Un autre aspect d'importance sera de mettre à jour la législation relative aux installations classées, souvent installées en zone littorale, en tenant compte des exigences des conventions internationales de Bâle, Stockholm et Rotterdam. Une autre préconisation est de mettre en place un « plan mangrove », conforme, là encore, à un protocole de la Convention d'Abidjan – dit de Calabar – que la Guinée a signé mais non encore ratifié.

Le cinquième axe de la stratégie consiste à identifier des priorités sectorielles émergentes (complétant le soutien à apporter aux secteurs traditionnels comme la pêche) qui pourraient jouer un rôle de locomotive à l'économie bleue guinéenne et qui justifieraient des efforts de formation et d'investissements, avec le soutien de bailleurs de fonds internationaux (par exemple pour les initiatives trouvant leur place dans la lutte contre le changement climatique) : développer la pisciculture en utilisant toute l'expertise de l'Agence nationale de l'aquaculture Guinée (ANAG), promouvoir le stockage de carbone bleu (mangroves), remplacer la saliculture ignigène et les importations massives de sel par un programme ambitieux de saliculture solaire, réinvestir le transport fluvial, lever les obstacles qui retardent la pleine utilisation de l'immense potentiel hydroélectrique ou poser les jalons d'un développement des technologies de l'information et des communications (câbles sous-marins), à l'image de l'expérience de Djibouti ou de l'Égypte.

Le sixième axe concerne les performances environnementales de l'outil portuaire du pays, qui comprend non seulement le port autonome de Conakry (PAC), mais aussi ceux de Kamsar, Katougouma, Dapilon ou les ports en développement de Cap Verga, Benty ou sur la rivière Fatala. Si le concept d'éco-port paraît difficilement accessible pour le PAC, les préconisations nationales permettraient d'avancer progressivement sur plusieurs fronts :

- établir une méthodologie rigoureuse pour la définition d'un label Light ÉcoPorts présentant une crédibilité élevée, reconnue internationalement, et auquel le PAC pourrait prétendre ;
- promouvoir la durabilité du PAC sans attendre, à partir d'initiatives s'articulant autour d'un système de management intégré fondé sur la qualité, la sécurité, l'environnement, un aménagement optimisé des espaces, et une logistique performante et dématérialisée ;
- promouvoir la labellisation ÉcoPorts complète pour Kamsar et éventuellement d'autres ports guinéens.

Le septième axe souligne l'importance des renforcements de capacité et du développement du capital humain. En effet, l'information et la formation sont nécessaires pour jalonner le développement de l'économie bleue guinéenne et le gouvernement s'attache à identifier toutes les activités où le manque de capacités constitue un obstacle majeur à ses progrès. Cet axe inclut par ailleurs des propositions de renforcement des coopérations université/industrie selon une approche programmatique qui regrouperait, sous une forme thématique, plusieurs filières aux problématiques comparables, et comparables en termes d'espace opérationnel : les transferts de technologie (pisciculture, saliculture, carbone bleu), d'une part, les transferts de compétences (hydroélectricité, transport fluvial, TIC marines), d'autre part.

Ces axes stratégiques constituent le cadre dans lequel 30 recommandations ont été formulées pour que l'économie bleue trouve toute sa place dans la planification du développement économique et social durable de la République de Guinée.

Partie I

L'économie bleue et les priorités de développement

CHAPITRE I

Les priorités du continent africain en faveur de l'économie bleue

—

Rose Pola PRICEMOU
Ministre du Plan et de la Coopération internationale de la République de Guinée

Mohamed Lamine CAMARA
Directeur général du Bureau de stratégie et de développement du ministère de la Pêche et de l'Économie maritime

Introduction

L'économie bleue s'attache à promouvoir une gouvernance inclusive et mobilisatrice favorisant les droits humains et l'égalité des chances pour tous en développant les capacités et opportunités de développement. Elle s'attache à promouvoir non seulement l'intégrité de l'ensemble des secteurs de la gouvernance mais aussi la transparence et l'imputabilité dans les services publics et les finances publiques afin de lutter contre la corruption, les prédations de ressources et les trafics illégaux.

Au plan de la gouvernance publique, priorité est donnée à l'administration plus transparente des recettes nationales, notamment liées à l'économie bleue, grâce à des systèmes fiscaux modernisés et progressifs et à une politique fiscale améliorée.

L'économie bleue vise aussi à développer des activités génératrices de revenus pour tous et à faciliter la distribution équitable de la richesse de l'océan. Elle promeut à cet effet des pratiques commerciales responsables et transparentes, des modalités d'insertion sociale et la promotion des dimensions culturelles de son développement. Elle reconnaît enfin les vulnérabilités climatiques spécifiques et les contraintes de financement et de capacité des pays du continent, en particulier les petits États insulaires (PEI) et les pays les moins développés (PMA).

Il est également important de mentionner la nécessité de porter une attention toute particulière à la promotion d'une coopération internationale et d'une diplomatie constructive autour de la sûreté et sécurité maritimes, des enjeux transfrontaliers, de la lutte contre la contrebande, le long des chaînes d'approvisionnement de l'économie bleue.

La constitution de partenariats essentiels pour la valorisation des compétences et des potentialités nationales liées à l'économie bleue est également une dimension centrale.

L'économie liée aux secteurs maritimes est considérée d'une manière générale comme la nouvelle frontière du développement économique et social du continent et sa valeur ajoutée brute devrait doubler voire tripler entre 2030 et 2050.

Cette croissance devrait être particulièrement forte dans des secteurs tels que l'énergie offshore (gaz naturel, pétrole et éolien), le tourisme maritime et côtier, les infrastructures maritimes et portuaires associées au transport de marchandises et à l'industrie marine (y compris la construction, la réparation et le démantèlement de navires).

La pêche industrielle et artisanale ainsi que l'aquaculture représentent une source importante d'emplois qu'il convient de valoriser durablement, car ces secteurs sont fortement menacés par la surexploitation.

Le développement de l'utilisation des ressources marines en eau profonde (bio-ressources et extraction de minerais) pourrait créer de nouveaux emplois mais suscite de manière légitime des inquiétudes quant à son impact sur l'environnement et les écosystèmes marins.

1.1 L'économie bleue et le contexte international

L'engagement international en faveur de l'économie bleue est relativement récent, notamment sur le continent. Il s'est construit à l'occasion de la 17e Conférence des Parties (COP) et naturellement de celles qui ont suivi et de la 15e Conférence sur la biodiversité tenue au Canada, mais aussi dans le cadre de la révision de l'Agenda pour le développement durable, à l'horizon 2030, des Nations Unies (Agenda 2030).

Les travaux du Sommet des Nations Unies sur le développement durable de New York, qui a consacré la définition des objectifs de développement durable (ODD), et la Conférence sur le financement du développement qui s'est tenue à Addis-Abeba ont apporté un éclairage fort sur les priorités de l'économie bleue. C'est en particulier l'ODD 14 qui vise la « conservation et l'exploitation durable des océans, des mers et des ressources marines aux fins du développement durable ».

L'économie bleue est toutefois plus que cela. Elle est aussi une économie circulaire peu polluante, efficace dans l'utilisation des ressources et fondée sur des modes de consommation et de production durables, favorisant le bien-être humain et l'égalité sociale. Elle est potentiellement génératrice de création de richesses, de valeur ajoutée économique et d'emplois décents. Elle peut aussi réduire de manière significative les risques environnementaux et les incidences écologiques.

L'économie bleue permet en effet de préserver la santé des écosystèmes marins et côtiers et peut assurer un approvisionnement continu en biens et services pour les générations présentes et futures.

La mise en place progressive et réussie d'une économie bleue transformationnelle repose sur le développement durable d'un certain nombre d'activités socio-économiques clés : la pêche et l'aquaculture, le transport maritime et les activités portuaires, la bioprospection et l'exploitation des ressources biologiques et des énergies renouvelables, le tourisme.

L'économie bleue, qui est une déclinaison de l'économie verte dans les zones marines et côtières, doit permettre de contribuer de façon positive au développement durable et inclusif de l'Afrique.

1.2 Des recommandations clés pour une économie bleue africaine

1. L'amélioration de la disponibilité des données et du suivi : afin de bien saisir l'état réel de l'économie bleue, les données nationales associées aux ressources doivent être fournies sur la base de normes communes. Tant que l'on ne connaîtra pas avec exactitude les volumes de pétrole et de gaz offshore réellement extraits ou encore le volume de poissons réellement capturés, les recommandations politiques ne seront pas aussi solides et fiables qu'elles le devraient.

2. la mise en œuvre d'instruments économiques adaptés : plusieurs sous-secteurs clés de l'économie marine (pêche, transport, tourisme, etc.) sont soutenus par des subventions néfastes pour l'environnement, qui créent une distorsion de marché, privatisent les bénéfices économiques et externalisent les dommages sociaux et écologiques.

3. Le soutien de l'innovation environnementale et sociale : grâce à un investissement important dans les technologies vertes, au partage des bonnes pratiques et à la promotion de l'entrepreneuriat social, les sous-secteurs de l'économie marine peuvent considérablement réduire leur impact sur l'environnement. Et ce, tout en garantissant des bénéfices socio-économiques à la population locale, comme la création d'emplois, la sécurité alimentaire et le recul de la pauvreté.

4. L'investissement dans l'économie bleue : pour accélérer le développement d'une économie bleue, d'importants investissements doivent être engagés pour la construction d'infrastructures résilientes, de navires plus propres, d'installations plus écologiques, etc.

5. Les instruments et mécanismes financiers traditionnels et innovants, fournis par les banques multilatérales de développement, le secteur privé et les institutions financières, au niveau national, doivent avoir des orientations écologiques précises afin de promouvoir des activités économiques durables.

6. L'amélioration de la gouvernance et l'implication des parties prenantes : le développement d'une économie bleue nécessite l'application de cadres institutionnels et d'accords internationaux tels que la Convention de Barcelone, la Convention des Nations Unies sur le droit de la mer, l'Accord de Paris, l'Agenda 2030 des Nations Unies (objectifs de développement durable), parmi d'autres. Elle sous-entend également la création et l'application de réglementations, de lois et de politiques adaptées aux niveaux national et sous-régional.

La participation des parties prenantes, un cadre d'échange ouvert et des processus de prise de décision transparents sont également nécessaires pour encourager la participation et l'engagement des acteurs économiques, des autorités locales et régionales, et des représentants de la société civile.

CHAPITRE 2

Les grandes conventions internationales régissant l'économie bleue en Afrique

—

Seydou Bari SIDIBE
Conseiller principal du ministère de l'Environnement et du Développement durable

Mamadou Ciré CAMARA
Chargé du programme Environnement et Développement durable du PNUD

Introduction

Depuis plus de 40 ans, les gouvernements de la planète ont défini et progressivement ratifié des conventions internationales essentielles pour définir, valoriser et sauvegarder des modes de gestion pérennes des écosystèmes et des ressources. L'Afrique n'est pas en reste, ayant effectivement apporté une contribution déterminante à ce processus mondialisé et interdépendant.

2.1 Les conventions liées à l'économie bleue et leur ratification

La Convention des Nations Unies sur le droit de la mer (CNUDM), adoptée en 1982 et entrée en vigueur en 1994, régit toutes les activités relatives aux mers et aux océans et fait l'unanimité au plan mondial. Cette convention énonce les droits et obligations des États pour la réalisation de ces activités, notamment en matière de navigation, de ressources biologiques et non biologiques, de développement et de transfert de technologies marines, de protection et de préservation de l'environnement marin, de recherche scientifique marine, etc., et ce, dans toutes les aires et domaines couverts par l'économie marine et maritime.

La Convention des Nations Unies sur le droit de la mer met en exergue la définition précise et dûment publiée des limites des zones maritimes, offre une certitude quant au périmètre de souveraineté ou aux droits souverains et juridictionnels des États côtiers. Cette convention s'appuie sur la Commission des limites du plateau continental (CLPC) qui aide les États côtiers à fixer les limites extérieures de leur plateau continental.

La Convention des Nations Unies sur le droit de la mer constitue une contribution importante au maintien de la sécurité, de la coopération internationale mais également à la promotion du progrès économique et social, pour tous, en prônant la valorisation du développement durable des océans et des mers.

Le fait que de nombreux États africains l'aient ratifiée est un signe encourageant et une étape importante pour favoriser l'harmonisation des législations nationales avec les dispositions pertinentes proposées et veiller à l'application uniforme et cohérente de celles-ci grâce à l'établissement de passerelles avec les autres secteurs transformationnels du développement humain durable.

Conventions internationales contraignantes contenant des dispositions essentielles à l'économie maritime*

- Convention de Ramsar sur les zones humides d'importance internationale
- Convention sur la diversité biologique (CDB) et son mandat de Jakarta
- Convention pour la protection, la gestion et la mise en valeur du milieu marin et des zones côtières de la région de l'Afrique orientale (Convention de Nairobi)
- Convention internationale pour la prévention de la pollution par les navires
- Convention d'Abidjan
- Convention africaine pour la conservation de la nature et des ressources naturelles
- Convention du patrimoine mondial

*** Liste non exhaustive.**

L'introduction du paradigme de l'économie bleue dans le contexte de la multitude d'instruments juridiques, non contraignants en vigueur, (accords facultatifs, accords souples ou accords ambitieux mais non contraignants) conçus pour étayer les dispositifs institutionnels existants, entraîne naturellement des difficultés et contraintes en termes d'harmonisation et de coordination.

Afin de relever les défis de l'économie bleue sur le continent, il importe de renforcer les capacités juridiques et institutionnelles des États mais aussi des parties prenantes, en particulier dans les domaines suivants :

- La ratification de la Convention des Nations Unies sur le droit de la mer et de ses accords d'application (pour les pays qui ne l'ont pas encore fait), puis leur mise en œuvre par l'entremise d'instruments juridiques et politiques nationaux.
- La ratification des autres instruments relatifs à la gouvernance des océans et ceux portant sur les masses d'eau douce et autres ressources naturelles.
- La négociation et la fixation consensuelle des frontières maritimes ainsi que la définition des mécanismes à solliciter pour assurer le règlement pacifique des différends.
- La formation et le renforcement des capacités des acteurs intervenant dans les secteurs en lien avec l'économie bleue, notamment sur les lois et législations internationales applicables mais également sur les instruments et politiques régionaux et infrarégionaux.
- La conception des stratégies maritimes intégrées et de promotion de l'économie bleue dans la lignée de la Stratégie africaine intégrée pour les mers et les océans, à l'horizon 2050 (Stratégie AIM 2050 de l'UA).
- La valorisation ou l'institutionnalisation de centres académiques d'excellence, de laboratoires d'innovation et de think-tanks, si possible, dans le cadre d'institutions d'enseignement et de recherche existantes, au niveau continental, en vue de valoriser les potentialités et les chaînes de valeur de l'économie bleue et verte.
- L'instauration de mécanismes fonctionnels de coordination, au plan institutionnel et du pilotage des réformes relatives aux questions aquatiques et maritimes, tant à l'échelle nationale que de la coopération régionale.
- Le renforcement des consultations à l'échelle sous-régionale et à celle du continent pour parvenir à une vision commune en faveur de l'économie bleue et à la promotion de stratégies nationales appelées à mobiliser les expertises juridiques, sociopolitiques, institutionnelles mais aussi économiques et environnementales du continent.

Ces recommandations sont essentielles et leur ratification et application demeurent une priorité pour l'Afrique dont la Guinée. Les autorités nationales en charge de la transition posent des actes significatifs à cet égard.

2.2 La Guinée et la nouvelle gouvernance des océans

Le continent africain se compose de pays subsahariens riverains des océans Atlantique et Indien, de la mer Rouge et du golfe d'Aden mais aussi des pays du Maghreb en lien également avec la mer Méditerranée.

Sur les 48 pays de la région subsaharienne, 37 sont des États membres de l'Organisation maritime internationale (OMI) et 33 font partie des pays les moins avancés (PMA), 15 sont des pays sans littoral et 6 sont de petits États insulaires en développement (PEID).

Le littoral continental s'étend sur 30 725 km et la région dispose d'un vaste réseau de voies de navigation intérieure, dont la deuxième étendue d'eau douce au monde, le lac Victoria (commun au Kenya, à la République unie de Tanzanie et à l'Ouganda).

Le continent compte 10 grands fleuves, dont le Nil, le plus grand fleuve d'Afrique d'une longueur de 6 670 km hors affluent, du fleuve Congo, qui traverse trois pays, la République démocratique du Congo, la République du Congo et la Zambie, le fleuve Niger, avec une longueur de 4 184 km, qui traverse 6 pays dont le Nigeria, le Bénin, le Niger, le Mali, la Guinée et la Sierra Léone et les fleuves Zambèze, Orange, Limpopo, Sénégal qui traversent plusieurs pays, dont la Guinée.

Comme les océans, les étendues d'eau douce à l'intérieur des terres (lacs, cours d'eau, zones humides et autres) contribuent au développement socio-économique et à la durabilité environnementale, à travers différents facteurs : pêche et aquaculture, tourisme, navigation, mines, énergie, piégeage du carbone, filtration des eaux et régulation thermique et atmosphérique.

Avec ses bassins fluviaux internationaux et ses autres sources d'eau douce, l'Afrique possède un immense potentiel en matière d'hydroélectricité, qui dépasse largement la demande actuelle de tout le continent. L'Afrique dispose également de 63 bassins-versants transfrontaliers qui couvrent près de 65 % de la surface terrestre du continent et abritent 75 % de la population. À cet égard, il est important de mentionner que plus de 95 accords internationaux régissent le partage d'une ressource, aussi vitale que l'eau, entre les pays d'Afrique. Si leur premier objectif vise à favoriser une gestion coopérative de l'eau partagée, ces accords pourraient probablement mieux contribuer à favoriser l'essor de l'économie bleue dans la région.

Conscients que la place de l'océan dans l'agenda politique international n'est aujourd'hui ni à la mesure de son rôle dans les équilibres climatiques, environnementaux et sociaux planétaires, ni au niveau des menaces qui pèsent sur la vie marine, les dirigeants rassemblés à Brest, en février 2022, se sont engagés à œuvrer collectivement, rapidement et concrètement pour mettre un point d'arrêt à la dégradation de l'océan. Ils ont choisi d'agir pour la préservation de la biodiversité, l'arrêt de la surexploitation des ressources marines, la lutte contre les pollutions et l'atténuation du changement climatique. Ils ont également convenu de mobiliser les financements de la restauration d'écosystèmes côtiers, sur la base de méthodologies communes et rigoureuses. Le Sommet de Brest a enfin entériné le lancement d'une nouvelle coalition internationale pour le carbone bleu. Pour rappel, au total, plus de 30 nouveaux pays avaient adhéré à la Coalition de la haute ambition pour la nature et les peuples lancée lors du One Planet Summit de janvier 2021. Ce sont donc désormais 84 pays qui s'engagent à protéger 30 % des terres et des mers du monde d'ici à 2030, au sein desquels 12 pays africains (Les Comores, Congo, Côte d'Ivoire, Gabon, Ghana, Madagascar, Maroc, Namibie, Sénégal, Seychelles, Tanzanie et Tunisie).

La Guinée étudie actuellement les modalités d'un engagement dans cette coalition en lien avec la Convention sur la protection de la haute mer.

La capacité des océans de procurer aux générations actuelles et futures les avantages dont les populations bénéficiaient jusqu'alors s'est peu à peu amenuisée en raison d'une multitude de facteurs, dont la mauvaise gestion de certaines activités humaines qui ont sapé progressivement la résilience des océans, notamment face au changement climatique.

Les écosystèmes marins deviennent de plus en plus vulnérables alors même que la santé et les moyens d'existence d'une population de plus en plus nombreuse, en particulier le long des côtes, dépendent des services rendus par ces écosystèmes.

Aussi, la gouvernance des océans et la promotion de l'économie bleue doivent permettre d'établir des principes et objectifs fondamentaux contribuant à entretenir les systèmes productifs socio-écologiques, d'élaborer des politiques et des cadres réglementaires, de s'assurer que les intérêts de la société soient représentés de manière équitable dans la prise de décision en veillant à maintenir une cohérence entre les échelles juridictionnelle, spatiale et temporelle.

La mise en œuvre de la gouvernance des océans, au sens le plus strict qui soit, dépend d'un réseau complexe d'arrangements institutionnels liant les cycles politiques situés à différents niveaux (local, national, régional et mondial), ainsi qu'au sein de chacun de ces échelons.

Au niveau national, les institutions et les processus d'intervention intéressent plus directement la gouvernance des océans et la mise en œuvre des politiques et instruments juridiques. Leur rôle est particulièrement important compte tenu du fait que les zones économiques exclusives constituent un vaste espace maritime actuellement sous la juridiction des États côtiers.

De nombreux départements ministériels et organisations régionales sont compétents en matière de réglementation de l'utilisation des mers et de leurs ressources, ainsi que de protection et de conservation de ces ressources au sein des zones économiques exclusives des pays concernés.

L'utilisation croissante de l'espace et des ressources maritimes et l'intérêt accru de la société civile pour les questions océaniques mettent en évidence le fait que les dispositions de gouvernance fondées sur une approche sectorielle, qui sont en place au niveau national, impliquent que les enjeux de l'économie bleue soient traités de manière efficace et efficiente mais aussi inclusive et équilibrée.

De plus, l'Accord des Nations Unies sur les stocks de poissons, établi en 1995, est également important pour ce qui est de la conservation et de la gestion des stocks de poissons chevauchants et de grands migrateurs. Et, il ne faut pas oublier l'Accord de repavillonnement, qui vise à faire respecter par les navires de pêche en haute mer les mesures de conservation et de gestion des ressources.

Outre la Convention des Nations Unies sur le droit de la mer, les océans et les éléments qui s'y rapportent sont réglementés par un large éventail d'accords obligatoires bilatéraux et multilatéraux et d'instruments non contraignants intéressant divers aspects de la gouvernance des océans. Leur mise en œuvre s'accompagne d'immenses défis que les institutions concernées doivent relever pour assurer la conformité avec ces textes et leur respect.

La Conférence des Nations Unies sur l'environnement et le développement (CNUED) a introduit, en 1992, l'idée d'une gestion intégrée des océans et le concept d'« approche écosystémique » qui a trait à la conservation et à l'utilisation durable de la diversité biologique marine et côtière. Elle encourage la gestion intégrée des zones marines et côtières, car ce type de gestion institue le cadre le plus approprié pour s'attaquer au problème de l'incidence des activités humaines sur la diversité biologique marine et côtière et favoriser la conservation et l'utilisation durable de cette diversité.

Le Forum mondial sur les océans a été organisé en 2001 pour aider les gouvernements du monde à faire figurer les questions relatives aux océans, aux côtes et aux petits États insulaires en développement (PEID) et favoriser la préparation du Sommet mondial pour le développement durable (SMDD) tenu en 2002, à Johannesburg, en Afrique du Sud.

Composé d'experts issus de gouvernements, d'organisations intergouvernementales et internationales issus des secteurs industriels, scientifiques, techniques et environnementaux mais aussi d'ONGs et de fondations, le Forum s'est attaché à promouvoir le développement durable des océans, des côtes et des îles.

Le code de conduite pour une pêche responsable, établi par la FAO, est un bon exemple d'instrument sectoriel non contraignant qui, entre autres, promeut ce concept grâce, notamment, à l'approche intégrée de la gestion des pêches.

D'une manière générale, les approches holistiques promues par le code de conduite pour une pêche responsable sont aujourd'hui développées sous la forme de concepts tels l'approche écosystémique des pêches (AEP).

Des outils et approches pour la mise en œuvre d'une gouvernance intégrée à l'appui de l'utilisation durable des océans ont été élaborés dont l'aménagement des zones côtières. Ainsi, l'aménagement intégré des zones côtières (AIZC) se définit comme un processus dynamique, pluridisciplinaire et itératif visant à promouvoir la gestion durable des zones côtières. Cette démarche couvre l'ensemble du cycle comprenant la collecte de données, la planification (au sens le plus large), la prise de décisions, la gestion et le suivi de la mise en œuvre. L'AIZC s'appuie sur la participation et la coopération éclairées de toutes les parties concernées pour évaluer les objectifs de société retenus dans une zone côtière donnée et prendre les mesures qui s'imposent pour atteindre ces objectifs.
À long terme, l'AIZC vise à trouver le juste équilibre entre les objectifs environnementaux, économiques, socioculturels et récréatifs, dans les limites fixées par la dynamique des systèmes littoraux.

Dans ce domaine, la gestion des zones côtières et des bassins hydrographiques combine deux méthodes de planification spatiale :
- la gestion intégrée des ressources en eau ;
- la gestion intégrée des zones côtières.

La planification spatiale marine est une autre approche de la planification intégrée des activités relatives aux océans, car elle met en lumière la nécessité de réfléchir explicitement à la répartition spatiale et temporelle des activités humaines dans les régions océaniques au travers d'un processus public poursuivant des objectifs écologiques, économiques et sociaux.

Le recours à des aires marines protégées fait l'objet d'une grande attention, car il constitue un moyen de protéger les écosystèmes marins et d'inverser la tendance à la dégradation des habitats marins. Ainsi, ces aires sont considérées comme le mécanisme le plus approprié de conservation de la biodiversité à l'appui de la mise en œuvre d'approches écosystémiques.

La Convention sur la diversité biologique (CDB) est un exemple d'instrument juridique contraignant qui concerne un aspect particulier de la gouvernance des océans, à savoir la conservation et l'utilisation de la biodiversité aquatique.

Les préoccupations suscitées par le déclin de la biodiversité sont à l'origine de la CDB. Celle-ci définit trois objectifs complémentaires : la conservation de la biodiversité, l'utilisation durable de ses éléments et le partage juste et équitable des avantages découlant de l'utilisation des ressources génétiques.

Le rôle essentiel de la biodiversité marine dans le développement durable a été reconnu dans le Programme de développement durable à l'horizon 2030 et les objectifs de développement durable (ODD).

En particulier, l'objectif 14 des ODD vise à conserver et à exploiter de manière durable les océans, les mers et les ressources marines aux fins du développement durable et met l'accent sur les liens étroits entre la biodiversité marine et les objectifs plus vastes en matière de développement durable.

Les approches établies et promues par la CDB s'attachent à :
- mieux comprendre l'importance écologique et biologique des océans ;
- identifier les pressions et les menaces ainsi que leurs effets sur la biodiversité marine et côtière ;
- encourager l'utilisation d'instruments pour appliquer l'approche écosystémique pour la conservation et l'utilisation durable de la biodiversité ;
- renforcer les capacités pour mettre en place les conditions favorables à la mise en œuvre ;
- intégrer les réponses à la protection de la biodiversité dans tous les secteurs du développement, à l'échelle locale, nationale et internationale.

Dans le cadre de la CDB, un processus mondial d'identification des aires marines écologiquement et biologiquement importantes a permis d'améliorer les connaissances sur la valeur écologique et biologique des zones marines dans presque toutes les régions océaniques du monde.

La CDB a élaboré des directives pour le développement et l'application de l'approche écosystémique, y compris par la mise en place de mesures de gestion par zone, comme la planification spatiale marine et les zones côtières protégées. Elle a également recommandé l'évaluation de l'impact sur l'environnement tenant compte de la biodiversité et intégrant différentes mesures de politique sectorielle pour répondre aux diverses pressions exercées sur la richesse biologique des océans.
Le renforcement des capacités des acteurs constitue aussi un élément essentiel de la CDB. L'un des instruments clés est l'Initiative pour des océans durables, un cadre du partenariat mondial, coordonné par le secrétariat de la CDB, avec diverses entités des Nations Unies et des organisations internationales partenaires.

L'Initiative pour des océans durables s'appuie sur les efforts, les ressources et les expériences acquises en renforçant les partenariats, en diffusant les leçons tirées et les connaissances acquises.

Elle s'attache également à améliorer la coordination entre les secteurs et les groupes de parties prenantes, à de multiples échelles, afin de créer des conditions propices à la mise en œuvre des réponses opérationnelles sur le terrain.

Le dialogue mondial de « l'Initiative pour les océans durables » avec les organisations maritimes régionales et les organes régionaux des pêches pour l'accélération des progrès attendus de la réalisation des objectifs d'Aichi relatifs à la diversité biologique s'attache à faciliter le dialogue intersectoriel régional.

Les parties ont aussi mis l'accent sur l'intégration de considérations relatives à la biodiversité dans les secteurs économiques qui, à la fois, affectent les écosystèmes marins sains et qui en dépendent pour assurer une croissance économique durable.

À la suite de la Conférence des Nations Unies sur la biodiversité (COP15) qui s'est achevée à Montréal, au Canada, le 19 décembre 2022, un nouveau cadre mondial pour la protection de la biodiversité destiné à guider l'action mondiale en faveur de la nature, d'ici à 2030, a été établi.

Ce nouveau cadre mondial se décline en quatre grands objectifs et 23 cibles d'action. Il contient également des propositions visant à accroître le financement des pays en développement pour lutter contre le déclin d'un million d'espèces végétales et animales aujourd'hui menacées d'extinction.

Les objectifs mondiaux de la biodiversité

- Mettre un terme à l'extinction des espèces menacées par l'homme et diviser par dix le taux d'extinction de toutes les espèces d'ici à 2050.
- Utiliser et gérer la biodiversité de manière durable.
- Partager équitablement les avantages découlant de l'utilisation des ressources génétiques.
- Veiller à ce que des moyens techniques et financiers pour la mise en œuvre du cadre mondial de la biodiversité soient accessibles à toutes les parties, en particulier aux pays les moins avancés et aux petits États insulaires en développement.

Parmi les 23 cibles d'action à atteindre d'ici 2030, le partenariat mentionne plusieurs priorités d'action, dont :
- La conservation et la gestion efficaces d'au moins 30 % des terres, des zones côtières et des océans de la planète. Actuellement, 17 % des terres et 10 % des zones marines sont sous protection.
- La restauration de 30 % des écosystèmes terrestres et marins affaiblis par l'activité humaine.
- La réduction, à un niveau proche de zéro, de la perte de zones d'une grande importance pour la biodiversité et d'une grande intégrité écologique.
- La réduction de moitié du gaspillage alimentaire mondial.
- La suppression ou la réforme des subventions qui nuisent à la biodiversité à hauteur d'au moins 500 milliards de dollars américains par an.
- La mobilisation d'au moins 200 milliards de dollars américains par an de fonds publics et privés pour le financement de la biodiversité.

- L'accroissement des flux financiers internationaux des pays développés vers les pays en développement pour qu'ils atteignent au moins 30 milliards de dollars américains par an.
- L'exigence faite aux sociétés transnationales et aux institutions financières de surveiller, évaluer et divulguer, de manière transparente, à la fois, les risques et les impacts sur la biodiversité de leurs opérations en lien avec les chaînes d'approvisionnement et de valeur.

Au total, ce nouveau cadre mondial ouvre des perspectives fondamentales pour l'économie bleue et verte et la biodiversité et confie au Fonds pour l'environnement mondial (FEM), la responsabilité de créer un fonds fiduciaire spécial – le Fonds CMB – de soutenir l'abondement de ce fonds et permettre la mobilisation de financements conséquents afin de garantir un flux de fonds, adéquat et prévisible, pour l'avenir.

Partie 2

L'économie bleue et la transformation des structures productives et de développement

Trente-huit des 54 pays que compte l'Afrique sont des États côtiers. Plus de 90 % des importations et des exportations africaines transitent par la mer, et plusieurs des corridors commerciaux les plus stratégiques de la planète sont situés en Afrique, renforçant le poids géopolitique du continent.

Les eaux territoriales sous juridiction africaine totalisent quelque 13 millions de km² et le plateau continental s'étend sur environ 6,5 millions de km². Autrement dit, sous les eaux continentales existe une autre Afrique. C'est donc à juste titre que l'Union africaine a qualifié l'économie bleue de « nouvelle frontière de la renaissance de l'Afrique ».

Les étendues marines et aquatiques de l'Afrique constituent un potentiel extraordinaire au regard des ressources naturelles qu'elles recèlent et qui sont encore largement sous-exploitées.

La contribution potentielle de l'économie bleue et verte au développement humain durable et inclusif du continent est désormais reconnue.

Les économies africaines continuent de croître et se diversifient, grâce, notamment, à l'exploitation, à la commercialisation et à la transformation progressive des ressources naturelles terrestres, dont est doté le continent. Toutefois, si le continent valorisait pleinement ses potentialités bleues, il est évident que la pauvreté et le sous-emploi se réduiraient considérablement.

Au moins 35 États, sur le continent africain, selon l'Union africaine, ont un déficit de production de poissons et dépendent fortement des importations. C'est un paradoxe, car la progression de la demande mondiale et continentale de produits halieutiques, motivée par des facteurs tels que la croissance démographique, la hausse du pouvoir d'achat des classes moyennes en lien avec une demande significative de produits aquacoles, la préférence pour le poisson comme régime de choix alimentaire et sanitaire, continue de progresser.

Les pays du continent doivent donc produire de manière plus significative les produits de la pêche pour satisfaire les besoins nutritionnels en accroissement continu.

La production de la pêche de capture, qui s'élève actuellement à 10 millions de tonnes, devrait rester relativement constante, selon l'Union africaine, jusqu'en 2063 en raison, notamment de la surpêche et de la mauvaise gestion des ressources halieutiques.

La valeur ajoutée brute totale de la pêche en Afrique est estimée en 2019-2020 à 21 milliards de dollars américains, soit 1,26 % du PIB de tous les pays africains. La pêche artisanale marine contribue de manière significative, atteignant 8,1 milliards de dollars américains, suivie de la pêche industrielle marine et de la pêche continentale, évaluées respectivement à 6,8 milliards de dollars américains et 6,3 milliards de dollars américains. En 2018, le secteur de la pêche employait environ 13 millions de personnes, dont 7 millions de pêcheurs et 6 millions de personnes engagées dans la transformation.

L'aquaculture

Le secteur de l'aquaculture en Afrique a enregistré la croissance la plus rapide au monde entre 2006 et 2018, atteignant en moyenne annuelle 10 % ou plus, et devrait combler en partie l'écart grandissant entre l'offre et la demande de poisson jusqu'en 2063.

La valeur de l'aquaculture est estimée à 2,77 milliards de dollars américains. Malgré un potentiel énorme, la croissance se limite à un nombre peu élevé de pays, l'Égypte représentant près de 70 % (1,37 million de tonnes) du total du 1,98 million de tonnes pendant que le Nigeria se classe au deuxième rang avec 300 000 tonnes.

En 2018, il y avait environ 1,2 million d'aquaculteurs sur le continent, contre 920 000 en 2014.

L'énergie bleue durable

D'ici à 2030, la demande totale en énergie primaire en Afrique subsaharienne devrait augmenter de 30 % et les technologies des énergies renouvelables pourraient fournir environ 22 % de la consommation finale d'énergie de l'Afrique. Pour répondre à la demande croissante en énergie et atteindre les objectifs de l'Union africaine pour 2063, il est important de libérer l'énorme potentiel inexploité et d'intégrer des ressources énergétiques bleues durables dans les bouquets énergétiques nationaux.

La pénétration de l'énergie bleue a déjà commencé dans de nombreux pays africains tels que le Ghana (énergie des vagues), ou Maurice (fermes éoliennes en mer). Considérant la contribution de l'électricité du Ghana au PIB d'environ 1,5 % comme référence et en supposant que progressivement la part de l'économie bleue atteindra 5 % de la contribution énergétique totale en 2030 et 7 % de la contribution énergétique totale en 2063, la contribution au PIB de l'énergie bleue pourrait atteindre respectivement près de 1,6 milliard et 2,3 milliards de dollars américains.

L'exploitation minière en mer

L'industrie minière est la plus grande activité industrielle du continent, qui contribue de manière significative aux recettes fiscales et au PIB. Son développement pourrait avoir d'importants impacts susceptibles de favoriser le changement structurel des économies locales. Alors que la demande de minéraux augmente dans le monde entier, l'exploitation des fonds marins et de l'eau de mer devient un domaine prometteur pour répondre à la demande, et pourrait contribuer de manière substantielle au développement économique des pays.

L'exploitation minière des fonds marins est une nouvelle frontière au potentiel énorme. La valeur ajoutée des principaux minéraux des fonds marins tels que les diamants, l'or, le cobalt, le zinc et le cuivre en Afrique pourrait atteindre environ 6 milliards de dollars américains. Par ailleurs, les pays africains exploitent environ 2 % de la valeur marchande de l'extraction de l'eau de mer et 10 % de la production mondiale tirée du potentiel marin, la valeur ajoutée générée représente environ 50 milliards de dollars américains. Cela donne une valeur ajoutée combinée d'environ 56 milliards de dollars américains. Elle pourrait atteindre environ 76 milliards de dollars américains d'ici à 2030 et 123 milliards de dollars américains d'ici à 2063 selon l'Union africaine.

Le pétrole et le gaz offshore

En 2018, la contribution totale du pétrole et du gaz au PIB dans les principaux pays producteurs tels que l'Angola, la République démocratique du Congo, la Côte d'Ivoire, la Guinée équatoriale, le Ghana, le Mozambique, le Nigeria et l'Afrique du Sud représentaient environ 80 milliards de dollars américains. En 2030 et 2063, la valeur ajoutée pourrait atteindre respectivement environ 100 milliards de dollars américains et 140 milliards de dollars américains.

Le tourisme côtier

En 2018, le secteur du tourisme côtier a fourni 80 milliards de dollars américains, soit environ 3,4 % du PIB africain avec un taux de croissance annuel de 1,3 % au cours de la dernière décennie. Il a un potentiel d'expansion et de croissance très important, car la plupart des zones ne sont pas encore exploitées. La contribution à l'emploi africain en 2018 était estimée à 24 millions d'emplois, avec un taux de croissance annuel de 5,6 %, contre une moyenne mondiale de 3,9 %. Une tendance qui confirme l'opportunité de développement économique.

En 2030, la valeur ajoutée générée par le tourisme côtier devrait dépasser 100 milliards de dollars avec 28 millions de personnes employées, tandis qu'en 2063, il pourrait atteindre 138 milliards de valeur ajoutée avec un chiffre d'emploi de 35 millions de personnes. Cet important développement stimulera la demande de services et d'infrastructures touristiques. Le développement de l'écotourisme contribuera pour sa part à la conservation des écosystèmes et à la réduction de l'empreinte écologique.

Le carbone bleu et les autres services écosystémiques

Le carbone bleu fait partie de l'économie bleue avec une opportunité de développer des projets au sein des zones humides côtières pour atténuer le changement climatique. La planification de projets de conservation du carbone bleu et l'évaluation des moyens d'intégrer plus efficacement les écosystèmes dans les cadres politiques existants des mécanismes de financement du carbone tels que la réduction des émissions dues à la déforestation et à la dégradation des sols (REDD +) et d'autres mécanismes de la CCNUCC sont indispensables à la restauration et à la protection des écosystèmes marins.

Les contributions déterminées au niveau national (CDN) offrent également une grande opportunité d'adapter et d'atténuer les changements climatiques dans les cadres existants, notamment pour les compensations de carbone appelées crédits carbone.

La protection des côtes, la production de biomasse, l'épuration de l'eau, etc. font partie des services écosystémiques les plus importants fournis par les écosystèmes aquatiques. La valeur monétaire moyenne du service de séquestration du carbone est d'environ 130 000 dollars américains par km2 de mangrove, de marais salants et d'herbiers.

À l'échelle de l'Afrique, la valeur est estimée en 2018 à 40 milliards de dollars américains annuellement avec un potentiel de croissance de 45 milliards de dollars américains en 2030 à 70 milliards de dollars américains en 2063, avec une protection et une restauration efficaces des écosystèmes côtiers, marins et d'eau douce.

La recherche, l'éducation et la formation professionnelle

La recherche, l'éducation et la formation professionnelle sont des piliers essentiels du développement de l'économie bleue en Afrique. Actuellement, les principales activités de recherche et d'éducation sont liées à la pêche et à l'aquaculture, avec un énorme manque d'expertise dans les énergies renouvelables, l'exploitation des ressources en eaux profondes, le pétrole et le gaz, ces secteurs étant dirigés par des sociétés internationales peu liées aux institutions d'éducation et de recherche en Afrique.

L'importance croissante des secteurs de l'économie bleue tels que le carbone bleu stimule actuellement le développement de nouveaux programmes éducatifs dans des pays pilotes tels que l'Afrique du Sud, les Seychelles, Maurice ou le Ghana.

La tendance actuelle est donc de donner priorité à l'éducation, la formation professionnelle et la recherche scientifique conformément aux objectifs des ODD et de la vision 2063 de l'Union africaine. À cet égard, les États sont appelés à développer des réseaux et plateformes de création et de gestion des connaissances sur l'économie bleue au service de l'action, dans le but de stimuler des recherches sur les besoins d'innovation bleue et verte.

Les politiques et stratégies nationales sont également appelées à mobiliser le capital humain et les institutions d'enseignement supérieur et de recherche pour faire émerger une économie durable, bleue et verte, et former les dirigeants et les générations futures à l'économie transformationnelle et inclusive.

La valorisation de l'économie bleue et verte pourrait permettre de convertir, en moins d'une décennie, la croissance et la transformation des modes de production et de consommation en progrès durable, associant à la fois, répartition transformationnelle et inclusive de la richesse et respect de l'environnement et de l'écologie humaine pour un mieux-être des populations du continent.

Tableau de bord des indicateurs de base de l'économie bleue

SECTEUR CONSIDÉRÉ	INDICATEURS SECTORIELS
Pêche et aquaculture	1. Volume des captures (tonnes)
	2. Volume des captures issues de la pêche artisanale (tonnes)
	3. Valeur totale de la production de pêche (valeur des débarquements)
	4. Pourcentage des stocks halieutiques surexploités
	5. Nombre de pêcheurs employés
	6. Nombre de bateaux de pêche artisanale
	7. Valeur ajoutée du secteur en % du PIB
Énergie	1. Capacité éolienne offshore installée
	2. Production de pétrole et de gaz offshore
	3. Valeur ajoutée brute du pétrole et du gaz offshore
	4. Nombre d'employés des secteurs pétrolier et gazier offshore
	5. Nombre de forages exploratoires de pétrole et de gaz
	6. Valeur ajoutée sectorielle de l'énergie
Transport maritime et activités portuaires	1. Valeur ajoutée économique du transport maritime
	2. Nombre d'emplois dans le transport maritime
	3. Volume du trafic de passagers
	4. Volume de marchandises dans les ports
Bioprospection et secteur minier marin	1. Investissement du secteur en % du PIB
	2. Emplois par niveau de compétences créés
	3. Nombre de brevets biologiques marins
	4. Valeur ajoutée du secteur en % du PIB

CHAPITRE 3

Les richesses hydrographiques de la Guinée et la valorisation des écosystèmes hydrogéologiques

—

Ibrahima Sory CAMARA
Directeur national de l'Hydraulique au sein du ministère de l'Énergie, de l'Hydraulique et des Hydrocarbures

Aboubacar YOULA
Chargé du changement climatique et gestion durable des terres au programme Environnement

Introduction

L'objectif de l'économie bleue guinéenne est de tirer parti, à la fois, de ses ressources marines mais également de ses vastes ressources en eau douce. Ce chapitre présente un état des lieux des ressources exceptionnelles et diversifiées en eau en Guinée.

3.1 Le plateau continental et les richesses halieutiques

La zone côtière guinéenne se caractérise par l'extension, unique en Afrique, de son plateau continental. Ce plateau continental guinéen a une largeur comprise entre 120 et 200 km, avec une pente très faible (8 %, orientée Nord-Est - Sud-Ouest)[1]. Son étendue et sa faible pente provoquent une onde de marée de forte amplitude de l'ordre de 3,5 à 4 m, amplitude croissante au fur et à mesure que l'on remonte les estuaires.

1 La pente du plateau continental n'est pas uniforme. Elle est de 2° entre 0 et 20 m ; de 1° entre 20 et 60 m et ainsi de suite (voir F. Domain et al. in *La Pêche côtière en Guinée : ressources et exploitation*, IRD, 1999).

Cette configuration influence fortement le fonctionnement de l'écosystème marin et côtier guinéen qui subit une pluviométrie abondante mais concentrée, des températures élevées mais constantes, des écoulements rapides (érosion des versants), des crues d'hivernage, une dérive littorale, du marnage relativement élevé et des effets importants des houles locales. Par ailleurs, l'hydro-climat et la sédimentologie du plateau continental guinéen influencent directement la distribution spatiale des ressources et les activités de pêche.

Les 3 zones du plateau continental guinéen

- De 0 à 20 m, sur une largeur de 20 à 90 km, soumise à la dynamique estuarienne avec une sédimentation active de limons continentaux fins, enrichis de matière organique par la mangrove : les fonds sont vaseux à sablo-vaseux.
- De 20 à 60 m, sur 40 à 100 km, plaine ondulée entaillée par les canyons des 4 plus grands fleuves : les sédiments sont sableux à sablo-biogènes-coquilliers.
- De 60 à 200 m, sur une largeur de 30 km, la pente s'accentue ; il s'observe des falaises entre 90 et 100 m de profondeur : les fonds sont constitués de vase sableuse.

Les eaux maritimes guinéennes se caractérisent par une grande diversité biologique et abritent d'importantes ressources halieutiques. La forte productivité primaire de la zone économique exclusive (ZEE) guinéenne est la conséquence d'un mécanisme d'enrichissement exceptionnel des eaux par deux phénomènes maritimes importants :

- Le drainage des détritus organiques du continent depuis les falaises du Fouta Djallon par les multiples fleuves qui parsèment environ 350 km des côtes guinéennes. Ces apports terrigènes sont piégés et transformés dans les racines échasses des forêts de mangroves. Les embouchures ou estuaires de ces cours d'eau sont ainsi des zones de reproduction et de nourriceries côtières très fréquentées pour la capture des espèces démersales et pélagiques côtières (*Pseudotolithus elongatus, Pseudotolithus typus, Ethmalosa fimbriata, Sardinella maderensis*, etc.).
- L'action de l'upwelling sénégalo-mauritanien saisonnier provoquant la remontée d'eaux profondes froides et riches en sels nutritifs généralement issus de la reminéralisation de la matière organique que l'on trouve sur le fond. Cette action fertilisante enrichit la zone du large de la ZEE guinéenne jusqu'au niveau du Cap Verga où la pêche aux petits pélagiques, notamment les sardinelles, devient très abondante[2].

Les évaluations directes montrent que les ressources halieutiques ciblées dans l'espace maritime guinéen sont principalement les poissons démersaux (machoirons, otolithes, gros et petits capitaines, pageots, grondeurs, etc.), les poissons pélagiques (bongas et sardinelles), les crevettes côtières et du large, les céphalopodes (seiches et poulpes), et les thons[3].

---

2 L'upwelling sénégalo-mauritanien a toujours été manifeste au nord de la ZEE guinéenne. C'est ce qui fait les mouvements migratoires des pêcheurs de sardinelles dans Boffa et Boké où la « langue » de l'upwelling est plus proche des côtes et enrichit la zone avec des captures notables d'espèces pélagiques. C'est aussi pourquoi les bateaux ciblant les pélagiques pêchent au-delà de 50 milles des côtes où l'effet de l'upwelling est encore plus fort.

3 Voir les résultats des campagnes d'évaluation des ressources démersales réalisées par le navire (N/R) *Général Lansana Conté* dans la ZEE guinéenne et aussi F. Domain et al., « Typologie générale des ressources démersales du plateau continental » in *La Pêche côtière en Guinée : ressources et exploitation*, IRD, 1999.

Les poissons démersaux, constitués essentiellement de machoirons, otolithes, gros et petits capitaines, dorades, mérous et soles présentent un potentiel halieutique de 120 000 à 140 000 tonnes suivies des céphalopodes (11 000 à 15 000 tonnes) et des crustacés (3 000 à 5 000 tonnes). Ces ressources marines sont exploitées par 2 types de pêcheries : la pêche artisanale qui produit plus de 51 % de la production nationale et débarque l'essentiel de sa production au niveau national et la pêche industrielle qui ne débarque que 10 % de ses captures réalisées par les navires de pêche appartenant essentiellement aux armateurs étrangers[4].

De par leur importance socio-économique, les poissons pélagiques côtiers constituent les ressources marines les plus importantes en Guinée. Leurs captures sont exclusivement consommées en Guinée, tandis que la haute valeur commerciale des démersaux (poissons, céphalopodes et crevettes) les prédisposent à l'exportation.

Une vingtaine de techniques de pêche artisanale a été recensée et les engins de pêche sont regroupés en huit grands groupes d'engins de pêche. En pêche industrielle, tous les navires de pêche autorisés à pêcher dans les eaux guinéennes sont des chalutiers, à l'exception de certains thoniers.

Les conditions d'accès aux ressources sont régies par le code de la pêche maritime de 2015 et par les différents plans annuels d'aménagement et de gestion des pêcheries (PAGP). L'exercice de la pêche en Guinée est subordonné à l'obtention d'un permis de pêche artisanale ou d'une licence de pêche industrielle.

Les droits de pêche applicables à la pêche industrielle dépendent du statut du navire (guinéen, étranger) et des espèces ciblées.

Les droits de pêche applicables aux unités de pêche artisanale dépendent de plusieurs facteurs dont le statut (guinéen, étranger), l'engin principal de pêche embarqué et la puissance motrice.

Les navires de pêche industrielle contribuent aussi à l'effort de surveillance des pêches et à plusieurs autres activités du secteur comme le programme Observateur des pêches embarquées pour le suivi des captures, le programme de suivi de l'exploitation des ressources halieutiques par la recherche halieutique, le programme des services satellitaires, etc.

4 Communication orale : données recueillies auprès du service informatique (gestionnaire de la base de données) du CNSHB. Publication scientifique en cours.

3.2 Le réseau hydrographique côtier

La côte guinéenne a une longueur d'environ 350 km. Ce littoral est un immense complexe deltaïque constitué par un ensemble de plaines côtières pouvant atteindre 30 km de large et limitées vers l'intérieur par des falaises des premiers contreforts du Fouta Djalon. Ces plaines sont découpées par les estuaires de nombreux cours d'eau (Compony, Nunez, Kapatchez, Pongo, Konkouré, Soumba, Forécariah, Mellacorée). D'où l'appellation de « rivières du Sud » encore accordée à la Guinée. Ces multiples estuaires qui parsèment le littoral guinéen se transforment au niveau du plateau continental en de profondes paléo-vallées perpendiculaires à la ligne de côte.

Les estuaires de ces fleuves côtiers bénéficient des apports terrigènes et d'une dense couverture de forêts de mangroves. Ce sont des zones de reproduction et de nourriceries pour les ressources marines, des zones de reposoirs et de nidification pour les oiseaux migrateurs et les oiseaux aquatiques. Ces estuaires ont ainsi été considérés comme des zones humides d'importance nationale, régionale et internationale et quatre d'entre elles ont été classés en 1992-1993 comme sites Ramsar côtiers de Guinée (les îles Tristao bordées par le Rio Compony, le Rio Kapatchez, le Rio Pongo et le delta du Konkouré).

Ces sites ont un réel potentiel pour le tourisme de vision et/ou le tourisme balnéaire ainsi que le tourisme culturel. Car ces zones humides abritent des minorités culturelles (Landouma, Baga, Nalou et Mikhiforè) qui font la fierté de la Guinée.

Les sites Ramsar côtiers de Guinée[5]

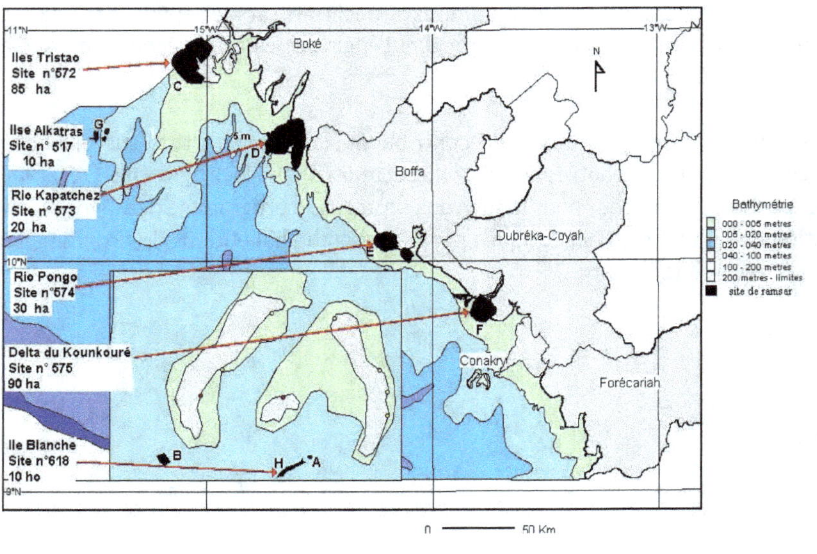

5 La carte ne représente ici que les sites Ramsar côtiers, classés depuis 1992/93. Les sites Ramsar terrestres ont été classés seulement en 2002 et 2005 et il n'existe aucune carte d'ensemble qui les représente.

Les principaux cours d'eau côtiers sont navigables en moyenne jusqu'à près de 30 km de leurs embouchures :

- Le Cogon, qui prend sa source dans la région de Télimélé, traverse celle de Boké et se termine dans l'océan Atlantique par le Rio Company.
- Le Tinguilinta et le Bourounao qui se rejoignent pour former le Rio Nunez traversant sur le passage la ville de Boké et le port minier de Kamsar.
- Le Rio Kapatchez dans la région de Boffa.
- La Fatala, qui traverse la région et la ville de Boffa et se termine par l'estuaire du Rio Pongo.
- Le Konkouré, qui prend sa source dans la région de Mamou à près de 1 000 m d'altitude et traverse les régions de Guinée avant de se jeter dans l'océan Atlantique par un large delta.
- La Forécariah et la Mellacorée sur lesquelles sont bâties respectivement les villes de Forécariah et Benty.

La zone côtière est le domaine de prédilection des palétuviers (*Rhizophora mangle* et *Avicennia africana*). Seuls deux remontoirs rocheux viennent interrompre la monotonie de ces plaines côtières et la régularité du littoral : le Cap Verga avec les plages de Bel-Air et la presqu'île du Kaloum abritant Conakry, capitale de la Guinée, et les îles de Loos avec la plage de Sorro à Kassa et la plage du Gouverneur à Roume[6].

6 Voir K. Bangoura et M. L. Keita (2017), *État des connaissances pour une gestion durable des ressources environnementales marines et côtières de la Guinée (Monographie)*, CERESCOR, Conakry, 59 pp. et O. Pezennec, « L'environnement hydro-climatique de la Guinée » in *La Pêche côtière en Guinée : ressources et exploitation*, IRD, 1999.

3.3 Le réseau hydrographique continental et les bassins internationaux

Doté d'un réseau fluvial de plus de 6 250 km, le territoire guinéen est parsemé par près de 1 165 cours d'eau formant neuf bassins nationaux (non partagés avec les pays voisins, dont celui du fleuve Konkouré) et 14 bassins fluviaux internationaux dont en particulier ceux du fleuve Sénégal (2e plus grand fleuve de l'Afrique de l'Ouest), du fleuve Niger (1er plus grand fleuve d'Afrique de l'Ouest), du fleuve Gambie, de la Makona et du Diani.

Hydrographie de la Guinée

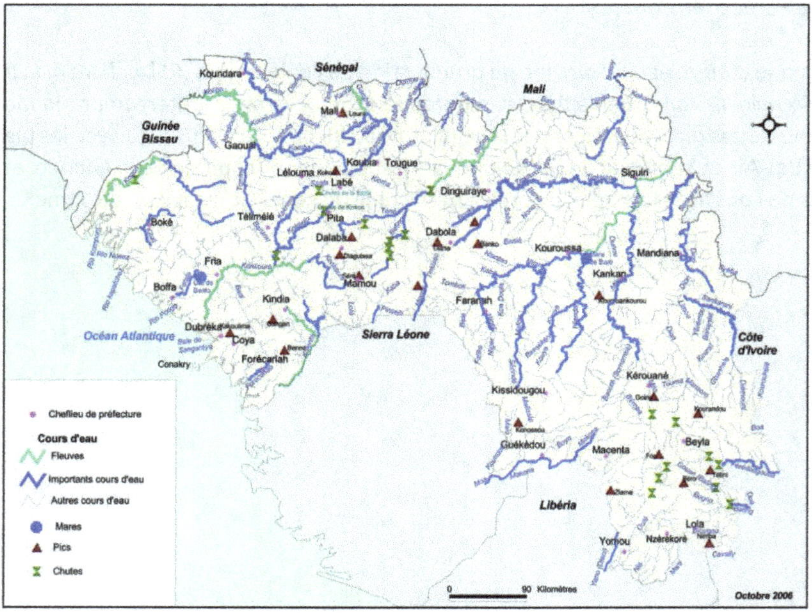

Source : Ministère de l'Économie, des Finances et du Plan – Direction nationale de la statistique.

Les ressources en eau renouvelable du pays seraient de l'ordre de 226 milliards de m^3. Les prévisions d'utilisations seraient de l'ordre de 33 milliards de m^3 en 2025, soit 15 % de ces ressources renouvelables[7].

Le caractère saisonnier du régime de ces nombreux cours d'eau et les récurrences d'importants débits de crue en saison pluvieuse et de sévères étiages en saison sèche font de la maîtrise de l'eau un impératif de développement. Par conséquent, la Guinée fait face à de grands défis nationaux et également sous-régionaux à relever en matière d'eau dans la mesure où le pays est dans l'obligation, selon les conventions

7 MHE, 2018, Politique nationale de l'eau, Conakry.

internationales et régionales, de la partager avec les autres États dans un esprit de solidarité et de coopération mutuellement bénéfique.

Les fleuves et les rivières de Guinée

- Fleuve Sénégal (Sénégal)
  - Rivière Falémé
  - Rivière Bafing
  - Rivière Bakoy
    > Rivière Kokoro
- Fleuve Gambie
  - Rivière Koulountou
- Fleuve Geba
  - Rivière Corubal (Koliba) (Tominé)
- Fleuve Kogon (Company)
- Fleuve Rio Nunez
- Rivière Kitali (Kapatchez) (Katako)
- Fleuve Rio Pongo
  - Rivière Fatala
- Fleuve Konkouré
  - Rivière Kakrima
- Fleuve Soumba (Dubréka)
- Fleuve Soumbouya
- Fleuve Morébaya
- Fleuve Forécariah
- Fleuve Mellacorée
- Fleuve Kolenté (Great Scarcies)
- Fleuve Little Scarcies
  - Rivière Mongo
- Fleuve Moa
  - Rivière Meli
- Fleuve Mano
- Fleuve Lofa
  - Rivière Lawa (Africa)
- Fleuve Saint-Paul
  - Rivière Nianda
- Fleuve Saint-John
- Fleuve Cesstos
- Fleuve Cavally
- Fleuve Sassandra (Côte d'Ivoire)
  - Rivière Gouan (Bafing)
  - Rivière Férédougouba (Bagbe)
- Fleuve Niger
  - Rivière Sankarani
    > Rivière Ouassoulou (Bale)
    > Rivière Dion
    > Rivière Gbanhala
  - Rivière Fié
    > Rivière Tinkisso
    > Rivière Bouka
  - Rivière Milo
    > Rivière Baoulé
  - Rivière Niandan
    > Rivière Kouya
  - Rivière Mafou

3.4 La haute mer

Les États membres de l'ONU ont adopté le 4 mars 2023 un traité international pour la protection de la haute mer après quinze ans de réflexion stratégique dont quatre années de négociations formelles.

Rappelons que la haute mer, appelée aussi eaux internationales, commence à 370 km des côtes, au-delà des ZEE (zones économiques exclusives) qui sont sous la souveraineté des États côtiers. Elle représente 65 % de la surface de l'océan mondial et 90 % de son volume.

Ce premier grand traité, outil juridique contraignant pour la protection et la préservation de la biodiversité marine, promeut la création d'aires marines protégées en haute mer et veille à atteindre ainsi l'objectif de protéger 30 % des terres et océans d'ici à 2030. Cet objectif constitue une première étape vers la protection significative de 50 % des espaces naturels prévue à l'horizon 2050, un niveau nécessaire pour contrer, selon des études scientifiques, la perte de la biodiversité et contribuer indirectement à la régulation du climat.

Ce nouveau traité va permettre d'entreprendre des études d'impact environnemental sur les activités envisagées en haute mer ainsi que le transfert de savoirs et de technologies marines à l'intention des pays en développement, notamment les moins avancés.

Eu égard au fait que la « haute mer » n'appartient à personne et qu'elle est donc sous la responsabilité de tous, il est fondamental que soient menées par les pays concernés, et sous leur juridiction ou leur contrôle, les études préalables nécessaires pour mesurer les impacts potentiels des activités sur le milieu marin.

À ce jour, seule l'exploitation du sol et du sous-sol marins – qu'on appelle « la Zone » – est régulée par l'Autorité internationale des fonds marins qui réglemente la prospection et l'exploitation minière. Par conséquent, la nouvelle convention prévoit que soient conduites de telles études d'impact pour les activités ayant lieu dans les eaux nationales, si celles-ci sont susceptibles d'affecter de manière substantielle la haute mer, à l'initiative des États.

Le traité prévoit qu'un mécanisme de traitement transparent de ces études d'impact soit établi et exige que l'État concerné s'assure d'avoir fait « tous les efforts raisonnables » pour prévenir les atteintes au milieu marin.

Les États devront publier ces études et tenir compte des avis et recommandations d'un conseil consultatif scientifique et technique, composé d'experts choisis par eux.

Au total, il est fondamental pour être efficace que le traité soit « universel » en recueillant l'adhésion du plus grand nombre de pays, notamment ceux du continent africain.

3.5 Les mares

En l'absence d'une situation de référence, d'inventaire ou de suivi de la ressource réalisée de façon systématique, c'est à la Haute-Guinée où ces plans d'eau sont nombreux et mieux exploités avec la présence de vastes plateaux et de plaines inondables de basse altitude qui longent le fleuve Niger et ses affluents (Tinkisso, Milo, Niandan) que sont associées ces mares. Généralement, c'est en période d'étiage (saison sèche) que ces mares s'isolent complètement de ces cours d'eaux. Les poissons migrent à chaque saison de crue des cours d'eaux vers les mares limitrophes qui deviennent naturellement leur lieu de reproduction et de grossissement. Des mares permanentes et des mares saisonnières ont été identifiées dans toutes les préfectures de la Haute-Guinée. À titre d'exemple[8], 195 mares temporaires et 30 mares permanentes ont été recensées en 2008 à Kankan, 6 mares permanentes à Dabola, 7 à Kouroussa, 36 à Mandiana et 5 à Siguiri. Les mares identifiées et localisées sont des propriétés collectives, placées sous une autorité coutumière. Elles sont gérées par un chef coutumier qui devient le propriétaire traditionnel. Dans certains cas, la gestion de la mare est placée sous l'autorité traditionnelle du chef du village comme les mares de Khon, à Diomabanan, dans la préfecture de Siguiri et de Salansé, à Faralako, dans la préfecture de Mandiana.

À ces zones humides sont associées des cérémonies annuelles de pêche collective. C'est par ailleurs un évènement culturel de haute portée coutumière (rites animistes et offrandes aux génies de la mare) dont la date est fixée par le propriétaire de la mare en commun accord avec le chef du village, assisté de ses sages. Ils ont donc un fort contenu de consolidation du tissu social, touristique et culturel. Les cérémonies organisées à l'occasion de la pêche collective de la mare de Baro en sont l'exemple le plus populaire et le plus médiatisé en Guinée.

3.6 Les retenues d'eau des barrages hydroélectriques

Pour résorber son déficit en électricité, la Guinée a lancé un vaste programme d'exploitation de ses énormes potentialités hydro-énergétiques à travers la construction de plusieurs barrages, dont ceux de Garafiri, Kaléta, Souapiti, Koukoutamba et d'Amaria.

Ces barrages créeront des retenues d'eau de très grande capacité qui représenteront un potentiel favorable aux activités de pisciculture, en fonction des caractéristiques de leurs plans d'eau. Généralement, des études supplémentaires s'imposent pour confirmer leur convenance à l'activité piscicole.

Parmi ceux qui sont déjà opérationnels, on peut citer les retenues des barrages hydroélectriques suivants :

- Le barrage de Garafiri inauguré en 1999 pour une puissance de 75 MW. Son plan d'eau a un volume d'eau de 1 600 hm^3 et ne s'assèche jamais, mais chaque année, le niveau d'eau connaît une baisse considérable en saison sèche (période d'étiage).
- Les barrages de Banéa et Donkéa/Kalé font partie du système Samou et sont de grandes retenues positionnées en série avec des volumes d'eau respectifs de 264 hm^3 et 14 hm^3. Leur niveau d'eau est beaucoup plus stable que celui de Garafiri.
- Deuxième complexe hydroélectrique construit sur le Konkouré après celui de Garafiri, le barrage de Kaléta (240 MW) est opérationnel depuis septembre 2015. Sa retenue d'eau est de 23 hm^3 et semble plus favorable à la croissance des poissons, comparativement aux 3 autres barrages cités ci-dessus.

8 Magassouba M. et al., Rapport d'étude - La pêche dans quelques mares permanentes de la préfecture de Kankan, 16 pp, Conakry 2008 et Rapport d'inventaire des mares de Haute-Guinée (2004) - Département pêche continentale et aquaculture du CNSHB.

La pêche est pratiquée dans ces retenues. Mais les populations environnantes n'ont pas vocation de pêcheurs. Elles utilisent généralement des engins de pêche traditionnels à pied comme les nasses, les lignes, l'épervier et les filets barrages, etc. Les faibles captures réalisées servent principalement à l'autoconsommation ou, au plus, à alimenter les marchés forains voisins en période de pêche propice. La pêche commerciale proprement dite a commencé autour de la retenue de Garafiri avec les pêcheurs somonos venus de la Haute-Guinée et de la République du Mali. Installés dans des campements de pêche de fortune, ils ont amélioré les unités de pêche en utilisant des embarcations de petite taille non motorisées et opèrent avec des filets maillants dérivants de petites tailles, des lignes et des palangres. En cas d'abondance des captures, le fumage est pratiqué pour alimenter, en poisson, les marchés forains le long des axes routiers voisins. La pêche à pied est beaucoup plus pratiquée dans les retenues des barrages de Donkéa/Kalé que dans la retenue du barrage de Garafiri.

Situé à 6 km en amont, le complexe hydroélectrique « chinois » de Souapiti (450 MW) a été mis en service en 2023, à l'issue de sa réception provisoire en juillet 2021. Sa retenue de 6,3 milliards de m^3 d'eau va offrir des opportunités certaines de pisciculture et de tourisme.

D'autres barrages hydroélectriques sont en programmation avancée. Ce sont :

- Le barrage d'Amaria (300 MW), quatrième et dernier barrage sur le Konkouré, il sera construit exclusivement sur fonds privés.
- Le barrage de Koukoutamba (294 MW) qui sera réalisé sur le Bafing, principal affluent du fleuve Sénégal dans le cadre de l'Organisation pour la mise en valeur du fleuve Sénégal (OMVS).

D'autres projets d'aménagements hydroélectriques sur le fleuve Bafing sont en préparation dans le cadre de l'OMVS, notamment l'aménagement hydroélectrique de Boureya (161 MW) et celui de Balassa (181 MW). Il y a également le projet de barrage à buts multiples de Fomi, prévu comme ouvrage d'intérêt commun entre les Républiques de Guinée et du Mali, dans le cadre de la coopération transfrontalière en matière de gestion des ressources en eau partagée de l'Autorité du Bassin du Niger (ABN).

Avec un suivi régulier et la réalisation d'études d'adaptation des espèces locales de poisson, la multiplication de ces retenues de grande capacité permettra un développement rapide de l'aquaculture en Guinée. En plus des emplois créés et de l'amélioration des conditions de vie des populations, la consommation per capita de poisson et de protéines animales augmentera de manière significative, principalement dans les zones de l'intérieur du pays. Par ailleurs des campements d'écotourisme pourraient servir dans ces zones de stations pour un tourisme de découverte à travers les régions naturelles de la Guinée.

Au-delà de cette importance socio-économique, il faut souligner que la construction de ces barrages hydroélectriques aura des impacts certains autant sur les populations riveraines, dont la grande majorité sera déplacée et relocalisée loin des sites habituels, que sur l'environnement et la biodiversité.

Le projet du barrage de Koukoutamba, son lac artificiel et ses infrastructures pourraient avoir des impacts négatifs sur le parc du Moyen-Bafing, et ses forêts riches en termes de biodiversité, menaçant l'habitat de près de 5 000 chimpanzés, une espèce phare dont la Guinée abrite le plus grand nombre en Afrique.

3.7 Les retenues hydro-agricoles et agro-pastorales

Ce sont des retenues supposées alimenter en eau un réseau d'irrigation de terres agricoles. Ce type d'ouvrage, servant à stocker l'eau, comprend une digue en terre, un évacuateur des crues, des prises d'eau et des canalisations d'irrigation. Il existerait 37 retenues dans les 4 régions naturelles, certaines sur des propriétés privées, d'autres appartenant aux communautés environnantes. Globalement, leurs infrastructures sont en mauvais état[9] (48,65 % remplies d'eau pour 16,22 % avec un réseau d'irrigation fonctionnel).

En fonction des caractéristiques de leurs plans d'eau, ces retenues sont plus ou moins favorables aux activités de pisciculture et représentent ainsi un potentiel d'économie bleue intéressant à valoriser. Toutefois, des études supplémentaires s'imposent pour confirmer leur convenance à l'activité piscicole et la remise en état de leurs infrastructures.

Une multitude de petites retenues collectives d'une surface moyenne de 0,5 ha par retenue existeraient en zones d'intervention de la Société guinéenne de palmiers

9 MPAEM, 2017, Rapport final - Étude de faisabilité du projet de développement de la pisciculture en Guinée, Conakry.

à huile et d'hévéas (Soguipah - préfecture de Yomou en Guinée forestière) dont plusieurs sont empoissonnées et en production. Le plus grand effort de ces dernières années a été fourni pour la construction de la retenue de Koundian en Haute-Guinée pour plus de 6 000 m^3 d'eau devant servir à l'aménagement d'environ 1 000 ha de plaine. Aujourd'hui, après ensemencement et grâce à l'intervention d'un privé, la pêche y serait fructueuse. C'est une forme d'aquaculture semi-intensive qui pourrait ainsi être répliquée dans d'autres sites potentiels.

3.8 Les eaux souterraines

Les potentialités hydriques de la Guinée sont énormes et d'origine pluviale, avec une pluviométrie moyenne de 1 988 mm/an inégalement répartie et dont les pics peuvent atteindre 4 000 à 4 500 mm de pluie à Conakry et aux alentours.

Les ressources en eau de surface renouvelables, y compris la partie partagée, sont estimées à 226 km^3/an. Les ressources en eaux souterraines sont peu connues, mais elles sont évaluées à 72 km^3, dont 38 km^3 renouvelables en année de pluviométrie moyenne[10]. Ces estimations ne reposent pas sur des études systématiques. Le système de distribution de l'eau potable en Guinée étant très déficitaire, tant à Conakry que dans les autres villes de l'intérieur du pays, le gouvernement guinéen a encouragé le pompage de la nappe aquifère par la mise en œuvre d'un programme de forage et d'aménagement des puits d'eau potable par le SNAPE (Service national des points d'eau) dans plus d'un millier de points d'eau ruraux. La technique de forage s'est ainsi améliorée et répandue. De nos jours, le forage de la nappe phréatique est pratiqué dans tous les grands centres urbains du pays. La Société des eaux de Guinée utilise également des stations de pompage pour améliorer la desserte en eau potable de certains quartiers résidentiels de Conakry.

L'utilisation des eaux souterraines par les sociétés minières ou pour des besoins agricoles est encore peu documentée en Guinée. Généralement, les sociétés minières réalisent un by-pass sur des fleuves voisins pour leurs besoins industriels ou pour l'arrosage des périmètres maraîchers.

3.9 La gouvernance des ressources en eau

La gouvernance des ressources en eau est assurée par de nombreux accords transfrontières, des engagements bilatéraux et multilatéraux appuyant la gestion intégrée de l'eau dans les sept bassins d'Afrique.

Le principe 4 de la Déclaration de Dublin de 1992 sur l'eau et le développement durable (« les Principes de Dublin ») stipule que « l'eau a une valeur économique dans toutes ses utilisations et devra être reconnue comme bien économique ».

10 MHE, 2018, Politique nationale de l'eau, Conakry et MEEF, 2011, Politique nationale de l'environnement, Conakry.

Cette vision a posé les fondements de l'exploitation équitable et durable de l'eau aux fins de développement socio-économique en Afrique. Elle a été conçue pour éviter les conséquences désastreuses des menaces naturelles et humaines sur les ressources en eau et pour stimuler et soutenir la croissance pour le développement économique et le bien-être social du continent.

À travers les déclarations techniques établies par les conseils des ministres et ensuite adoptées par les chefs d'État et de gouvernement, les priorités en faveur de l'eau ont enregistré un élan considérable, notamment à partir de 2015 et depuis le début de la décennie 2020. En effet, les gouvernements du continent et, en particulier, les ministres africains responsables de l'eau se sont mis d'accord sur des engagements pour accélérer la réalisation des objectifs en matière d'eau et d'assainissement en Afrique et mobiliser les ressources nécessaires à la protection et à la valorisation des ressources essentielles à la vie et au développement durable.

De nombreux pays d'Afrique luttent pour atteindre les objectifs de sécurité de l'eau, d'approvisionnement fiable en eau pour les activités productives et de sécurité de l'eau, en raison d'événements extrêmes, comme les inondations et les sécheresses.

L'analyse des cadres de gouvernance révèle que le lien entre l'eau et l'économie bleue ou océanique est constamment rompu et que l'eau est traitée comme une ressource isolée, dont les caractéristiques essentielles, comme sa relation avec les ressources océaniques, et ses ressources naturelles, ne figurent tout simplement pas dans les cadres de gouvernance. Sur une note plus positive, cependant, de nombreux pays ont utilisé l'eau pour produire de l'hydroélectricité.

La facilité africaine de l'eau, gérée par la Banque africaine de développement, a porté les investissements en infrastructures à 1,9 milliard de dollars américains pour la mise en œuvre de projets dans 52 pays en 2018-2022. Cependant, il reste un énorme besoin d'investissements supplémentaires pour atteindre les objectifs de la Vision africaine pour l'eau à l'horizon 2025.

La Guinée dispose d'un document de Politique nationale de l'eau, assorti d'une stratégie de mise en œuvre qui a été élaborée en 2017 et adopté en 2018. Elle s'est engagée dans l'élaboration du Plan d'Action de Gestion intégrée des Ressources en Eau avec l'appui du PNUD et de l'UICN. Ce document de Politique nationale de l'eau est structuré en trois chapitres :

Chapitre1 : Contexte national et cadre stratégique de gestion des ressources en eau

- Contexte national de gestion de l'eau
- Problématique et défis de la gouvernance des ressources en eau
  > Problématique et défis sur le plan juridique et institutionnel
  > Problématique et défis en matière de connaissance et de planification des ressources en eau
  > Problématique et défis de la valorisation des ressources en eau
  > Problématique et défis du financement des ressources en eau

Chapitre 2 : Fondements stratégiques de la Politique nationale de l'eau
- Objectifs de la Politique nationale de l'eau
- Priorités d'utilisation de l'eau en République de Guinée
- Principes de gestion des ressources en eau
- Principes de la Politique nationale de l'eau
- Orientations stratégiques et aspects opérationnels de la Politique nationale de l'eau

Chapitre 3 : La stratégie de mise en œuvre de la Politique nationale de l'eau
Elle contient les 7 axes opérationnels suivants :
1. Rendre légal et officiel le document de Politique nationale de l'eau dès la première année de son adoption.
2. Recentrer les attributions des départements ayant des liens sensibles avec l'eau autour des principales fonctions de gestion des ressources en eau.
3. Élaborer et mettre en œuvre un programme national de renforcement des capacités d'intervention du secteur privé (ingénierie et travaux) à même de contribuer efficacement à l'élaboration et à la mise en œuvre de la politique nationale et des politiques et stratégies sectorielles en matière d'eau.
4. Élaborer et mettre en œuvre une stratégie de financement du secteur de l'eau.
5. Organiser la mise en place de l'administration spécifique de gestion des ressources en eau des bassins hydrographiques.
6. Consolider conformément à la Politique nationale de l'eau, le cadre programmatique de la gestion des ressources en eau.
7. Assurer le pilotage et la concertation nationale des acteurs du secteur de l'eau dans la mise en œuvre de la Politique nationale de l'eau.

Le contexte général de la Guinée fait donc de ce pays un candidat idéal pour la promotion d'une économie bleue durable :
- Les ressources sont multiples du fait de la façade maritime et des eaux continentales du « pays des rivières du Sud ».
- Les besoins sont immenses pour relever le défi de la pauvreté et de la sécurité alimentaire.
- Un potentiel considérable demeure partiellement ou largement sous-exploité dans divers secteurs comme la pêche, l'aquaculture, les activités portuaires, l'hydroélectricité, ou le tourisme bleu et le transport fluvial, encore embryonnaires à ce jour.
- L'engagement du pays en faveur du développement durable appelle à la fois la valorisation et la préservation des ressources hydriques.
- La planification stratégique pour le développement durable s'appuie sur la valorisation des potentialités de l'économie bleue et verte et le pays dispose de stratégies nationales de haute qualité.

CHAPITRE 4

Les filières classiques de l'économie bleue guinéenne

—

Amara KEITA
Secrétaire général du ministère de la Pêche et
de l'Économie maritime de la République de Guinée

Madina DIAWARA
Directrice nationale adjointe en charge des transports terrestres
au ministère des Transports de la République de Guinée

Alkaly DOUMBOUYA
Directeur de recherche au Centre national des sciences halieutiques
de Boussoura, institution relevant du ministère de la Pêche
et de l'Économie maritime

Introduction

L'exploitation des richesses halieutiques, l'aquaculture, l'exploration sous-marine et la recherche scientifique marine, et celle du sous-sol, notamment du pétrole et du gaz, mais aussi le tourisme et les activités de loisirs, se sont développés dans le monde, au gré des circonstances et des innovations technologiques contemporaines.

Avec le concours des grandes firmes multinationales, de nouveaux domaines et chaînes de valeur semblent voir le jour en Afrique, notamment les énergies marines, les minerais des grands fonds et les ressources génétiques tirées de la biodiversité. En Guinée, les filières classiques de l'économie bleue disposent d'un potentiel considérable.

4.1 Les richesses halieutiques et le développement de l'économie bleue

En 2020, les pêches et l'aquaculture en mer et dans les eaux intérieures ont été sources de revenus et de moyens d'existence pour environ 65 millions de personnes dans le monde. Parmi ces personnes travaillant dans le secteur primaire de la production de poissons, neuf millions étaient des pêcheurs ou des aquaculteurs occasionnels. Plus de 85 % d'entre elles vivent en Asie, 9 % en Afrique et 3,5 % en Amérique latine et aux Caraïbes.

En dehors du secteur primaire, la pêche et l'aquaculture offrent une palette d'emplois très large, dans toutes sortes d'activités auxiliaires depuis la transformation des poissons jusqu'à la construction des navires et la gestion des ports.

La FAO estime le nombre d'emplois directs mais aussi ceux liés aux activités secondaires entre 700 et 850 millions de personnes, au niveau mondial. Ces emplois comme la productivité dépendent des investissements et équipements mobilisés.

À cet égard, la flotte de pêche mondiale est composée à 85 % de bateaux de moins de 12 m, 30 % d'entre eux n'ont pas de moteur, avec de fortes disparités d'un continent à l'autre. Les bateaux de pêche industrielle de 24 m de long représentent environ 2 % des bateaux de pêche motorisés.

Les techniques de pêche pratiquées sont diverses. La pêche littorale à bord d'embarcations légères utilise des techniques traditionnelles telles que les lignes, les palangres, les filets et casiers. À l'opposé, les bâtiments qui pêchent les espèces pélagiques utilisent la senne tournante ou coulissante, mais aussi des chaluts.

Chaque type de matériel ou de pratique de pêche présente des avantages et des inconvénients au regard des espèces présentes sur les zones de pêche et qu'ils n'ont pas vocation à capturer. Il est important de pouvoir améliorer la pêche au chalut, dont les inconvénients sont importants en termes de captures accessoires et de dommages sur les fonds sous-marins. L'amélioration de la sélectivité, qui vise à capturer uniquement ce que les pays souhaitent pêcher en épargnant les poissons de petite taille ou sans valeur commerciale, est essentielle. Elle peut être intraspécifique (sélection de taille au sein d'une même espèce) ou bien interspécifique (séparation entre espèces).

Des dispositifs techniques sont étudiés à cette fin, y compris en Afrique, en particulier pour les chaluts dont les usages ont évolué (dispositif de séparation au sein des chaluts, signaux acoustiques, etc.).

La dégradation progressive des stocks de poissons depuis près de trois décennies, notamment les stocks de pêche traditionnelle, au niveau des plateaux continentaux, a conduit à la contraction des captures issues de la pêche artisanale et à la progression des flottes de pêche exploitant des eaux de plus en plus lointaines et plus profondes.

Dans le cadre de l'économie bleue et pour tirer le meilleur parti des stocks de poissons des pays ayant des frontières communes, la coopération régionale peut se révéler déterminante pour augmenter les retombées positives des accords de pêche signés conjointement mais aussi avec des pays étrangers.

Dans les zones économiques exclusives (ZEE) des pays d'Afrique de l'Est riverains de l'océan Indien occidental, les flottes de pêche commerciales – principalement européennes (bateaux senneurs) et asiatiques (palangriers) – ciblent le thon et d'autres espèces pélagiques. Différents mécanismes, tous abondamment utilisés, permettent aux flottes de grande pêche d'obtenir des droits d'accès à ces ressources : cela va d'accords de partenariat de pêche (APP) à des co-entreprises entre États et bateaux étrangers, en passant par des accords intergouvernementaux bilatéraux, des changements de pavillon, des affrètements ou d'autres accords de ce type, sans oublier les accords commerciaux privés entre associations ou entreprises étrangères et gouvernements de la région.

Ces accords de pêche jouent un rôle important dans la création de richesses pour les pays concernés. À cet égard, les gouvernements doivent investir pour le renforcement de leurs capacités d'analyses stratégiques mais aussi dans les équipements et les moyens pour contrôler et surveiller les activités de ces flottes.

Le rôle stratégique que jouent la pêche et l'aquaculture en matière de sécurité alimentaire et de lutte contre la pauvreté crée non seulement des possibilités de croissance économique mais place également ce secteur dans une position particulière par rapport aux autres secteurs tirant des avantages des océans et de l'économie bleue.

En effet, il reste beaucoup à faire pour que la pêche devienne en Afrique une activité durable dans le contexte plus large des écosystèmes. Néanmoins, des travaux normatifs globaux en font déjà un secteur novateur qui s'appuie sur les principes du développement durable.

La production aquacole de poissons de consommation a significativement progressé en Afrique au cours des deux dernières décennies écoulées.

Le Maghreb et l'Égypte ont vu leur production passer de 20000 tonnes par an au début de l'an 2000 à plus de 140000 tonnes par an entre 2021-2022. L'Afrique subsaharienne a également progressé passant de 12000 tonnes en 2001 selon le rapport de la FAO de 2018 sur la situation des pêches et de l'aquaculture à près de 160000 tonnes en 2021 avec une production du Nigeria exceptionnelle puisque représentant près de 70 % de celle des pays subsahariens.

Les pêcheurs et les aquaculteurs sont les premiers intendants du milieu marin et doivent être soutenus et accompagnés, notamment par les acteurs de la société civile pour rendre plus écologiques et durables les secteurs de la pêche et de l'aquaculture.

Les activités piscicoles et artisanales favorables à la croissance économique locale, à la lutte contre la pauvreté et l'insécurité alimentaire doivent être reconnues et saluées pour leur approche écosystémique des pêches et de la production aquacole, assortie de régimes fonciers équitables et responsables visant à encourager une meilleure gestion et une plus large inclusion sociale. Ces démarches visent à intégrer la pêche et l'aquaculture dans la gestion des bassins hydrographiques et des zones côtières, y compris grâce à une planification spatiale maritime adéquate.

Les produits de la pêche en général et le poisson en particulier constituent de précieuses ressources en protéines et en oligoéléments pour les populations humaines, notamment du continent. Ces productions sont susceptibles de contribuer à leur équilibre nutritionnel et à leur santé.

Les Nations Unies estiment que le poisson entre à hauteur de presque 25 % dans les protéines animales d'environ 350 millions de personnes et approximativement à hauteur de 15 % pour près d'un milliard d'habitants du continent africain en 2020.

Les organisations régionales de gestion des pêches se concentrent sur la conservation des stocks de poissons, qui est un facteur commercial majeur dans une économie bleue en développement. La protection des ressources naturelles doit constituer une priorité afin que les réserves de poissons soient disponibles pour faire progresser l'économie bleue et océanique.

Rappelons que les deux tiers des stocks pêchés en haute mer sont soit épuisés, soit surexploités et que toutes les activités humaines dans les zones situées au-delà de la juridiction nationale ne sont pas suffisamment réglementées. La nature dispersée des organisations de gestion des pêches et l'absence de mécanismes de coopération adéquats entravent la croissance de l'économie des pêches.

À mesure que la demande mondiale de poisson augmente, de plus en plus de navires de pêche étrangers pénètrent dans les océans africains, où la vie marine est relativement abondante, menaçant les moyens de subsistance des pêcheurs locaux et coûtant à l'Afrique environ un milliard de dollars américains par an, selon la FAO.

Le secteur artisanal est constitué de navires plus petits nécessitant moins d'investissement en capital. Les pêcheurs artisanaux utilisent principalement des engins de pêche écologiques à petite échelle (comme des lignes à main ou des filets maillants) ou des engins fixes (tels que des digues de pêche ou des pièges) pour obtenir des rendements viables, tout en assurant la pérennité requise de l'économie bleue.

En théorie, la pêche africaine est protégée par le droit international. La Convention des Nations Unies sur le droit de la mer de 1982 définit une zone de 200 milles marins au large des côtes des États côtiers, dans laquelle la pêche et l'exploitation d'autres ressources naturelles marines sont réglementées. Cependant, les efforts des pays africains pour mettre un terme à la pêche illégale, dans ces limites, sont entravés par un manque de capacités et parfois de compétences pour appliquer la réglementation, mesurer et surveiller les vastes zones maritimes.

Les pays côtiers en grande majorité ne peuvent se permettre de mettre en place des structures efficaces de contrôle de la pêche compte tenu de leur complexité et de leur coût y compris dans leurs eaux territoriales ou leurs zones économiques exclusives.

L'insuffisance des régimes fiscaux doublée de l'absence de droits de propriété bien définis dans le secteur de la pêche augmentent le nombre de pêcheurs en haute mer, ce qui rend la pêche illicite, non déclarée et non réglementée, très attrayante.

La pêche et l'aquaculture sont de plus en plus mises à contribution pour répondre aux besoins alimentaires et nutritionnels d'une population en forte expansion eu égard au fait que la démographie continentale progresse de 2,9 % par an en moyenne.

Parmi tous les secteurs qui produisent des aliments d'origine animale, l'aquaculture devrait connaître un développement accéléré et afficher une des croissances les plus rapides sur le plan alimentaire. La hausse des prix et la forte demande dans les pays en développement ont fait grimper les échanges en volume et en valeur jusqu'à un niveau jamais enregistré en Afrique.

Depuis trois décennies, l'aquaculture est le moteur mondial de la croissance de la production totale de produits aquatiques. L'aquaculture assure en effet une part croissante de l'offre totale de produits aquacoles qui atteint aujourd'hui près de 125 millions de tonnes en 2020 pour une valeur de 210 milliards de dollars américains. L'aquaculture en eau douce progresse par ailleurs plus vite et représente aujourd'hui 60 % de la production mondiale.

Souvent présentée comme dépendante des activités minières d'une part, et agricoles d'autre part, l'économie de la Guinée, si elle s'oriente vers un développement durable comme le préconisent les orientations stratégiques qu'elle a retenues à l'horizon 2040, doit saisir toutes les opportunités que lui offrent ses ressources en eau. La République de Guinée jouit en effet d'une situation privilégiée en matière de ressources halieutiques et d'eau douce en raison de l'importance de son plateau continental et de la densité de son réseau hydrographique. Valoriser ces ressources en eau, mettre l'eau au service d'un développement durable du pays passe par l'identification des secteurs les plus prometteurs en termes d'emplois, de valeur ajoutée et d'exportation.

Les différents secteurs analysés ci-après sont ceux qui semblent constituer à ce jour les éléments fondamentaux de l'économie bleue en Guinée.

4.2 La pêche

Les stocks des dix principales espèces pêchées, qui représentent environ 30 % de la production des captures marines, sont aujourd'hui pleinement exploités et il n'existe aucune possibilité d'accroissement de la production sauf à faire évoluer les nouveaux modes, reproductifs et plus écologiques, des ressources halieutiques. Au regard des stocks surexploités que l'on observe, il n'est possible d'améliorer les volumes pêchés qu'avec la mise en œuvre de plans efficaces de reconstitution des ressources. Aussi, l'aquaculture doit être privilégiée, car elle est en capacité de fournir davantage de poissons destinés à la consommation humaine que les pêches de capture.

4.2.1 La pêche côtière

a. Le cadre juridique et institutionnel

Les activités dans le domaine de la pêche, de l'aquaculture et de l'économie maritime sont conduites sous la responsabilité du ministère de même nom conformément au décret D/2018/176/PRG/SGG portant attributions et organisation.

Pour accomplir sa mission le ministère des Pêches, de l'Aquaculture et de l'Économie maritime (MPAEM) s'appuie sur plusieurs organes centraux et déconcentrés parmi lesquels trois directions nationales et une agence :
- la Direction nationale de la pêche maritime ;
- la Direction nationale de la pêche continentale ;
- la Direction nationale de l'économie maritime ;
- l'Agence nationale de l'aquaculture de Guinée.

Au niveau déconcentré, le MPAEM comprend :
- les directions régionales de la pêche et de l'aquaculture ;
- les directions préfectorales et communales de la pêche et de l'aquaculture.

Les attributions des directions sont fixées par des arrêtés ministériels.
La mise en œuvre des activités du secteur de la pêche se fait en conformité avec certaines dispositions législatives et réglementaires dont, entre autres :
- la loi L/2015/026/AN portant code de la pêche maritime ;
- la loi L/2015/027/AN portant code de la pêche continentale ;
- la loi L/2015/028/AN portant code de l'aquaculture ;
- le décret D/2014/262/PRG/SGG portant définition des zones de pêche ;
- l'arrêté ministériel A/2014/6691/MPA/CAB/ portant approbation du plan annuel d'aménagement et de gestion des pêcheries ;
- l'arrêté ministériel relatif à la fermeture d'une zone maritime aux activités de pêche industrielle (repos biologique) depuis 2014 pendant les mois de juillet et août ;
- l'arrêté relatif à la réglementation de la pêche artisanale n°00676/MPA/SGG/2006.

b. Les politiques et les stratégies sectorielles

Les documents de référence sont les suivants :
- la Lettre de politique de développement de la pêche et de l'aquaculture (LPDPA), 2009 ;
- le Document cadre de politiques de pêches et de l'aquaculture (DOCPA), 2015 ;
- la Stratégie de la pisciculture, 2017.

c. Les investissements et la contribution du secteur à l'économie nationale

Une étude réalisée en 2018 par le Programme régional des pêches en Afrique de l'Ouest (PRAO) avait conclu que la contribution du secteur était un peu plus élevée que le niveau mentionné dans le tableau ci-dessous, du fait que les comptes nationaux valorisent principalement la production et ne prennent pas suffisamment en compte la valeur ajoutée des acteurs qui gravitent autour de l'activité de production.

Évolution du PIB du secteur de la pêche, de l'aquaculture et de l'économie maritime

	2012	2013	2014	2015	2016	2017
PIB national	53358	57865	61573	65829	77088	93834
PIB du secteur Pêche, Pisciculture et Aquaculture	2017	2248	2279	2566	2891	4107
	3,8%	3,9%	3,7%	3,9%	3,8%	4,4%

Source : Comptes nationaux, Institut national de la statistique (INS).

d. Les acteurs du secteur et les emplois

Les acteurs du secteur de la pêche et de l'aquaculture sont les employés de l'administration, les professionnels du secteur privé (informel et formel) et leurs organisations.
- Les services de l'administration comptent un effectif de 1 328 agents, dont 29,9 % de femmes.
- Le secteur privé formel du secteur de la pêche compte 313 entreprises inscrites dans la base de données de l'APIP (Agence de promotion des investissements privés), dont 14,1 % sont gérées par des femmes.
- Les acteurs du secteur informel et leurs organisations structurées (selon les métiers).

Les divers acteurs professionnels sont regroupés dans les organisations structurées suivantes :
- L'Union nationale des pêcheurs artisans de Guinée (UNPAG) regroupe les pêcheurs artisans maritimes.
- L'Association nationale des exportateurs de produits halieutiques (AGEXPHA) constituée de sociétés et entreprises exportatrices de produits de mer.
- L'Union nationale des mareyeurs de Guinée (UNMAG) représente les coopératives de mareyeuses et de mareyeurs.
- L'Union nationale des femmes fumeuses de poisson (UNFFP) représente les coopératives ou groupements des femmes fumeuses de poisson.
- L'Union nationale des mécaniciens de moteurs hors-bord de Guinée (UNAMOHG).
- La Fédération régionale des pisciculteurs de la Guinée forestière (FRP-GF) regroupe les groupements, unions des pisciculteurs des préfectures de la Guinée forestière.
- L'Union nationale des pêcheurs continentaux de Guinée (UNPCG) regroupe les pêcheurs continentaux des préfectures de la Haute-Guinée.

Ces organisations sont chapeautées par de nouvelles organisations faîtières que sont :
- La Fédération des entreprises de pêche industrielle (FEPI), qui regroupe les industriels de la pêche maritime.
- La Fédération nationale des pêcheurs artisans de Guinée et activités connexes (FENAPAG/AC) qui regroupe les acteurs de la pêche artisanale et activités connexes.

Ces fédérations ont mis en place à leur tour la Confédération nationale des pêcheurs et exportateurs de Guinée (CONAPEG) qui regroupe la totalité des organisations de pêche et d'aquaculture de Guinée. Une dernière organisation de niveau régional se préoccupe de l'organisation des pêcheurs artisans guinéens. C'est la Plate-forme des acteurs non-étatiques de la pêche artisanale de Guinée (PANEPAG).

L'analyse économique du secteur de la pêche et de l'aquaculture réalisée en 2018[1] a montré que « la pêche fournissait globalement près de 237 241 emplois, dont 26,5 % d'emplois directs et 73,5 % d'emplois indirects (soit environ 12,1 % de la population active) ».

Les femmes sont fortement présentes dans les activités post-capture et y représentaient 98,7 % des 25 420 acteurs engagés dans la valorisation et la mise en marché des débarquements de la pêche artisanale guinéenne (10 330 mareyeuses, 622 mareyeuses-fumeuses, 13 509 fumeuses et 633 sécheuses).

En Guinée, la gestion participative des pêcheries (administration, recherche, surveillance et acteurs sociaux) s'est imposée depuis les années 1990 par la formulation de plans d'aménagement et de gestion annuels (PAGP) guidés par des principes fondamentaux d'une pêche écologiquement durable et économiquement rentable, et les principes d'une bonne gouvernance telle que définie dans le Plan national de développement économique et social (PNDES) 2016-2020, et conformément aux recommandations des états généraux de la pêche en Guinée en 2013.

1 M. Dème, 2018, Contribution du secteur des pêches à l'économie guinéenne et élaboration d'un cadre d'indicateurs clés pour le suivi annuel, Rapport d'étude, PRAO/CSRP/BM.

Cette dynamique 2022-2025 s'est poursuivie et a été encouragée dans le cadre du Plan intérimaire de référence (PRI) et à l'occasion de la table ronde consacrée à l'halieutique organisée en 2023.

e. Les ressources halieutiques des pêcheries maritimes guinéennes

Les ressources exploitées appartiennent à cinq groupes aux caractéristiques bioécologiques. Ce sont les poissons pélagiques, les poissons démersaux côtiers, les céphalopodes, les crevettes et les thons. De par leur abondance et leur importance socio-économique, les poissons pélagiques côtiers constituent les ressources marines les plus importantes en Guinée. Leur prix est à la portée du Guinéen moyen et les captures sont exclusivement consommées en Guinée, tandis que la haute valeur commerciale des démersaux (poissons, céphalopodes et crevettes) les prédispose à l'exportation. Le potentiel halieutique exploitable est présenté dans le tableau ci-dessous.

Biomasse et potentiel exploitable estimés des ressources halieutiques en 2019

GROUPES D'ESPÈCES		BIOMASSE (EN TONNES)	POTENTIEL EXPLOITABLE (EN TONNES)
Poissons pélagiques	Sardines	436 287	174 515
	Decapterus	33 710	13 484
	Scomber colias (maquereau blanc)	4 585	1 834
	Autres poissons pélagiques	66 573	26 629
TOTAL PÉLAGIQUES		541 155	216 462
Poissons démersaux	Poissons d'intérêt commercial	360 262	144 105
	Poissons sans intérêt commercial	28 310	11 324
	Sous-total	388 572	155 429
Crustacés	Crevettes côtières	22 943	18 355
	Crabes	1 981	198
	Sous-total	24 924	18 553
Mollusques	Céphalopodes	8 240	6 592
	Gastéropodes	11 297	1 130
	Sous-total	19 537	7 722
TOTAL DEMERSAUX		433 033	181 704

Source : *Survey of the pelagic fish resources and ecosystems of West Africa, Guinea Bissau, Sierra Leone and Liberia* (July-August 2017).

L'exercice de la pêche en Guinée est subordonné à l'obtention d'un permis de pêche artisanale ou d'une licence de pêche industrielle. Deux principaux systèmes d'exploitation des ressources halieutiques interviennent dans les eaux maritimes guinéennes : la pêche artisanale et la pêche industrielle.

La pêche artisanale est une pêche piroguière pratiquée à bord de cinq types d'embarcations en bois (gbankenyi, kourou, salan, yoli et flimbotine) de fabrication locale, dont le salan compte pour 72,5 % du total. Elle est pratiquée dans plusieurs débarcadères/campements le long du littoral et développe 14 types d'engins de pêche regroupés en 6 catégories. L'activité s'est diversifiée non seulement dans ses pratiques mais également par les espèces qu'elle cible. L'augmentation de 25 % du nombre total de pirogues recensées (6 025 en 2009 contre 7 658 en 2020) dénote le dynamisme de ce sous-secteur et l'importance qu'il revêt particulièrement pour les objectifs de sécurité alimentaire, d'emplois et de revenus au budget national et pour les acteurs impliqués.

Les droits de pêche applicables aux unités de pêche artisanale dépendent de plusieurs facteurs, dont le statut (guinéen ou étranger), l'engin principal de pêche embarqué et la puissance motrice. Une proportion significative de la pêche artisanale est pratiquée par des pêcheurs migrants léonais, sénégalais, maliens et ghanéens.

Généralement, les unités de pêche artisanale sont équipées de moteurs hors-bord de puissance motrice inférieure à 60 CV. La notion de pêche artisanale avancée a été de nouveau introduite dans les plans d'aménagement et de gestion (PAGP) de 2017/2018 et les coûts des permis de pêche conséquemment fixés, lorsque cette puissance motrice est supérieure à 60 CV et inférieure à 250 CV.

Flottille industrielle opérant en Guinée selon le pavillon en 2017

Types de Pavillon/pêche	Céphalopodier-Poissonnier-Démersal	Crevettier	Poissonnier Pélagique	Thonier Senneur	Total général
Bélizien				1	1
Chinois	41				41
Coréen	2				2
Espagnol		2		22	24
Français				10	10
Guinéen	4		3		7
Hollandais				2	2
Sénégalais				4	4
Total	47	2	3	39	91

Source : DNPM, 2017.

Caractérisée par l'hétérogénéité de la flottille et la coexistence de plusieurs nationalités adoptant des stratégies d'exploitation différentes, la pêche industrielle est presque exclusivement étrangère. En 2017, 3 navires guinéens ciblaient les pélagiques et 4 autres les démersaux, pendant que les 36 navires européens orientaient leurs activités de pêche principalement sur les thons et les crevettes et les 43 navires chinois et coréens ciblaient les poissons démersaux et les céphalopodes (voir tableau ci-dessus).

f. Les captures et les débarquements des produits de la pêche maritime

En 2018, les deux pêcheries maritimes ont déclaré 372 615 tonnes de captures totales. La pêche artisanale maritime a débarqué 205 377 tonnes de poissons, soit 75 % des captures totales, pendant que le volume des captures de la pêche industrielle était de 68 143 tonnes et celui de la pêche continentale de 63 300 tonnes.

Pêche : production nationale. Volume des captures en tonnes

PÊCHERIE	PÊCHE ARTISANALE MARITIME*	PÊCHE INDUSTRIELLE*	PÊCHE CONTINENTALE**	PRODUCTION AQUACOLE ***	SOUS-TOTAL
2009	96 846	59 060	14 177		**170 083**
2010	80 894	46 651	32 400	109	**160 054**
2011	96 017	59 306	28 650	109	**184 082**
2012	94 003	68 661	40 010	250	**202 924**
2013	119 410	52 752	44 630	275	**217 067**
2014	105 408	26 964	63 418	300	**196 090**
2015	137 703	46 661	66 790	350	**251 504**
2016	130 483	57 735	68 328	408	**266 954**
2017	230 303	75 751	52 600	490	**359 144**
2018	205 377	68 143	63 300	587	**337 407**

Sources : * CNSHB - ** DNPC - *** ANAG.

g. Les emplois du secteur de la pêche maritime

Pour mieux apprécier l'importance des emplois du secteur de la pêche, il est nécessaire de considérer les emplois en aval et en amont de la chaîne de production, soit outre les pêcheurs et les armateurs, les emplois relevant d'activités connexes et périphériques de la pêche (artisanale et industrielle).

Secteur à forte intensité de main-d'œuvre, le secteur de la pêche maritime et des activités connexes offre globalement 62 990 emplois directs et 174 251 emplois indirects, soit environ 12 % de la population active guinéenne, à travers une gamme d'opportunités concernant les armateurs d'embarcations de pêche artisanale (au nombre de 6 414), les pêcheurs (23 118), les transformatrices (135 509, dont 97 % de femmes), les mécaniciens de moteurs hors-bord (250), les charpentiers fabricants de pirogues (505), les travailleurs des entrepôts frigorifiques, de fabriques de glace et des sociétés de traitement et d'exportation de produits halieutiques (2 152), pendant que le secteur industriel emploie seulement 158 pêcheurs guinéens sur un effectif global de 461 marins.

En considérant qu'un travailleur actif guinéen fait vivre une famille de 6 à 13 personnes, on en déduit que près de 1,6 million d'individus tirent leurs moyens d'existence de la pêche. Contrairement à la pêche industrielle qui a tendance à concentrer ses activités à Conakry, l'atomicité des sites de pêche artisanale le long du littoral guinéen renvoie à une certaine stabilité sociale en « milieu pêcheur ». À travers la pluriactivité manifeste et la nécessaire combinaison des activités de pêche et de riziculture, la pêche artisanale constitue ainsi une composante essentielle du développement rural. Cette complémentarité entre les activités marines et terrestres assure une sédentarisation d'un grand nombre de pêcheurs dans leur localité et représente une source de stabilité sociale pour les communautés de pêche.

h. La valorisation des captures

Les captures moyennes tirées des eaux guinéennes oscillaient autour de 306 054 tonnes en 2017, dont les trois quarts proviennent des seules pêcheries artisanales. Ces captures sont composées majoritairement d'espèces pélagiques.

Comparativement au volume des captures, le taux de valorisation des produits halieutiques semble encore très faible en Guinée. Le faible taux d'alimentation en courant électrique et l'éloignement des points de débarquement font que le fumage du poisson demeure le procédé de transformation, de conservation et de valorisation le plus utilisé. En employant en grande majorité des femmes, la filière fumage de poissons joue un rôle social et économique très important en sachant qu'environ 40 % des débarquements de la pêche artisanale sont destinés à ce segment de la chaîne de valeur.

On doit noter aussi la valorisation par le salé-séché utilisée pour la conservation des raies et requins et une infime quantité de bars divers. Pour plusieurs raisons techniques et financières, la grande partie de la production nationale est mise en marché sous forme de poissons entiers, frais ou congelés.

Divers moyens de transport sont utilisés pour la mise en marché des produits halieutiques (frais, congelés, fumés) dans les centres de débarquement et à l'intérieur du pays. Ceci va des pirogues de transport maritime aux motocycles en passant par les camions (frigorifiques, etc.), les taxis et les minibus, etc.

Il a été démontré ci-dessus l'importance de la contribution directe du secteur de la pêche maritime à l'économie nationale en termes de sécurité alimentaire, d'emplois et d'apport au budget de l'État, il convient néanmoins de souligner que la principale recette de ce secteur correspond aux droits de pêche ou licences d'exploitation). Des licences qui sont fondées sur les caractéristiques des pirogues artisanales, des bateaux et bien sûr sur les espèces ciblées.

En Guinée, ces licences s'appliquent à toute la pêche maritime, qu'elle soit industrielle ou artisanale. Ces redevances liées aux licences de pêche sont affectées au Trésor public guinéen.

Dans les statistiques nationales récapitulées annuellement par l'Institut national de la statistique (INS), le secteur de la pêche est intégré au secteur primaire du développement rural. Et si l'on considère les activités de transformation (rattachées au secteur secondaire) et de commercialisation des produits de la pêche (relevant du secteur tertiaire), les résultats et le « poids » de l'activité de la pêche augmentent de manière significative dans l'économie nationale.

La question de la raréfaction de la ressource halieutique ne peut cependant être ignorée. Pour mémoire, on rappellera qu'à l'échelon mondial les captures représentaient environ 70 % de la production dans les années 2000 contre 50 % seulement en 2016 (Source : FishStat). Si les eaux guinéennes échappent à ce phénomène, ce qui gagnerait à être documenté avec précision pour les principales espèces et en anticipant les menaces futures, le devenir de la pêche doit en tout état de cause être conçu en gardant présent à l'esprit la nécessité de préserver la ressource et de la gérer, de manière durable.

i. La pêche côtière à pied

Bien que difficile à comptabiliser, il y a lieu de tenir compte des autres formes encore peu significatives de récoltes de produits de la pêche en zone littorale. Il s'agit de :

- L'ostréiculture ou récolte des huîtres sur les racines échasses de mangrove ou sur des rochers : elle est principalement pratiquée par les femmes pour l'autoconsommation familiale et en faible quantité pour la commercialisation locale. Un projet d'ostréiculture améliorée avait été expérimenté par les chercheurs du Centre de recherche scientifique Conakry Rogbané (CERESCOR) dans plusieurs sites du littoral, mais les résultats pourtant encourageants n'ont malheureusement pu être pérennisés. Ce projet d'élevage des huîtres de mangrove visait trois objectifs :
  - la protection environnementale des mangroves ;
  - la sécurité alimentaire des populations environnantes par l'apport d'une denrée aux qualités nutritionnelles exceptionnelles ;
  - la lutte contre la pauvreté par la création d'une activité génératrice de revenus.

L'ostréiculture est également une mesure d'atténuation au changement climatique par la faible empreinte écologique des espèces élevées.

- Le ramassage des arches et autres coquillages à basse marée sur les plages sableuses et sablo-vaseuses. Les faibles quantités collectées complètent la ration protéinique journalière en période de faible abondance de pêche. Les arches sont exclusivement ramassées pour l'autoconsommation et il est interdit de les revendre, au risque de voir la ressource disparaître pour longtemps.
- La pêche à pied avec plusieurs types d'engins de pêche comme le filet conique soulevé utilisé par les femmes pour la pêche des juvéniles dans les casiers rizicoles ou des crevettes côtières à marée montante, le filet épervier ou les filets

barrages à l'embouchure des petites rivières près des villages en mangrove.
- La pêche à la ligne à partir des berges des fleuves côtiers ou en bordure de mer.

4.2.2 La pêche fluviale

La demande mondiale croissante de produits alimentaires marins et l'effondrement progressif conséquent de la biomasse des eaux marines par la surexploitation des ressources ont poussé les autorités à prendre en compte la problématique du développement durable et rentable de la pisciculture pour en faire une préoccupation réelle et une alternative potentielle d'atteinte des objectifs du secteur de la pêche.

Les principales pêcheries continentales se déploient ainsi dans plusieurs types de milieux aquatiques : lits des principaux fleuves et grandes rivières, bras secondaires de ces mêmes fleuves et rivières, plaines inondables, mares, retenues d'eau des barrages. Il est ainsi prévu d'intégrer la promotion de l'ensemble des acteurs de la pisciculture et le développement d'une pisciculture semi-intensive associée aux activités agricoles.

Par rapport au potentiel disponible, la pêche continentale mobilise pour le seul bassin du Niger supérieur (une partie des 39 % du bassin du Niger), près de 1 800 pêcheurs pour un potentiel de production estimé à environ 13 000 tonnes de poissons par an. Ce potentiel est cependant loin de refléter la totalité des opportunités offertes par le milieu naturel. La FAO a estimé que le potentiel exploitable des ressources continentales guinéennes pourrait être de 32 000 à 45 000 tonnes par an.

D'une manière générale, le potentiel de pêche continentale subit une lente diminution du fait de la dégradation de l'environnement terrestre liée à la déforestation des berges, aux pratiques culturales inadaptées, à la fabrication de briques cuites, à l'exploitation du sable dans les lits des fleuves, etc. Ces facteurs ont conduit à une érosion accélérée, une sédimentation des lits des fleuves et rivières, à la réduction radicale de la lame d'eau et la disparition des trous d'eau où le poisson trouvait jadis refuge en période d'étiage.

Le métier de pêcheur n'est plus comme jadis, une exclusivité des Somonos et des Bozos de Siguiri et du Mali. De nombreux cultivateurs autochtones se sont mis à cette nouvelle activité. Dans le même temps, certains Somonos se sont sédentarisés et ont entrepris des activités agricoles.

Néanmoins, la pêche continentale est considérée comme une activité complémentaire à l'agriculture et à l'élevage. Elle est pratiquée, soit par des pêcheurs occasionnels qui pêchent de manière irrégulière, soit par des pêcheurs semi-professionnels qui pêchent essentiellement pour la consommation familiale. Son produit est en priorité destiné à l'autoconsommation et dans une certaine mesure les excédents sont vendus sur les marchés locaux voisins. La pisciculture, quant à elle, a été en phase expérimentale au cours des années 2019-2022 en Guinée.

Pour mieux appréhender l'importance économique et sociale de l'activité de la pêche dans le bassin du Niger supérieur en Haute-Guinée, les résultats des études systématiques réalisées sur le potentiel ont montré que le potentiel dulcicole est pleinement exploité voire surexploité.

4.2.3 La pêche continentale à pied

La pêche à pied est pratiquée par des agriculteurs dont les champs de riz se trouvent dans les plaines humides inondées par les crues des fleuves.

Bien que difficile à inventorier, la pêche à pied est très active en milieu continental et se pratique sous diverses formes, utilisant des engins similaires à ceux de la pêche à pied en zone côtière comme les éperviers, les nasses, les filets coniques soulevés, les harpons, les lignes, etc. Pratiquée par des pêcheurs non professionnels, et de façon irrégulière, les résultats de ce type de pêche sont destinés exclusivement à l'autoconsommation.

En zone continentale, c'est une activité qui présente souvent des aspects culturels, comme les cérémonies annuelles de la pêche dans des mares sacrées.

4.3 L'aquaculture et la pisciculture

Le déclin des contributions de la pêche maritime dû à la compétitivité internationale des marchés et l'augmentation de la population ainsi que la dégradation de l'environnement ont fortement impacté l'apport de la pêche fluviale à l'économie mondiale.

À l'instar des autres pays de la sous-région, le développement de l'aquaculture est envisagé par les autorités guinéennes comme une alternative durable pour satisfaire la demande croissante de poisson, la diversification des sources de revenus, l'augmentation des revenus des femmes et la création d'emplois pour les femmes et les jeunes dans les zones rurales.

Plusieurs initiatives d'aquaculture ont ainsi été prises depuis 2008 et les résultats positifs obtenus ont encouragé le gouvernement guinéen à la placer parmi les activités à prioriser dans ses objectifs. En effet, les avantages sont multiples :

- L'aquaculture peut contribuer à relever le défi de sécurité alimentaire et nutritionnelle.
- Elle peut aussi contribuer à générer des revenus substantiels pour les femmes et les jeunes et augmenter leur autonomisation.
- C'est une excellente activité de protection de l'environnement déjà sérieusement menacé en Guinée.
- Elle peut contribuer à augmenter et à diversifier l'offre d'emplois locaux, principalement pour les jeunes déscolarisés et les jeunes universitaires.
- Enfin, l'aquaculture réduirait fortement le recours au poisson d'origine marine et, par conséquent, les pressions sur l'écosystème marin et l'environnement en général.

À l'heure actuelle, deux formes d'aquaculture sont pratiquées en Guinée : la pisciculture intégrée à l'agriculture ou rizipisciculture en Guinée forestière et l'aquaculture communautaire en Moyenne et Haute-Guinée.

Ceci a motivé la création de l'Agence nationale de l'aquaculture de Guinée (ANAG) dont les capacités techniques et opérationnelles (coordination de mise en œuvre de projets et programmes, suivi-évaluation et promotion) doivent être renforcées à travers la formulation d'un plan de développement pour pouvoir offrir un meilleur appui technique et un suivi conséquent aux acteurs impliqués. Les axes de ce plan de développement sont conçus autour des quatre axes suivants :

- La disponibilité, l'accessibilité (rentabilité) ainsi que l'amplification et la densification des sites aquacoles à travers la vulgarisation dans d'autres régions ou sur le même site.
- L'intensification pour l'amélioration du rendement/ha/an et la diversification.
- La professionnalisation des acteurs (aménagistes, pêcheurs, producteurs d'aliments, transformateurs, etc.) et la chaîne de valeur/transformation.
- Le renforcement du capital humain (compétence en recherche-action, prestation de services) et l'appui institutionnel.

4.3.1 Les stations piscicoles

Depuis les premières activités piscicoles menées en Guinée, plusieurs stations piscicoles et étangs ont été construits avec comme objectif de contribuer au développement de la pisciculture à travers des activités de recherche, de production d'alevins et de démonstration de techniques piscicoles. Ces infrastructures avaient presque toutes été abandonnées et les projets actualisés cherchent à les remettre en état. Ce sont, par exemple, les stations piscicoles de Tolo-Bafing à Mamou, de l'ENAE, de Sérédou à Macenta, de Dobo Sovogui (station privée à Macenta), de Gwi de la Soguipah (Diécké à Yomou), de Kolébaya (station piscicole communautaire à Dogomet-Dabola), de la station piscicole du Projet de développement agricole de Gueckedou (PAG), etc.

L'ANAG se déploie actuellement pour remettre en état de fonctionnement la plupart de ces infrastructures. Les activités de production vont être combinées à un fort élan de renforcement des capacités des acteurs aquacoles sur toutes les étapes de production et d'entretien des stations dans les zones rurales (démonstrations de pratiques piscicoles, production en cages flottantes, production d'alevins, ensemencement des plans d'eau, etc.).

Par leurs potentiels écologiques et hydrographiques, la Moyenne et la Haute-Guinée sont les régions naturelles où la réussite de projets aquacoles est la plus assurée. Mais, à ce jour, ces potentiels restent encore sous-exploités.

4.3.2 La pêche (culturelle) dans les mares

Les mares existent partout en Guinée. Elles sont particulièrement nombreuses en Moyenne et Haute-Guinée, et naturellement dans les plaines d'inondation des grands fleuves comme le Niger, le Sénégal et la Gambie. Leur importance se situe à plusieurs niveaux : alimentaire, économique, culturel et de développement communautaire.

Les mares sont exploitées et gérées par les populations environnantes à travers des approches communautaires. Il faut noter que le développement des activités piscicoles dans les mares pérennes et temporaires nécessite une approche spécifique pour chaque type. Leurs cycles d'élevage ne sont pas identiques et dépendent de la présence de l'eau. En saison sèche, les mares jouent ainsi un rôle dans la culture maraîchère et l'abreuvement des animaux domestiques. Par ailleurs, les femmes sont très impliquées dans l'exploitation des mares, dont la pêche.

4.3.3 Les systèmes de production piscicole et rizipisciculture en Guinée

Le rapport final de l'étude de faisabilité de la pisciculture en Guinée cite principalement trois barrages hydro-agricoles encore fonctionnels, qui sont le barrage hydro-agricole de Bafing construit en 1985, le barrage hydro-agricole de Bafing-Tolo réalisé en 1996 et le barrage hydro-agricole de Koba construit en 1971.

Il faut considérer plusieurs autres techniques d'aquaculture qui augmentent l'apport de la pêche au bien-être des populations rurales impliquées dans les régions naturelles où le potentiel est existant, présentées ci-après.

a. La rizipisciculture en zone de bas-fond (Guinée forestière et périphérie)

La rizipisciculture est un système développé en Guinée forestière depuis 1999 par l'Association Pisciculture et Développement rural en Afrique tropicale humide (APDRA) à travers des étangs de barrage de 15 à 20 ares minimum, vidangeables, étanches et non inondables. Le système est toujours associé à un étang de service pour stocker les géniteurs, produire les alevins de poisson, effectuer le sexage et stocker les poissons marchands.

La rizipisciculture devrait constituer le pilier d'un développement de masse de la pisciculture en Guinée forestière où elle est accessible au plus grand nombre d'exploitations agricoles et correspond parfaitement aux besoins et aux conditions socio-économiques des populations. Avec un encadrement et un suivi du système de paysans prestataires qui commence à faire ses preuves, il pourrait y avoir un effet de démultiplication très important porté par les professionnels, avec des rendements piscicoles de l'ordre de 500 à 1 500 kg/ha/an.

b. La rizipisciculture de bas-fond

Elle nécessite des infrastructures d'élevage, puisque la production du poisson se fait dans les casiers de riz. La maîtrise de l'eau est un facteur d'augmentation des rendements de 200 à 800 kg/ha/an. Elle a besoin d'un encadrement primaire pour amener les acteurs à s'autonomiser rapidement et faciliter sa démultiplication dans d'autres zones propices.

c. La rizipisciculture de mangrove

Pratique ancestrale en zone côtière, elle est réalisée dans des casiers de riz en zone de mangrove, la maîtrise de l'eau est un facteur d'augmentation des rendements. Elle est similaire au type précédent et exige aussi qu'un canal refuge pour les poissons soit creusé et les diguettes surélevées.

d. La pisciculture en étang de dérivation

Elle se pratique sur des fonds argilo-sableux avec fertilisation ou alimentation artisanale dans des bas-fonds à écoulement quasi permanent. La proximité des côteaux en pente douce permet l'aménagement de grands étangs alimentés par un canal en courbe de niveau. Sa mise en œuvre exige la présence d'organisations spécialisées en pisciculture et les rendements peuvent atteindre 2 à 6 tonnes pour la polyculture avec fertilisation.

e. L'aménagement piscicole des mares de plaine d'inondation

Il concerne les mares d'inondation temporaires de Haute-Guinée le long du Niger et de ses grands affluents. Celles-ci occupent des dépressions du lit majeur du Niger et se remplissent par la crue annuelle et les ruissellements latéraux en occupant de vastes surfaces de la plaine d'inondation, puis perdent leur connexion avec le fleuve et rétrécissent au fur et à mesure de la saison sèche (évaporation, évapotranspiration, infiltration) jusqu'à disparaître (mares temporaires) ou être réduites à une zone humide pérenne au centre de la dépression, occupée par des végétaux aquatiques (mares permanentes). L'assèchement progressif de la mare piège et concentre le poisson dans un petit plan d'eau résiduel en fin de saison sèche. Le mode d'exploitation traditionnel consiste en une pêche collective simultanée par toute la communauté rassemblée pour l'occasion, couplée à une « fête des mares ». Au-delà de l'aménagement, cet aménagement devra veiller à responsabiliser les communautés dans la gestion des mares (mesures de préservation et d'augmentation de la productivité naturelle) et à explorer les possibilités d'ensemencement.

f. La valorisation piscicole des retenues par ensemencement

La Guinée comprend un grand nombre de sites de moyennes et petites retenues hydro-agricoles, en usage ou abandonnés, constituant des plans d'eau de 1 ha à moins de 20 ha (au-delà, le plan d'eau répond à la qualification de grande retenue) et présents dans les quatre régions naturelles. En fait, le plan d'eau s'empoissonne naturellement par reproduction naturelle des différentes espèces présentes dans le cours d'eau et adaptées aux eaux lentes. La valorisation piscicole consiste essentiellement à ensemencer avec des espèces à fort potentiel commercial et à croissance rapide produites en écloserie, dans la mesure du possible à proximité du plan d'eau. Cette forme de pisciculture a de fortes chances de réussite avec un encadrement suivi.

g. La pisciculture en cage dans les grandes retenues

C'est l'élevage des poissons en cage dans de grandes masses d'eau (grandes retenues, fleuves) et en conditions intensives (investissement, technicité, densité, alimentation). La pisciculture en cage est très adaptée aux retenues hydroélectriques ou à usage mixte existantes (complexe Samou, Koba, Garafiri, Kaléta) et en projet (Souapiti, Fomi, Koukoutamba, Sambangalou, Amaria, etc.) ou à la retenue hydro-agricole dite « lac Lansana Conté » (840 ha) dans Boffa.

Ces deux dernières formes d'élevage de poissons sont les domaines d'application d'une aquaculture semi-intensive à intensive qui nécessite de la part des acteurs un haut niveau de compétence. Elles font appel à un minimum de renforcement des capacités en alevinage, en ensemencement et en entretien des installations. Elles nécessitent au préalable une étude spécifique de faisabilité de l'élevage en cage du tilapia sur les retenues guinéennes. Les cages flottantes peuvent être construites localement à partir de filets de pêche et la production attendue peut être de l'ordre de 30 à 60 kg/m^3 pour un cycle de six mois. Il est aussi possible d'envisager dans ces retenues d'eau une valorisation piscicole classique uniquement basée sur la pêche artisanale.

4.3.4 La valorisation piscicole des carrières

Cette forme de valorisation piscicole se pratique dans des excavations et plans d'eau des carrières de sable et de latérite qui ont accompagné la construction des pistes rurales et des routes nationales, et des excavations minières a priori non vidangeables de différentes natures : sites d'extraction du diamant du « triangle du diamant » (Macenta, Kissidougou, Kérouané), carrières de sable répertoriées à Kindia et Siguiri, carrières minières abandonnées, etc.

4.3.5 La crevetticulture

L'élevage de crevettes a connu une croissance spectaculaire face à une demande en progression constante. L'Asie domine ce secteur, avec 89 % de la production aquacole mondiale. L'élevage de crevettes est généralement pratiqué dans des écosystèmes côtiers tels que les zones humides et les estuaires à proximité des mangroves. Cette activité est à forte rentabilité. Toutefois, des répercussions importantes sur les ressources vivantes côtières et sur les secteurs économiques qui en dépendent sont observées. La perte de biodiversité, ainsi que l'altération des structures et du fonctionnement des écosystèmes, dus à la destruction des mangroves par une production non planifiée et non réglementée, sont particulièrement préoccupantes.

La crevetticulture est une forme de valorisation de l'économie bleue en Guinée qui mérite d'être citée, malgré l'amère expérience du pays en la matière avec la Société mixte d'aquaculture de Koba (SAKOBA) qui avait son écloserie installée à Tamara (îles de Loos) et ses installations d'élevage et de grossissement de l'espèce *Penaeus monodon* à Koba. Un schéma directeur de la crevetticulture avait été élaboré et avait pour objectif d'identifier, désigner ou incorporer des sites propices à la crevetticulture dans les plans de gestion des zones côtières. Des problèmes de mauvaise gestion aggravés par le choix d'un site inadapté et un manque d'intégration au contexte local d'expérimentation d'une crevetticulture villageoise dans les casiers ont conduit à l'échec.

Tout autre initiative de crevetticulture en Guinée devra encourager la mobilisation d'un PPP (partenariat public-privé) pour doper les activités de cette filière, avec des opportunités de bénéficier du savoir-faire des spécialistes asiatiques de la crevetticulture, et des instituts publics et privés.

Au regard de l'insuffisance des capacités de production aquacole en Guinée et de la faiblesse des partenariats public-privé dans les domaines de l'économie bleue (fonds de développement importants et technicité élevée), la mariculture, exploitation aquacole en milieu marin, demeure encore une opportunité à long terme pour la Guinée.

4.3.6. L'ANAG et le projet de biotechnologie bleue en Guinée

Avec le développement des processus de biotechnologie, l'exploration de la biodiversité sous-marine pourrait permettre d'élaborer de nouveaux produits pharmaceutiques ou des enzymes industriels capables de supporter des conditions extrêmes, et donc porteurs d'une grande valeur économique. La « biotechnologie bleue » désigne l'exploration et l'exploitation de ces organismes marins.

Avec la demande croissante en tourteaux d'oléagineux pour l'alimentation animale, le marché mondial des protéines végétales a intéressé l'Agence nationale de l'aquaculture Guinée (ANAG), au point de monter un projet avec la firme française Algae Green Value qui s'intéresse à la création d'une filière de production de protéines végétales à base de micro-algues. Il s'agit principalement du marché de la spiruline qui offre des perspectives de croissance prometteuses grâce à la demande significative de colorants alimentaires naturels, au végétarisme croissant et à la malnutrition elle aussi croissante à travers le monde.

Les partenaires visent la production extensive de micro-algues et l'extraction de protéines et de composés à haute valeur ajoutée dans le cadre d'une approche de bioraffinerie. Une 1re étape sera le développement d'un pilote industriel de production de micro-algues (300 tonnes de biomasse par an sur 10 ha).

Projet à faibles risques environnementaux (recyclage intégral des milieux de cultures en atmosphère confiné), les impacts positifs attendus sont la réduction des émissions de gaz à effet de serre (GES), principal « carburant » de la photosynthèse et le retraitement possible d'effluents agricoles chargés en nitrate et en potasse. À long terme, ce secteur est susceptible de créer des emplois à haut niveau de qualification et offrir d'importants débouchés commerciaux en aval.

4.4 Le transport maritime et les infrastructures portuaires

Le transport de marchandises maritimes a connu des évolutions considérables en raison de l'accroissement des échanges mondiaux, notamment ceux de l'Afrique émergente. Le volume du transport maritime a été multiplié par quatre depuis le début des années 1980 et a plus que doublé entre 2000 et 2022.

La composition de la flotte, ses capacités et sa vitesse d'adaptation, grâce à l'innovation, ainsi que le rythme de la construction et de la déconstruction des navires mais aussi de la réglementation internationale en matière de sécurité maritime, ont connu des changements profonds.

Plus de 60 000 navires marchands tracent quotidiennement leur route sur tous les océans du monde. Ces navires sont classés par catégorie, en fonction du type et du mode de transport des marchandises (les navires marchands, les porte-conteneurs, les vraquiers et chimiquiers, les navires citernes y compris les méthaniers, les navires à passagers, etc.).

Rappelons que le trafic mondial est dominé par les matières premières, les navires-citernes représentant un tiers du tonnage total, 47 % environ de la production mondiale de pétrole brut étant transportée par mer.

Les conteneurs comptent pour environ 19 % du total et les principaux vraquiers pour près de 27 %, le minerai de fer et la bauxite représentant une part importante de ce dernier secteur.

Les pays en développement constituent les principales zones de chargement et de déchargement des marchandises. L'Asie occupe une position dominante (42 % des marchandises y sont chargées et 55 % déchargées), mais les pourcentages de chargement/déchargement sont en progrès pour l'Afrique, 9% et 5% respectivement pour le continent.

Le commerce maritime international a rebondi en 2021-2022, après s'être contracté de 3,8% en 2020, avec un taux de croissance estimé à 3,2% et un volume total de marchandises de 11 milliards de tonnes, selon la Conférence des Nations Unies pour le commerce et le développement (CNUCED). Il est resté légèrement en deçà des niveaux pré-Covid-19, non seulement parce que la pandémie a continué de sévir, mais aussi en raison d'un manque critique de capacités du côté de l'offre et d'une paralysie sans précédent du secteur de la logistique sur fond de forte hausse de la demande.

La part de l'Afrique a été légèrement affectée, à la fois par l'impact post-Covid et surtout par les impacts de la guerre en Ukraine. Une reconfiguration des flux commerciaux de pétrole et de gaz s'observe actuellement, la guerre ayant profondément bouleversé les circuits mondiaux d'approvisionnement. Les interdictions d'exportation de la Russie ont accru la demande mondiale de charbon, mais aussi stimulé les investissements dans l'électricité d'origine renouvelable, qui stimuleront à leur tour la demande de métaux en vrac. Le transport maritime par conteneurs a lui aussi pâti de la guerre. Ainsi, les chargeurs, les gestionnaires des chaînes d'approvisionnement et les détaillants sont de plus en plus nombreux à modifier leurs modes opératoires et à revoir leurs process logistiques.

Le transport maritime et les systèmes commerciaux, en plus d'évoluer dans un environnement économique complexe, ont subi des perturbations en cascade. Ces facteurs sont, entre autres, les changements climatiques, la transition énergétique, les impératifs de durabilité et de résilience, la transition numérique et le commerce électronique.

De plus et pour atteindre les objectifs climatiques, les armateurs doivent se soumettre à des réglementations environnementales de plus en plus strictes. Le 1er janvier 2023, trois nouvelles réglementations de l'Organisation maritime internationale (OMI), qui visent à réduire les émissions de gaz à effet de serre du secteur maritime et l'empreinte écologique des navires, sont entrées en vigueur.

La promotion du transport maritime par le biais de la construction et de l'extension des ports et des installations maritimes à l'effet d'élargir le domaine maritime est une mesure fréquemment retenue, mais elle passe outre d'autres enjeux importants qui ont également toute leur place dans le cadre du développement de l'économie bleue ou océanique.

Les recettes des importations et des exportations transitant par les grands ports représentent plus de 50% des recettes fiscales totales dans la plupart des pays côtiers africains, ce qui signifie que l'efficacité des ports a un impact majeur sur l'économie de ces pays.

La plupart des voies navigables intérieures ne sont pas pleinement utilisées. Par exemple, le potentiel de transport sur les fleuves Nil et Zambèze, sur les lacs Victoria,

Tanganyika et Malawi et sur le fleuve Congo est considérablement sous-utilisé. Bien que les fleuves puissent contribuer à la convergence des réseaux des transports routiers, ferroviaires et fluviaux, alléger la pression sur les routes et réduire les coûts et les contraintes de temps, leur utilisation doit être plus soucieuse de la préservation de l'environnement. La plupart des voies navigables intérieures doivent également être réhabilitées et intégrées dans des réseaux de transport de type multimodal.

L'adaptation des ports aux effets des changements climatiques est une préoccupation croissante des décideurs comme des acteurs du secteur maritime. Il est de plus en plus à craindre que les changements climatiques menacent des ports, dont les dysfonctionnements assombriraient fortement les perspectives de développement durable des nations les plus vulnérables.

La déclaration de Clydebank, adoptée lors de la 26e session de la Conférence des Parties (COP) à la Convention-cadre des Nations Unies sur les changements climatiques, prévoit la création, à l'horizon 2025, de six corridors maritimes verts, à émission zéro, qui seront des liaisons totalement décarbonées entre deux ports ou plus. De plus, les participants au forum de la vulnérabilité climatique, qui regroupait plus de 50 pays en développement, ont adopté - lors de cette même COP - la déclaration de Dacca-Glasgow, dans laquelle ils ont demandé à l'OMI d'œuvrer à l'introduction d'une taxe obligatoire sur les émissions de gaz à effet de serre dans le secteur maritime.

Afin d'accélérer les efforts d'atténuation des changements climatiques, l'OMI a commencé à établir une version révisée de sa stratégie de réduction des émissions de gaz à effet de serre et à élaborer des mesures à moyen terme qui seront naturellement bénéfiques pour l'Afrique.

Dans un environnement opérationnel en rapide mutation, marqué par des perturbations imprévues, les acteurs du secteur du commerce et du transport maritime, qu'il s'agisse des transporteurs, des opérateurs portuaires ou des chargeurs, n'ont d'autre choix que d'évoluer au rythme des changements et des transformations en cours. C'est pourquoi, d'ores et déjà, ces acteurs redéfinissent leurs efforts de planification et leurs stratégies. Si le rythme de l'adaptation peut varier d'un segment et d'un acteur maritime à l'autre, la plupart des parties prenantes mettent davantage l'accent sur les relations clients, la gestion des risques, la résilience, les innovations et la transition numérique.

Le secteur maritime s'efforce de promouvoir l'emploi décent, de garantir l'égalité des sexes et de renforcer les compétences des femmes d'autant que l'industrie portuaire demeure dominée par les hommes.

Grâce à son tableau de bord de la performance portuaire, qu'elle a établi au titre de son programme TrainForTrade, la CNUCED collecte des données auprès de 58 entités portuaires et promeut une meilleure gouvernance de l'activité maritime.

4.4.1 Le transport par voie d'eau et les activités portuaires en Guinée

a. Le cadre juridique et institutionnel

Le cadre institutionnel général est régi par le décret portant attributions et organisation du ministère en charge des transports. Les principales entités intervenant dans les activités liées à l'eau sont les suivantes :
- la Direction nationale de la marine marchande (DNMM) ;
- la Société navale guinéenne (SNG) ;
- l'Agence nationale des affaires maritimes (ANAM) ;
- la Direction nationale de la météorologie (DNM) ;
- le port autonome de Conakry (PAC) ;
- le Conseil guinéen des chargeurs (CGC).

b. Les politiques et les stratégies sectorielles

L'un des documents de référence en lien avec l'économie bleue est la Lettre de politique sectorielle de transport pour la période 2016-2035, qui définit les investissements et la contribution du secteur à l'économie nationale.

Évolution de la valeur ajoutée des transports à l'économie guinéenne (en milliards GNF)

ANNÉES	2012	2013	2014	2015	2016	2017
Valeur ajoutée Transport	2 134	2 300	2 283	2 735	2 855	3 155
Valeur ajoutée totale	48 359	52 490	55 768	59 450	69 089	80 843
Contribution transport (%)	**4,41**	**4,38**	**4,09**	**4,60**	**4,13**	**3,90**

Source : Annuaire statistiques du secteur des transports 2014- 2018 (édition 2019).

La valeur ajoutée de la branche Transport est de l'ordre de 4,2 % en moyenne au cours de la période 2012-2017.

c. Les acteurs et les emplois du secteur des transports

Le secteur du transport est pourvoyeur d'emplois par les services techniques, les acteurs du secteur privé et leurs organisations. L'effectif du personnel du ministère était de 1403 agents, dont 33,4 % de femmes en 2018. À cela s'ajoute un effectif plus important d'employés opérant dans diverses activités associées au secteur maritime et menées par le secteur privé.

4.4.2 Le transport maritime

a. Le transport maritime commercial

Les ports sont des infrastructures essentielles : ce sont des catalyseurs de la croissance et du développement économique, et des points névralgiques du réseau constitué par des chaînes mondiales d'approvisionnement interdépendantes. Passerelles du commerce international, ils créent des emplois et de la richesse, contribuent au produit intérieur brut (PIB) et suscitent l'urbanisation et l'industrialisation des régions portuaires.

En tant que pays côtier situé sur la façade atlantique, l'importation et l'exportation des biens et services par voie maritime occupent une place prépondérante dans l'économie guinéenne. Le transport maritime est assuré à travers deux principaux ports à vocation mixte : le port autonome de Conakry et le port de Kamsar. À ces deux ports, il faut aujourd'hui ajouter les ports de Dapilon et Katougouma de la SMB-Winning, les ports de Tarensa, de Bogoroya ainsi que ceux du Cap Verga au centre et de Conta au sud dans la préfecture de Forécariah. Conformément à la Convention de Montego Bay sur le droit de la mer, soumise à ratification en 1982, ces ports sont tenus de laisser transiter sans discrimination les marchandises d'importation et d'exportation de leurs voisins enclavés, et de les autoriser à battre le pavillon de leur choix.

Inauguré en 1895, le port autonome de Conakry (PAC) a connu plusieurs mutations pour devenir aujourd'hui un port moderne disposant de plusieurs terminaux tels que le terminal Conteneurs (Bolloré), le terminal conventionnel, l'appontement pétrolier, le terminal minier (alumine et bauxite de Russal) et les entrepôts (aires de stockage). Le nombre d'escales des navires a ainsi doublé au cours de la dernière décennie, passant de 647 navires en 2008 à 1 195 navires en 2022.

Le PAC reçoit à la fois les navires de commerce, les minéraliers et les navires de pêche. Un quai est dédié également aux vedettes de la Marine nationale/ministère de la Défense. Le terminal à conteneurs a une capacité annuelle d'environ 50 000 conteneurs et peut recevoir des navires de 25 000 tonnes le long d'un quai d'une longueur utile de 270 m et d'une profondeur de 10 m.

Le quai commercial du PAC a 15 postes d'une longueur moyenne de 152,6 m chacun. Ce quai assure l'activité de transport de véhicules d'occasion, le fret maritime et le transport maritime en conteneurs de certaines denrées et biens de consommation. Les sociétés agréées à cet effet sont chargées de la consignation des navires, du transit, de la manutention, du transport de véhicules, des engins roulants et produits en vrac (clinker pour cimenterie, huile, riz, sucre, farine, blé, etc.), du transport spécialisé (projets miniers et industriels), de la logistique, du remorquage, etc.

Grâce à des investissements majeurs aussi bien sur le terminal à conteneurs sous la gestion du Groupe Bolloré (France) que sur le terminal conventionnel récemment cédé à Albayrack (Turquie), cette infrastructure portuaire stratégique pour le pays se transforme en un formidable outil de développement au service des armateurs et des acteurs économiques guinéens.

Au regard des performances du PAC, la situation de sa contribution au Trésor public en 2020 est de 13,1 milliards de GNF et le nombre de navires l'ayant fréquenté est de 973 navires composés de minéraliers, aluminiers et autres vraquiers, mais aussi de cargos conventionnels, de portes-conteneurs, de chalutiers, et d'autres navires.

Le transport maritime du PAC est de plus en plus couplé à la logistique terrestre et aux commodités (entreposage, suivi des marchandises, ports secs, assurances/garanties, etc.). Ainsi, avec la création d'un port sec à Kagbélén, directement connecté aux réseaux routier et ferroviaire, il est possible de créer une véritable plateforme multimodale d'éclatement pouvant desservir les corridors maliens, burkinabés et nigériens.

Exclusivement dédié aux activités minières de la CBG, le port de Kamsar CBG est le deuxième port guinéen à vocation internationale. À l'origine petit village de pêcheurs situé dans l'estuaire du Rio Nunez, sur l'océan Atlantique, ce port est devenu un centre industriel de la Compagnie des bauxites de Guinée (CBG) en connexion ferroviaire avec le plateau du Sangarédi proche, qui est l'une des plus grandes réserves mondiales de bauxite. La capacité de production de la CBG a été de 18,5 millions tonnes de bauxite en 2017 et de 22,5 millions tonnes en 2022. En 2025, elle atteindra environ 35,5 millions tonnes.

Les ports de Katougouma et de Dapilon ont été construits en amont du fleuve Nunez par la SMB-Winning créée en 2014 pour l'évacuation du minerai d'exploitation d'une des réserves de bauxite les plus riches du monde, avec un corridor ferroviaire de 135 km. La première exportation de bauxite depuis l'extension du port de Boké-Dapilon a eu lieu en 2016 et, en 2018, la SMB-Winning produisait déjà plus de 36 millions de tonnes. Le consortium prévoit aussi la construction d'une raffinerie d'alumine. La contribution globale de SMB-Winning à l'économie guinéenne est ainsi estimée à 650 millions de dollars américains pour l'année 2018 et à plus de 780 millions de dollars américains en 2022 (salaires, paiements effectués aux fournisseurs et aux sous-traitants, droits de douane, taxes sur les produits importés et sur l'extraction et l'exportation du minerai, contributions fiscales et parafiscales).

Le minerai concassé est chargé sur des barges et transporté du fleuve jusqu'en haute mer. Ce système de transport a un fort impact sur l'environnement côtier et marin immédiat. L'acheminement par voie routière de la bauxite vers les deux ports fluviaux de Katougouma et de Dapilon est soupçonné de contaminer les champs, les ressources en eau et la végétation. La pollution aérienne par la bauxite met en danger la santé et les sources de subsistance des populations, car la poussière altère les feuilles des anacardiers dont la culture était jusque-là une des sources principales de subsistance. À cela, il convient d'ajouter la pollution marine avec le gas-oil qui s'échappe des remorqueurs – qui tirent les barges – et qui envahit les champs de culture de riz, aliment de base des populations guinéennes. À terme, la baisse de productivité des terres agricoles pourrait mettre en danger la subsistance de ces populations, si des initiatives de protection et régénération des écosystèmes n'étaient pas entreprises.

Plusieurs ports à vocation principalement minière sont en voie de construction dont ceux du Cap Verga, de la Fatala, de Konta et de Benty nouvellement remis en selle pour le transport pétrolier. Un corridor guinéen fluide serait un atout unique pour les ports guinéens (Conakry et Kamsar) et l'économie de la Guinée en général. En effet, un corridor ne connecte pas seulement un port avec sa destination finale, mais peut créer l'ouverture de tout un arrière-pays, avec des nœuds dans la proximité des villes importantes, à travers des implantations de ports secs ou de ports fluviaux. Ces sites comprennent des zones de stockage en plein air ou en entrepôt éventuellement sous contrôle de la douane. Par ailleurs, les autorités envisagent la création de zones économiques spéciales, où la production pour l'export s'effectuera sous un régime fiscal favorable. Les corridors peuvent se développer de manière multimodale, ce qui veut dire que l'organisation logistique utilise plusieurs moyens de transport. À cet égard, la Guinée est dotée d'un réseau fluvial qui peut connecter plusieurs hubs, via lesquels les marchandises parcourent leur dernière étape par camion.

La concurrence portuaire sous-régionale n'est pas en faveur de la Guinée en termes de tirant d'eau global, ou en termes d'infrastructures, sans oublier la congestion et le mauvais état des corridors logistiques. Toutefois, la Guinée constitue une intéressante porte d'entrée pour des pays de l'hinterland comme le Mali, le Burkina Faso ou le Niger qui optent pour des politiques de diversification de leurs routes d'approvisionnement.

En raison de la congestion presque systématique de l'enceinte portuaire et du difficile accès au port, les autorités techniques portent une attention particulière au label Light ÉcoPorts[2]. Pour ce faire, il apparaît nécessaire de stimuler l'amélioration continue de l'environnement portuaire et de sa gestion en encourageant l'utilisation des outils du système d'information sur la gestion de l'environnement (tels que l'audit environnemental, l'examen de l'environnement, le système de gestion de l'environnement, le système d'aide à la décision, l'outil Internet destiné aux visiteurs du port, tel que développé par l'EcoPorts Foundation.

b. Le transport maritime côtier

Bon marché, pratique et respectueux de l'environnement, le fret maritime est le mode de transport de masse des marchandises le plus efficace. Il gagne encore en

2 Projet de transformation du port autonome de Conakry en éco-port : préalables d'une ambition sociétale d'économie bleue et de logistique verte, rapport d'étude, PNUD 2021

importance en Guinée, à travers le port autonome de Conakry, le port de Kamsar, le port de Dapilon, et d'autres ports en eaux profondes en projet.

Au regard des coûts paramétriques du transport, le fret maritime offre d'immenses avantages pour le commerce international en cette ère de mondialisation et d'interdépendance économique accrue, et c'est aussi le mode de transport le plus sûr d'un point de vue écologique, à la fois en termes d'efficacité énergétique et de limitation de la pollution.

Le transport maritime domestique à des fins touristiques n'est pas encore développé en Guinée. Seules quelques embarcations (10 à 20 places) et deux traversiers de 60 places sont en service entre les débarcadères de Conakry et les îles de Loos.

Ce tourisme dans les îles de Loos est appelé à se développer eu égard aux engagements des autorités en charge du tourisme. Au tourisme balnéaire dans les îles de Loos s'est greffé depuis plus d'une vingtaine d'années une forme de tourisme culturel avec les écoles de danse et d'apprentissage de la musique.

Le transport maritime côtier des biens est assuré le long de tout le littoral guinéen soit par des embarcations de pêche artisanale, soit par des pirogues de grands tirants d'eau construits spécialement pour le transport des produits halieutiques et agricoles. Ces embarcations partent à partir des sites de grande production du riz, enclavés, en saison des pluies, ou à partir de nombreuses îles le long des côtes guinéennes qui abritent des points de débarquement de poissons (îles Tristao, Kamsar, Sakama, Matakang, Khonibombo, Khounyi, etc.).

À certains endroits des côtes, ce transport maritime côtier se transforme en transport fluvial, lorsqu'il s'agit de transporter les personnes et leurs biens vers des marchés forains situés en amont des fleuves, comme le marché de Diaobé au Sénégal, sur les affluents du Cogon, celui de Boffa Centre sur la rivière Fatala du Rio Pongo à partir de l'île Sakama et environs, ou celui de Béréiré à partir de Sangban dans les îles Kaback.

c. Le transport maritime artisanal

La Guinée a un littoral d'environ 350 km de longueur, entièrement couvert de forêts de mangroves, à l'exception des appointements rocheux de Kaloum/îles de Loos et du Cap Verga. Plusieurs villages et près d'une trentaine d'îles et d'îlots parsèment ces côtes. La richesse des eaux maritimes guinéennes a transformé plus d'une centaine de ces villages et îles en ports de pêche dont l'accès est souvent très difficile par voie terrestre. Du fait de la faible profondeur du plateau côtier, ces pôles de production agricole et de pêche ne sont pas accessibles à des embarcations à grands tirants d'eau.

Le transport maritime artisanal des personnes et des produits agricoles et halieutiques est ainsi assuré par des embarcations à faible tirant d'eau (de 1,5 à 2 m) équipés de moteurs hors-bord de 15 à 40 CV.

Pour donner une certaine idée de l'importance de ce transport maritime artisanal, il faut retenir que le dernier recensement du parc piroguier guinéen réalisé en 2016 a dénombré 7 538 pirogues de pêche appartenant à 6 414 propriétaires (96 % guinéens et 4 % étrangers).

Le transport maritime en Guinée subit déjà les impacts du transport minier qui va s'intensifier dans le court terme, avec l'accélération de l'exploitation de la bauxite sur les plateaux au nord de la Basse-Guinée et des opérations connexes à cette activité minière. Les risques de collision augmentent naturellement mais surtout d'autres impacts progressent significativement : la pollution de l'air, la contamination des sols, l'insécurité alimentaire (dommages aux cultures), la connectivité écologique/hydrologique réduite, la pollution des eaux de surface/diminution de la qualité de l'eau (physico-chimique, biologique), les poussières toxiques, la perte de fertilité des terres pour l'agriculture, l'exposition à des risques de santé complexes inconnus ou incertains, la dépossession de terres, etc.

En l'absence de planification côtière et de planification spatiale maritime suivies et respectées, de graves problèmes de fonciers et des conflits réels en mer pourraient porter préjudice au potentiel de développement de l'économie bleue en zone côtière et maritime guinéenne.

d. Le transport maritime minier

Il est réalisé en Guinée à partir de plusieurs ports équipés de toutes les facilités portuaires, depuis l'intervention des opérateurs maritimes privés qui y ont investi de gros moyens aussi bien dans les infrastructures et équipements que dans la qualification du personnel.

Les ports concernés sont :

- Le port autonome de Conakry (PAC) qui en est le principal. Il reçoit à la fois les navires de commerce, les minéraliers et les navires de pêche. Il a également un appontement pétrolier de 190 m (profondeur de 10 m) pour l'accostage de tankers de 25 000 TM de capacité actuelle et de 45 000 TM après dragage. La fréquentation du PAC et le volume des transactions portuaires ont sensiblement augmenté ces dix dernières années, passant de 647 navires en 2008 à 1 180 navires en 2018. La direction générale du PAC assure à ce jour seulement des missions de contrôle des activités portuaires. Pour améliorer l'exploitation et la gestion du port, rechercher l'efficacité économique pour rendre le port de Conakry compétitif et attirer les armateurs et les grands acteurs maritimes, les autorités guinéennes ont signé des contrats de concessions avec :
  - Le Groupe Bolloré pour une convention de concession exclusive du quai Conteneurs d'une durée de vingt-cinq ans.
  - Le Groupe Russal CBK pour le quai minier de bauxite.
  - Le Groupe turc Albayrak Holding pour le quai commercial et les entrepôts sur trente ans. Les perspectives avec ce dernier, dont la signature de contrat a été émaillé de mouvements sociaux, sont les grandes réalisations d'élargissement des capacités de stockage du port, d'amélioration physique des quais et la construction de terminaux et d'un port de pêche.

Le PAC est d'ores et déjà un composant clé de l'économie bleue guinéenne, dévelop pant ses activités jusque dans la sous-région à travers l'aménagement du port sec au km 36 pour les unités industrielles, les ports secs à Débélén et à Siguiri pour le hinterland et les pays enclavés voisins, le développement d'une tour de contrôle, ou à l'extérieur par le jumelage avec le port de Miami et certains ports européens. Pour la réussite de ces ambitions, plusieurs atouts existent déjà au PAC pour son développement dans le moyen et long terme comme l'existence de la voie ferrée et son prolongement sur le corridor Mali, Burkina Faso, Niger, etc. Dans un souci de contribution au développement durable, il serait de première importance que le port autonome de Conakry, confronté à la compétition des ports à l'échelle du continent (Abidjan, Dakar, Tema, mais aussi Djibouti, Durban ou Tanger), se singularise par sa compétitivité, mais aussi par sa qualité environnementale en devenant un éco-port, par exemple en s'inspirant des recommandations de l'Organisation des ports maritimes européens (ESPO).

Les autres ports importants de Guinée sont :

- Le port de Kamsar CBG a été construit dans le cadre du projet minier d'exportation de la bauxite de la Compagnie des bauxites de Guinée (CBG) qui opère en Guinée depuis 1973. Le port de Kamsar a l'avantage de pouvoir accueillir des bateaux minéraliers longs de plus de 200 m et à grands tirants d'eau de plus de 9 m pour l'exportation de plus de 14 millions de tonnes par an.
- Le port de Kamsar GAC, récemment construit par la société Guinea Alumina Corporation qui est une filiale de EGA (Emirates Global Aluminium) et qui s'est engagé à exporter 250 000 à 300 000 tonnes de minerai par an, dès les trois prochaines années.
- Les ports de Katougouma et Dapilon, opérationnels depuis octobre 2016, sont

réalisés par le consortium minier SMB-WAP (Winning Africa Port) constitué de plusieurs acteurs majeurs dans le domaine de l'extraction, de la production et du transport de bauxite et de l'État guinéen. L'exportation de minerais doit passer de 17 millions de tonnes de bauxite en 2017 à 35 millions de tonnes dans un proche avenir. Le transport de la bauxite est assuré à l'aide de barges qui transportent leur cargaison sur le Rio Nunez ou Tinguilinta vers des navires de grands tonnages amarrés en eaux profondes.

D'autres installations portuaires sont prévues dans un proche avenir à Bel-Air, Baralandé (Boffa), Moribayah et Benty (Forécariah). Elles seront alimentées à l'image du port de Katougouma – Dapilon avec des barges qui transporteront les minerais vers des navires stationnés en eaux profondes.

Les impacts positifs de ces ports sont évidents en termes de revenus pour le budget national, de création d'emplois, et le dynamisme économique induit n'est pas discutable. Toutefois, il faut souligner que les aménagements correspondants ont eu des impacts directs et indirects encore trop peu documentés sur la zone côtière et marine. On évoquera les pollutions engendrées par les activités industrielles, et par les rejets de l'agglomération de Kamsar, qui, d'un simple village, est devenue la 3e ville du pays avec plus de 200 000 habitants. Le développement du fret maritime génère des nuisances environnementales sérieuses : pollution maritime et sonore, rejet des eaux de ballast (contenant éventuellement des espèces invasives) et des déchets toxiques et nocifs, pertes et fuites de carburant, émissions directes et indirectes de gaz à effet de serre, impacts sur la qualité de l'eau, des sols et des sédiments et déploiement d'équipements capables, à long terme, d'endommager les écosystèmes marins fréquentés.

Durant ces quinze dernières années, de nombreuses démarches ont été entreprises par le gouvernement guinéen et ses partenaires techniques et financiers dans la recherche de pistes de mobilisation de ressources pour soutenir la politique de décentralisation et assurer le financement et l'accompagnement du processus de développement local. C'est ce qui a conduit à la création et à la dotation en moyens financiers du Fonds national de développement local (FNDL), de l'ANAFIC (Agence nationale de financement des collectivités) et de l'ANIES (Agence nationale d'inclusion économique et sociale) pour l'amélioration des conditions de vie des collectivités locales, la réduction de la pauvreté et de la vulnérabilité ainsi que la réalisation d'infrastructures de base dans tout le pays, dont certaines sont liées à l'économie bleue.

e. Les installations et les équipements portuaires artisanaux

Les installations et les équipements portuaires artisanaux sont des sites spécialisés pour l'accostage des embarcations de pêche artisanale et le débarquement des captures. Mais avec l'importance grandissante de ces débarquements, ces ports de pêche se sont transformés progressivement en d'importants centres de négoce autour desquels émergent une multitude d'activités connexes qui vont du petit commerce de condiments et produits alimentaires locaux et importés aux entrepôts frigorifiques de grande taille pour la conservation et l'exportation de produits halieutiques.

Au regard du rôle grandissant de ces centres et avec l'appui des partenaires au développement, le gouvernement guinéen s'est engagé dès les années 1990 dans un programme d'aménagement des ports de pêche, avec toutes les facilités nécessaires pour un développement harmonieux du sous-secteur de la pêche artisanale, principale pourvoyeuse des populations guinéennes en protéines animales. En zone littorale, les investissements sont concentrés généralement sur les facilités d'accostage et de débarquement des embarcations, l'agrandissement et la modernisation des opportunités de stockage, l'aménagement des aires et équipements de transformation et de conservation des produits, etc.

Les initiatives d'investissement en zone continentale, principalement au niveau des fleuves Niger, Sénégal et Gambie, sont en cours de formulation pour accorder au transport fluvial et à la pêche continentale l'essor nécessaire pour contribuer de manière significative à l'économie nationale.

À ce jour, plus d'une vingtaine de sites ont été aménagés avec des investissements plus ou moins importants qui incluent les quais de débarquement en toute marée. Les ports de pêche artisanale de Boulbinet, de Kamsar (port Nènè) et de Kaporo sont trois exemples de réussite du regroupement des opportunités de débarquement sur des quais sécurisés, de stockage sous glace des captures, de transformation et d'exportation des produits halieutiques, de négoce d'intrants de pêche (nappe de filets, cordage, hameçons, etc.) et d'ateliers de réparation de moteurs hors-bord et de charpenterie marine.

Les défis et les enjeux de l'économie bleue par secteur

- La valorisation de l'eau est d'ores et déjà au cœur de l'économie de la Guinée, mais l'exploitation des ressources hydriques est loin de tirer parti de tout le potentiel existant.
- Le secteur de la pêche induit directement et indirectement 12 % de l'emploi dans le pays. Il est essentiel à la sécurité alimentaire et joue un rôle social de première importance y compris pour l'emploi féminin. Le potentiel exploitable est près de deux fois supérieur au potentiel programmé à ce jour.
- L'aquaculture se caractérise à la fois par son important potentiel et un poids économique relativement limité. Ce qui justifierait un renforcement des moyens de l'ANAG et le développement d'activités, notamment en Haute et Moyenne-Guinée.
- Le transport par voie d'eau et les activités portuaires sont prometteurs pour l'économie bleue en Guinée, plus encore dans le contexte du changement climatique. La promouvoir passe par la valorisation prioritaire du PAC en liaison avec son hinterland immédiat (port sec) et plus lointain (connexion ferroviaire avec les pays limitrophes enclavés), en devenant un éco-port exemplaire dans la sous-région.
- Le tourisme « bleu » semble encore embryonnaire en Guinée, du moins par rapport à son potentiel. Son développement paraît dépendant de celui d'infrastructures d'accueil, de transport, voire d'une politique environnementale renforcée. Mais sa vulnérabilité face aux risques épidémiques ne peut être ignorée.
- L'énergie hydraulique illustre tout l'enjeu de l'économie bleue en Guinée, avec un potentiel hydroélectrique de 6 000 mégawatts, dont 5 % sont actuellement mis en valeur.
- Les secteurs innovants doivent aussi être examinés et certains pourraient compléter la liste des priorités sectorielles de l'économie bleue guinéenne.

Conclusion et perspectives

Plusieurs grandes réformes s'imposent donc pour le développement de l'économie maritime et des ports bleus, dont l'Afrique peut et doit s'inspirer. La République de Guinée a pris pleinement la mesure des grands enjeux et opportunités de son potentiel maritime et portuaire et considère avec beaucoup d'attention ces défis.

Ces défis, enjeux et priorités sont mis en exergue dans l'étude sur les transports maritimes publiée en novembre 2022 par la Conférence des Nations Unies sur le commerce et le développement, dont les dix recommandations principales se présentent comme suit :

- Développer les infrastructures de transport, améliorer l'efficacité et la productivité des opérations portuaires, élargir les espaces de stockage et d'entreposage, limiter autant que possible les pénuries de main-d'œuvre et de matériel et, de manière générale, rendre les ports et leurs connexions avec l'arrière-pays plus efficaces et plus à même de réagir aux fluctuations de la demande.
- Faciliter l'adaptation aux changements climatiques et le renforcement de la résilience dans les ports en intensifiant les initiatives de renforcement des capacités et en consolidant les mécanismes de financement d'infrastructures à des conditions abordables.
- Soutenir la reconfiguration des chaînes d'approvisionnement et la relocalisation de la production à des fins de renforcement de la résilience et de la promotion du contenu local pour trouver un juste équilibre entre les objectifs d'efficacité et d'économie de coûts, d'une part, et les impératifs de sécurité nationale, d'autonomie et d'autosuffisance, d'autre part.
- Moderniser les infrastructures portuaires, la connectivité et les connexions avec l'arrière-pays en collaboration avec le secteur privé.
- Développer les flottes régionales et les services de transport régionaux en réponse à la hausse des taux de fret et à d'autres difficultés auxquelles se heurtent les pays en développement.
- Valoriser les technologies numériques et le commerce électronique, et adopter des systèmes de logistique maritime intelligents en utilisant des plateformes numériques d'information en temps réel et des guichets uniques électroniques.
- Adopter des systèmes de logistique commerciale à la fois intelligents, bleus et verts, et supprimer les obstacles juridiques et réglementaires à l'utilisation de documents électroniques.
- Encourager les ports des pays en développement à opérer la transition énergétique, à lutter contre les pollutions industrielles et à décarboner leurs activités.
- Renforcer les capacités des responsables de la réglementation, des autorités de la concurrence et des autorités portuaires au niveau national, en particulier dans les petits États insulaires en développement et les pays les moins avancés.
- Renforcer la coopération internationale et Sud-Sud aux fins de la lutte contre les pratiques anticoncurrentielles dans le transport maritime international avec le concours d'agences, notamment onusiennes, comme la CNUCED.

La République de Guinée s'est inscrite dans une démarche ambitieuse pour son développement maritime et considère avec une attention toute particulière ces résolutions qu'elle entend appliquer, par étape, et selon ses potentialités, non sans compter le concours de ses partenaires extérieurs dont les Nations Unies.

Une stratégie pour l'économie bleue en Guinée

Le développement de l'économie bleue doit passer par la mise en œuvre des ODD (objectifs de développement durable) pour permettre d'assurer la sécurité, d'éradiquer la pauvreté et de créer des emplois. De plus, une approche intégrée dans le développement de l'économie bleue doit être adoptée, car elle comprend différents secteurs interactifs tels que les transports, la pêche, l'agriculture, l'énergie et les mines.
Les actions pour le développement de l'économie bleue en Afrique telles que définies par la Conférence de Nairobi (Kenya) de novembre 2018 devront être suivies et mises en œuvre par la Guinée.

Dans ce cadre, la pré-stratégie de développement de l'économie bleue en Guinée déjà élaborée en avril 2020 par le Gouvernement, en partenariat avec le PNUD, servira de base pour mettre en place une véritable stratégie qui prendra en compte les orientations stratégiques telles que recommandées, à savoir :

- La valorisation et la préservation des ressources en eau ;
- Les orientations économiques sectorielles ;
- La gouvernance et la sécurité.

Conformément à l'approche générale de l'économie bleue des Nations Unies et au regard du contexte guinéen, la réussite d'une transition vers une économie bleue réside dans :

- Le déploiement des efforts internes pour affiner et appliquer les règlementations et les mécanismes de gouvernance dans le domaine maritime de manière coordonnée ;
- L'amélioration du climat d'investissement et la promotion du partenariat public-privé ;
- Le développement de l'infrastructure portuaire et l'amélioration de la connectivité pour l'arrière-pays (les pays sans littoral) ;
- La construction des infrastructures résilientes (moderniser et valoriser les ports de pêche artisanaux, mettre en place une mobilité urbaine propice à l'environnement (PDU), construire des habitations Vertes, etc.) ;
- La diversification économique et la protection de l'environnement.

À cet égard, les opportunités identifiées ci-dessus au niveau des différents secteurs de l'économie bleue pourront enrichir et servir le cadre d'intervention du PNUD en Guinée.

CHAPITRE 5

L'état des potentialités de l'économie bleue en Guinée

–

Mamoudou TOURE
Secrétaire général du ministère du Plan et de la Coopération internationale de la République de Guinée

Amara KEITA
Secrétaire général du ministère de la Pêche et de l'Économie maritime de la République de Guinée

Faya François BOUROUNO
Secrétaire général du ministère de la Culture, du Tourisme et de l'Artisanat de la République de Guinée

Introduction

L'économie bleue est une importante source de croissance économique et d'emplois. L'exploitation judicieuse de ces ressources naturelles contribue à fournir de l'alimentation aux populations et permet de réguler efficacement le climat pour le bien-être des populations vivant le long des côtes, à proximité des eaux.

La République de Guinée dispose d'une façade maritime de plus de 300 km, qui s'étend de Forécariah à Boké, en passant par Conakry, Dubréka et Boffa. Les populations, qui vivent le long de cette côte, sont souvent tributaires ou dépendantes de ces eaux pour se nourrir et exercer une activité économique, à travers l'agriculture, la pêche, l'exploitation minière, le transport, le tourisme, etc. De plus, nombre d'acteurs interviennent dans cette zone. Il s'agit notamment des habitants, des sociétés minières, des sociétés de transport, des sociétés de manutention, des sociétés de prestation de services, etc. Ces acteurs de la vie socio-économique contribuent à la création d'emplois en faveur des hommes et femmes, réduisant ainsi les pressions sociales et promouvant la stabilité du pays.

L'économie bleue contribue aux finances publiques de l'État, à travers les impôts, taxes, droits et redevances, collectés par les services publics. Ces recettes constituent des moyens de mise en œuvre des politiques publiques et permettent donc à l'État de faire face à ses missions régaliennes de santé, d'éducation, de sécurité, d'infrastructures ou encore de protection sociale.

Quel est l'état des potentialités de l'économie bleue en Guinée ?

Dans la mesure où l'économie bleue couvre l'ensemble des activités économiques relatives à l'utilisation durable et la conservation des océans, des mers, des lacs, des littoraux, etc., sa mise en valeur concerne plusieurs secteurs économiques guinéens :

- La pêche : avec la façade maritime et un plateau continental s'étendant à 80 marins des côtes, le potentiel des terres sous contrôle de l'eau est évalué à 520 000 ha dont 140 000 ha de terre en mangrove et arrière mangrove, 200 000 ha de plaines alluviales fluviales. Ce potentiel offre ainsi plusieurs opportunités de création d'activités génératrices de revenus pour les populations et les acteurs de la vie socio-économique du pays.

- L'énergie et l'hydraulique : la Guinée présente un potentiel énergétique de 6 000 MW grâce à l'apport considérable des cours d'eau. En 2023, la capacité énergétique installée n'excède pas de 1 200 MW mettant en évidence l'insuffisance de la production énergétique pour répondre au défi d'accélération de la croissance et de transformation économique. Quant à l'hydraulique, le pays est l'un des plus arrosés de la sous-région avec 1 165 cours d'eau dont trois des 5 fleuves les plus importants d'Afrique (fleuve Niger, fleuve Sénégal et fleuve Gambie) qui y prennent source.

- Le transport maritime guinéen repose sur plusieurs ports importants le long de sa côte atlantique (Conakry, Kamsar, Boké, etc.). Plusieurs autres ports sont en chantier dans la Préfecture de Forécariah. Ces infrastructures portuaires sont essentiellement utilisées pour le commerce international, le transport de passagers et le trafic fluvial. Grâce aux investissements massifs et aux partenariats public-privés, le Port autonome de Conakry (PAC) occupe la première place des ports à conteneurs de l'Afrique de l'Ouest, 8ème en Afrique et 189ème au niveau mondial. Ces infrastructures maritimes contribuent à l'amélioration du climat des affaires et l'attraction des investissements privés.

- La Guinée regorge de plusieurs sites touristiques diversifiés. Le tourisme de découverte repose, entre autres, sur les cascades de la Soumba, la voile de la mariée/les eaux de Kilissi, les gorges et les chutes de Kinkon et de Kambadaga, les chutes de la Saala, les chutes de Kamarato.

Il ressort donc globalement, qu'à l'instar des autres secteurs économiques majeurs, la Guinée dispose d'énormes potentialités de l'économie bleue. Il faut noter que ces potentialités demeurent encore insuffisamment estimées. Cette situation affecte la qualité de la planification du développement à cause de la sous-évaluation de l'ampleur de la contribution de l'économie bleue au PIB, à la création d'emplois décents, aux finances publiques et à la protection de l'écosystème maritime.

Quels sont les apports de l'économie bleue à la Guinée ?

Selon les données du dernier cadrage macroéconomique produit par le Ministère du Plan et de la Coopération Internationale, le sous-secteur de la pêche, pisciculture et aquaculture a enregistré un taux de croissance estimé à 4,6% en 2022. Grace aux efforts des autorités, ce taux devrait être porté à 6,6% en 2023. Ce sous-secteur représente 28% des richesses créées par le secteur primaire en 2022 et contribue au PIB à hauteur de 7%. Les données préliminaires issue du SCN 2008 montrent qu'en 2018, le transport maritime et fluvial a permis de générer un revenu total estimé de près de 122 millions de dollars américains, soit 0,65% du PIB. Quant à l'entreposage et les activités auxiliaires du transport, ils ont contribué à plus 50 millions de dollars américains, soit 0,26% du PIB.

L'important défi auquel le pays fait face est la disposition des données actualisées et fiables sur le potentiel de l'économie bleue. Cette démarche passe par des études et/ou des enquêtes approfondies visant à déterminer le potentiel domestique en manière d'économie bleue. Ce potentiel couvre les sous-secteurs traditionnels tels que la pêche, le transport maritime, la construction de ponts et le tourisme. La valorisation de ces sous-secteurs peut se faire grâce à l'apport de la technologie et du capital financier.

Le cadrage macroéconomique

Le cadrage macroéconomique décrit sous différentes hypothèses, la situation macroéconomique et financière du pays pendant une période considérée et permet de déterminer le montant des dépenses primaires compatibles avec les ressources mobilisables. Ces hypothèses tiennent compte du Plan national de Développement du Pays et se fonde sur la capacité productive réelle de l'économie nationale et les risques potentiels internes et externes. Elles sont formulées également sur la base de la situation économique aux niveaux international et régional. Le cadrage macroéconomique est donc un instrument d'orientation de la politique économique et financière ainsi que de suivi de la mise en œuvre des Plans nationaux de Développement et des projets et programmes appuyés par les partenaires au développement, notamment les institutions de Bretton Woods.
L'élaboration du cadrage macroéconomique, qui est une des missions du Ministère du Plan et de la Coopération internationale constitue la première étape du processus budgétaire dont l'objectif est d'anticiper l'évolution à moyen terme de l'économie nationale et d'éclairer les décisions politiques sur les choix à effectuer, notamment dans les domaines de l'économie bleue.

5.1 L'énergie bleue

Les énergies renouvelables de l'océan connaissent une croissance rapide et sont en passe de devenir l'une des principales sources d'énergie pour le monde. L'océan possède en effet un potentiel considérable de fourniture d'une énergie propre et la progression des énergies renouvelables océaniques est aussi en capacité de générer des emplois durables, de stimuler le développement économique transformationnel, tout en offrant une voie vers la décarbonisation. Une révolution dans ce domaine est en cours de réalisation et les efforts de diversification offrent une opportunité d'augmenter les investissements dans les années à venir.

À cet égard, il importe d'investir dans des projets de recherche, de développement technologique et de démonstration pour valoriser le potentiel de toutes les formes d'énergie renouvelable de l'océan, y compris l'énergie éolienne, houlomotrice, marémotrice, des courants marins, thermique et solaire. Il faut cependant qu'elles soient compétitives en termes de coûts, accessibles à grande échelle, et durables sur le plan écologique et environnemental.

Il est important que sur le continent africain soient fixés des objectifs clairs, et de voir pris des mesures politiques et réglementaires appropriées, permettant d'éliminer les obstacles du marché afin d'accélérer le déploiement d'énergies bleues renouvelables.

Plusieurs grands enseignements ressortent de cette approche du développement des énergies océaniques :

- Une politique nationale mettant l'accent sur la croissance verte et bleue est cruciale pour susciter le développement des énergies océaniques.
- Ce développement passe par une révision des politiques énergétiques en vigueur et l'adoption de mesures progressives.
- Une approche intégrée permet de s'appuyer sur les infrastructures, les synergies et les opportunités existantes.
- La collaboration entre acteurs publics-privés facilite le financement du développement des énergies océaniques.

L'énergie éolienne offshore est le secteur émergent de l'économie bleue qui a connu la plus forte croissance sur le plan mondial. Le développement de cette énergie qui commence à s'établir de manière structurée peut connaître des évolutions intéressantes pour l'Afrique. Il peut être envisagé le développement de cette énergie éolienne, au niveau continental, tant au nord qu'au sud, au cours des décennies 2030-2050.

L'énergie océanique (provenant des vagues, des marées ou de la conversion de l'énergie thermique des océans) se développe en revanche lentement et n'en est encore qu'à ses balbutiements. En tant que nouvelle source d'énergie renouvelable, elle pourrait toutefois fournir une contribution régulière et prévisible en complément de l'éolien et de l'énergie solaire, plus variables.

Le secteur des biotechnologies bleues exploite divers organismes marins pour créer une vaste gamme de produits, notamment pharmaceutiques et vétérinaires, des biocarburants (à base de micro-algues), et des enzymes pour détergents, papiers et textiles.

La désalinisation de l'eau montre un grand potentiel au vu des pénuries croissantes d'eau douce dans les régions arides. L'Espagne accueille, par exemple, plus de deux tiers de la capacité totale de l'Union européenne (4,2 millions de m^3/jour), représentant 93 % de la capacité de l'Union, selon les données du rapport du Parlement européen, consacré à la gouvernance des océans et la croissance bleue.

La majeure partie de la nouvelle demande de désalinisation devrait provenir de l'Afrique du Nord mais aussi des pays du Proche-Orient.

5.1.1 L'énergie hydraulique

a. Le cadre juridique et institutionnel

Sur le plan institutionnel, les activités du secteur de l'hydraulique et de l'énergie ont été confiées au Ministère de l'Énergie, de l'Hydraulique et des Hydrocarbures qui est la tutelle de certaines entités dont, entre autres :

> la Direction nationale de l'hydraulique qui est chargée de la coordination et du suivi de la mise en œuvre de la politique nationale de l'eau ;

> Le Fonds de l'hydraulique qui est chargé du financement de la mise en valeur des ressources en eau ;

> La Direction nationale de l'Énergie qui assure la coordination et le suivi de la mise en œuvre de la politique de l'énergie ;

> la Société des Eaux de Guinée (SEG) qui assure l'approvisionnement en eau en milieu urbain ;

> l'Électricité de Guinée (EDG) qui est la principale entité en charge de la production et de la distribution de l'électricité produite par les barrages et/ou les installations thermiques.

D'autres ministères interviennent également dans la gestion des ressources en eau. C'est le cas du Ministère de l'Administration du territoire et de la Décentralisation par le biais du SNAPE (Service national d'aménagement des points d'eau), qui s'occupe de l'hydraulique rurale (pour l'approvisionnement en eau potable des populations en milieu rural) ou du Ministère de l'Environnement et du Développement durable, à travers la Direction nationale des Faune et Flores pour la protection des ressources.

Les principaux textes législatifs en vigueur dans le secteur de l'eau et l'énergie sont ainsi :

- La loi 036/AL/81 du 9 novembre 1981 portant réglementation de l'exploitation des ressources en eau. Elle a pour but de :

  > réglementer l'usage des eaux quelle que soit leur forme ;

  > définir les normes auxquelles doivent répondre les ouvrages, constructions et installations édifiés dans le but de : (i) étudier le régime des eaux ; (ii) régulariser le régime des eaux ; (iii) satisfaire les besoins en eau de la population et de

l'économie nationale ; (iv) prévenir et combattre les actions destructrices des eaux ; (v) protéger les eaux contre la pollution et l'épuisement.
- La loi L/94/005/CTRN du 14 février 1994 portant « code de l'eau » de la République de Guinée. Elle régit la gestion rationnelle des ressources en eau du pays avec comme unité de base « le bassin versant ou groupe de bassins versants ». Elle traite :
  > du régime juridique des ressources en eau ;
  > du droit d'utilisation et de l'ordre de priorité ;
  > des utilisations des ressources en eau ;
  > des eaux souterraines ;
  > de la prévention des effets nuisibles des eaux ;
  > des ouvrages et aménagements hydrauliques ;
  > de la protection de la qualité des eaux ;
  > des zones de protection et régions protégées ;
  > de la planification et de l'administration des ressources en eau ;
  > du financement et de la tarification ;
  > du fonds de l'hydraulique ;
  > des eaux internationales.
- Les textes régissant les activités du secteur de l'énergie, notamment celles relatives à la production et distribution de l'électricité.

b. Les investissements et la contribution du secteur à l'économie nationale

La contribution du secteur au PIB est présentée dans le tableau ci-dessous.

ANNÉE	2012	2013	2014	2015	2016	2017
Production et distribution d'électricité, de gaz et d'eau	350	406	402	421	514	548
Valeur ajoutée totale	48 359	52 490	55 768	59 450	69 089	80 843
Contribution énergie (%)	0,72	0,77	0,72	0,7	0,74	0,67

Source : Annuaire statistique de l'énergie, Institut national de la Statistique, 2019.

Il ressort que le secteur de l'eau et de l'énergie contribue relativement peu à l'économie nationale, conséquence du faible niveau de valorisation du potentiel dont dispose le pays.

c. L'énergie et la production hydroélectrique

La Guinée est dotée de ressources énergétiques diversifiées. Les quatre régions naturelles de la Guinée ont des sites potentiels d'hydroélectricité. Un récapitulatif de 2017/2018 offrait le résumé suivant :
- un potentiel hydroélectrique exploitable estimé à 6 000 MW pour une énergie annuelle garantie de 19 300 GWh. Environ 13 % de ce potentiel est mis en valeur à ce jour ;
- des ressources forestières estimées à 30 millions de m^3 de bois ;
- un potentiel solaire de 4,8 kWh/m^2/jour ;
- un gisement éolien dont la moyenne annuelle de la vitesse du vent varie entre 2 et 4 m/s.

La contribution de ces ressources énergétiques dans le bilan énergétique national se présente comme suit :
- 78 % pour le bois et le charbon de bois ;
- 20 % pour les produits pétroliers (importés) ;
- 2 % pour l'électricité.

Les principaux consommateurs d'électricité sont le secteur minier et les ménages avec des parts respectives de 47 % et 31 % de la consommation globale d'énergie.

Les nombreux projets d'aménagement hydroélectrique réalisés ou en cours de réalisation (Souapiti sur le Konkouré pour 450 MW et Amaria sur le Konkouré pour 665 MW) ou en préparation dans le cadre de l'OMVS (Koukoutamba sur le Bafing pour 280 MW) produiront des retenues d'eau de grande capacité à multiples usages (production électrique, eau potable, pêche, transport fluvial, campements touristiques, etc.). Ce qui révèle davantage l'importance de l'économie bleue guinéenne.

En fonction de la convenance d'une retenue pour les besoins des activités piscicoles par exemple, des critères à prendre en compte en déterminent la productivité, comme la variabilité de la colonne d'eau, la hauteur du plan d'eau vis-à-vis du niveau de la mer, le profil du relief et la profondeur du plan d'eau, l'état de dégradation de l'environnement avoisinant, etc.

On définit ainsi :

Les retenues hydroélectriques

Ces retenues représentent un potentiel favorable aux activités de pisciculture en fonction des caractéristiques de leurs plans d'eau. Généralement, des études supplémentaires s'imposent pour confirmer leur convenance à l'activité piscicole.

Les retenues hydro-agricoles et agro-pastorales

Ce sont des retenues qui sont supposées alimenter en eau un réseau d'irrigation de terres agricoles. Ce type d'ouvrage, servant à stocker l'eau, comprend une digue en terre, un évacuateur des crues, des prises d'eau et des canalisations d'irrigation. Il existerait 37 retenues dans les 4 régions naturelles, certaines sur des propriétés privées, d'autres appartenant aux communautés environnantes. Globalement, leurs infrastructures nécessitent des réhabilitations (48,65 % sont remplies d'eau et 16,22 % disposent d'un réseau d'irrigation fonctionnel).

Une multitude de petites retenues collectives d'une surface moyenne de 0,5 ha/retenue existeraient en zone d'intervention de la Soguipah (préfecture de Yomou en Guinée forestière) dont plusieurs sont empoissonnées et en production.

5.2 Les télécommunications

Les technologies de l'information et de la communication (TIC) se présentent autant comme vecteur privilégié de la mondialisation que comme un secteur de développement économique durable à part entière.

Pour offrir partout et à tous l'accès à l'Internet haut débit, la Guinée a investi pour la mise en œuvre des infrastructures structurantes de large bande et de haut débit, essentiellement par la construction de réseau de transport fédérateur avec les dernières technologies de transmission à fibre optique, Backbone national. À ces infrastructures de réseau à fibre optique, s'ajoutent les réseaux des trois grands opérateurs mobiles fournisseurs d'accès à Internet (MTN, Cellcom, Orange).

La Guinée a bénéficié de la connectivité internationale et s'est raccordée à l'infrastructure de communication internationale qu'offre le câble sous-marin ACE (Africa Coast to Europe) qui a été exécuté dans le cadre du WARCIP (West African Regional Communications Infrastructure Program).

La volonté du gouvernement guinéen « d'investir dans les TICs (vecteur de croissance), pour une Guinée mieux connectée » s'est traduite par des investissements publics conséquents dans le développement des infrastructures structurantes de télécommunications, performantes et fiable dont, entre autres la mise en œuvre d'un réseau de Backbone national long de 4 500 km dans l'arrière-pays avec les dernières technologies de transmission à fibre optique.

Cette infrastructure de Backbone national connectée aux câbles sous-marins mondiaux a pour principale fonction le transport de la voix, des données et des signaux sur l'étendue du territoire national et permettra aux Guinéens de bénéficier au maximum d'avantages en termes de réduction des coûts de services téléphoniques et d'Internet et de gain de temps en matière de communication.

L'impact de cette infrastructure structurante dans la vie économique de la Guinée permet la transformation des secteurs productifs et celle des secteurs sociaux (éducation, santé, renforcement des capacités et valorisation du capital humain de façon générale) ainsi que l'intégration sous-régionale. Elle concrétisera la vision d'une société intelligente, efficace et hors de danger : zone numérique (wifi gratuit à la portée du public), trafic intelligent (surveillance et contrôle de la circulation), sécurité publique et cybersécurité, etc.

L'évaluation environnementale et sociale de la partie marine a porté essentiellement sur les travaux de pose du câble en milieu marin (travaux offshore), c'est-à-dire les activités de creusement, de pose proprement dite et d'enfouissement du câble dans le fond marin. Cette pose de câble est faite en Guinée sur environ 312 776 km, du large (haute mer) à la ligne de base du rivage de Kipé dans la péninsule de Conakry. Autrement dit, en Guinée, ces travaux ont concerné à la fois les eaux territoriales sur 12 milles (22 104 km), la zone contiguë sur 24 milles (44 208 km) et la zone économique exclusive sur 200 milles (368 400 km).

Les nuisances et risques environnementaux marins de ce processus de pose du câble sous-marin ont été l'augmentation momentanée de la turbidité des eaux et la mise en suspension des sédiments, les rejets de déchets liquides (eaux usées de lessive, de vaisselle ou de douche) et solides (emballages) ainsi que les déversements accidentels d'huiles de vidange en provenance du câblier. La pose de câble n'aura perturbé les fonds marins et les habitats marins d'espèces benthiques que de manière limitée et localisée le long du tracé, lors de son enfouissement.

5.3 Les industries extractives bleues et l'exploration minière des grands fonds marins

Une évolution économique analogue à celle survenue dans le secteur des hydrocarbures se dessine dans celui des ressources minérales océaniques, eu égard à l'envolée des cours des matières premières et des minéraux, qui stimule puissamment la recherche de nouveaux gisements terrestres et marins. Cette évolution résulte de deux facteurs qui se conjuguent et se renforcent du fait des techniques nouvelles d'exploration et d'extraction qui permettent de localiser les gisements et métaux et d'en envisager à terme une exploitation rentable, mais aussi de l'émergence de nouvelles ressources non renouvelables comme les terres rares sollicitées par les secteurs des technologies de pointe comme l'aérospatiale, l'automobile électrique, l'informatique et les communications.

Les gisements marins de métaux lourds (baryum, tungstène, zirconium, thorium, chrome, étain et terres rares) et des éléments non métalliques (diamants, calcaire, silice) constituent un potentiel essentiel. Sur l'ensemble de ces gisements marins, l'Afrique est effectivement riche tant du point de vue des gisements métalliques que des non métalliques.

L'organisation de l'exploration des grands fonds en est à ses balbutiements sur le continent compte tenu des enjeux géopolitiques (indépendance énergétique, partage des ressources, diversification des sources d'approvisionnement) et des défis technologiques et économiques (coûts de l'exploration et de l'exploitation, mais aussi de la préservation des écosystèmes).

Les grands fonds de l'océan contiennent des minéraux utiles pour les technologies d'énergie renouvelable, qui peuvent contribuer à la transition vers une société à faible émission de carbone. Ces zones sont les moins explorées et probablement les plus sensibles de tous les écosystèmes océaniques.

Au regard des connaissances scientifiques actuelles et de la compréhension limitée des impacts potentiels des activités océaniques émergentes, il est fondamental que soient promues des approches prudentielles et la réalisation de recherches et d'analyses pour protéger les écosystèmes et contenir le développement d'une industrie extractive à fort impact écologique.

Des connaissances et des réglementations suffisantes doivent être établies pour veiller à ce que toutes les activités liées à la prospection et à l'exploitation des fonds marins soient informées par la science et écologiquement durables. À cet égard, il est nécessaire d'initier des programmes de recherche pour améliorer la compréhension des impacts environnementaux et des risques liés aux activités minérales des fonds marins de l'Afrique. Les gouvernements du continent doivent veiller à ce que toutes les activités minérales des fonds marins, au sein et au-delà des juridictions nationales, soient conformes à des normes environnementales rigoureuses.

Les réglementations relatives à l'exploitation minière des fonds marins doivent également assurer une protection efficace des environnements marins en appliquant des approches prudentes conformes à la gestion durable des écosystèmes, en utilisant une gestion scientifique et transparente, et en assurant une conformité efficace avec un solide mécanisme d'inspection.

Il est par ailleurs important de promouvoir et favoriser la participation des scientifiques des pays en développement, notamment africains, à la prospection et à la recherche, mais aussi de rendre les résultats de cette recherche accessibles au public, y compris par l'intermédiaire de l'Autorité internationale des fonds marins.

Enfin, il est nécessaire de rappeler l'importance de renforcer les partenariats pour accroître la recherche, l'innovation et l'exploitation minière, notamment circulaire, qui réduiront le besoin de nouvelles sources de métaux et de minéraux issus de terres rares en veillant à favoriser la récupération et le recyclage des métaux provenant des produits, des bâtiments et des déchets utilisés.

Les agrégats marins sont une ressource clé de l'économie bleue, soumise à une forte demande. Cependant, leur extraction par dragage peut également affecter grandement les écosystèmes côtiers. L'extraction de sel et d'évaporites figure parmi les secteurs les plus sensibles de l'économie bleue, car l'obtention de produits de haute qualité dépend de la pureté et de la qualité de l'eau de mer, qui est quant à elle menacée par de nombreuses activités terrestres.

L'extraction de ressources côtières soutient les économies nationales, fournit des matières premières essentielles au secteur industriel et contribue à presque tous les secteurs de l'économie. À ce titre, l'extraction responsable d'agrégats doit à l'avenir être prise en compte dans le développement d'une économie bleue durable.

À cet égard, de nouveaux dispositifs de gouvernance permettant de mieux faire le lien entre les activités terrestres et les systèmes de ressources côtières doivent être institués. Différentes approches et solutions existent pour renforcer les pratiques existantes en matière de gouvernance terre-mer. Et, la gestion écosystémique devrait servir de principe directeur dans la gouvernance des ressources côtières, car elle permet une approche holistique de la prise en compte de toutes les influences à l'œuvre concernant ces ressources.

Les outils existants pour la gestion par zone peuvent et doivent servir à contrer l'impact des activités terrestres sur les ressources côtières. Les zones marines protégées, la planification spatiale de l'espace marin, l'aménagement intégré du territoire ou la gestion intégrée des zones côtières sont à cet égard particulièrement intéressants.

Des mécanismes améliorés de coordination sont aussi nécessaires pour remédier à la fragmentation de la gouvernance entre les administrations nationales, les secteurs et les dispositifs de gouvernance terrestres et marins. Des programmes de renforcement des capacités axés sur la mise en œuvre devraient être formulés et mieux diffusés pour cibler les professionnels en charge de la gouvernance terre-mer et mobiliser les parties prenantes pour une dynamique inclusive, participative et mobilisatrice de développement bleu et vert.

La gouvernance côtière devrait s'atteler à trouver des moyens de faire le lien entre de nombreuses activités terrestres et les ressources côtières, mais aussi de recenser les données et paramètres bleus et verts sans que cela puisse être freiné par des frontières arbitraires, de nature administrative ou juridique, qui dissocient les causes de leurs effets et empêchent la mise en place de réponses coordonnées.

La préservation du capital naturel sur terre comme en mer est un principe fédérateur qui pourrait servir de cause commune pour faire le lien entre des systèmes bleus et verts de gouvernance, généralement fragmentés. La consolidation des partenariats établis entre les parties prenantes devrait s'appuyer sur la mise en place de communautés d'acteurs, de plateformes interactives associant les différentes faîtières qui reflètent les interactions nécessaires entre les activités terrestres et les ressources côtières.

Le suivi et l'évaluation devraient être des missions consolidées et devraient porter principalement sur les zones d'impact, au lieu de se limiter à évaluer l'état des ressources côtières, au regard des spécificités des différents contextes géographiques. En effet, l'impact d'une activité terrestre sur les ressources côtières, en particulier sur les ressources vivantes, varie en fonction de l'emplacement, de la nature, de l'état et de la résilience des écosystèmes locaux.

L'exploitation minière des fonds marins en est encore au stade de l'exploration, la production n'a pas véritablement commencé bien que l'intérêt économique et commercial augmente à mesure que les ressources en minéraux et métaux à terre s'épuisent petit à petit. Elle est toutefois controversée, en raison des risques qu'elle représente pour les environnements marins, mais aussi les communautés.

Les connaissances de l'environnement des grands fonds marins sont encore limitées et les risques sont grands au regard des effets de l'extraction minière sur les écosystèmes. L'Afrique devrait demeurer prudente pour ne pas servir de laboratoire exploratoire malgré l'attrait considérable des gisements de terres rares marines. Au regard des savoirs développés et des technologies actuellement disponibles, les pays émergents du continent restent réservés, en matière d'exploitation minière des grands fonds, considérant les impacts potentiels des activités humaines sur le milieu marin et la biodiversité en mer.

La demande en énergie et la défaillance du recyclage des matériaux plastiques participent de l'acceptabilité économique du coût d'investissement pour forer plus loin et plus profond sans intégrer les coûts environnementaux avérés et potentiels liés aux risques d'une telle exploitation. Le marché de l'activité de forage a généré au niveau mondial un chiffre d'affaires estimé à 38 milliards de dollars américains en 2018. Le marché de la construction offshore (plateformes fixes, flottantes, installations sous-marines...) a représenté pour sa part 56 milliards de dollars américains la même année.

L'offshore profond demande des montages complexes sur les plans juridique, opérationnel et technique. Il nécessite des campagnes géophysiques pour lesquelles les grands groupes mondiaux développent d'importantes flottes de navires sismiques. Des recherches géologiques ont été, par exemple, conduites dans le golfe de Guinée de 1998 à 2001 pour comprendre comment s'accumulent les sédiments du fleuve Congo et élaborer ensuite des modèles applicables à ceux de l'ère tertiaire, afin de déterminer l'emplacement des réservoirs. Aujourd'hui, 200 000 km² ont été cartographiés. Dans d'autres zones, des techniques d'imagerie ont dû être mises au point pour surmonter l'obstacle à l'exploration que représente l'accumulation du sel.

Contrairement au potentiel minier terrestre, perçu depuis plus d'un siècle, le potentiel minier maritime est encore mal connu, malgré les efforts de plusieurs sociétés d'exploration offshore qui ont travaillé dans la zone économique exclusive (ZEE) guinéenne, depuis les années 1970. En effet, l'exploration des ressources non renouvelables comme le pétrole dans la ZEE guinéenne a démarré depuis la première République. En février 1974, le gouvernement guinéen a créé une société mixte, la SGP (Société guinéenne des pétroles) avec la compagnie Buttes Gas-Oil, qui avait pour mission d'effectuer des recherches pétrolières dans l'offshore guinéen. La société Summa Energy et son partenaire Simba Energy ont également effectué des prospections onshore avec des résultats prometteurs sur les plateaux de Gaoual et Télimélé. En 1980, ce fut la création d'une nouvelle société mixte, la Société guinéenne des hydrocarbures (SGH) entre le gouvernement guinéen et Union Texas Petroleum et Superior Oil. Dans tous les cas, l'exploration pétrolière offshore (pétrole et gaz) a connu plusieurs tutelles administratives (ministère de l'Énergie, ministère des Ressources naturelles, ministère des Mines et de la Géologie) avant d'être érigé en un ministère des Hydrocarbures en 2019. De toute évidence, le potentiel pétrolier et gazier de la Guinée est important.

Les agrégats marins sont une ressource clé de l'économie bleue, soumise à une forte demande en raison de l'urbanisation. Cependant, leur extraction par dragage pourrait affecter grandement les écosystèmes côtiers. L'extraction de sel et d'évaporites figure parmi les secteurs les plus sensibles de l'économie bleue, car l'obtention de produits de haute qualité dépend de la pureté et de la qualité de l'eau de mer, qui est quant à elle menacée par de nombreuses activités terrestres.

L'extraction de ressources côtières soutient les économies nationales, fournit des matières premières essentielles au secteur industriel et contribue à presque tous les secteurs de l'économie. À ce titre, l'extraction responsable d'agrégats doit à l'avenir être prise en compte dans le développement d'une économie bleue durable.

De nouveaux dispositifs de gouvernance permettant de mieux faire le lien entre les activités terrestres et les systèmes de ressources côtières doivent être institués. Différentes approches et solutions existent pour renforcer les pratiques existantes en matière de gouvernance terre-mer

5.4 Le développement des infrastructures portuaires et du transport bleu en Guinée

Bien que l'Afrique ait encore un impact relativement faible sur le commerce international (3 % des volumes mondiaux), les transports maritimes africains suivent la tendance à la hausse du reste du monde, de manière plus prononcée. En conséquence, le trafic dans les ports de conteneurs africains a augmenté en moyenne de 8 % par an au cours des cinq dernières années, alors que la variation globale s'élevait à 5 %.

Pour faire face à l'augmentation du trafic, les pays africains mettent en place des stratégies qui veillent à favoriser à la fois la modernisation des ports pour les habiliter à accueillir les navires de dernière génération et le développement d'infrastructures de transport performantes avec le concours d'opérateurs privés internationaux.

Le trafic dans les ports africains devrait dépasser 2 milliards de tonnes d'ici à 2063 contre 500 millions en 2018. L'augmentation du trafic portuaire dépendra de la modernisation des ports qui pourront accueillir progressivement la dernière génération de grands navires (plus de 21 000 équivalent vingt pieds). La création de sociétés de transport maritime sous-régionales, de sociétés de cabotage et le développement de couloirs de transport assortis de taux de fret permettront aux chargeurs africains de transporter leurs marchandises à des coûts raisonnables.

Le transport maritime est essentiel au commerce international, à la diffusion des échanges et des investissements et constitue la forme de transport la plus économe en énergie. Rappelons que le transport maritime continue à déplacer plus de 90 % des marchandises mondiales.

Le développement des chaînes d'approvisionnement mondiales et continentales est essentiel pour soutenir la reprise après la pandémie de Covid-19 et permettre une relance des échanges et des investissements, à la hauteur des défis mondiaux.

Il existe aujourd'hui des technologies permettant de décarboner et de minimiser les impacts environnementaux négatifs du transport maritime, ce qui est essentiel. Les investissements dans le transport maritime ont effectivement accéléré la transition vers des navires à émission zéro et à faible impact et il est important à cet égard de recommander certaines actions prioritaires, dont :

- La stimulation du développement et l'adoption de technologies pour la production et le stockage de nouveaux carburants à zéro émission.
- L'établissement de stratégies nationales précoces et de cibles pour soutenir la décarbonisation des navires.
- La promotion d'éco-ports durables à faible teneur en carbone qui soutiennent la transition vers des flottes de transport et d'expédition maritimes décarbonisées par le biais d'énergies renouvelables et de chaînes d'approvisionnement en carburant à zéro carbone.

Il importe à cet égard de mentionner que le transport maritime est réglementé par un certain nombre de conventions et d'accords relevant de l'Organisation maritime internationale (OMI), la Convention internationale pour la prévention de la pollution par les navires, dite MARPOL, la Convention sur la prévention de la pollution des mers résultant de l'immersion de déchets (Londres) et son protocole 15, et la Convention internationale pour le contrôle et la gestion des eaux de ballast et des sédiments des navires (Convention BWM - Ballast Water Management Convention). Ces conventions et accords principaux intègrent de manière importante et significative la protection de l'environnement marin.

5.4.1 Des ports durables au cœur de l'économie bleue guinéenne

a. Disposer de ports durables : une ambition partagée en Afrique

La problématique du développement durable et ses corollaires d'économie bleue et de logistique verte sont au cœur des initiatives portées par des organes régionaux africains (Agenda 2063 de l'Union africaine). Sous la houlette du Ports Environmental Network - Africa (PENAf), l'Association de gestion des ports de l'Afrique de l'Ouest et du Centre (AGPAOC) et l'Autorité portuaire de Pointe-Noire (APPN), les dirigeants des ports africains se sont retrouvés à Pointe-Noire, du 11 au 13 février 2020, pour la 3e conférence sur l'environnement et la viabilité des ports africains, sur le thème « Les ports africains et le lien avec le développement durable ». Les participants de divers pays africains, des États-Unis, et des pays de l'Union européenne ont partagé connaissances, expériences et meilleures pratiques en matière de viabilité portuaire.

La conférence a donné lieu à des présentations et à des délibérations intéressantes sur des études de cas concernant la gestion de l'environnement et du développement durable dans les ports africains, les accords internationaux sur l'environnement marin, la mise en œuvre et l'application des règlements internationaux sur le transfert des déchets, la gestion des déchets portuaires et les dispositifs de réception des déchets des navires. Ces travaux ont concerné également des enjeux cruciaux tels que la lutte contre les marées noires, la surveillance de la qualité de l'air dans les ports, les outils et la certification ÉcoPorts, les produits écologiques et les outils numériques pour des ports durables et intelligents, le rôle des opérateurs de terminaux privés dans le développement durable des ports africains, l'atténuation du changement climatique et l'adaptation des ports, le financement du développement durable des ports.

Les débats ont montré l'importance de questions comme la gestion des eaux de ballast, la qualité de l'eau et de l'air, la gestion des déchets portuaires, le transport des déchets dangereux et électroniques, la certification ÉcoPorts, la formation et l'éducation en matière de durabilité des ports, les interventions d'urgence en cas de marée noire, mais aussi, l'érosion côtière, les inondations et les naufrages.

L'adoption d'une approche commune pour la construction des infrastructures de réception portuaires dans les ports membres, l'adoption par les ports membres d'outils et d'un système harmonisé de certification ÉcoPorts afin de promouvoir et de soutenir une évaluation comparative commune ont été affinés.

La place des ports dans la promotion d'une économie bleue durable se trouve par ailleurs renforcée par l'évolution de leurs responsabilités. De plus en plus, le modèle de l'autorité portuaire se concentrant sur son rôle de gestionnaire des infrastructures et de gestionnaire du domaine (autorité portuaire de type *landlord*) se trouve supplanté par un modèle où leurs responsabilités s'élargissent (autorité portuaire de type *community builder*). L'autorité portuaire a ainsi une implication beaucoup plus poussée dans des sujets dits « communautaires », au nombre desquels la navigation et les corridors durables, la consommation énergétique sur les sites portuaires, les énergies renouvelables, l'empreinte carbone ou l'économie circulaire ainsi que l'approche Zéro déchets.

b. La promotion de la certification ÉcoPorts en Guinée

L'idée d'une éventuelle transformation du PAC en éco-port est reprise ici pour faire suite à une idée formulée par le ministère de l'Investissement et des Partenariats public-privé, et une étude complémentaire réalisée pour enrichir la stratégie nationale de l'économie bleue et porter une attention particulière aux perspectives offertes par le port autonome de Conakry (PAC) dans l'hypothèse de sa transformation en éco-port.

Une telle ambition s'inscrit dans la tendance actuelle de globalisation des échanges mondiaux et des politiques de développement des États côtiers pour lesquels les ports maritimes et les chaînes logistiques se retrouvent à l'avant-garde des enjeux environnementaux. Plusieurs sujets relatifs à la gouvernance portuaire, aux espaces et infrastructures et aux sujets communautaires ont été abordés avec toutes les parties prenantes identifiées dans l'étude et ceci a permis d'établir la situation empirique du PAC, de comprendre l'organisation de la communauté portuaire et de déterminer les avantages concurrentiels du port autonome de Conakry dans le cadre d'une analyse SWOT. Se basant sur ce diagnostic et au regard des normes et standards à respecter, plusieurs prérequis sont apparus indispensables à la transformation du PAC en éco-port parmi lesquels :
- la disponibilité de l'espace dans l'enceinte portuaire ;
- la modernisation des installations et des outillages ;
- la fluidité des corridors de pré et post acheminement, etc.

Compte tenu des difficultés à garantir l'atteinte de ces objectifs par le PAC, du fait de la congestion presque systématique de l'enceinte portuaire et des embouteillages considérables du premier et dernier kilomètre d'accès au port, il a été jugé utile de réajuster les ambitions environnementales du PAC, en donnant la priorité aux exigences atteignables. D'où la suggestion d'une notion nouvelle, celle de « Light EcoPort ».

Il paraît pertinent à cet égard, de rappeler quelques concepts clés et définitions liés au projet de transformation potentiel en éco-port du port autonome de Conakry.

Le label EcoPorts

EcoPorts est la principale initiative environnementale du secteur portuaire européen. Il a été lancé par un certain nombre de ports proactifs en 1997 et est pleinement intégré à l'Organisation européenne des ports maritimes (ESPO) depuis 2011. Le principe général d'EcoPorts est de sensibiliser à la protection de l'environnement par la coopération et le partage des connaissances entre les ports et d'améliorer gestion de l'environnement.

EcoPorts est un label accordé à des ports européens adhérant volontairement à de « bonnes pratiques » en matière de développement durable, dans le cadre d'un projet datant de 1999, soutenu par l'EcoPorts Foundation (EPF) qui est un réseau associant des acteurs volontaires qui sont « parties prenantes » de la gestion portuaire, et voulant partager leurs expériences en matière d'environnement.

Ce réseau créé par des ports maritimes, s'est ouvert aux ports intérieurs, « ports secs », industries portuaires, autorités environnementales ayant des responsabilités dans les aires portuaires, universités volontaires pour adhérer.

EcoPorts focalise ses efforts sur le travail de terrain, alors que l'European Sea Ports Organisation (ESPO), qui soutient EcoPorts, se concentre sur le lobbying vers les décideurs.

L'approche proposée par EcoPorts est liée aux certifications ISO, en particulier ISO 14001 (système de management de l'environnement)*. Si les exigences faites aux ports européens se limitent aux bonnes pratiques dans les ports, le regard est beaucoup plus élargi dès lors que les ports hors Union européenne sollicitent l'adhésion à l'EPF. Ils doivent pour ce faire s'assurer des bonnes pratiques environnementales sur le pré et post acheminement des marchandises sur leur corridor logistique.

Aujourd'hui, une quarantaine de ports dans le monde ont la certification EcoPorts et plus d'une centaine sont engagés dans la démarche. EcoPorts fournit des outils aux ports et terminaux portuaires pour construire leur propre système de gestion environnementale (SME) basé sur les directives EcoPorts PERS et les normes mondiales.

Enfin, il faut noter que l'ECOSLC (EcoPorts Sustainable Logistics Chain) est une fondation neutre, indépendante, et à but non lucratif qui agit en tant qu'organisation de contact pour les ports hors d'Europe et les terminaux portuaires du monde entier, en quête du label EcoPorts. Plusieurs ports en Afrique sont certifiés EcoPorts, comme le port de Tanger Med au Maroc, le port Harcourt du Nigeria, les ports de Tema et de Takoradi au Ghana, ou Freetown Port en Sierra Leone. La démarche de la Guinée, en envisageant la transformation en éco-port du port autonome de Conakry, est a priori pertinente et réalisable.

* Sur les normes ISO 14001, mais aussi ISO 9001, 2600, et 45001, voir Gomina F., Diawara M., Diallo I., Rapport d'étude sur le projet de transformation du port autonome de Conakry en éco-port - Préalables d'une ambition sociétale d'économie bleue et de logistique verte, PNUD, 2021.

c. Les principes et les objectifs généraux d'EcoPorts

Les ports contribuent ou peuvent contribuer à un développement plus durable en favorisant des transports moins polluants que la route ou l'avion. Cependant, ces transports et l'économie portuaire tels qu'ils existent génèrent des impacts environnementaux importants, qui pourraient être réduits par de bonnes pratiques. La perception des ports et de leur environnement urbain par le public ne s'est pas améliorée d'une manière générale, et le public considère que les autorités portuaires ont une responsabilité environnementale. Selon l'ESPO, les ports commencent à accepter leur rôle sociétal et réalisent l'intérêt de mettre eux-mêmes en œuvre une autorégulation au lieu d'attendre un durcissement des lois.

Pour bâtir un écosystème portuaire durable et structuré, la République de Guinée ambitionne dans le cadre de sa politique d'économie bleue intégrée au Plan national de développement économique et social (PNDES) et au Programme de référence intérimaire de soumettre son port principal, le port autonome de Conakry (PAC), aux exigences du label ECOSLC. Au-delà des urgences écologiques, de sécurité et de sûreté sur la mer et dans l'enceinte portuaire, ce label prend également en compte les performances de la logistique terrienne du pré et du post acheminement. Ce qui en fait un label inclusif, transversal et multicritères qui cartographie qualitativement les infrastructures et les moyens de transport multimodal, la planification urbaine, l'aménagement des corridors logistiques, la préservation du littoral, l'écotourisme, l'agencement des installations portuaires et l'optimisation des performances pour un développement durable.

5.4.2 Le système d'évaluation environnementale portuaire

Développé par les ports eux-mêmes, le système d'évaluation environnementale portuaire - *Port Environmental Review System* (PERS) s'est positionné en tant que seule norme de gestion environnementale spécifique au secteur portuaire.

Le système d'évaluation environnementale portuaire (PERS) n'intègre pas seulement les principales exigences générales des normes de management environnemental reconnues (par exemple ISO 14001), mais prend également en compte les spécificités des ports.

Le PERS s'appuie sur les recommandations politiques d'ESPO et donne aux ports des objectifs clairs à viser. Sa mise en œuvre est examinée de manière indépendante par Lloyd's Register. Une certification PERS est valable pour une période de deux ans.

Le processus d'obtention du label EcoPorts suit une démarche suivant les quatre étapes ci-dessous :

- Identifier les 10 priorités environnementales de l'aire portuaire (phase d'autodiagnostic, sur la base d'une liste de vérification).
- Développer et échanger savoir et savoir-faire pour améliorer l'environnement de l'aire portuaire. EcoPorts propose des outils de coopération, incluant une base de données de bonnes pratiques, des projets collaboratifs de R&D, des conférences et des formations…
- Monitorer les progrès de la qualité environnementale de l'aire portuaire. EcoPorts propose un benchmarking européen, et un outil dit « EPI » qui est un set d'indicateurs de performance environnementale, qui permet la comparaison avec d'autres ports européens et du monde.
- Dire ce que l'on fait et faire ce que l'on dit, en démontrant les compétences environnementales de base développées par l'organisation portuaire à travers le certificat PERS, et le guide de mise en œuvre d'un système de management environnemental (SME).

Les étapes du processus d'obtention du label EcoPorts

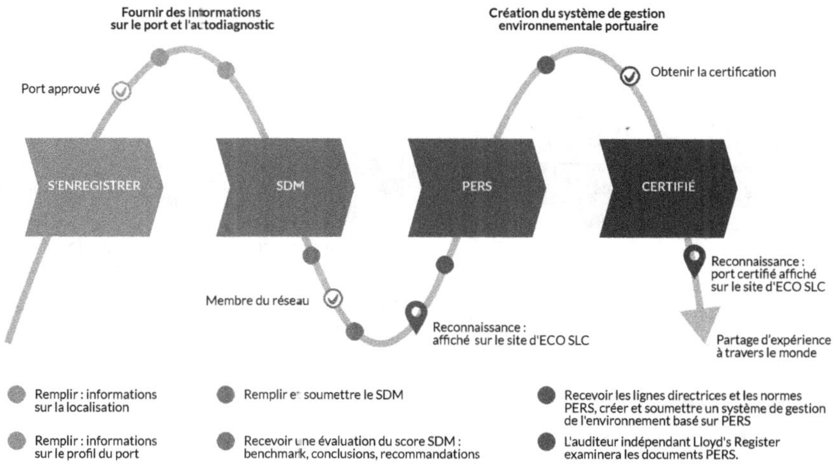

5.4.3 Le PAC : un « light éco-port » de demain ?

La Guinée peut à juste titre affirmer une ambition sociétale d'économie bleue et de logistique verte. En pratique la transformation d'un port en éco-port nécessite cependant, au-delà des possibilités théoriques, d'être confrontée aux réalités du terrain.

Forces, faiblesses, opportunités et menaces pour le PAC

FORCES	FAIBLESSES
De plus en plus accessible par les gros navires en raison des travaux effectués dans le chenal	Difficilement accessible aussi bien par voie maritime que terrestre
La dématérialisation des procédures et formalités de passage portuaire (opérationnalisation du GUCEG)	L'accès des poids lourds problématique
	Faiblesse des voies de communication (liaisons avec l'arrière-pays)
La mise en service du port sec de Kagbèlen	L'autorité portuaire a un rôle limité
Construction d'une pénétrante routière	
L'amélioration de la productivité à l'embarquement et au débarquement des marchandises	La faiblesse dans la gestion des quais
	Coûts de passages portuaires élevés
	Absence de chaîne logistique
L'amélioration de la gestion des déchets à travers la convention internationale	Manque de clarification des rôles dans l'enceinte portuaire
	Forte congestion
	Faiblesse institutionnelle

OPPORTUNITÉS	MENACES
Le développement d'autres plateformes portuaires et la construction de ports secs (Kagbèlen et Débélé)	La non-maîtrise de la problématique de la desserte
	La problématique de la gestion des DPM
	La non-association des armateurs à l'élaboration du plan stratégique du port
La construction d'un nouveau port commercial tel que le port de Benty qui permettrait à la Guinée d'être très compétitive par rapport autres ports de la sous-région ouest-africaine	
Le dragage du port de Conakry	Les émissions de gaz à effet de serre, responsables du changement climatique, dont les effets influencent la production halieutique
	La pollution par des substances chimiques (impact sur la santé des riverains)
L'amélioration de la gestion des quais	
La réduction des coûts des opérations portuaires	
La proximité géographique avec le Mali et développement d'activité vers les pays des hinterlands	La pollution minière
L'exploitation des liaisons ferroviaires Conakry - Kagbèlen et Conakry - Débélé	
La reconstruction de la voie ferroviaire Conakry - Kankan - Bamako pour le fret	
Le développement de corridors fluides avec les pays limitrophes	
La facilitation et le renforcement du transit des marchandises en direction du Mali	

Le concept Light EcoPorts est une inspiration terminologique du concept « Light BRT » conçu pour adapter l'offre premium du « Full Bus Rapid Transit » aux réalités des pays émergents désireux de disposer d'un système de bus à haut niveau de service dans les agglomérations urbaines déstructurées. Au regard des normes et des standards stricts imposés par l'Union européenne à ses ports en vue d'obtenir le label EcoPorts, le cahier des charges s'avère trop rigoriste pour les ports des pays émergents candidats.

Il s'avère donc important, de trouver une approche adaptée pour motiver, encourager et distinguer les États et autorités portuaires qui s'engagent sur la voie de la transformation écologique et environnementale des ports dans ces pays. Ainsi donc, l'évaluation de ces ports pourrait tenir compte de l'urbanisation dont les transformations radicales pourraient être nuisibles, socialement et financièrement. Les investissements colossaux réalisés dans les ports africains ces dernières années ont permis un rattrapage infrastructurel conséquent et une amélioration des opérations de manutention et de services logistiques dans les enceintes portuaires. Du coup, les exigences environnementales et sécuritaires du label EcoPorts dans la domanialité publique maritime et portuaire paraissent à l'évidence surmontables dans ces ports, avec la volonté et la rigueur des acteurs. À cet égard, les initiatives du groupe Albayrak au PAC méritent d'être saluées.

Les goulets d'étranglement pour la compétitivité des ports subsahariens et l'obtention du label EcoPorts se situent dans la zone extra-portuaire, juste sur le premier kilomètre et la traversée des centres urbains densément peuplés et congestionnés par une mobilité anarchique. Le coût des investissements pour déplacer les populations riveraines installées sur les artères pouvant être aménagées comme corridors urbains fluides ou des voies dédiées à l'écoulement des marchandises vers l'hinterland mérite une étude approfondie.

Cette urbanisation sauvage disqualifie certains ports dans leur quête du label EcoPorts de la fondation ECOSLC. Comme le confirme l'analyse SWOT ci-dessus, c'est bien le cas du port autonome de Conakry qui présente un profil peu compatible avec les exigences d'une labellisation EcoPorts classique. C'est pour contourner la rigidité de ce label que les autorités préconisent l'adoption du concept innovant de Light EcoPorts pour les ports qui considèrent le label EcoPorts comme une perspective irréaliste à court ou moyen terme. Le défi majeur serait d'établir la crédibilité internationale d'un tel label, éternel problème des labels autoproclamés. Tel ne devrait pas être le cas du label EcoPorts Light qui doit reposer sur des critères transparents, exigeants, crédibles, et être octroyé par une instance incontestée et reconnue des professionnels du secteur maritime et portuaire, à l'image du label EcoPorts. Une telle démarche, qui pourrait séduire d'autres ports en Afrique de l'Ouest, pourrait être appuyée par la Convention d'Abidjan ou la CEDEAO afin que ces efforts de durabilité se multiplient dans la sous-région ou dans la région.

L'intérêt de ce label light n'est pas de labelliser « à marche forcée » des ports ne remplissant pas les exigences retenues par la fondation ECOSLC mais, sur la base de normes définies et reconnues, d'encadrer la marche vers le développement durable de ports qui subissent des contraintes souvent historiques, liées par exemple à l'étalement urbain ou à des dessertes de transport terrestre défavorables, mais dont les efforts vers la durabilité doivent être reconnus et documentés. Le label Light EcoPorts devrait d'ailleurs encourager les ports candidats à travailler à une meilleure harmonie ville-port et à l'interconnexion avec leur arrière-pays.

À la lumière de ce qui précède, les préconisations seraient d'avancer en parallèle sur deux fronts :

- Établir une méthodologie rigoureuse pour la définition d'un label Light EcoPorts présentant une crédibilité élevée et reconnue internationalement.
- Promouvoir la durabilité du PAC sans attendre, à partir d'initiatives s'articulant autour des quatre axes suivants :

> *Axe 1* : ancrage politique, institutionnel et gouvernance. Cet axe concerne la vision politique, le portage institutionnel, et la coordination interministérielle. Il doit clarifier la relation ville-port ainsi que les rôles et les degrés de responsabilisation des différents acteurs dans les projets, déterminer la part du secteur privé ainsi que les montages économiques et financiers adéquats. Dans la phase pratique de cet axe, il sera question des montages structurels, juridiques, financiers, du respect des textes et conventions internationales et de la définition du tutorat des sous-projets

au sein des ministères et des structures opérationnelles et de mise en œuvre. C'est un axe indispensable à la réussite d'un projet de labellisation EcoPorts par nature complexe et multidimensionnel.

> *Axe 2* : mise en place des systèmes de management intégré : Qualité – Sécurité – Environnement (SMI–QSE). Ce deuxième axe couvre les domaines du développement durable, du changement climatique, de l'énergie durable, des prestations techniques et administratives, la sécurité au travail et le traitement des déchets. Les projets de cet axe incitent les organismes publics et privés à s'approprier les bonnes pratiques dans leur secteur d'activité et à créer des process qui garantissent l'optimisation des performances, la satisfaction de leurs clients (ISO 9001) et la responsabilité sociétale (ISO 26000), la santé et la sécurité (ISO 45001) et la prise en compte de l'enjeu environnemental (ISO 14001). Cet axe couvre par exemple les retombées du projet d'énergie durable adopté par les armateurs et qui obligent les ports à investir dans les installations permettant l'accostage de ces navires propulsés au gaz naturel liquéfié (GNL). C'est un projet portuaire nécessitant de lourds investissements. Peuvent également être ajoutés les projets de gestion des déchets et de réduction des pollutions industrielles. Tous ces projets impliquent une gestion rationnelle de l'espace portuaire et des dispositifs de gestion, de contrôle et de prévention maîtrisés.

> *Axe 3* : la réalisation d'infrastructures adéquates pour une logistique performante et dématérialisée. Il s'agit ici des projets de développement d'infrastructures dans les ports y compris les ports secs, les voies routières et ferroviaires d'interconnexion, le renouvellement de la flotte de camions d'une part et la mise en place de guichets uniques à travers la dématérialisation des procédures administratives, douanières, fiscales et financières, des programmes de numérisation et de digitalisation pour la facilitation des échanges sur toute la chaîne globale des valeurs, d'autre part. Ces projets sont nécessaires à l'amélioration des performances du port, de sa connectivité vers l'arrière-pays et de sa compétitivité.

> *Axe 4* : l'aménagement et la gestion des espaces. Cet axe regroupe des projets d'aménagement multiples à savoir :
- la gestion du mètre carré portuaire et la politique d'expansion du port : plan d'occupation des espaces, emplacements des hangars, des terminaux, projets Bluefield et Greenfield ;
- la gestion de l'espace côtier et la protection du littoral : projets de tourisme côtier et maritime, projets de création du Conservatoire du littoral et du rivage lacustre ;
- l'aménagement urbain et des grands corridors logistiques : projets de mobilité urbaine, construction de voies rapides dédiées au port, réalisation d'aires de repos et de stationnement le long du corridor, mécanismes de cogestion ville-port, des plans de déplacements urbains (PDU) et des projets d'extension portuaire.

Qui plus est, ces axes ne peuvent être dissociés d'autres composantes de la stratégie de promotion de l'économie bleue qui ont trait – entre autres – à l'exploitation durable des ressources halieutiques, au développement du capital humain et à la formation, ou encore à la sûreté et la sécurité maritime, et qui sont examinées dans d'autres chapitres du présent ouvrage.

La durabilité des activités portuaires en Guinée dispose encore de très grandes marges de progression sur tous les plans : technique et technologique, managérial et stratégique, économique, fiscal et réglementaire, légal et juridique, écologique, etc. L'innovation conceptuelle de ce grand chantier est l'introduction du concept de Light EcoPorts avec des spécificités plus souples et adaptées au profil des villes portuaires mal urbanisées.

Pour ne pas réduire la politique portuaire guinéenne au seul port de Conakry, le gouvernement souhaite redimensionner l'approche en l'ouvrant aux autres ports existants en Guinée. En effet, le développement de l'économie bleue de la Guinée passe par la totalité de son réseau de ports.

Le port de Kamsar et les autres ports miniers, sources de pollutions des zones halieutiques, devraient également faire l'objet d'une attention toute particulière. Un projet

EcoPorts limité au PAC n'aurait que des impacts réduits en regard de l'étendue de l'espace maritime guinéen et de son potentiel. Pour disposer d'une étude plus exhaustive, il serait donc souhaitable d'élargir le projet de transformation en éco-port à tous les ports guinéens avec des objectifs précis pour chaque port. Ensuite, une étude de faisabilité pour développer les scénarii possibles d'une transformation du PAC en Light éco-port ou éco-port permettrait de définir les actions, projets ou programmes à mener à court et moyen termes. Cette approche élargie a trouvé un écho favorable de la part des experts guinéens lors de l'atelier de validation organisé à Conakry par le gouvernement et le PNUD le 7 juillet 2021.

Par ailleurs, la dématérialisation reste un sujet abordé sous l'angle technique et technologique. Les équipes de recherche se concentrent encore trop souvent en silos spécialisés avec des applications partielles qui visent des améliorations sur un élément particulier de la chaîne dématérialisée.

Depuis trente ans maintenant, on constate combien les entrepôts logistiques ou les terminaux à conteneurs font l'objet de moult améliorations techniques et technologiques avec des innovations majeures en matière d'automatisation par exemple. Ce sont des territoires « fermés » avec des logiques circulatoires particulières qui ne trouvent pas leur projection sur des corridors d'informations nettement plus diffus et dispersés. La problématique s'exacerbe aujourd'hui avec une dimension « nouvelle » liée aux menaces de la cybercriminalité. Les activités liées au transport international des marchandises constituent un terreau de prédilection pour racketter tous types de sociétés impliquées dans la gestion des flux d'informations.

Comment aujourd'hui, et surtout demain, sécuriser la chaîne dématérialisée d'informations sans nuire à sa performance globale tout en garantissant l'intégrité commerciale et stratégique de réseaux qui se chargent et se déchargent en permanence de données ?

Dans des environnements économiques émergents ou faiblement développés, l'accès aux solutions technologiques innovantes constitue aussi une vraie question pour rendre efficiente la dématérialisation d'une chaîne de responsabilité et d'opérations. À cet égard, la République de Guinée a défini une stratégie nationale de digitalisation de l'administration publique et une stratégie de lutte contre la cybercriminalité qui constituent des socles clés pour la modernisation des politiques publiques et l'innovation.

Comme évoqué plus haut, ces acquis s'inscrivent dans le cadre de l'élaboration d'une stratégie nationale d'économie bleue en vue de son intégration dans le prochain Plan de développement économique et social (PNDES-II). D'ores et déjà, il est possible d'énumérer les propositions suivantes :

- L'opérationnalisation de la voie ferrée reliant le port autonome de Conakry au port sec de Kagbèlen en vue d'assurer un acheminement efficace des marchandises et éviter l'encombrement des voies urbaines de Conakry que les camions à conteneurs sont obligés d'emprunter chaque jour.

- La reprise des négociations entre Bolloré, Rusal et le ministère des Transports pour la mutualisation de la voie ferrée existante.
- La mise en application du plan de déplacements urbains (PDU) qui a défini un plan d'investissement pour la mise en œuvre d'un système de transports en commun de grande capacité reposant sur l'aménagement des lignes ferroviaires traversant la ville et la création d'un réseau de bus rapides circulant en site propre (« Bus Rapid Transit » ou BRT).

5.5 Le tourisme bleu

La contribution du secteur touristique en Afrique était évaluée à plus de 180 milliards de dollars américains et à 6,5 % de l'emploi, soit plus de 22 millions d'emplois en moyenne sur la période 2018-2020. Le secteur représentait 9,7 % des exportations de biens et services du continent et 5,7 % des investissements totaux.

La part principale du secteur du tourisme appartient à la catégorie de l'économie bleue ou océanique, les pays côtiers représentant plus de 95 % du total des arrivées de touristes et des recettes touristiques du continent.

Les rapports internationaux sur l'économie verte et bleue listent le tourisme parmi les dix secteurs vitaux pour assurer le verdissement de l'économie mondiale et valoriser les potentialités de l'économie bleue.

L'industrie touristique fait figure de secteur clé pour l'économie bleue, car elle ouvre des perspectives d'investissement dans les infrastructures touristiques (hôtels et complexes hôteliers) et celles liées au transport (terminaux portuaires dédiés aux industriels des croisières et marinas pour les activités de loisirs).

Le programme Coast lancé par le Fonds pour l'environnement mondial (FEM), en partenariat avec l'Organisation mondiale du tourisme (OMT), a permis de promouvoir des actions coordonnées pour un tourisme durable. Cette initiative s'est focalisée en priorité sur les communautés côtières dans neuf pays d'Afrique (Cameroun, Gambie, Ghana, Kenya, Mozambique, Nigeria, Sénégal, Seychelles et Tanzanie) en s'attachant à définir les atouts, les gains et les priorités d'un tourisme durable adapté aux conditions écologiques et de développement des pays considérés. Le principal objectif de ce programme et de bien d'autres est de soutenir et de renforcer la conservation des écosystèmes côtiers, environnementaux et marins de l'Afrique subsaharienne pour la diversité biologique qu'ils abritent en atténuant les impacts écologiques nuisibles du tourisme côtier. Et, de favoriser :
- des approches de tourisme durable pour réduire la pollution, la contamination et la dégradation de l'environnement provoqué par le tourisme côtier en Afrique subsaharienne ;
- des mécanismes nationaux et locaux de soutien à la gouvernance et à la gestion du tourisme durable de manière à favoriser l'adoption des meilleures pratiques et des meilleures technologies disponibles.

Le Kenya, par exemple, a focalisé ses priorités autour de trois axes thématiques du projet Coast : l'écotourisme, les systèmes de gestion de l'environnement, et la gestion des loisirs en milieu marin et corallien. Avec pour objectif d'assurer le développement d'une industrie de l'écotourisme à petite échelle pour procurer des avantages sociaux à une communauté et assurer la création de richesses sans nuire à l'environnement, grâce au renforcement des compétences locales et à l'adoption de nouvelles technologies capables de réduire les impacts environnementaux.

Plus important encore, le tourisme est le principal secteur économique de plusieurs petits États insulaires en développement, notamment le Cap-Vert, l'île Maurice et les Seychelles, où il représente respectivement, selon le PNUD, 45 %, 25 % et 65 % du produit intérieur brut.

Le tourisme côtier, pour sa part, souffre en Afrique subsaharienne du manque de produits touristiques de haute valeur ajoutée, parfois d'une définition inadéquate des priorités et, souvent, d'une capacité hôtelière insuffisante. L'absence de cartographie des ressources touristiques dans le contexte d'une économie bleue ou océanique en gestation conduit à un manque crucial de politiques et de stratégies afférentes. La planification de l'utilisation des espaces marins est encore sous-développée dans bien des pays et l'utilisation des espaces côtiers n'est pas encore intégrée dans la planification de l'espace océanique. De plus, très peu de pays possèdent ou exploitent des entreprises de croisières touristiques.

La capacité des gouvernements à régir le tourisme côtier et maritime est souvent entravée par la faiblesse des autorités municipales et par des ententes et pratiques commerciales illégales ou fictives.

Dans les conventions sur les mers régionales, le tourisme est souvent considéré comme une source d'émission de gaz à effet de serre et non comme une source significative de revenus. Par exemple, la Convention pour la protection de l'environnement marin et côtier de la région de l'Afrique de l'Est (Convention de Nairobi) insiste sur le fait que le tourisme est une source importante d'émissions de gaz à effet de serre et un agent du changement climatique.

Selon les prévisions initiales des objectifs de développement durable et avant la pandémie de Covid-19, le tourisme devait devenir l'industrie maritime la plus importante d'ici à 2030, puis en fort développement à l'horizon 2050. Aujourd'hui, la viabilité de ce secteur est menacée par le changement climatique, les pollutions, l'urbanisation accélérée et la dégradation des écosystèmes. Malgré cette menace, l'industrie touristique s'est montrée résiliente avec un rythme de reprise post-covid-19 qui a vite rassuré les acteurs et les investisseurs. La Commission de l'OMT pour l'Afrique rappelait dans les conclusions de sa 66ème Assemblée générale que « l'Afrique, en particulier, a démontré sa résilience en retrouvant 88% de ses niveaux d'arrivées de 2019 et 75% de ses recettes ».

Toutefois, le tourisme balnéaire durable peut sur le continent contribuer à valoriser les potentialités de l'économie bleue, protéger les écosystèmes côtiers et de l'océan tout en offrant des emplois décents, des activités génératrices pour les plus démunis et une réelle prospérité pour les pays africains. En effet, le tourisme côtier et maritime peut être durable et résilient, face au changement climatique, en soutenant la régénération des écosystèmes et la conservation de la biodiversité.

En outre, le développement d'un tourisme océanique durable est capable de résister aux crises futures sous réserve que des investissements stratégiques publics et privés soient effectués. Dans ce domaine, des actions prioritaires doivent être engagées. Il importe à cet égard d'investir dans un tourisme durable qui régénère les écosystèmes dont il dépend et qui renforce la résilience des communautés côtières et des peuples autochtones.

Il est nécessaire par conséquent de s'assurer de la mise en œuvre de stratégies durables de gestion du tourisme qui font progresser les priorités environnementales, sociales et économiques et permettent de suivre et de rendre transparents les rapports d'évaluation avec la pleine participation du secteur privé et des communautés côtières.

Il est aussi essentiel de mettre en œuvre des mécanismes pour accroître le réinvestissement des revenus du tourisme au bénéfice des communautés locales et autochtones afin de renforcer les capacités et les compétences nécessaires pour accroître l'emploi local dans le tourisme, diversifier les opportunités économiques et augmenter les ressources en vue de la restauration et de la protection côtière et marine.

L'investissement dans les infrastructures d'énergie propre, d'eau et d'assainissement pour le tourisme côtier et marin est une condition de développement de cette chaîne de valeur, mais aussi d'opportunités afin d'améliorer la santé des communautés côtières et de réduire les impacts sur les écosystèmes côtiers et marins.

À cet égard, les gouvernements et les acteurs de l'écosystème touristique doivent contribuer à favoriser les incitations financières nécessaires pour inclure des solutions fondées sur la nature dans les infrastructures de tourisme durable. Ceci peut constituer, sans aucun doute, une opportunité forte pour la mobilisation des financements extérieurs en faveur d'un développement touristique écologiquement durable en Afrique.

5.5.1 Le tourisme bleu en Guinée : un potentiel pour le moyen terme

La Guinée dispose d'un potentiel touristique et patrimonial exceptionnel, et les Autorités nationales ont défini une stratégie nationale de développement durable du tourisme, intégrant la valorisation du patrimoine culturel. En 2023, une stratégie de développement du secteur de l'artisanat et un programme cadre de développement du secteur culturel ont été conçus avec l'appui technique du Programme des Nations unies pour le développement (PNUD). Leur mise en œuvre contribuera à consolider les produits touristiques phares et à promouvoir l'attractivité de la « Destination Guinée » pour densifier les flux des arrivées internationales.

La valorisation du potentiel de l'économie bleue constitue aussi une alternative importante pour le développement du tourisme intérieur, notamment à travers des plages qui offrent des conditions de baignade appropriée, les îles qui réservent des opportunités de pratique de la pêche sportive et l'observation de l'avifaune et des tortues marines, des chutes et cascades disposant de merveilleux attraits touristiques.

a. Le cadre juridique et institutionnel du secteur touristique

A l'instar de plusieurs pays de la sous-région, la Guinée ne dispose pas d'une loi qui encadre de manière globale l'activité touristique dans le pays. Cependant, il existe des textes législatifs et réglementaires qui encadrent quelques activités liées au tourisme. Du point de vue du cadre institutionnel, le décret D/2022/041/PRG/SGG du 20 juin 2022 fixe les attributions et l'organisation actuelle du Ministère de la Culture, du Tourisme et de l'Artisanat.

Les textes sectoriels sont les suivants :
- Loi L92/022/CTRN du 6 août 1992 créant un fonds de promotion et de développement du tourisme. Cette loi est en cours de révision pour l'adapter au contexte actuel et aux standards internationaux en matière de financement des activités de développement et de promotion touristique.
- Loi L/98/016/An du 17 juin 1998 adoptant et promulguant le code de l'artisanat. Elle a également été révisée et une nouvelle loi a été adoptée par le CNT en avril 2023.
- Décret /98/54/PRG/SGG du 25 mars 1998 promulguant la Politique nationale du tourisme. La stratégie nationale de développement durable du tourisme élaborée en 2019 actualise la vision de développement du secteur et définit de manière structurée les axes d'intervention et les actions prioritaires capables de stimuler l'investissement touristique.
- Décret D/2015/059/PRG/SGG du 9 avril 2015 portant statuts, attributions, et organisation de l'Office national du tourisme. Le Décret D/2022/0272/PRG/CNRD/SGG portant statuts de l'Office national du Tourisme « ONT Guinée SA » érigeant ainsi l'ONT en Société publique anonyme avec Conseil d'Administration dotée d'une personnalité juridique, de l'autonomie financière et de gestion.
- Décret D/2022/ 0302 /PRG/SGG du 20 juin 2023 portant statuts de l'Office national de promotion de l'artisanat (ONPA).
- Décret D/168/PRG/SGG du 31 août 1990 portant réglementation des agences de voyages et de tourisme.
- Décret D/169/PRG/SGG du 31 août 1990 portant facilitation du voyage et du séjour des touristes.
- Décret D/2013/136/PRG/SGG du 12 août 2013 portant réglementation des établissements hôteliers de restauration et de loisirs.
- Arrêté A/2023/3276/MCTA/SGG du 17 juillet 2023 fixant les conditions et la procédure d'obtention du permis technique d'exploitation des établissements d'hébergement touristique, de restauration et de loisirs.
- Arrêté A/2023/3277/MCTA/SGG du 17 juillet 2023 fixant les modalités d'exploitation des établissements d'hébergement touristique, de restauration et de loisirs.
- Arrêté A/2023/312/MCTA/SGG du 7 février 2023 fixant les frais de délivrance du

permis technique d'exploitation des établissements d'hébergement touristique, de restauration et de loisirs.
- Arrêté conjoint AC/2023/3368/MCTA/MEDD/SGG du 24 juillet 2023 portant création, mission, composition et fonctionnement du Comité Technique de Réflexion sur le Développement de l'Écotourisme.
- Arrêté A/2023/100/MCTA/SGG du 18 janvier 2023 fixant les statuts des villages artisanaux et des centres d'exposition artisanale.
- Arrêté A/92/4766/MLTT du 11 novembre 1992 portant énumération des plages aménagées donnant lieu à la perception des taxes de plage.
- Arrêté A/95/001/HCTH/SGG du 5 janvier 1995 relatif à l'obligation de déclaration d'existence des restaurants.
- Arrêté A/5157/2017/PM/SGG/CAB du 26 juillet 2017 portant création, attributions, composition et fonctionnement d'une plateforme interinstitutionnelle du compte satellite du tourisme (PFI-CST).
- Circulaire interministérielle autorisant les touristes à photographier, filmer et à faire usage des moyens modernes de la communication et de l'information pendant leur séjour en Guinée du 28 février 2000.

Les textes de parafiscalité sont les suivants :
- Loi L92/023/CTRN du 6 août 1992 créant une taxe parafiscale dénommée taxe de promotion touristique (TPT).
- Loi L92/024/CTRN du 6 août 1992 créant une taxe parafiscale dénommée taxe de plage.
- Loi L/92/025/CTNC du 5 août 1992 créant une taxe parafiscale sur la location des véhicules (TLV).
- L'arrêté conjoint N°A/2013/2293/MHTA/MDB/SGG portant révision des tarifs des droits de timbre applicables au secteur touristique et hôtelier.

Le cadre institutionnel comprend :
- Les structures de l'administration du secteur du tourisme, de l'hôtellerie et de l'artisanat.
- Les organisations socioprofessionnelles du secteur privé, dont les suivantes :
  > La Fédération patronale du tourisme et de l'hôtellerie en Guinée (FEPATOUR) créée en 2005.
  > La Fédération nationale des artisans de Guinée (FENAG), créée en 2014.
  > L'Association des guides touristiques de Guinée.
  > L'Association patronale des professionnels du tourisme (APPTOUR).

b. Les orientations politiques et stratégiques du secteur

Le principal document de référence est la stratégie nationale de développement durable du tourisme, qui a été conçue sur la base de considérations de viabilité financière, juridique, économique, environnementale et sociale. Ce document contient principalement cinq axes stratégiques, un plan d'action et des fiches de projets qui sont résumés ci-après :
- *axe 1* : l'amélioration du cadre légal et institutionnel du tourisme et la promotion du partenariat public-privé ;

- *axe 2* : le développement du tourisme durable à haute valeur ajoutée ;
- *axe 3* : le développement d'un produit touristique phare : le tourisme de vision des grands singes à travers les chimpanzés ;
- *axe 4* : la promotion de la destination Guinée ;
- *axe 5* : le renforcement des capacités du secteur touristique.

c. Les investissements et les contributions du secteur du tourisme à l'économie nationale

La contribution du secteur du tourisme au PIB est présentée dans le tableau ci-dessous.

Évolution de la contribution du secteur tourisme et hôtellerie au PIB courant (milliards de GNF)

ANNÉE	2012	2013	2014	2015	2016	2017
PIB national	**53 358**	**57 865**	**61 573**	**65 829**	**77 088**	**93 834**
PIB du secteur tourisme et hôtellerie	998	1 017	928	857	894	947
%	1,9%	1,8%	1,5%	1,3%	1,2%	1,0%

Il ressort que le secteur du tourisme et de l'hôtellerie contribue très peu à l'économie nationale. Ce qui résulte du faible développement du secteur malgré un potentiel remarquable.

5.5.2 Les acteurs et l'emploi du secteur du tourisme

Le secteur du tourisme et de l'hôtellerie a une forte propension à générer des richesses et créer des emplois.

Le climat a un impact sur la saisonnalité touristique. La saison des pluies est, en effet, défavorable au développement des activités touristiques et l'accès aux sites est rendu encore plus difficile. En Guinée, la période la plus propice au tourisme se déroule du mois de novembre à avril. Pour stimuler le développement des activités touristiques en période d'été, le gouvernement à travers l'ONT Guinée SA a initié le lancement des saisons touristiques chaque mois de septembre. La première édition du lancement de la saison touristique 2022-2023 a eu lieu sur les îles de Los et la deuxième édition lançant la saison 2023-2024 a été effectuée à Kindia. Elle a connu une mobilisation des partenaires, des entreprises du secteur privé, des acteurs locaux et des populations de Kindia. Elle a permis de mettre en lumière les chutes de Kilisi et le lac de Samaya.

L'extraordinaire beauté, la richesse culturelle et la grande diversité du patrimoine naturel des quatre régions naturelles devraient faire de la Guinée l'une des destinations préférées de nombreux touristes du monde entier. De plus, la Guinée se différencie de ses voisins par la douceur de son climat, notamment dans les massifs montagneux.

Le tourisme est un secteur transversal et multidimensionnel. La mise en place d'une plateforme interinstitutionnelle de mobilisation de tous les acteurs est incontournable, d'autant que de nombreux aspects du tourisme dépendent d'autres administrations. Parmi les différents types de tourisme qui peuvent être développés en Guinée, le tourisme solidaire et communautaire est pour le moment le plus adapté, car il s'accommode des contraintes liées à l'état des routes et à l'absence d'hôtellerie. En revanche, l'écotourisme nécessite quelques aménagements dans les aires protégées et des structures d'hébergement adaptées aux attentes de la clientèle écotouristique plus exigeante. Il y a enfin le tourisme culturel qui peut être développé d'abord autour de la mare de Baro et des sites négriers de la route de l'esclave de Timbo au Rio Pongo, mais aussi dans les lieux d'organisation des festivals.

La Guinée dispose aussi de magnifiques plages de sable fin et de nombreuses îles, propices aux activités nautiques, à la pêche sportive et à l'observation de la faune marine (dauphins). À cela s'ajoute le tourisme de vision avec les produits phares comme les chimpanzés, ou les oiseaux des îles Tristao et Alcatraz vivant généralement dans des aires protégées.

Mais pour de nombreuses raisons (mauvais état du réseau routier, qualité médiocre des prestations, insuffisance d'infrastructures de réception, etc.), le tourisme est encore peu développé en Guinée. Pourtant, comme d'autres secteurs à fort potentiel de développement, le tourisme est cité dans le cadre du Plan national de développement économique et social 2016-2020 (PNDES) comme secteur clé de développement disposant d'une offre touristique diversifiée. C'est ce qui a poussé les partenaires au développement à appuyer le gouvernement guinéen pour la formulation de plusieurs documents d'orientation du secteur touristique, dont le plan stratégique de développement durable du tourisme (PSDT) validé en 2000 et la stratégie nationale de développement durable du tourisme qui visent à faire de la Guinée une destination touristique attractive pour les touristes et l'investissement.

Pour se faire connaître auprès des promoteurs touristiques étrangers, l'élaboration de supports promotionnels de qualité, l'utilisation des NTICs et une participation efficace et régulière aux Salons et aux foires touristiques sont indispensables. À partir de 2010, les autorités guinéennes ont réussi à relancer la planification du développement touristique, comme en fait foi le troisième document de stratégie de réduction de la pauvreté (DSRP III 2013-2015) qui se concentrait spécifiquement sur le tourisme comme secteur potentiel d'une croissance diversifiée et durable.

Dans le cadre de sa stratégie Économie bleue, le tourisme guinéen, maritime, côtier et continental recèle un indéniable potentiel pour stimuler une croissance durable et inclusive en Guinée. Le tourisme ne représente que 2,2 % du PIB avec 60 000 arrivées internationales seulement par an en moyenne sur la période 2016-2022. Ces chiffres peuvent croître rapidement en termes de valeur ajoutée et d'emplois. Par exemple, le nombre d'hôtels a doublé en dix ans (2008-2018), passant de 218 à 424. Avec l'amélioration des conditions de travail et par une contribution nationale conséquente et l'intéressement des partenariats public-privé, les objectifs de fréquentation touristique pour la Guinée à l'horizon 2030 sont estimés à 300 000 touristes, ce qui est tout à fait à la portée du secteur guinéen du tourisme.

L'environnement juridique national a été amélioré à travers les textes juridiques comme la loi L92/022/CTRN du 6 août 1992 créant un fonds de promotion et de développement du tourisme, la loi L/98/016/An du 17 juin 1998 adoptant et promulguant le code de l'artisanat ou le décret /98/54/PRG/SGG du 25 mars 1998 promulguant la Politique nationale du tourisme. Toutes ces politiques mentionnent fondamentalement des actions à court, moyen et long terme. Le gouvernement de transition est à pied d'œuvre pour doter le pays d'un code du tourisme et d'une loi modifiant la loi L92/022/CTRN du 6 août 1992 afin de faire du Fonds de promotion et de développement du tourisme, un levier réel de financement du secteur. Plusieurs arrêtés ont permis de réviser les conditions d'exploitation des établissement d'hébergement, de restauration et de loisirs.

Par ailleurs, le cadre réglementaire national guinéen est encadré par les réglementations régionales et internationales comme le Code mondial d'éthique du tourisme, ensemble complet de principes destinés à guider les principaux acteurs du développement touristique responsable et durable, la Convention des Nations Unies sur la diversité biologique, les lignes directrices sur la diversité biologique et le développement du tourisme adopté en 2004, la Convention de Paris sur la protection du patrimoine mondial culturel et naturel, la Convention de Ramsar relative aux zones humides d'importance internationale, la Déclaration de Québec sur l'écotourisme de 2002, etc.

Le cadre institutionnel est assuré par le Ministère de la Culture, du Tourisme et de l'Artisanat (MCTA), la Direction nationale du Tourisme et de l'Hôtellerie, la Direction nationale de l'Artisanat, la Direction nationale de la Culture et du Patrimoine historique, l'Office national du Tourisme (ONT) et l'Office national de Promotion de l'Artisanat qui ont pour mission la mise en œuvre et le suivi de la politique du gouvernement dans le domaine de la promotion, du développement et de la commercialisation du potentiel et des produits touristiques guinéens, notamment à travers la mise en valeur du patrimoine sur l'ensemble du territoire national.

Le Fonds de promotion de développement du tourisme (FPDT) est alimenté par plusieurs formes de taxes, y compris la taxe annuelle sur les permis d'exploitation des établissements hôteliers et de tourisme. Les activités de l'ONT sont peu visibles, en raison de l'insuffisance de logistique et de supports de promotion et d'information. C'est, pour changer cette situation, que le capital de l'ONT a été entièrement libéré pour un montant de 40 milliards de francs guinéens. Ces ressources ont contribué à développer des outils promotionnels et permis des investissements productifs. C'est le cas du projet d'aménagement des cinq plages de Conakry (Ratoma, Taouyah, Tayaki, Bénarès et Lambanyi) en cours de réalisation.

Au regard de l'importance des aires protégées et forêts classées et autres sites panoramiques pour le développement du tourisme, la collaboration avec les structures du ministère en charge de l'environnement et des eaux et forêts est soulignée dans tous les documents de mise en œuvre de la Politique nationale du tourisme, mais les pratiques sur le terrain doivent être généralement renforcées. Il n'y a actuellement qu'un exemple de partenariat public-privé dans le domaine de l'écotourisme en

Guinée. Il s'agit de la gestion de l'aire protégée du parc de Diwasi confiée à un opérateur privé. Or ce type de partenariat public-privé peut se développer dans d'autres aires protégées du pays, notamment par la mise à disposition de concessions à l'attention de projets touristiques novateurs et intégrés.

Le Gouvernement prepare l'organisation d'un forum des investissements sur l'écotourisme en Guinée. Il permettra de vendre auprès d'investisseurs potentiels les produits phares et le cadre attractif du pays, ainsi que les dispositifs d'accompagnement institutionnel existant.

5.5.3 Les produits touristiques de la Guinée

Aucune autre destination dans la sous-région ne bénéficie d'un climat aussi favorable et d'un environnement touristique aussi diversifié que la Guinée. Grâce à la multitude de cours d'eau, le potentiel naturel du pays est exceptionnel. Il inclut des opportunités de baignade, de pratique de la pêche sportive et d'observation de l'avifaune, des tortues marines et des dauphins. Plusieurs sites touristiques ont été répertoriés. Ce sont principalement : les plages (Sorro dans les îles de Loos, Bel-Air, Rogbané, etc.), les îles (Loos, Tristao, Alcatraz, Sakama, etc.), les cascades (cascade de la Soumba, chutes de Kilissi, chute du Voile de la mariée en Basse-Guinée, chutes de Ditinn, chutes de Kambadaga, de Saala et de Kinkon en Moyenne-Guinée, etc.), les massifs montagneux (pratique de la randonnée pédestre, du trekking, du vélo de montagne, de l'escalade), la végétation (forêts primaires, forêts de mangroves, réserves de biosphère, forêts de manguiers et palmeraies, savane boisée, etc.), la faune (préservée principalement dans les aires protégées : hippopotames, buffles, éléphants, plusieurs espèces d'antilopes et singes comme les chimpanzés, oiseaux migrateurs et oiseaux marins, lamantins, etc.), les parcs et réserves naturelles (réserves de biosphère, réserves naturelles et réserves intégrales, parcs nationaux, parcs transfrontaliers, réserves de faune, forêts classées, aires marines protégées et sites Ramsar côtiers et continentaux).

Le potentiel naturel et culturel permet ainsi le développement de différents types de tourisme en Guinée : tourisme de découverte, tourisme balnéaire, tourisme communautaire et solidaire, tourisme d'aventure et de sports de nature, écotourisme et tourisme de vision.

Le développement du tourisme d'affaires, de congrès et de grands évènements en Guinée est favorisé par les motifs professionnels et d'affaires liés aux importantes ressources minières, agricoles, hydrologiques et culturelles du pays. Ce tourisme d'affaires et de congrès progresse significativement depuis 2020.

Le tourisme de loisirs est plus adapté pour des séjours de randonnée et d'immersion, d'aventure et de trekking (tourisme communautaire ou solidaire) quelquefois combinés avec des cours de danse et de djembé dans les villages.

Dans l'aire marine protégée des îles Tristao, lorsque plus d'une centaine de tortues marines remontent régulièrement sur les plages de Katfoura et de Kapkin pour creuser les trous et y pondre des œufs, ce tourisme de vision peut même impliquer les touristes pour appuyer les gardes forestiers dans la protection des nids de ponte contre les prédateurs (hommes, varans, oiseaux rapaces, etc.) jusqu'à l'éclosion et la descente des petites tortues vers l'océan.

Dans la réserve intégrale de l'île Alcatraz, le tourisme de vision intéressera les ornithologues pour observer un rocher d'environ 1 ha abriter plus de 3 000 paires d'oiseaux de la même espèce, le fou brun, d'où l'île tire d'ailleurs son nom. Le mouvement d'ensemble de ces oiseaux est un réel spectacle. À côté, sur la petite île du Naufrage, ce sont des colonies de sternes royales qui nidifient dans la plus grande tranquillité. L'aire marine protégée du Kapatchez offre également l'opportunité naturelle d'observer un regroupement exceptionnel d'oiseaux d'eau, de flamants roses et de flamants nains.

Le potentiel culturel guinéen est tout autant riche, car la Guinée fut également la plaque tournante des grandes civilisations et d'empires médiévaux d'Afrique de l'Ouest, dont on trouve encore des traces et des vestiges par endroits. Ce sont principalement les sites de la traite des esclaves (ports négriers et prisons de la Soumba - Dubréka, de Benty à Forécariah, de Dominya dans Boffa, etc.), les sites et monuments historiques (sites samoriens de Kérouané, site archéologique de Niani, mosquée de Timbo, les échelles de Djinkan à Lélouma, le pénitencier de Fotoba, les ponts de liane en Guinée forestière, le balafon Sosso Bala à Niagassola, préfecture de Siguiri), les fêtes et cérémonies traditionnelles d'initiation au Bagataye (Rio Pongo), de pêche des mares de Baro, Koumana et Balato (musiques, danses, costumes traditionnels) et l'artisanat très riche et diversifié selon les régions.

Enfin, l'offre d'hébergement s'est fortement améliorée ces dix dernières années. La capacité hôtelière est passée à Conakry de 41 réceptacles en 2010 à 179 en 2022. Partout à Kindia, Mamou, Labé, Kankan, Faranah ou Nzérékoré, la capacité hôtelière a au moins doublé. Il n'y a pas encore d'écolodges en Guinée et ce type d'hébergement manque cruellement dans un pays avec un tel patrimoine naturel. Les hôtels de luxe ne sont, en effet, pas adaptés à la clientèle de tourisme de loisirs, il manque des établissements de catégorie intermédiaire (2*) et des hôtels et des lodges, proches des sites touristiques. Le parc national du Haut-Niger et le parc national du Bafing ou alors la confluence du fleuve Niger et de la rivière Mafou, zone fréquentée par un groupe d'hippopotames devraient pouvoir s'adapter à ce type de tourisme de vision avec des écolodges construits et exploités en accord avec les principes environnementaux et sociaux responsables.

Ce potentiel naturel est toutefois soumis à de fortes menaces, car les pressions anthropiques et naturelles sont amplifiées par les impacts du changement climatique. Par ailleurs, la plupart des sites culturels et historiques sont très mal entretenus, voire complètement dégradés, sous l'effet conjugué des facteurs climatiques, de la dégradation physique naturelle, des activités anthropiques, d'aménagements malheureux et de l'absence de moyens pour leur mise en valeur.

Mais plusieurs partenaires ont multiplié les interventions pour accompagner le pays dans le développement des produits touristiques qui combinent tous les éléments mentionnés. C'est le cas du Programme des Nations unies pour le Développement (PNUD) qui a appuyé le Gouvernement à se doter d'une stratégie de développement durable du tourisme et d'une stratégie de développement du secteur de l'artisanat. Le PNUD s'est également engagé à accompagner le Gouvernement à mettre en œuvre le Programme Cadre d'appui au secteur culturel (PASEC).

L'Agence belge de développement (Enabel) travaille sur le potentiel environnemental et touristique de Kindia (projet Économie verte) et appuie le développement de l'écosystème entrepreneurial dans les secteurs de l'hospitalité et le tourisme sur l'axe Conakry, Kindia, Mamou et Labé (projet Entrepreneuriat urbain, Score Inc). À travers son projet « Guinée créative », Enabel appuie le développement de l'économie créative à travers une filière des industries culturelles et créatives. C'est dans ce cadre que plusieurs artisans et coopératives artisanales ont amélioré la qualité et la compétitivité de leur produits.

L'Agence Française de Développement (AFD), en plus de ses interventions dans le domaine de l'environnement et particulièrement dans les zones à fort potentiel de tourisme de vision (biosphère des monts Nimba, etc.), s'engage à accompagner le Gouvernement dans le développement d'un programme de valorisation du patrimoine culturel. Un programme muséal pilote est en cours de développement et permettra d'améliorer la conservation des œuvres et l'attractivité touristique du musée national et l'inventaire du patrimoine culturel matériel et immatériel.

L'UNESCO a apporté une assistance technique au gouvernement pour l'actualisation de la liste indicative du patrimoine naturel de la Guinée. Cette assistance a permis de retenir cinq lieux :
- Le sanctuaire de faune et sites historiques des îles de Loos (site Ramsar) ;
- La case de couronnement des Almamy du Fouta Djallon ;
- Le site archéologique de Niani (cité médiévale, ancienne capitale de l'empire du Mali) ;
- Le paysage culturel Bassari ;
- Le parc national du Badiar.

Ces biens devront être documentés pour présenter leur candidature à l'inscription au patrimoine mondial de l'UNESCO. Le même processus est entrepris par le MCTA pour le patrimoine culturel immatériel.

Le Bureau des Nations Unies pour les Services d'Appui aux Projets (UNOPS) a, à travers un financement de l'Union européenne (PARSS3/Environnement), appuyé la réalisation de l'étude des potentialités touristiques des aires protégées. Pour mettre en œuvre certaines recommandations de cette étude, l'UNOPS s'investit auprès du Gouvernement pour mettre en place un modèle pilote de développement et une stratégie de commercialisation et d'exploitation d'un circuit touristique basé sur la valorisation écotouristique d'aires protégées.

Partie 3

Les enjeux de gouvernance, d'innovation et de sécurisation des potentialités de l'économie bleue

En dépit des progrès réalisés sur de nombreux fronts y compris démocratiques, d'importants problèmes institutionnels et de gouvernance subsistent, et limitent la capacité des États à formuler et à mettre en œuvre, efficacement, des politiques relatives à la croissance inclusive et durable. Ces défis sont pressants mais pleins d'opportunités dès lors qu'il s'agit d'appliquer le concept relativement nouveau de l'économie bleue en Afrique dans les domaines de la transformation structurelle comme des politiques en faveur de la protection de l'environnement et de l'amélioration de la santé des écosystèmes.

La place centrale et les enjeux de gouvernance de l'économie bleue et verte impliquent une participation inclusive des parties prenantes et des acteurs de terrain et une mise en œuvre qui doit s'établir sur tout le cycle allant de la planification à la programmation, en passant par les processus de budgétisation, de mobilisation des ressources, de suivi-évaluation et de communication stratégique.

Les pays du continent doivent conduire des processus intégrés, participatifs et évolutifs qui rassemblent les parties prenantes et usagers de la mer, à différents niveaux de la gouvernance de l'usage des ressources – notamment, la pêche, l'énergie et les hydrocarbures, l'industrie, le tourisme, la protection du milieu marin et des écosystèmes – pour orienter les priorités de politique, les échanges d'informations et prendre en commun les décisions organisant une utilisation durable des ressources marines.

CHAPITRE 6

La gouvernance de l'économie bleue en Guinée

—

Karim SAMOURA
Secrétaire général du ministère de l'Environnement et du Développement durable de la République de Guinée

Lama You CAMARA
Directeur général du Centre national de protection du milieu marin et des zones côtières

Mamadou Ciré CAMARA
Chargé du programme Environnement et Développement durable du PNUD

Introduction

La Stratégie africaine intégrée pour les mers et les océans à l'horizon 2050 (Stratégie AIM 2050) a été conçue comme un outil pour faire face aux défis maritimes de l'Afrique en matière de développement durable et de compétitivité. Elle vise à promouvoir la création de plus de richesses grâce aux océans, aux mers et aux voies de navigation intérieures de l'Afrique, et ce, en mettant en place une économie maritime prospère tout en veillant à sa préservation durable. Pour se faire, elle met l'accent sur des modes de gouvernance nouveaux et inclusifs.

Des cadres politiques et réglementaires efficaces sont en effet nécessaires pour guider les choix de politiques publiques, garantir les investissements dans l'exploration des potentialités marines, et concevoir de solides politiques pour l'innovation, les transferts de technologies et l'adaptation. Ces politiques, stratégies et instruments doivent être mis en place pour renforcer les capacités institutionnelles des départements ministériels, des agences et des organisations nationales et infrarégionales liés à l'économie bleue. Cette mise en œuvre nécessite un renforcement des capacités et des mesures d'incitation des entités et des structures liées aux aspects sectoriels clés de l'économie bleue, entre autres.

Les réformes transformationnelles et démocratiques mais aussi d'inclusion, de transparence et de mobilisation sociétale qu'impose une réponse adéquate aux défis du développement durable et de l'économie bleue et verte doivent considérer, à la fois, les problèmes locaux, les enjeux économiques et les contextes nationaux particuliers. La possibilité de concevoir et de créer des programmes et projets en commun avec les diverses parties prenantes permet souvent d'éviter les conflits d'intérêts, les rivalités de pouvoir et les complexités qu'implique la mise en œuvre de toute mesure transformationnelle.

La gouvernance institutionnelle et de la coopération internationale est aussi centrale dans le cadre de l'économie bleue, les États côtiers, comme les États enclavés, ayant des chances à saisir pour l'organisation de prestations conjointes de services, efficaces et coordonnées, pour l'accès et la valorisation des ressources mais aussi pour la protection des écosystèmes bleus et verts.

La volonté de satisfaire à la demande croissante en ressources (produits miniers aussi bien que pétrole et gaz) souligne la nécessité d'établir des cadres politiques et stratégiques adéquats pour traiter à la fois des problèmes d'accès, de sécurité, d'approvisionnement et de durabilité des ressources, notamment liés à la promotion de l'économie bleue et verte. Ces cadres stratégiques et réglementaires donnent l'occasion au développement de partenariats public-privé (PPP) pouvant favoriser une exploitation durable des ressources aquatiques et marines, la protection des écosystèmes mais aussi l'inclusion sociale et une répartition fructueuse des fruits de la croissance.

La mondialisation des investissements et de la finance peut également concourir au développement des opportunités à haut rendement qu'offre l'économie bleue, dès lors qu'elles entrent en synergie avec des politiques et des cadres réglementaires adéquats, offrant des perspectives de rentabilité et de valorisation des chaînes de valeur.

Par son caractère multisectoriel, l'économie bleue ouvre un champ idéal pour concevoir des incitations et de nouveaux instruments politiques qui pourront orienter les différents secteurs avec une politique commune de synergies et d'arbitrages. Les opportunités de promouvoir l'innovation dans la formulation des politiques et de la mettre en pratique dans l'économie bleue peuvent également contribuer à des processus d'innovation multisectoriels et de transformation des chaînes de valeur.

L'économie bleue facilite la conception et la mise en œuvre de processus qui intègrent la science, le savoir et les changements sociétaux pour conduire à une réelle amélioration de l'écologie humaine et du bien-être social. En Guinée, l'ensemble des parties prenantes s'est impliqué dans une vision stratégique intégrative de l'économie bleue notamment liée à la réalisation des objectifs de développement durable. Cela, en vue de construire des alternatives de gouvernance durables tant au niveau politique que du point de vue de l'initiative privée et de la société civile.

Les approches inclusives de l'économie bleue et verte sont particulièrement nécessaires et bénéfiques pour prendre en compte les attentes des groupes vulnérables – les femmes, les jeunes et les personnes vivant avec un handicap –, qui sont généralement peu associés à la production de connaissances ou à la prise des décisions. L'importance d'une vision d'ensemble pour le développement durable de l'économie bleue et l'impérieuse nécessité de construire des stratégies intégrées et multidimensionnelles dans ces secteurs constituent des enjeux clés pour l'émergence de l'Afrique et l'atteinte des objectifs de développement durable.

Relativement peu de véritables stratégies nationales ont été définies sur le continent même si quelques pays comme la Guinée ont commencé à établir des feuilles de route en faveur de l'économie bleue. Une prise de conscience des dirigeants émerge sur la nécessité de se doter d'un cadre institutionnel et réglementaire de l'économie bleue, selon diverses approches institutionnelles.

Certains pays ancrent leur feuille de route institutionnelle au niveau de la Présidence ou de la Primature, d'autres à travers la création d'un ministère dédié ou d'un mécanisme de coordination interministériel, comme en Guinée.

6.1 Les expériences nationales en matière de gouvernance de l'économie bleue

L'île Maurice, les Seychelles et l'Afrique du Sud constituent les premiers pays de l'Afrique subsaharienne à s'être engagés sur les cheminements en faveur de l'économie bleue. D'autres pays, comme le Maroc et la Tunisie, ont construit leur vision stratégique en faveur de l'économie bleue sur la base de leur appréhension initiale des stratégies sectorielles qu'ils ont aujourd'hui agrégées et valorisées. De nouveaux pays africains se sont engagés depuis le début des années 2015, la Côte d'Ivoire, Djibouti, la Guinée, le Sénégal et la Sierra Leone dans une telle perspective.

Les processus poursuivis par ces pays rappellent le rôle indispensable de la planification stratégique, de la conduite des politiques publiques interconnectées, de la transformation structurelle en faveur des chaînes de valeur et des enjeux de la communication, mais aussi de mobilisation partenariale et de suivi-évaluation de l'économie bleue aux fins du développement humain durable. Ces expériences africaines sont donc intéressantes, à plusieurs égards, et il convient de les mettre en exergue.

6.1.1 L'expérience de Maurice

L'île Maurice est citée en exemple comme l'un des pays insulaires les plus engagés dans le secteur de l'économie bleue. L'approche adoptée par ce pays a puisé sa force dans l'adoption d'un cadre politique intégré, à l'issue de larges consultations de toutes les parties prenantes, y compris le secteur privé, la société civile et les communautés. Malgré des potentialités initiales relativement contraintes, les autorités responsables de la mise en œuvre et de l'atteinte des objectifs affichés ont su porter un cadre législatif et réglementaire adéquat pour mettre en œuvre cette politique.

Les autorités nationales ont su concevoir un cadre et un environnement des affaires propices aux investissements qui permettent d'améliorer l'exploitation durable des moyens de subsistance dans les secteurs de la pêche, du tourisme et de l'écotourisme. Par ailleurs, les autorités mauriciennes ont su favoriser la participation des communautés à la conservation, à la restauration et à la gestion durable des habitats naturels permettant de générer des revenus indispensables, tout en renforçant la résilience socio-économique et la revitalisation de l'économie côtière.

6.1.2 L'expérience des Seychelles

À 1 600 km des côtes de l'Afrique de l'Est, en plein océan Indien, les Seychelles sont un archipel constitué de 115 îles qui dépend quasi exclusivement de ses ressources océaniques. L'économie bleue du pays repose essentiellement sur la pêche et le tourisme – une réalité qui, conjuguée à la faible altitude de son territoire, expose particulièrement les populations et l'économie locale aux menaces liées au changement climatique.

Le gouvernement seychellois s'est engagé dès le début des années 2000 à aménager la quasi-totalité de son espace marin, soit près de 1,4 million de km^2, en menant à bien un programme d'action ambitieux visant à tirer durablement parti de ses richesses océaniques tout en sanctuarisant 30 % de cet espace, avec la création de nouvelles aires marines protégées. Ces aires bénéficient désormais d'une protection totale ou très rigoureuse, afin d'encourager le développement durable et l'adaptation aux effets du changement climatique.

Les Seychelles ont été précurseurs et ont montré la voie de la finance bleue inclusive en instituant des instruments de financement innovants, dont l'émission d'obligations bleues pour la conservation et l'adaptation au changement climatique, dans le but de favoriser l'essor de l'économie bleue.

Le cabinet du Premier ministre des Seychelles a organisé un service spécifique pour promouvoir l'économie bleue et l'exploitation de ses vastes ressources. Ce département, rattaché au ministère des Finances, du Commerce et de l'Économie bleue, supervise le déploiement et la concrétisation des politiques du pays en la matière.

La création d'une institution interministérielle spécifique permet de mieux coordonner les initiatives avec les autres secteurs, de développer des synergies et d'œuvrer en concertation avec les divers acteurs. Le gouvernement des Seychelles a par ailleurs publié une feuille de route nationale pour l'économie bleue, intitulée *Seychelles' Blue Economy Roadmap: Defining a Pathway to Prosperity*.

6.1.3 La vision du Sénégal en faveur de l'économie bleue

À l'origine, le président sénégalais a introduit dès 2006 un mécanisme de coordination au sein du cabinet du Premier ministre afin de s'atteler aux questions de sécurité en mer et de protection du milieu marin. Ce mécanisme, connu sous son acronyme HASSMAR, s'était attaché à œuvrer avec d'autres agences de développement à l'élaboration de plans opérationnels d'intervention en mer. Il a permis de mieux gérer les priorités relatives aux eaux maritimes et fluviales du Sénégal et à la gestion des ports du pays.

En rattachant ce mécanisme au plus haut sommet de l'État, le pays a évité la carence de coordination souvent observée dans de nombreux pays et a ensuite favorisé la préparation du Plan Sénégal émergent (PSE) qui est une stratégie décennale, 2014-2023, adossée à une vision, celle d'un Sénégal émergent à l'horizon 2035 à travers trois axes stratégiques que sont :
- la transformation structurelle de l'économie et de la croissance ;
- le capital humain, la protection sociale et le développement durable ;
- la gouvernance des institutions, la paix et la sécurité.

Le PSE est porté par un plan d'action prioritaire (PAP), lui-même scindé en deux phases. La phase 1 (2014-2018) a permis d'enregistrer des résultats satisfaisants dans l'ensemble des secteurs et la phase 2 (2019-2023) se plaçait comme une continuité mais avec une implication plus forte du secteur privé.

Le Sénégal, conscient du potentiel considérable de croissance que représentent les activités de la pêche et de l'économie maritime, les a classées au premier rang des secteurs prioritaires de croissance dans le cadre du Plan Sénégal émergent.

Le Sénégal s'est attache, en outre, à mettre en place un environnement professionnel apte à promouvoir le management moderne, efficace et adapté au contexte des activités maritimes et littorales.

Répondant à cette exigence, le Centre national de formation des techniciens de la pêche et de l'aquaculture (CNFTPA) a défini des programmes de formation diplômante, innovante et professionnalisante, en faveur des cadres et responsables des différents secteurs de l'économie bleue du Sénégal.

6.1.4 L'expérience de la Côte d'Ivoire

La Côte d'ivoire a défini un cadre stratégique en faveur de l'économie bleue, dès 2018, sous l'égide de la Primature, notamment du Secrétariat permanent du Comité interministériel de l'action de l'État en mer (SPCIM-AEM) et avec le concours du PNUD. Ce cadre stratégique a relevé trois défis pour valoriser le potentiel maritime ivoirien (la délimitation des frontières maritimes, la connaissance de ses frontières maritimes en vue de les mettre en valeur et la sécurisation du domaine maritime) et a établi un certain nombre d'axes stratégiques pour le développement des activités maritimes, lacustres, lagunaires et fluviales, ainsi que celles des côtes et des rives, dans une perspective de croissance durable et de respect de l'environnement.

Le Comité interministériel a veillé à ce que toutes les composantes publiques et privées du secteur maritime soient associées à cette vision stratégique, afin d'obtenir une stratégie intégrée et multisectorielle pour le développement d'une économie bleue, facteur de création d'emplois, surtout pour la jeunesse, et de réduction de la pauvreté.

Celle-ci fait également le lien avec le Plan national d'investissement agricole (PNIA-II), de seconde génération, et la Politique nationale de développement de l'élevage, de la pêche et de l'aquaculture (PONADEPA, 2022-2026) qui sont des leviers essentiels pour réduire la dépendance vis-à-vis des produits alimentaires carnés et halieutiques d'importation et la vulnérabilité aux chocs exogènes. En outre, le gouvernement ivoirien s'attache à formuler un Plan national d'investissement en faveur de l'économie bleue (PNIEB), accompagné d'une stratégie de financement des activités de développement de l'économie bleue (PPF - Économie bleue). Les autorités ivoiriennes préparent par ailleurs plusieurs grands programmes structurants dont son Programme de développement de l'économie bleue (PRODEB).

Cette ambition ivoirienne en faveur de l'économie bleue et verte permet de respecter les engagements pris en matière de développement durable à bas-carbone (*intended nationally determined contributions* – INDC), découlant de l'accord ambitieux sur le changement climatique (COP21) mais aussi de l'ambition de protection et de gestion du milieu marin des zones côtières (Convention d'Abidjan).

6.1.5 L'Afrique du Sud et sa stratégie d'économie bleue

L'opération Phakisa (« presser le pas » en sesotho) a été lancée en juin 2014 pour servir de cadre au développement et à la valorisation de l'économie bleue en Afrique du Sud. Cette stratégie identifie quatre secteurs prioritaires comme nouveaux axes de croissance pour l'économie océanique sud-africaine : le transport et les industries manufacturières; le pétrole et le gaz offshore; l'aquaculture; et la protection et la gouvernance. L'objectif de cette stratégie était de développer suffisamment ces secteurs pour, d'une part, en retirer une valeur ajoutée significative et, d'autre part, voir les bénéfices de cette croissance mieux répartis.

La Présidence a été l'institution de référence pour le pilotage stratégique et la coordination de cette initiative. Dans le secteur des transports et des industries manufacturières, la finalité a été d'engranger les bénéfices découlant des activités de triage et d'entreposage, de construction et de réparation navales, de développement du transport maritime — toutes filières censées contribuer au PIB et à l'emploi. Dans le secteur du gaz et du pétrole au large des côtes, il s'est agi de créer un environnement propice à la prospection, en se dotant de différents mécanismes (environnement politique et juridique, développement infrastructurel et renforcement des compétences). Le secteur de l'aquaculture a été privilégié afin de créer des emplois pour la transformation et la commercialisation du poisson et des fruits de mer et, ce faisant, d'améliorer le statut économique et social des communautés vivant sur le littoral.

L'opération Phakisa permet d'apprécier les zones d'intervention propres à l'économie bleue et de hiérarchiser les opérations et initiatives prioritaires de développement. Orientée sur des objectifs précis et dédiée à la réalisation des cibles de développement du pays, cette initiative se déroule dans un cadre chronologique fixé à l'avance avec des mécanismes concrets de suivi, de mise en œuvre et de vérification des résultats.

Plusieurs objectifs particuliers ont été identifiés, qui prennent en compte la solidarité, la participation, la création d'emplois et la valeur ajoutée, notamment dans le secteur de l'aquaculture. Cette approche facilite par ailleurs les interactions sectorielles et les échanges avec et entre experts et autres parties prenantes (publiques et privées). Le volet « Suivi et évaluation » renforce ce dialogue, la coopération interservices étant assurée par le ministère de la Planification, du Suivi et de l'Évaluation. Toutefois, chaque secteur dépend de l'autorité de tutelle jugée la plus compétente.

6.1.6 Le royaume du Maroc et l'économie bleue

Le Maroc s'est engagé en 2018 dans une démarche de formulation d'une stratégie nationale de l'économie bleue, durable et inclusive, adaptée aux vocations territoriales du Royaume et déployée autour des secteurs économiques traditionnels (la pêche, le tourisme et les activités portuaires), tout en développant de nouveaux secteurs porteurs, à fort potentiel de croissance (l'aquaculture, l'écotourisme, la production énergétique, la construction navale, etc.). Son élaboration a mobilisé une quinzaine d'acteurs clés appartenant à des organismes gouvernementaux et non gouvernementaux.

Le Maroc dispose d'un réel potentiel en matière d'économie bleue. Ses deux façades maritimes s'étendant sur 3 500 km de littoral, 1,2 million de km² de zone économique maritime exclusive, avec un patrimoine halieutique et des ressources renouvelables considérables, qui lui confèrent un important capital maritime.

Toutefois, et durant une vingtaine d'années, le Maroc s'est doté de plusieurs stratégies sectorielles qui ont couvert un ensemble d'activités liées directement ou indirectement au capital maritime sans en valoriser tout le potentiel. Aussi, c'est en 2018 que le pays adopte une nouvelle vision sous-tendue par une approche inclusive, durable et intégrée, susceptible de libérer les potentialités de création de richesses et d'emplois des secteurs liés à l'économie bleue, tout en préservant les écosystèmes marins.

Cette stratégie vise à renforcer la place du Maroc à l'international et dans les partenariats régionaux en tirant profit des opportunités liées aux nouveaux instruments de financement de l'économie bleue et de la «finance climat» avec pour objectif cardinal de favoriser l'accès aux services et aux ressources maritimes à toutes les catégories sociales du pays.

La gouvernance de cette stratégie est confiée à une commission interministérielle dédiée, auprès du chef du gouvernement, en vue d'optimiser la coordination entre les politiques sectorielles pour une exploitation et une valorisation optimale des potentialités offertes au Maroc par l'économie bleue.

Le royaume du Maroc a pleinement mesuré l'importance à la fois d'assurer une planification spatiale maritime au niveau territorial fondée sur une approche écosystémique et de renforcer le rôle central des territoires dans le développement des secteurs de l'économie bleue, dans le cadre d'une régionalisation avancée. Le Royaume s'est attaché à une meilleure valorisation et une exploitation durable des produits et services de la mer couplées à une accélération du développement d'une aquaculture écoresponsable. Il a donné également priorité au développement de services portuaires innovants, à la promotion des nouvelles filières de l'économie bleue, notamment les biotechnologies marines, les énergies renouvelables, le dessalement écologiquement responsable et les activités d'exploration et d'exploitation minières et fossiles.

Le Royaume s'attache également au développement de l'offre de croisières de plaisance et des sports nautiques avec le lancement d'initiatives culturelles autour de la mer et de ses activités en mettant en valeur les traditions culturelles des populations du littoral (événements maritimes, concours et compétitions, etc.).

Les autorités nationales ont souhaité à la fois promouvoir l'investissement dans la recherche et l'innovation autour des différents secteurs de l'économie bleue et assurer l'introduction des métiers de l'économie bleue dans le système d'éducation et de formation professionnelle, en créant davantage de cursus universitaires spécialisés dans les domaines maritimes, pour l'émergence d'une main-d'œuvre bleue, qualifiée et compétente.

6.1.7 L'expérience de la Tunisie

En juin 2022, la Tunisie établit, sous l'égide du ministère de l'Environnement et du Secrétariat général des affaires maritimes, un état des lieux des activités existantes et émergentes en lien avec le potentiel de développement de l'économie bleue et formule des recommandations et actions prioritaires transformationnelles. Ce rapport est le fruit d'une large concertation avec les parties prenantes, dont les secteurs public et privé, un ensemble d'organisations issues de la société civile et des chercheurs et universitaires.

La Tunisie bénéficie de plus de 1 300 km de côtes abritant 7,6 millions de personnes (soit plus de 66 % de sa population), lesquelles dépendent fortement des ressources côtières et marines pour leur subsistance. Le rapport a dégagé des pistes de développement durable dans l'économie bleue : le tourisme, la pêche et l'aquaculture, le transport maritime, les énergies renouvelables de la mer, la biotechnologie marine, etc.

Ce rapport, devant constituer la pièce maîtresse du nouveau Plan national de développement de la Tunisie, a ainsi identifié trois objectifs stratégiques :
- la promotion de la croissance économique des activités maritimes ;
- l'inclusion sociale et l'égalité de genre ;
- la pérennisation des ressources naturelles et des services écosystémiques.

Pour ce faire, six axes stratégiques, devant conduire ensemble à la concrétisation des objectifs fixés, ont été identifiés comme suit :
- Mettre en place une gouvernance institutionnelle impliquant l'ensemble des parties prenantes.
- Assurer la coordination et la cohérence des politiques publiques, des stratégies, et des plans et programmes sectoriels.
- Promouvoir les ressources et les mécanismes de financement appropriés et innovants des programmes et des projets de l'économie bleue (investissements publics, privés, partenariats public-privé, émission d'obligations bleues *Blue Bounds*).
- Favoriser la création d'emplois, la lutte contre la pauvreté, l'inclusion du genre et des groupes vulnérables.
- Développer la connaissance du capital marin et littoral, aussi bien naturel que culturel.
- Accroître la résilience au changement climatique à travers le renforcement des mesures d'atténuation et d'adaptation.

Le développement de cette vision et de ses objectifs prévoit un schéma institutionnel à travers lequel les acteurs gouvernementaux se concertent et préparent la prise de décision. Trois acteurs clés ont été désignés pour ce cadre de pilotage stratégique et de concertation : le Secrétariat général des affaires maritimes (SGAM) de la Commission ministérielle des affaires maritimes (CMAM) ; le ministère de l'Environnement et le ministère de l'Économie et de la Planification, tous deux membres de la Commission ministérielle des affaires maritimes.

6.2 Les institutions et la gouvernance de l'économie bleue

Dans bien des pays du continent, il apparaît essentiel d'instituer des mécanismes institutionnels adaptés pour faciliter le pilotage stratégique des réformes et la réalisation des priorités en faveur de l'économie bleue et verte. Cet enjeu est prioritaire pour renforcer « l'interministérialité » et une plus grande collaboration entre ministères et organismes faîtiers impliqués dans la coordination des politiques publiques et leur mise en œuvre.

Globalement, l'économie bleue et verte est porteuse d'une nouvelle dynamique capable de créer des relations nouvelles entre institutions opérant dans les secteurs stratégiques en mobilisant les soutiens aux indispensables réformes structurantes et en comblant les lacunes existantes dans les mécanismes législatifs, réglementaires et d'exécution des politiques et stratégies. Cela peut se concrétiser à plusieurs niveaux, national, régional et international, selon les besoins.

6.2.1 La gouvernance et le cadre réglementaire et institutionnel pour la promotion de l'économie bleue

L'établissement et la conception de cadres institutionnels, juridiques et réglementaires efficaces pour l'économie bleue et verte sont deux étapes cruciales pour structurer et orienter son essor. L'adoption de ce type de cadre stratégique exige de procéder à une analyse approfondie de l'environnement institutionnel de l'économie bleue, pour mieux en cerner les différents aspects, identifier les lacunes existantes et exploiter les synergies dans un but de collaboration et de management efficace.

Certains pays ont tenté d'élaborer un tableau de bord interbranches de l'économie bleue sans toutefois le valoriser pleinement compte tenu de l'absence de données précises et de capacité de mesure des interrelations sectorielles et interbranches. Toutefois, un premier essai a été constitué pour la mise en perspectives des secteurs et des indicateurs clés devant être considérés pour la mesure des résultats et impacts de développement de l'économie bleue.

Ce tableau de bord de l'économie bleue est constitué de 25 indicateurs de base. Naturellement, il peut être étoffé au regard des potentialités et spécialisations propres à chaque pays. La contribution des pays africains en matière de données et de statistiques au niveau national est fondamentale et nécessaire pour la plupart des indicateurs. Cependant, les données sont souvent partiellement disponibles pour la plupart d'entre eux, comme l'atteste le contenu des rapports des instituts statistiques nationaux sur le continent.

Le tableau de bord de l'économie bleue intègre des indicateurs contextuels, comme les investissements directs à l'étranger, le commerce international, l'aide et un ensemble de tarifs, taxes et subventions.

Le processus de formulation à la fois d'une politique et d'une stratégie de l'économie bleue ouvre des perspectives pour renforcer :
- les dimensions clés de la gouvernance ;
- l'effort de prospective et de planification stratégique ;
- la mise en exergue de l'innovation, de l'expérimentation et de la recherche scientifique ;
- la mobilisation inclusive des parties prenantes ;
- les enjeux de la programmation et de la mise en œuvre des initiatives de développement durable.

Pour cela, plusieurs enjeux et nécessités sont nécessaires :

- L'engagement d'une démarche multisectorielle de planification stratégique : le processus de formulation de la politique, comme de la stratégie de l'économie bleue, valorise des lignes d'orientation et des objectifs généraux, transsectoriels, fondés sur une vision transformationnelle des opportunités de développement. Cette planification établit les déterminants des politiques et stratégies sectorielles ainsi que les interdépendances et synergies programmatiques devant faciliter l'affectation et l'utilisation des ressources pour atteindre les objectifs poursuivis en lien avec les ODD et l'Agenda 2063 de l'Union africaine.
- L'exploration du leadership collectif et la valorisation de l'interministérialité : le processus de formulation de la politique de l'économie bleue doit s'efforcer de promouvoir une évolution des formes d'exercice du pouvoir et de l'autorité pour créer, à la fois, un pilotage stratégique interministériel en amont et favoriser les conditions permettant la coopération des acteurs et parties prenantes mais aussi la transformation sociétale qu'elle implique.
- Le développement de la collaboration multisectorielle pour la transformation et la valorisation des potentialités : la phase de formulation de la politique offre l'occasion de créer et de consolider les chaînes de valeur et les opportunités susceptibles de conduire à une transition économique et sociale. Les priorités de l'économie bleue et verte doivent permettre de renforcer les spécialisations sectorielles et sous-régionales ainsi que les complémentarités. Le cadre de l'économie bleue permet de valoriser les expériences acquises, de promouvoir des initiatives pilotes mais aussi d'établir des applications transformationnelles à grande échelle.
- La construction de prototypes d'actions porteuses de transformation : la phase de formulation de la politique offre l'opportunité de fusionner les connaissances acquises, les données disponibles, la recherche opérationnelle et les pratiques développementalistes afin de susciter des innovations en phase avec l'économie bleue et verte qui se traduiront par la production de prototypes. Ces prototypes doivent permettre de valoriser les synergies intersectorielles, de conduire à des initiatives favorables au changement et à l'amélioration de la performance durable et de la productivité mais aussi de renforcer les communautés de pratiques en faveur de l'économie bleue et verte.
- La conception de programmes et projets intégrés : la phase de formulation de la stratégie de l'économie bleue devra permettre la conception de programmes et projets favorables à l'exploitation durable, à la transformation des chaînes de valeur et à la gestion rigoureuse des ressources et des écosystèmes aquatiques et marins. Ces programmes et projets doivent être naturellement intégrés dans un plan prioritaire d'investissements publics et de mobilisation des financements privés et extérieurs.

En Afrique, la gouvernance influence de manière significative la manière dont la richesse en ressources naturelles est gérée et coordonnée. La gouvernance des océans et la promotion de l'économie bleue doivent permettre d'établir des principes et objectifs fondamentaux contribuant à entretenir les systèmes productifs et socio-écologiques, d'élaborer des politiques, des stratégies et des cadres réglementaires en veillant à s'assurer que les intérêts de la société sont représentés de manière équitable et que la cohérence entre les échelles juridictionnelle, spatiale et temporelle soit pleinement assurée.

Il est également essentiel de voir définies les règles institutionnelles et de répartition/séparation des pouvoirs et les modalités d'allocation des ressources mais aussi de garantir les interactions avec les autres systèmes de gouvernance en veillant à faire appliquer les décisions et réglementations.

La mise en œuvre de la gouvernance des océans nécessite un réseau complexe d'arrangements institutionnels appelés à lier les cycles des politiques publiques de l'économie bleue, situés à différents niveaux (local, national, régional et mondial) ainsi qu'à promouvoir, au sein de chacun de ces échelons, des instruments et programmes opérationnels. Une bonne gouvernance des ressources naturelles et des richesses des océans permet d'exploiter pleinement le potentiel des pays du continent et d'obtenir des résultats transformationnels et plus durables, notamment dans le cadre d'une économie bleue, inclusive et porteuse de croissance partagée.

Dans la Déclaration du Caire sur la gestion du capital naturel de l'Afrique au service du développement durable et de l'élimination de la pauvreté, les gouvernements ont convenu de mettre au point des stratégies nationales et continentales de gouvernance pour les mers et les océans qui baignent le continent africain, conformément à la Convention des Nations Unies sur le droit de la mer et la gestion efficace des ressources marines partagées.

Il existe de nombreuses institutions et initiatives traitant les questions relatives aux océans aux niveaux local, national, régional et mondial. Le Groupe international d'experts sur les ressources insiste sur la nécessité d'adopter, en matière de gouvernance, une approche holistique qui tienne compte des liens entre les activités terrestres et les ressources côtières en luttant contre les risques d'une gestion fragmentée par les frontières naturelles, juridiques et administratives.

La mise en place d'une structure de gouvernance solide rassemblant et coordonnant les secteurs, les organisations et les multiples niveaux de gouvernement liés à l'économie bleue demeure un défi de taille et constitue un objectif à consolider. Le développement durable, qui s'appuie sur la durabilité écologique, sociale et économique, exige de concilier plusieurs ordres du jour entremêlés qui concernent la conservation et la valorisation des ressources, et ce, dans une approche globale fondée sur la transformation des modes de gouvernance et de management public.

Le développement durable et les principes qui en découlent sont définis comme l'interface entre les secteurs productifs et la conservation. De ce fait, le processus de décision visant à optimiser à la fois la production et la conservation est complexe aux niveaux institutionnels mais aussi politiques. Ainsi, dans bien des pays, la conservation est souvent dévolue au ministère de l'Environnement et du Développement durable, alors que la gestion sectorielle relève de la compétence des ministères spécialisés comme ceux de la Pêche, de l'Halieutique ou de l'Économie maritime.

Les côtes et les océans offrent de multiples possibilités de faire reculer la pauvreté au travers de divers secteurs économiques qui offrent des moyens d'existence durable. Néanmoins, il est fondamental que ces possibilités soient équitablement réparties de manière à relever les défis du développement durable et à éradiquer la pauvreté multidimensionnelle.

Au niveau national, de nombreux ministères et organisations sont compétents en matière de réglementation de l'utilisation des mers et de leurs ressources, ainsi que de protection et de conservation de ces ressources au sein des zones économiques exclusives des pays concernés. L'utilisation croissante de l'espace et des ressources maritimes et l'intérêt accru de la société civile pour les questions océaniques mettent en évidence le fait que les dispositions de gouvernance fondées sur une approche sectorielle, qui sont en place au niveau national, ne permettent pas de traiter de manière efficace et efficiente les questions plus larges de gouvernance des océans. Les institutions et les processus de management et de valorisation des ressources intéressent plus directement la gouvernance des océans et la mise en œuvre des politiques et instruments juridiques. Leur rôle est particulièrement important compte tenu du fait que les zones économiques exclusives constituent un vaste espace maritime actuellement sous la juridiction des États côtiers.

Considérée comme le principal cadre juridiquement contraignant en matière de gouvernance des océans, la Convention des Nations Unies sur le droit de la mer (1982) est un ensemble de dispositions exhaustives regroupant tous les aspects des espaces maritimes, allant du règlement des litiges au développement des activités maritimes d'origine économique et commerciale, en passant par la recherche scientifique et l'innovation. La gestion des océans et les éléments qui s'y rapportent sont réglementés par un large éventail d'accords obligatoires bilatéraux et multilatéraux mais aussi d'instruments non contraignants reprenant divers aspects de la gouvernance des océans. et concernant une myriade de secteurs et d'organisations nationales, régionales et internationales. Leur mise en œuvre s'accompagne d'immenses défis que les institutions concernées, qu'elles soient d'origine nationale, régionale ou internationale, doivent relever pour assurer la conformité avec ces textes et leur respect.

En ce qui concerne les zones économiques exclusives (ZEE), la Convention des Nations Unies sur le droit de la mer les définit, les délimite et y établit les droits et responsabilités des États côtiers, y compris les « droits souverains aux fins d'exploration et d'exploitation, de conservation et de gestion des ressources naturelles, biologiques ou non biologiques ».

L'Accord des Nations Unies relatif à la gestion des stocks de poissons (1995) est également important pour ce qui est de la conservation et de la gestion des stocks de poissons, car se déployant tant à l'intérieur qu'au-delà des ZEE mais aussi des grands migrateurs. L'accord de repavillonnement de la Convention des Nations Unies constitue également un instrument clé, qui vise à faire respecter par les navires de pêche en haute mer les mesures de conservation et de gestion des ressources.

La Convention sur la diversité biologique (CDB) est un exemple d'instrument juridique contraignant qui concerne un aspect particulier de la gouvernance des océans, à savoir la conservation et l'utilisation de la biodiversité aquatique. La Conférence des Parties, qui a trait à la conservation et à l'utilisation durable de la diversité biologique marine et côtière, encourage la gestion intégrée des zones marines et côtières pour, d'une part, s'attaquer au problème de l'incidence des activités humaines sur la diversité biologique marine et côtière et, d'autre part, favoriser la conservation et l'utilisation durable de cette diversité.

Le code de conduite pour une pêche responsable de la FAO est un bon exemple d'instrument sectoriel non contraignant qui, entre autres, promeut ce concept grâce à l'approche intégrée de la gestion des pêches. Cet instrument bien connu de gouvernance des pêches sert de base à d'autres textes non contraignants de portée mondiale qui concernent la pêche responsable et des directives techniques. Les approches holistiques promues par le code de conduite pour une pêche responsable sont aujourd'hui développées sous la forme de concepts, tels l'approche écosystémique des pêches (AEP).

Des approches et outils pour la mise en œuvre d'une gouvernance intégrée à l'appui de l'utilisation durable des océans ont été élaborés, ainsi que des orientations de nature à en faciliter l'application concrète pour un développement durable inclusif. La gestion intégrée des zones côtières, concept né en 1992, à Rio de Janeiro lors du Sommet de la Terre, aujourd'hui renforcée par l'aménagement intégré des zones côtières (AIZC) constitue un processus dynamique, pluridisciplinaire et itératif visant à promouvoir une gestion inclusive et durable des zones côtières. L'AIZC couvre l'ensemble du cycle d'intervention comprenant la collecte de données, la planification stratégique, la prise de décision, la gestion intégrée et le suivi de la mise en œuvre. Cette démarche s'appuie sur la participation et la coopération éclairées de toutes les parties prenantes concernées pour évaluer les objectifs retenus consensuellement sur une zone côtière donnée et pour convenir des mesures qui s'imposent. L'AIZC s'efforce également de trouver le juste équilibre entre les objectifs socio-économiques, environnementaux, culturels et récréatifs, dans les limites fixées par la dynamique des systèmes littoraux convenus.

Dans ce domaine, la gestion des zones côtières et des bassins hydrographiques combine deux méthodes de planification spatiale et d'utilisation des ressources, la gestion intégrée des ressources en eau et la gestion intégrée des zones côtières, lorsque des problématiques inter-reliées exigent une mise en cohérence et le développement de synergies en faveur des initiatives et activités de gestion du bassin hydrographique et des zones côtières.

6.2.2 La nécessité d'un ancrage institutionnel et législatif

Promouvoir l'économie bleue de la Guinée peut difficilement se faire à gouvernance et conditions institutionnelles inchangées. En effet, l'économie bleue concerne la pêche, l'aquaculture, le transport maritime et fluvial, l'énergie, l'environnement et l'adaptation au changement climatique, l'hydraulique, le tourisme, les télécommunications, la sûreté et la sécurité, la planification, les investissements publics et le partenariat public-privé, la recherche, la formation, l'aménagement du territoire, la coopération internationale et son financement, sans que cette liste puisse prétendre à l'exhaustivité.

De nombreux acteurs sont concernés dans les ministères, les autres administrations publiques, les universités et centres de recherche, le secteur privé, la société civile et les communautés locales. Sans compter que certains domaines de l'économie bleue, comme la valorisation des eaux intérieures, peuvent être considérés comme des thématiques orphelines.

L'économie bleue est non seulement affaire de coordination interministérielle, comme le précisent les lignes d'orientations de la stratégie nationale de l'économie bleue en lien avec les enjeux de la planification spatiale maritime et de la gestion intégrée des zones côtières, mais aussi par rapport aux arbitrages et choix stratégiques concernant l'usage durable des ressources hydriques, précieuses et rares. Il est bien connu que la coordination administrative est déjà une question complexe et difficile à mettre en œuvre, comme pourrait en témoigner la préfecture maritime dans son champ de compétence. Quand s'y ajoute la nécessité de pratiquer des arbitrages entre activités incompatibles ou de privilégier le long terme par rapport au court terme, gouvernance et institutions doivent être adaptées en conséquence.

Le développement de l'économie bleue implique une priorité interministérielle soutenue par la Présidence et/ou la Primature et appliquée grâce au concours précieux du ministère de l'Environnement et du Développement durable et de celui en charge de la pêche et de l'économie maritime. Aussi, les orientations suivantes peuvent être suggérées :

- Les autorités clairement identifiées ont la responsabilité de l'économie bleue, et doivent annuellement faire rapport (au Parlement et publiquement) sur les progrès enregistrés, les difficultés rencontrées et les voies et moyens pour mieux faire, en assurant ainsi la supervision, le suivi et l'évaluation de tous les aspects de la stratégie et de sa mise en œuvre.
- La nécessité de formuler des arbitrages plaide pour un lien étroit entre l'autorité en charge de l'économie bleue et la Primature.
- Cette autorité doit pouvoir s'appuyer sur un comité permanent de développement de l'économie bleue où les principales parties prenantes siégeront et pourront s'exprimer, dans un contexte de transparence ; ce comité pourrait constituer le cadre de discussion et de suivi de la stratégie de développement de l'économie bleue en Guinée. Ce comité instituerait des points focaux dans tous les ministères et structures étatiques centrales et décentralisées ; il serait en charge des aspects techniques du suivi et de l'évaluation de la stratégie.

- Le comité permanent de développement de l'économie bleue devrait pouvoir compter sur l'expertise d'une plate-forme nationale de l'économie bleue, de niveau technique, dont la coordination et le secrétariat serait confiée au ministère du Plan et de la Coopération internationale. Cette plate-forme technique inclurait les partenaires techniques et financiers, les points focaux désignés, le secteur privé et la société civile. Elle aurait pour rôle principal d'établir une feuille de route pour la mise en œuvre des recommandations de la stratégie nationale par les différents acteurs concernés et de suivre la mise en œuvre des actions prioritaires issues des axes stratégiques. Elle contribuerait à identifier les besoins en renforcement de capacités techniques et managériales des acteurs et institutions impliqués.

La Commission économique pour l'Afrique des Nations Unies (CEA), qui souligne toute l'importance de disposer d'un cadre légal, réglementaire et institutionnel pour promouvoir l'économie bleue[1], cite différentes options institutionnelles retenues par plusieurs pays africains dont les Seychelles ou Maurice, exemples auxquels on pourrait ajouter celui plus récent du Kenya. La Guinée expérimente sur la base d'une inspiration liée aux solutions institutionnelles retenues dans ces autres pays africains engagés dans la promotion de l'économie bleue, sans toutefois suivre ceux qui ont réduit l'économie bleue à sa seule dimension maritime.

6.3 La politique maritime : un enjeu de l'économie bleue

6.3.1 Innover pour une planification spatiale maritime de nouvelle génération

Il serait trompeur de considérer que l'espace maritime est illimité, ou même qu'il est suffisamment vaste pour que toutes les activités puissent s'y déployer librement et sans contrainte. Preuve en est donnée, par exemple, par la création d'aires marines protégées où l'on considère à juste titre que la protection de la biodiversité marine n'est pas compatible avec nombre d'activités économiques.

De même que l'aménagement d'un territoire terrestre découle le plus souvent d'un processus délimitant zones agricoles, zones industrielles, zones commerciales, zones résidentielles, zones de loisirs ou réseaux de transport, l'aménagement de l'espace maritime gagne à suivre un processus similaire. Tel est l'objet de la planification spatiale maritime, qui vise, dans des pays de plus en plus nombreux, à assurer la coexistence d'activités en compétition pour disposer de l'espace marin, en particulier dans leur zone économique exclusive.

En Guinée, on observe, depuis plus d'une décennie, l'augmentation de la fréquentation de la zone économique exclusive (ZEE), coïncidant étroitement avec une nette augmentation du trafic commercial des marchandises et de l'exploitation minière, conduisant à la multiplication et/ou à la recrudescence des conflits pour l'usage de l'espace maritime. Aussi bien au port autonome de Conakry avec le trafic des biens et services commerciaux qu'au niveau des transports maritimes de la bauxite ainsi que

1 « Africa 's Blue Economy: A policy handbook », United Nations Economic Commission for Africa, 2016.

dans les sous-secteurs de la pêche artisanale et industrielle, on constate une nette augmentation du volume des biens transportés par voie maritime.

Les impacts environnementaux cumulés imputés au nombre croissant des usagers (déchets marins, pollutions marines avec les ballasts et les rejets des navires en mer, prolifération des espèces invasives non indigènes, pollution sonore critique pour les ressources marines et principalement pour les cétacés, etc.) sont déjà lourds. Pour satisfaire les besoins d'évacuation de l'exploitation minière de la bauxite, les ports de Kamsar CBG, Kamsar GAC, Dapilon-Katougouma de SMB-Winning et de Bel-Air sont déjà opérationnels, pendant que ceux de la Fatala dans Boffa, de Séngélen ou Matakan ainsi que le port de Benty, à Forécariah, sont en planification très avancée.

La formulation d'une planification spatiale maritime contraignante de la ZEE guinéenne semble la réponse nécessaire sous forme législative. Cet outil d'aide à la décision contribuerait au processus de mise en place d'une gouvernance maritime s'appuyant sur une large démarche de consultation des acteurs, afin d'identifier les synergies entre eux, éviter les risques de conflit, les tensions sociales et injustices qui pourraient résulter dans le futur. Des arbitrages seront nécessaires, certains pouvant signifier, par exemple, des restrictions d'espace que le secteur de la pêche maritime sera amené à subir, ou la reconnaissance du rôle des aires marines protégées dans la durabilité du secteur des pêches.

Un préalable à la mise en place d'une PSM en Guinée est la réalisation d'un zonage de l'espace maritime guinéen. Il s'agira, sur la base des données et d'informations collectées auprès des acteurs du domaine maritime guinéen, de réaliser un zonage sur un fond de carte bathymétrique. Ce zonage se basera sur les critères géophysiques (écosystèmes marins, bathymétrie, distance à la côte), la répartition spatio-temporelle des activités économiques dans les différents écosystèmes marins ainsi que le cadre juridique, réglementaire et institutionnel de la gestion de l'espace maritime guinéen, sous-régional et international.

Cette carte devrait être partagée avec chaque catégorie d'acteurs pour y matérialiser et justifier l'emprise de leurs activités. Ces cartes à dire d'acteurs seront intégrées dans un logiciel de système d'information géographique (SIG) et superposées pour identifier les limites de chaque activité, les zones de conflit, les impacts environnementaux cumulés, capitaliser les bonnes pratiques et favoriser les synergies. Il s'agira concrètement sous le logiciel SIG ArcGis de numériser et vectoriser les espaces d'activités de chaque catégorie et de les structurer dans un jeu de données avec une même référence spatiale (système de coordonnées). Cela facilitera la cartographie des modes d'usage par acteur, la superposition et la délimitation des espaces à conflit d'usages en vue de la proposition d'un zonage qui tentera de concilier les besoins des acteurs du domaine maritime guinéen.

Dix étapes nécessaires à l'élaboration et à l'exécution d'un tel processus de planification spatiale maritime ont été recommandées par le projet Mami Wata de la Convention d'Abidjan dont l'objectif est de « promouvoir le développement économique durable en maximisant le potentiel des ressources maritimes en Afrique de l'Ouest, garantir la sécurité alimentaire et préserver la biodiversité maritime». Le projet Mami Wata vise à renforcer l'action nationale et régionale afin de saisir la valeur des écosystèmes marins et côtiers, en s'appuyant sur une double approche consistant à renforcer les capacités grâce à la formation et à appliquer, dans un cadre de gestion intégrée des océans, les principes que sont l'évaluation de l'état du milieu marin (EMM), la délimitation de zones marines d'importance écologique ou biologique (ZIEB) conformément à la Convention sur la diversité biologique (CDB) et la planification spatiale maritime (PSM).

Conformément au projet Mami Wata pour l'élaboration et l'exécution d'un processus de PSM, il est proposé une «approche étape par étape de la planification spatiale maritime» qui suit le cadre adopté dans la publication de la Commission océanographique intergouvernementale de l'UNESCO (COI) intitulée *Marine spatial planning: A Step-by-Step Approach towards Ecosystem-based Management* (Ehler & Douvere, 2009).

Ce cadre comporte dix étapes nécessaires à l'élaboration et à l'exécution d'un processus de planification spatiale marine, à savoir :
- L'identification du besoin et établissement de l'autorité.
- L'obtention d'un soutien financier.
- L'organisation du processus par le biais de la pré-planification.
- L'organisation de la participation des parties prenantes.
- La définition et l'analyse des conditions actuelles.
- La définition et l'analyse des conditions futures.
- La préparation et l'approbation du plan de gestion de l'espace.
- La mise en œuvre et l'application du plan de gestion de l'espace.
- Le suivi et l'évaluation de la performance.
- L'adaptation du processus de gestion de l'espace marin.

Ces dix étapes encadrent l'élaboration et l'exécution du processus de planification spatiale marine, ainsi que le suivi, l'évaluation et la révision consécutifs des plans de gestion de l'espace marin qui en résultent. Il est essentiel de garder à l'esprit que ces plans doivent faire partie d'un cycle de gestion dynamique et réactif capable de s'adapter aux changements affectant le contexte social, économique et environnemental. Elles font partie du cycle de gestion continu. À chaque phase du cycle de gestion, plusieurs activités peuvent se dérouler en parallèle.

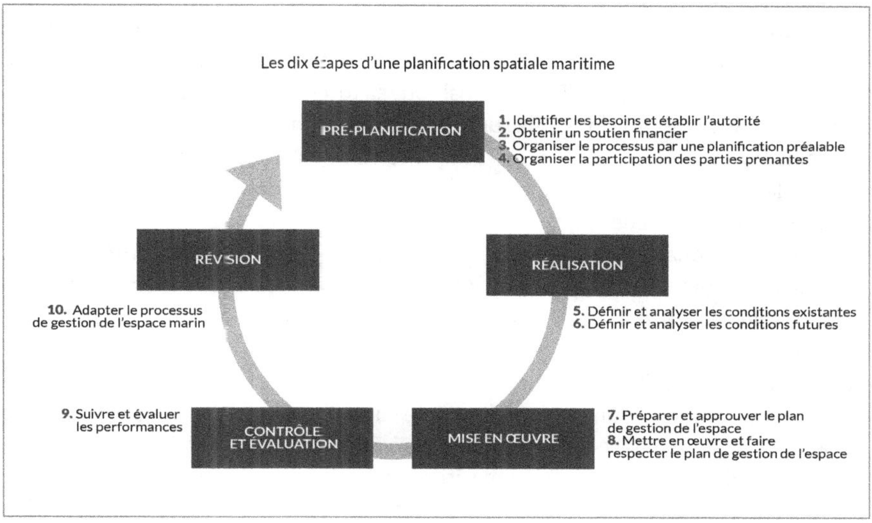

6.3.2 Le cadre institutionnel et juridique pour la planification maritime en Guinée

L'espace maritime est pluriterritorial (international et régional, national et local), pluriactif et multifonctionnel (pêche, transport, commerce, tourisme, aire marine protégée, exploitation pétrolière, infrastructure portuaire, etc.). Il met en interaction différents acteurs publics (agences, départements ministériels, institutions de recherche, etc.) et privés (populations locales, groupements de professionnels, ONGs, etc.). Ce qui exige une coordination verticale et horizontale formelle pour sa gestion durable.

En Guinée, les institutions suivantes sont principalement impliquées dans la gestion du domaine maritime et devraient en conséquence être étroitement associées dans l'élaboration de la PSM :

- La préfecture maritime (PREMARGUI), placée sous l'autorité directe du président de la République, est chargée d'assurer la mise en œuvre de l'action de l'État en mer, veillant à l'exécution des lois et règlements, ainsi que les décisions gouvernementales sur l'espace maritime guinéen. Elle est au centre du dispositif de sécurisation maritime. Toutes les informations convergent vers elle et toutes les instructions émanent d'elle. Ce qui donne la latitude à la préfecture maritime de mobiliser, lors d'opérations planifiées ou inopinées et dans le cadre d'un processus de mutualisation, tous les moyens des différentes administrations.
- Le ministère de l'Environnement et du Développement durable, en charge de l'élaboration et de la mise en oeuvre de la politique du gouvernement en matière d'économie verte et bleue et de protection de l'environnement et des Eaux et Forêts. Le Centre national de protection du milieu marin et des zones côtières qui relève de ce ministère est chargé d'assurer et de contribuer à la protection du milieu marin et côtier, à la définition des aires marines protégées par respect des règles de gestion des ressources marines, au suivi de la pollution des eaux marines, etc.
- Le ministère de la Pêche et de l'Économie maritime, chargé de l'élaboration, de la mise en œuvre et du suivi de la politique du gouvernement en matière de pêche,

d'aquaculture et d'économie maritime. Le Centre national de protection et de surveillance des pêches en Guinée (CNSP) et le Centre national des sciences halieutiques de Boussoura (CNSHB) sont ainsi sous sa tutelle pour les études et la protection des ressources marines et la surveillance des pêches.

- Le ministère du Plan et de la Coopération internationale, responsable en particulier de la planification du développement (PRI et PNDES), donc de la place qui y sera faite à l'économie bleue.
- Le Centre national de surveillance et de protection des pêches, structure relevant du ministère des Pêches et de l'Économie maritime avec pour mission la gestion rationnelle des ressources halieutiques de la zone maritime guinéenne, le contrôle et le suivi de l'effort de pêche et la surveillance des activités de pêche des navires opérants dans la ZEE guinéenne. Pour l'exécution de ces tâches, il dispose d'équipements techniques, dont trois vedettes de surveillance côtière, qui participent au dispositif de surveillance incombant à la préfecture maritime.
- L'Agence nationale de navigation maritime, relevant du ministère des Transports, joue un rôle important dans la gestion de la sécurité et de la sûreté de la navigation maritime. Elle est chargée en effet de la police maritime dans les débarcadères, du contrôle des navires par l'État du port, et de l'octroi du pavillon guinéen aux navires industriels.
- La Direction nationale de la Marine marchande, relevant du ministère des Transports, est la dépositaire de toutes les conventions maritimes internationales dont elle assure la mise en œuvre, le contrôle et le suivi de la réglementation qui en découle. En matière de sécurité de la navigation maritime, son activité est encadrée par les conventions : SOLAS, MARPOL, STCW sur les lignes de charge et sur le jaugeage des navires. Cette activité est complétée par la surveillance étroite qu'elle exerce sur le respect des normes en matière de conception, de construction et d'exploitation des ports.
- Le ministère des Mines et de la Géologie, en charge de la politique du gouvernement en matière de développement des activités minières et de la géologie.
- Le ministère de l'Administration du territoire et de la Décentralisation, responsable de l'aménagement du territoire national : la conception, la mise en œuvre et le suivi des schémas directeurs d'aménagement.
- Le ministère du Tourisme, structure en charge du développement du tourisme bleu, des infrastructures touristiques associées et des zones balnéaires.
- Le Centre national des sciences halieutiques de Boussoura (CNSHB), établissement public à caractère scientifique relevant du ministère de la Pêche et de l'Économie maritime, a pour rôle de conduire des recherches sur les ressources biologiques présentes dans la ZEE, leur répartition, leur dynamique, l'exploitation qui en est faite et les moyens de leur préservation ou de leur exploitation durable.
- L'Armée de mer, acteur qui assume la plus grande part de responsabilité dans la sécurisation opérationnelle de l'espace maritime guinéen, en vertu de la grande puissance de frappe que lui assure son statut de force militaire et de l'appui qu'elle apporte à d'autres intervenants comme le CNSP et le CNSHB. À ce dernier titre, elle est déployée en permanence tout le long du littoral de 350 km dans la ZEE. Elle apporte un appui à la mise en œuvre de l'action de l'État en mer, sous la coordination de la préfecture maritime.

Le caractère intersectoriel de la PSM a été souligné lors d'un atelier de validation organisé à l'initiative du gouvernement et du PNUD, le 7 juillet 2021, à Conakry. Les intervenants ont en particulier souligné la nécessité d'impliquer aussi d'autres départements ministériels dans la PSM, tels que le ministère des Postes et Télécommunications qui gère le câble sous-marin, le ministère de l'Énergie qui est concerné par l'installation et la gestion des énergies renouvelables et le ministère de la Défense nationale pour la circonscription des zones d'entraînement de l'Armée de mer.

Cette multiplicité des parties prenantes intéressées directement par la PSM pose la question de leur coordination et de la responsabilité de la PSM en Guinée. De ce point de vue, le succès de la PSM dépendra largement de l'instance qui en assurera le leadership, à l'image de la promotion de l'économie bleue.

6.3.3 Innover pour mieux faire : de l'intérêt de la GIZC (gestion intégrée des zones côtières)

La côte guinéenne se subdivise en deux zones côtières : le rivage et l'arrière-côte.

a. Le rivage de la côte guinéenne

Le rivage est formé par le trait de côte et la zone de l'estran ou intertidale de balancement de la marée située entre la côte de plus basses mers (côte 0 m) et la côte de plus hautes eaux (situé à environ +3,5 m). L'étude de la vulnérabilité du littoral (Simonet et al., 2020) a subdivisé la façade guinéenne en trois types de morphologie :

- La façade maritime : d'une longueur de 363 km, la façade maritime guinéenne est dominée par des côtes végétalisées (essentiellement de la mangrove) sans cordon dunaire. Ces côtes se caractérisent par un estran, à faciès meuble et vaseux d'un linéaire côtier d'environ 152 km, (42 %). En deuxième rang viennent les côtes à rivage naturel avec un cordon sableux d'un linéaire de 103 km (28,4 %) suivi par les côtes rocheuses avec un linéaire de 46 km (13 %). Le reste étant formé par un rivage à cordon sableux et un estran sableux bien classé.
- La façade insulaire : s'étendant sur un linéaire total de l'ordre de 240 km, les systèmes insulaires sont caractérisés par un rivage à morphologie de végétation mangrovienne s'étendant sur environ 56 %. Pour l'archipel Tristao, ce sont les côtes végétalisées et les côtes sableuses qui dominent avec un linéaire de 140 km. En revanche, l'île d'Alcatraz est caractérisée par des côtes rocheuses couvrant la totalité de l'île sur un linéaire d'environ 26,2 km. L'île Bokhinéné se distingue par un rivage totalement végétalisé de mangrove. Enfin, pour l'archipel de Loos, la majorité des côtes sont rocheuses.
- La façade estuarienne : l'étude a couvert un linéaire total de l'ordre de 470 km des zones estuariennes les plus proches de la façade maritime. Comparées aux deux autres parties du littoral, ces zones ont une morphologie très peu variée. Il s'agit partout de côtes à morphologie mangrovienne intéressant plus 97 % de l'ensemble du linéaire estuarien.

b. Les zones basses de l'arrière-côte

L'arrière-côte est la zone terrestre située entre le rivage marin actuel (côte moyenne actuelle de la marée de l'ordre de +3,5 m) et la côte +10 m s'étendant sur une surface totale de l'ordre de 535 322 ha pour tout le littoral guinéen. Cette zone est dominée par l'écosystème mangrove avec 61 % de cet espace (330 607 ha), dont 35 % couverts de végétation de mangrove (188 820 ha), qui constituent une zone de frayère et freinent l'érosion côtière avec 20 % de rizières installées suite au défrichement de cette végétation (106 481 ha).

La riziculture de mangrove constitue le système rizicole le plus élaboré de la Guinée, avec des aménagements en digues et diguettes pour la gestion des eaux salées et des pluies, mais également la plus productive du pays avec des rendements atteignant plus de 3 tonnes à l'hectare. Les marais maritimes, quant à eux, représentent environ 7 %. Les espaces artificialisés (mines et carrière, habitats, cultures) ne représentent que 11 % du littoral, dont 7 % correspondent aux mines et carrières. Ces dernières constituent la dynamique d'artificialisation du milieu la plus importante de cette région littorale.

Enfin, les formations forestières, denses et secondaires, sur la partie continentale ne couvrent que 5 % de la région. Cela démontre une forte pression sur ces ressources ligneuses pour approvisionner les villes, notamment la capitale Conakry, en bois d'énergie et d'œuvre, qui favorise l'érosion et la sédimentation des vallées et zones littorales (estrans vaseux).

Le littoral doit être considéré par les pouvoirs publics comme un espace spécifique, physiquement limité, écologiquement fragile, de plus en plus convoité par des utilisateurs concurrents et soumis à de multiples pressions. Sur cet espace géographique, les structures et les infrastructures continuent de s'étendre et de se multiplier, les activités de se diversifier, et la population de croître.

Le développement des pollutions et des nuisances de toute nature, l'accroissement rapide du nombre de personnes qui gagnent ces zones, mais aussi l'industrialisation incontrôlée, de même que l'insuffisance des systèmes d'assainissement, rendent les conditions d'existence sur ces espaces de plus en plus précaires.

L'occupation du sol du littoral guinéen

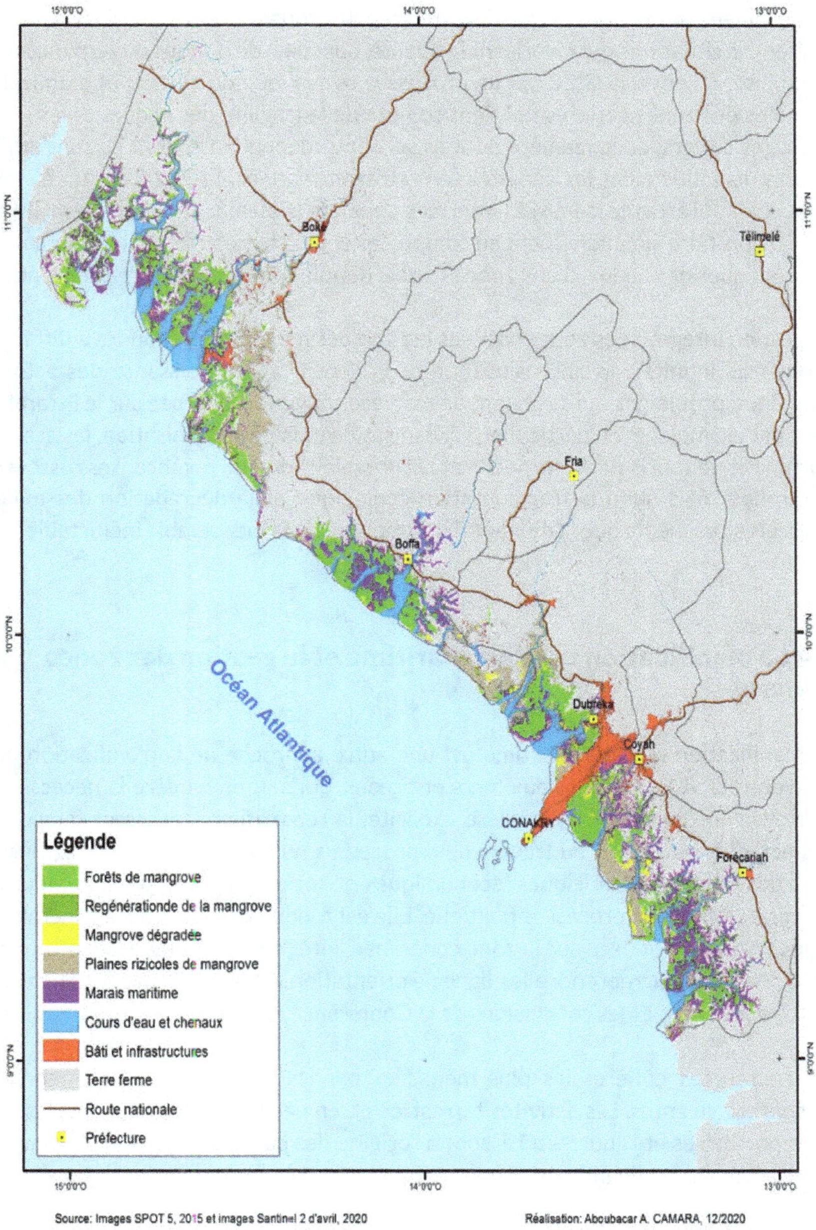

Par conséquent, il est impératif que des arbitrages soient faits pour pouvoir s'inscrire dans une vision stratégique d'avenir. On sait par expérience que les initiatives de l'État et des autres parties prenantes peuvent souvent être contradictoires. L'économie bleue, aidée par la PSM et la gestion intégrée des zones côtières (GIZC), vise alors à limiter ces situations qui favorisent la dualité, par souci de bonne gouvernance et de durabilité. En effet, la GIZC est un processus dynamique de gestion et d'utilisation durables des zones côtières qui tient compte de la fragilité des écosystèmes et des paysages côtiers, de la manière dont ils sont interdépendants, dont ils sont utilisés et dont ils influencent les activités terrestres et marines. La GIZC est un élément important qui articule la PSM à l'interface côtier de la planification terrestre. Il s'agit ainsi de prendre simultanément en compte les enjeux terrestres et marins, naturels, économiques et sociaux, d'une zone littorale définie comme territoire cohérent.

La gestion intégrée des zones côtières est l'un des moyens de répondre à différents problèmes induits par l'intensification et la densification croissante des activités humaines, problèmes qui se posent de manière souvent exacerbée sur le littoral. Ce sont par exemple, et en particulier, l'urbanisation et la périurbanisation, les activités portuaires, le tourisme, la surpêche et la surexploitation de nombreuses ressources naturelles, mais aussi la fragmentation écologique et la dégradation des milieux naturels alors même que la menace d'une montée de la mer semble inéluctable.

6.4 La planification spatiale maritime et la gestion des zones côtières

La planification spatiale maritime est une autre approche de la planification intégrée des activités relatives aux mers et océans, qui met en lumière la nécessité de concevoir et d'arbitrer, de manière explicite, la répartition spatiale et temporelle des activités humaines, au travers d'un processus public, interministériel, poursuivant des objectifs écologiques, économiques et sociaux qui ont généralement été définis à l'issue d'un processus politique. Elle est fondée d'une manière générale sur les écosystèmes et axée sur la zone concernée, intégrée, adaptative, stratégique et participative pour reprendre les lignes d'orientation établie à Rome sur la gouvernance des océans et les conclusions de la Conférence Rio+20.

Les ressources côtières les plus menacées par les activités terrestres sont les ressources vivantes. Les activités terrestres et, en particulier, l'agriculture, les activités portuaires et l'aquaculture, sont à l'origine des conséquences les plus lourdes sur les ressources vivantes côtières.

La biodiversité est la ressource la plus touchée par les activités terrestres. Bien que nous ne disposions que de peu de données en la matière, il semble que les ressources non vivantes soient largement épargnées par les activités terrestres. Tous les aspects de l'économie bleue sont vulnérables aux changements qui touchent les ressources côtières, en particulier la pêche, l'aquaculture et le tourisme. Les effets délétères des activités terrestres sur les ressources côtières peuvent compromettre la transition vers une économie bleue durable. C'est pourquoi la gouvernance des activités terrestres est essentielle pour y parvenir.

6.4.1 La maîtrise de l'urbanisation et de la mobilité en lien avec l'économie bleue

Selon les Nations Unies, les établissements humains se sont développés, à un rythme relativement accéléré près des côtes : 38 % de la population mondiale vivent à moins de 100 km des côtes, 44 % à moins de 150 km, 50 % à moins de 200 km et 67 % à moins de 400 km.

Environ 61 % du produit intérieur brut total mondial proviennent des océans et des régions côtières situées à moins de 100 km du littoral. Ces régions, où la densité de la population est 2,5 fois plus élevée qu'à l'intérieur des terres, bénéficient directement ou indirectement des biens et des services fournis pas les écosystèmes marins, ce qui contribue à l'éradication de la pauvreté, à la sécurité alimentaire et aux moyens de subsistance durables.

6.4.2 La gestion et la conservation du littoral

a. Un conservatoire du littoral guinéen : enjeux et défis

À l'exception de quelques zones sableuses autour de la capitale Conakry, les rivages du littoral guinéen ont longtemps été considérés comme des espaces peu attractifs. Les côtes, souvent dangereuses ou insalubres, étaient des lieux craints et incertains, fréquentés essentiellement à des fins utilitaires (pêche, agriculture, commerce, etc.) et rarement habitées. Ce n'est que pendant la 2e République, vers la fin des années 1990, que s'est opéré progressivement un renversement de tendance et qu'a émergé un « désir d'occupation des bords de mer» qui, petit à petit, a conduit certains acteurs économiques et certaines couches de la population à occuper les domaines publics maritimes (DPM).

Le foncier littoral est devenu attractif. Et le littoral guinéen subit plusieurs formes de pression : implantation de sociétés minières (ouvertures des carrières de bauxite, de fer, de latérite, de sable, etc.), construction de grands barrages hydroélectriques, exploitation commerciale des essences forestières de palétuviers, construction immobilière (hôtels, résidences secondaires, infrastructures de loisirs, etc.). Des remblayages de très grandes superficies pour la réalisation de multiples ports d'évacuation des minerais sont effectués du nord au sud du littoral et les constructions fleurissent en bordure de mer, à Conakry et environ.

La République de Guinée est confrontée à un fort taux de dégradation aussi bien de son écosystème que de sa biodiversité naturelle dans la zone du littoral guinéen sous les effets croisés des activités anthropiques d'exploitation et de la mise en valeur peu respectueuse des tenures foncières rurales régissant la gestion des ressources renouvelables hydriques, agrosylvopastorales et rurales. Cet état de fait s'inscrit dans une tendance d'amplification et d'exacerbation des effets négatifs du changement climatique dans les communautés au niveau des différents terroirs du littoral guinéen. Il va sans dire que l'amélioration des conditions de vie et d'existence des communautés autochtones du littoral guinéen, particulièrement affectées par le contexte spécial du reflux social et de récession économique induits par la Covid-19, reste tributaire de l'application d'un cadre normatif inclusif, participatif et intégré de la gestion des ressources naturelles renouvelables et non renouvelées du littoral guinéen.

La conséquence en est la fragilisation de cet espace important à plus d'un titre. Les organisations de pêche artisanale et la société civile environnementale sont de plus en plus critiques vis-à-vis de ce phénomène d'occupation incontrôlée du littoral qui se traduit par des restrictions d'accès à la mer et la privatisation de sites littoraux prestigieux, au profit de quelques privilégiés et des sociétés minières implantées. Ceci démontre la nécessité d'une politique foncière pour le littoral. Elle devrait être confiée à un organisme capable de sauvegarder une part de l'espace littoral à l'état naturel. L'un des outils importants d'aide à cette décision en planification côtière guinéenne serait un Conservatoire du littoral guinéen, qui serait le premier institué sur le continent africain.

Il s'agirait en fait de mettre en place une structure dédiée à la gestion intégrée du foncier côtier, capable d'apporter un soutien efficace à l'économie bleue, et qui favoriserait une approche intégrée des problèmes du littoral pour préserver tout en développant des choix politiques et sociétaux nécessaires.

Le littoral doit être considéré par les pouvoirs publics comme un espace spécifique, physiquement limité, écologiquement fragile, de plus en plus convoité par des utilisateurs concurrents et soumis à de multiples pressions. Le développement des pollutions et des nuisances de toute nature, l'accroissement rapide du nombre de personnes qui gagnent ces zones, mais aussi l'industrialisation incontrôlée, de même que l'insuffisance des systèmes d'assainissement, rendent les conditions d'existence dans ces espaces de plus en plus précaires.

Il faudra une vaste concertation et des arbitrages pour pouvoir s'inscrire dans une vision stratégique d'avenir. On sait, par exemple (et par expérience), que les initiatives de l'État sont souvent contradictoires. L'économie bleue vise alors à limiter ces situations qui favorisent la dualité, par souci de bonne gouvernance. C'est pourquoi, quelle que soit la dénomination à lui donner, cette structure devra être composée de représentants de l'État, des collectivités territoriales, de leurs établissements publics, de scientifiques, de professionnels du littoral et de la mer, de la société civile et des associations de protection de l'environnement. Tout en identifiant également les secteurs naturels à protéger en raison de la richesse de la faune et de la flore ainsi que les secteurs propices au développement des activités économiques, elle sera chargée de l'aménagement, de la protection et de la mise en valeur des littoraux et de la mer de chaque façade maritime.

En prenant pour pari l'émergence de la Guinée à l'horizon 2040, et donc des évolutions concernant le foncier du littoral sur les vingt prochaines années, il y a nécessité d'aller au-delà d'un droit du foncier rural et de s'acheminer vers un droit de préservation du foncier qui soit spécifique au littoral, pour concilier des impératifs de développement et de protection des espaces naturels avec ceux de valorisation des potentiels économiques existants.

b. Les fondements d'un Conservatoire du littoral en Guinée

Il convient dès le départ de prendre en compte la multiplicité des usages qui se sont développés en zone littorale : l'agriculture, l'élevage, l'exploitation forestière, la pêche, la saliculture, l'exploitation minière, les aménagements hydro-agricoles et hydroélectriques, l'urbanisation et une croissance démographique et urbaine phénoménale et l'installation d'infrastructures urbaines, industrielles et portuaires. Tous ces usages considèrent la zone côtière comme leur berceau et comme le théâtre légitime de leur développement actuel et futur. Ce qui se traduit par une dégradation environnementale rapide et préoccupante, générant des pertes de services écosystémiques littoraux clés, indispensables à la bonne santé économique du littoral et de la mer adjacente. Ces risques environnementaux sont par ailleurs exacerbés par les impacts du changement climatique et de l'élévation du niveau de la mer sur la mobilité du trait de côte et la perte de stabilité des sites d'implantation des infrastructures littorales.

Généralement, les considérations économiques l'emportent sur les considérations écologiques. De ce fait, il ne fait pas de doute que les ambitions politiques demeureront des vœux pieux, tant qu'une gouvernance locale adaptée à ce territoire ne sera pas instituée. Toute stratégie à mettre en œuvre devrait alors délimiter les « façades maritimes » en fonction des caractéristiques hydrologiques, océanographiques, biogéographiques, mais aussi socio-économiques et culturelles des espaces. Ces dernières pouvant être arrêtées de façon cohérente avec le découpage administratif du pays.

Du point de politico-administratif, le littoral guinéen, long d'environ 350 km, abrite trois régions administratives : le gouvernorat spécial de Conakry, la région de Boké et la région de Kindia qui sont elles-mêmes subdivisées en cinq préfectures côtières (Boké, Boffa, Dubréka, Coyah et Forécariah). Il conviendrait donc d'envisager l'aménagement de la bande côtière en pôles économiques ou parcs naturels et que le Conservatoire puisse progressivement être sollicité pour restaurer, aménager et valoriser mais surtout protéger les milieux et les paysages naturels côtiers.

Des études approfondies réalisées par la Mission d'observation du littoral ouest-africain (MOLOA), sur financement de l'Union économique et monétaire ouest-africaine (UEMOA), de l'Union internationale pour la conservation de la nature (UICN) et du Fonds pour l'environnement mondial (FEM), ont découpé l'espace côtier guinéen du point de vue environnemental en cinq secteurs prioritaires ou façades maritimes pour le suivi des dynamiques littorales et l'appréhension des risques côtiers. Ce découpage, pour être plus opérationnel, pourrait être adopté ou bien adapté aux réalités futures d'une économie bleue durable respectant le découpage politico-administratif. Ce sont : i) la région des îles Tristao ; ii) la région du Rio Kapatchez ; iii) la région du Cap Verga à la Taboriya ; iv) la région de Taboriya à la Soumbouya ; la région de la Soumbouya à la Mellacorée.

c. Les missions potentielles du Conservatoire

Le Conservatoire du littoral répondrait à des enjeux écologiques (préserver des espaces et des ressources naturelles), et humains (libre accès à la mer, demande sociale de nature) qu'il concilierait. Des logiques endogènes et étrangères coexistent et s'affrontent sur le littoral, c'est-à-dire d'un côté les règles et normes traditionnelles et, de l'autre, une normalisation étatique d'inspiration développementaliste.

La dimension ethnoculturelle est de ce fait essentielle, quand il s'agit de concilier les volontés de l'État centralisé et les préoccupations des populations locales.

Politique foncière et gestion intégrée des zones côtières

1. Afin de promouvoir la gestion intégrée des zones côtières, de réduire les pressions économiques, de conserver des espaces libres et de permettre l'accès du public à la mer et le long du rivage, les Parties adoptent des instruments et mesures appropriés de politique foncière, y compris lors du processus de planification et de développement urbain.
2. À cet effet, et afin d'assurer la gestion durable des terrains publics et privés des zones côtières, les Parties peuvent, notamment, adopter des mécanismes d'acquisition, de cession, de donation ou de transfert de terrains au profit du domaine public et instituer des servitudes sur les propriétés.

Source : Protocole dit de Pointe-Noire, article 24.

Sur le littoral, comme ailleurs, l'approche transversale du foncier est essentielle et un important travail juridique et législatif est nécessaire. Pour prendre en compte les contestations et conflits fonciers (entre le droit coutumier et le droit d'État), une telle structure devra couvrir l'ensemble des problématiques qui concernent le littoral : gestion foncière, aménagement, mesure du bon état écologique, planification spatiale maritime, innovations dans le secteur marin, écotourisme, actions de développement local, etc.

Toutefois, au-delà de sa mission d'acquisition foncière, le Conservatoire devra se positionner progressivement comme l'une des « chevilles ouvrières » d'une stratégie multi-acteurs de préservation des espaces naturels côtiers et d'aménagement du littoral. L'un des points forts de sa légitimité sera sa capacité de négociation avec les usagers.

Parmi les outils et mécanismes d'élaboration et d'institutionnalisation d'une gouvernance littorale renforcée, le projet de planification côtière formulé en juillet 2018 recommandait entre autres :

- Une actualisation des statuts réglementaires de classement et de protection des sites naturels et leur mise en cohérence avec les codes sectoriels.
- Une mise à disposition d'outils et de ressources documentaires et scientifiques aux promoteurs des projets côtiers, afin de favoriser la conduite d'études d'impacts environnementaux fiables et transparentes.
- Une révision des textes législatifs et réglementaires concernant la gestion du domaine public maritime (DPM), afin de faciliter la préparation d'une loi du littoral guinéen intégrant les différents codes existants et la constitution d'un réseau des élus locaux des collectivités territoriales littorales chargés de négocier avec le gouvernement les conditions du développement dans leurs circonscriptions territoriales. Car l'exploitation des ressources de l'environnement marin et côtier et la mise en évidence de sa vulnérabilité engendrent des besoins spécifiques en termes de réglementation, de promotion des innovations et de gouvernance sur le littoral guinéen.

Le Conservatoire du littoral (CLG) devrait être un établissement public de l'État, logiquement placé sous la tutelle du ministre chargé de l'environnement et composé de services centraux et de représentants des cinq secteurs maritimes prioritaires retenus. Il devrait être gouverné par deux instances : le conseil d'administration qui est composé principalement d'élus nationaux et de représentants de ministères, et les conseils des secteurs maritimes prioritaires, composés d'élus régionaux et préfectoraux. Ces organes bénéficieront de l'expertise d'un conseil scientifique composé de personnalités représentant les disciplines multiples comme la géographie physique et humaine, l'écologie (littorale et marine), les sciences politiques et humaines, la philosophie, l'agronomie, le droit public, la gestion des paysages, l'histoire et l'économie.

En résumé, il est proposé d'engager la mise en place d'une structure dédiée dont les caractéristiques seraient les suivantes :

- Un outil conçu pour penser de manière stratégique les enjeux du littoral : la gestion du littoral doit être guidée non par l'urgence ou les opportunités du moment mais par une politique et donc une vision issue de relations partenariales plus approfondies avec des acteurs plus nombreux et à des échelles variées (services déconcentrés de l'État, collectivités, du local au régional...).

- Un outil de conseil : il est sollicité fréquemment pour donner son avis lors de l'élaboration de schémas et plans d'urbanisme, des stratégies ou de projets territoriaux. L'image originale et favorable dont il doit bénéficier, tant auprès des élus locaux que des services de l'État, en fera un interlocuteur écouté et respecté. Son habitude de travail valorisant les partenariats et la négociation lui donnera une expérience précieuse.
- Un outil d'acquisition et de protection : en acquérant des terrains, il peut devenir le plus gros propriétaire foncier côtier pour un patrimoine qui sera préservé et valorisé en partenariat avec des gestionnaires (pour partie collectivités territoriales et partenaires publics). Il doit également être capable de sauvegarder une part de l'espace littoral à l'état naturel et de contribuer au développement de l'autre part, d'élaborer progressivement une stratégie globale et à long terme de protection des espaces naturels littoraux. Il pourra permettre de concourir à la protection définitive et à l'ouverture au public d'espaces naturels d'intérêt patrimonial sur les rivages maritimes et lacustres. L'achat d'un terrain, à l'amiable, par préemption ou expropriation, pourrait ainsi être justifié par des motifs variés comme les menaces d'artificialisation, la volonté d'ouvrir un site au public, un processus de dégradation nécessitant la mise en place d'une gestion adaptée ou la préservation des activités traditionnelles (pastoralisme, saliculture, etc.) garantes d'un paysage ou d'équilibres écologiques remarquables.
- Un outil de valorisation : le CDL doit permettre l'adoption de mesures de gestion indispensables pour restaurer ou garantir la pérennité d'un territoire. Avec des expertises ciblées visant à protéger et gérer ces micro-territoires, il contribue à mettre en place des actions concrètes sur le terrain, en favorisant la formation, les échanges de savoir-faire et le partage des connaissances entre gestionnaires, scientifiques et institutions. Ces missions pourront contribuer au développement du tourisme littoral et à la création de stations balnéaires sur le littoral, actions qui s'inscrivent dans des plans d'aménagement globaux, dont la mission définit les principes et coordonne la réalisation.
- Un outil de concertation et d'inclusion : cette structure doit être capable de faire le lien entre le droit coutumier, le droit d'État et la religion (l'islam) puis de promouvoir des projets en s'appuyant sur des méthodologies de concertation et de négociation facilitant l'acceptabilité sociale et l'acceptation au niveau local. Les gestionnaires sont, à ce titre, les employeurs des gardes du littoral qui assurent au plus près la sauvegarde des espaces et des terrains.
- La gestion des sites (incluant la surveillance et l'entretien quotidien) peut être sous-traitée pour les travaux et aménagements nécessaires, les opérations courantes à réaliser, la mise en valeur des espaces naturels. Il sera important de consulter et d'accueillir les visiteurs, les gestionnaires, les élus des territoires concernés, les services de l'État, d'autres partenaires institutionnels et locaux et les principaux usagers, directs et réguliers, des espaces, afin de débattre et de faire des choix partagés (en matière de politique à mener, de projets de sites et de gestion sur ces derniers). Le secteur privé doit également pouvoir bénéficier d'orientations stratégiques et d'opportunités de développement durable.
- Un outil fédérateur : le CDL doit s'attacher à promouvoir les liens avec les autres acteurs du littoral. Il doit travailler essentiellement avec des propriétaires fonciers et des communes, qu'il doit chercher à convaincre de le laisser intervenir dans

l'intérêt de tous pour bâtir ensemble des stratégies et des projets globaux de territoire, concertés et durables.
- Un outil de communication et de mobilisation : un important travail de communication et de légitimation est nécessaire. Le CDL doit gagner la confiance des interlocuteurs présents sur la bande côtière, faciliter la sensibilisation et l'information du public. Le CDL doit développer un réseau étoffé d'institutions, notamment les ministères, les agences de protection du littoral, les collectivités, les bailleurs de fonds, les ONGs, les instituts de recherche… Ce qui lui confèrera une image forte et reconnue. Il devra également renforcer les échanges d'expérience et de savoir-faire entre acteurs internationaux de la conservation de la nature.
- Un outil d'accès au financement de projets et programmes : le CDL, en tant que spécialiste des questions d'aménagement du littoral travaillant en partenariat avec l'ensemble des acteurs, pourra être sollicité pour assurer la coordination voire, plus largement, la fonction d'opérateur pour la mise en œuvre de programmes nationaux ou communautaires. Le Conservatoire se contentera de confier la gestion de ses terrains à des partenaires et de bénéficier de toutes les subventions qu'il peut obtenir en lieu et place des collectivités territoriales et de leurs groupements, des établissements publics et sociétés, en exécution de conventions passées avec eux. Il devra travailler plus activement avec les acteurs socio-économiques et leurs représentants (chambres d'agriculture, chambres des mines, chambres de commerce et des métiers, comités et offices de tourisme, etc.), dans le but de construire des stratégies et des projets partagés à l'échelle des territoires.

Le Conservatoire pèsera de façon importante sur les choix d'aménagement et de gestion des territoires au sens large (sa présence favorisant ou, au contraire, contrariant la mise en place de certains projets). Il devra envisager une démarche innovante de gouvernance multiforme à différentes échelles (locale et globale) puis impulser et coordonner les initiatives en faveur d'une gestion durable du littoral.

Établissement public à la fois national et décentralisé, il se trouve positionné entre intérêt général et principe de proximité. Cela signifie que ses interventions répondent à des objectifs et principes d'action communs, définis au niveau national, mais qu'elles tiennent compte des réalités et enjeux propres aux territoires dans lesquels elles s'inscrivent. Un usage des terrains qui renvoie au foncier, au contractuel ou au réglementaire, puisqu'il s'agit de territoires soumis à des pressions et conflits d'usages particulièrement importants, et qu'il faut veiller à renforcer des dispositifs réglementaires existants.

Le CDL guinéen serait donc un outil capable de produire des analyses et de la prospective, d'impulser un mouvement « d'environnementalisation » des politiques concernant le littoral, un outil de concertation et d'orientation, un instrument de gouvernance inséré à une économie de l'information globalisée, favorisant l'accès au financement pour des projets et programmes. Enfin, il pourrait être le laboratoire expérimental de mise en œuvre de l'économie bleue sur le littoral et la bande côtière. Il pourrait à cet égard constituer la première initiative pilote à l'échelle du continent africain.

CHAPITRE 7

La sûreté maritime et les enjeux d'indépendance et de protection nationale

–

Amadou SOW
Préfet maritime, ancien chef d'état-major
de la Marine nationale de la République de Guinée

Konsa CAMARA
Chargé de programme, responsable du département
du PNUD en charge de la sécurité humaine

Colonel Sébastien DOPAVOGUI
Expert national, consultant en matière de sécurité intérieure en Guinée

Introduction

La mer, comme tout espace où se déploient des activités humaines, est le théâtre de délits et de crimes. Les marines militaires et de service public (garde-côtes, police, affaires maritimes, douanes, gendarmeries, etc.) jouent un rôle important de sécurité au sens large de la gouvernance sécuritaire et de la souveraineté, mais aussi de la protection des populations.

À cet égard, l'action de l'État en mer consiste à coordonner, sous l'autorité de représentants de haut niveau, notamment des préfets maritimes, les missions qui incombent aux pouvoirs publics et combinent prévention et intervention dans des domaines aussi variés que la sureté et la sécurité maritimes ou la lutte contre les pollutions marines.

La sûreté et la sécurité maritimes constituent, à égale hauteur, des enjeux clés de gouvernance, tant pour la protection et le respect de la souveraineté nationale que pour la valorisation des potentialités des pays considérés par l'importance accordée à cette dernière préoccupation ne devant pas être exclusive de la nécessité de la protection de la vie des hommes en mer. Le premier concept se rapporte aux dysfonctionnements techniques et aux aléas qui jonchent la nature ambiante, tandis que le second se préoccupe des manifestations dommageables d'ordre anthropique.

7.1 La sécurisation maritime et la lutte contre la pêche illégale et les trafics

L'action de l'État en mer, par nature interministérielle et coordonnée au niveau central, vise à garantir la protection des intérêts nationaux, la sauvegarde des personnes et des biens, la lutte contre les activités illicites et la protection de l'environnement.

Le bon accomplissement de ces missions dépend en grande partie des moyens que la Marine nationale peut déployer aussi bien en haute mer qu'en rade. Et, les besoins sont encore immenses dans ce domaine en Afrique.

Pour surveiller et protéger avec une efficacité suffisante tout le territoire marin qui leur est dévolu, les forces navales nationales doivent en effet disposer d'une panoplie d'équipements appropriés : unités légères aptes au contrôle rapide, notamment des frégates de surveillance et des patrouilleurs ; navires hauturiers capables de rallier les limites extrêmes de la zone sous surveillance ; et même des bâtiments d'assistance humanitaire et de secours d'urgence.

La République de Guinée dispose d'un plateau continental d'environ 300 km et d'une superficie totale de 47 400 km^2, ce qui en fait, en Afrique de l'Ouest, le pays doté de la plus vaste étendue marine. Sans être le plus démuni en moyens de surveillance maritime, elle n'en peine pas moins à offrir à ses forces navales des équipements à la hauteur de l'immensité de la tâche leur incombant.

Le constat de cette réalité commune, à des degrés divers, à l'ensemble des pays côtiers africains, implique l'instauration d'une politique de sécurité et de défense commune à l'échelle du continent et de la CEDEAO en particulier, dont la structuration reposerait sur une mutualisation des moyens. En faisant gagner en efficience toute l'architecture sécuritaire, cette démarche permet de favoriser et d'accélérer le rapprochement des forces ouest-africaines ou celles d'Afrique australe, qui reste encore un objectif à atteindre.

Cette mise en commun des coûts et des risques est rendue inéluctable par l'importance et la multiplicité des enjeux et des défis mondiaux. En effet, aux nouveaux besoins de recherche et d'accès aux ressources nouvelles et naturelles dans les ZEE ou sur les plateaux continentaux, s'ajoutent la nécessité d'une surveillance étroite destinée à parer ou à circonscrire la pêche illégale et la piraterie qui sont des maux récurrents et de longue date.

Quant à la piraterie qui s'est choisie le Golfe de Guinée comme nouveau lieu de prédilection, force est de reconnaître qu'elle pèse lourdement sur le commerce maritime africain même si les pays et leurs partenaires œuvrent à lutter contre ce fléau. Le surcoût en prime d'assurance d'une traversée de l'océan Indien par exemple est de l'ordre de 0,5-0,7 % de la valeur du navire, ce qui représente souvent 30 000 à 45 000 dollars américains supplémentaires par jour de navigation. Il faut ajouter à ces surcoûts le temps de navigation perdu pour éviter des zones dangereuses, les rançons éventuelles, le prix du recours à des compagnies de sécurité – que peuvent imposer les assureurs – pour garantir la protection des navires, y compris, la part des budgets publics consacrés à la surveillance et aux interventions sécuritaires.

Enfin, la contrebande, notamment celle en matière de pêche est un autre sujet préoccupant. L'organisation de coopération internationale de police, Interpol, et les Nations Unies ont encouragé la confection de plans de lutte contre la pêche illicite (capture d'espèces interdites à la pêche, pêche hors-saison, capture hors quotas, pêche sans permis, etc.).

Selon ces organisations, la pêche illégale représenterait entre 15 et 20 % des poissons pêchés en Afrique et entraînerait des pertes pour l'économie continentale évaluées à une dizaine de milliards de dollars américains par an.

7.2 La dimension sécuritaire, pierre angulaire de l'économie bleue

L'insécurité maritime, la vulnérabilité climatique et les inégalités d'accès aux ressources sont parmi les défis les plus sensibles qui entravent la concrétisation des plus-values et bénéfices susceptibles d'être dégagés par le développement de l'économie bleue.

L'absence de définition formelle des frontières maritimes d'un certain nombre d'États du continent africain fait surgir des tensions entre pays voisins, notamment en ce qui concerne le partage des ressources minières et énergétiques, mais aussi aquacoles. Elle est également susceptible d'affecter la coexistence pacifique et la prospérité, eu égard aux risques de conflits d'accès à l'eau, ainsi qu'à la manifestation d'activités criminelles en mer, comme la pêche INN (pêche illégale, non déclarée et non réglementée) et la piraterie.

Il convient alors d'encourager les États à recourir aux instruments et procédures de règlements internationaux, avec le concours d'une tierce partie, pour délimiter leurs frontières maritimes et résoudre durablement les contentieux qui les opposent les uns aux autres. À cet égard, l'Union africaine et les communautés économiques régionales jouent un rôle moteur, à l'exemple d'autres mécanismes de coopération régionale.

L'importance de l'instauration d'un climat de paix et de concorde entre pays voisins par la résolution des problèmes frontaliers, ne réside pas que dans l'impérieux besoin de recueillir tous les bénéfices de l'économie bleue, mais également d'encourager les investissements d'envergure et de persuader tous les pays de coopérer pleinement et d'agir en commun pour le développement durable.

Les approches collaboratives du déploiement de l'économie bleue, par le biais des processus d'intégration régionaux, sont ainsi appelées à désamorcer les conflits potentiels en mettant l'accent sur le partage et la valorisation des opportunités sectorielles et d'investissement liés, notamment à la zone de libre-échange continentale africaine (ZLECAf).

Les menaces et les atteintes à l'économie ne se limitent pas aux différentes pratiques destructrices de la pêche INN et aux vols à main armée de marchandises et d'objets divers, qui constituent, pour l'essentiel, les mobiles des actes de piraterie. Tout en étant les plus importants en nombre et parmi les plus nuisibles, ceux-ci ne suffisent pas pour autant à épuiser la liste des préoccupations en la matière. On ne saurait à cet effet passer sous silence les comportements de prédation d'origine anthropique, du genre des tentatives de voyage clandestin, des trafics illicites, voire de différents types de manœuvres frauduleuses et criminelles au nombre desquels les cyberattaques demeurent les plus redoutables par leur capacité à endommager ou à détruire des réseaux ou des systèmes informatiques devenus des outils indispensables de gestion des ports modernes.

Ce tableau ne serait pas complet si on omettait les méfaits non directement imputables à l'homme, comme l'élévation du niveau de la mer, l'acidification et la pollution des eaux y compris océaniques et les perturbations météorologiques ainsi que les destructions des habitats naturels. À cela il convient d'ajouter les nombreux risques que comporte la navigation maritime et fluviale, qu'il s'agisse de défaillances mécaniques et techniques, ou encore des écueils qui peuvent mettre un terme brusque à la navigation et porter atteinte à l'intégrité physique des personnes et des biens.

La sécurité constitue donc une activité à la fois centrale et transversale, une sorte de clé de voûte qui, sans appartenir à la catégorie des activités économiques en tant que telles, permet le développement de celles-ci. C'est cette particularité qui lui vaut d'être considérée comme une dimension à part entière dans l'élaboration d'une stratégie de promotion de l'économie bleue.

7.3 La sécurisation de l'économie bleue guinéenne : état des lieux

Toutes les statistiques s'accordent à reconnaître que le golfe de Guinée est devenu, ces dernières années, le lieu de prédilection de la piraterie internationale, au détriment du golfe du Mexique. Selon le Bureau maritime international (BMI), 220 attaques y ont été recensées en moyenne sur la période 2018-2021 contre 180 en 2017. Ces chiffres ne peuvent laisser indifférent en sachant que la Guinée est partie intégrante de cette région particulièrement infestée.

Pour ce qui concerne précisément la Guinée, il convient de faire d'entrée de jeu deux observations importantes. La première concerne le caractère encore potentiel de la menace de piraterie maritime, ce qui n'empêche pas les pouvoirs publics, convaincus de son inéluctabilité à terme, de s'en prémunir par anticipation. La seconde, elle, se rapporte au concept d'économie bleue qui ne se focalise pas uniquement sur les richesses escomptées de la mer, mais s'étend à tout le potentiel hydrique dont la Guinée peut se prévaloir.

Dans le cadre de cette approche globale et holistique est proposé un état des lieux de la dimension sécuritaire de l'économie bleue, qui s'articule autour des deux préoccupations essentielles que sont les manifestations actuelles des menaces et des atteintes à l'économie bleue et les défis liés à la mise en œuvre du mode privilégié de lutte contre ces fléaux

7.4 Les manifestations actuelles des menaces et des atteintes à l'économie bleue

De manière générale, la création d'un contexte sécuritaire propice au développement socio-économique et au bien-être général ne saurait s'accommoder de l'existence d'une criminalité suffisamment importante et récurrente empêchant l'instauration d'un sentiment général de sécurité, quel que soit, par ailleurs, le niveau d'insécurité objectivement constatable. Cette affirmation est encore plus vraie dans le cas spécifique de la présente étude où l'on peut soutenir que sans sécurité il n'y a pas d'investissement et donc pas d'économie bleue transformationnelle.

7.4.1 Les menaces et atteintes d'ordre anthropique

Les eaux marines guinéennes ne sont pas à l'abri de la convoitise délictuelle nationale et internationale. Il est vrai que les trois cas de brigandage véritable, survenus seulement en 2019, n'en demeurent pas moins de nature à mettre la puce à l'oreille[1]. Aussi serait-il hâtif d'en déduire que les eaux guinéennes sont un lieu de calme plat, même relatif, d'autant plus qu'il y survient, à longueur d'année, de nombreux évènements d'une variété suffisante pour donner lieu à une classification.

L'utilisation de la mer à des fins délictuelles ou criminelles

Cette première catégorie consiste en une gamme étendue et variée de manifestations délictuelles et/ou criminelles qui contribuent, pour l'essentiel, à donner de la mer une image d'insécurité inhibitrice. Elles se regroupent sous la rubrique des atteintes à la sécurité de la navigation maritime, que l'article 578 du Code pénal guinéen punit globalement de la réclusion criminelle à perpétuité. S'y retrouvent :

- Les brigandages qui, sans être à confondre avec la piraterie[2], n'en empruntent pas moins le même *modus operandi* : abordage, prise de contrôle, vol d'effets divers,

1 Information fournie par la préfecture maritime.
2 Le brigandage se distingue essentiellement de la piraterie par le lieu où il se commet, à savoir à l'intérieur des 12 milles nautiques. À l'extérieur de cette zone, on parle de piraterie.

violence, usage d'armes, etc., que répriment de manière particulière les articles 374 à 382 réservés au vol aggravé, ainsi que l'article 848 relatif à l'utilisation d'arme légère et de petit calibre ; les chalutiers et les grands navires en sont les principales cibles.
- Les arraisonnements et les abordages de navires, qui sont sans doute des tentatives avortées de brigandage ou de piraterie.
- Les assassinats qui sont des meurtres commis avec préméditation ou guet-apens et tombent aussi sous le coup de l'article 208 prévoyant la même peine.
- Les découvertes de cadavres humains, dont on ne peut conclure au caractère accidentel qu'à la suite d'une enquête en bonne et due forme, et qui se révèlent souvent être des cas d'assassinat se produisant principalement dans les embarcations de pêche.
- Les disparitions de personnes, qui ne peuvent être considérées comme des cas de meurtre ou d'assassinat qu'après la découverte des corps sans vie et de l'enquête qui s'ensuit.
- Le trafic de drogue qui s'effectue aussi bien à bord de petites embarcations que de navires et que les articles 832 à 835 punissent d'une peine d'emprisonnement variant entre un et cinq ans.
- Le trafic illicite de migrants dans lequel se retrouve l'émigration clandestine qui, sans entrer dans le cadre des atteintes à la sécurité de la navigation maritime, n'en demeure pas moins un cas d'utilisation de la mer à des fins délictuelles ou criminelles, prévues et réprimées par les articles 334 à 340 prévoyant, entre autres, un emprisonnement de un à trois ans.

Les atteintes directes à la mer et au port

Elles revêtent essentiellement deux formes que sont la pêche illégale et la pollution marine.

> *La pêche illégale*

En mettant en péril les écosystèmes marins et en affectant la durabilité des ressources biologiques marines, la pêche illégale, ou pêche INN, constitue un cas flagrant d'atteinte directe à la mer. Elle emprunte un *modus operandi* caractérisé par :
- La pêche sans licence.
- La pêche dans la zone réservée aux artisans.
- La pêche recourant à des engins prohibés donnant lieu à une destruction massive et souvent inutile de poissons.
- Des changements de nom et de pavillon des chalutiers étrangers.
- L'immatriculation frauduleuse, y compris l'adoption de la double identité revêtue par certains navires.
- L'omission de l'activation des balises AIS.
- Les transbordements illégaux depuis des navires artisanaux vers des navires industriels.
- L'adoption de tonnages jauge brut (TJB) « consensuels » nettement inférieurs aux TJB réels, dans l'intention bien arrêtée de réduire au minimum possible les quotes-parts de poissons que les navires étrangers sont contraints de débarquer au port de Conakry, préalablement à leur départ.

Nombreux sont les cas de prédation observés sur le continent et dont il est bien difficile, notamment dans les domaines de la pêche illicite, d'en mesurer les impacts. En effet, la lutte contre la pêche illicite et illégale est un défi dans de nombreux pays africains et les réponses nationales font face à d'énormes difficultés. Ainsi, en 2017, par exemple, la Sierra Leone adopta une mesure interdisant la pêche au chalut, ce qui n'autorisait que les seuls pêcheurs artisanaux à exercer leur activité. Cette disposition qui ambitionnait de donner aux stocks de poisson une chance de se reconstituer, ne s'avéra que peu efficace, car le pays ne disposait que d'un seul navire de patrouille opérationnel.

Des analyses et enquêtes continuent de faire état de navires étrangers tantôt pêchant sans permis, tantôt s'activant dans des zones souvent protégées et interdites, ou encore utilisant des engins de pêche parfois prohibés, avec comme conséquence la destruction du secteur de la pêche et la capture des espèces protégées. En fait, même les navires sous licence ne déclaraient pas régulièrement leurs captures. (International Security Studies, 2019).

En dépit de son caractère éminemment répréhensible, la pêche illégale semble ne pas avoir fait l'objet d'attention particulière de la part des législateurs en Afrique, qui ne lui ont pas réservé une place à part entière dans le Code pénal. En Guinée, par exemple, dans cet instrument juridique, il semble n'y avoir que les articles 585 et 587, traitant des sanctions pénales qui en découlent[3], qui donneraient la possibilité à un juge de sévir contre certains des cas répertoriés. Il convient toutefois de relever que le code de la pêche maritime[4] s'attelle à la détermination de pénalités se résumant, pour l'essentiel, à des mesures contraventionnelles prévalant sur des peines d'emprisonnement. Les montants de ces sanctions pécuniaires semblent cependant suffisamment importants pour être dissuasifs.

C'est probablement cette volonté financièrement dissuasive qui, complétée par des mesures énergiques de surveillance, explique que la pêche illégale est en passe de n'être plus qu'un souvenir, en dépit de la persistance de certaines pratiques.

> La pollution marine

La pollution marine (ou d'autres ressources hydriques) revêt une connotation sécuritaire qui en fait une atteinte anthropique délictuelle aux conséquences dommageables, et justifie son évocation dans ce chapitre. En effet, la pollution d'une eau potable susceptible d'être utilisée par autrui est punie d'un emprisonnement de seize jours à six mois et d'une amende de 100 000 à 1 000 000 GNF ou de l'une de ces peines[5]. Dans le moindre des cas, il peut être fait appel à l'article 969, qui ne sanctionne l'acte que d'une amende contraventionnelle, pouvant toutefois être rendue

---

3 Article 585 : Constitue un faux, toute altération frauduleuse de la vérité, de nature à causer un préjudice et accomplie par quelque moyen que ce soit, dans un écrit ou tout autre support d'expression de la pensée qui a pour objet ou qui peut avoir pour effet d'établir la preuve d'un droit ou d'un fait entraînant des conséquences juridiques. Article 587 : Toute autre personne qui commet un faux en écriture publique ou authentique à l'aide des moyens spécifiés à l'article 585 est punie d'un emprisonnement de deux à sept ans et d'une amende de 500 000 à 5 000 000 francs guinéens ou de l'une de ces deux peines seulement.
4 Loi n° 2015/026/AN 14 septembre 2015, portant code de la pêche maritime.
5 Article 882 du Code pénal.

suffisamment consistante pour être dissuasive[6]. Certes, l'eau de mer n'est pas considérée comme potable *stricto sensu*. Mais il est possible de lui conférer cette vertu en la désalinisant et, de surcroît, la faune et la flore qui y vivent et en vivent. Celle-ci est, avec les produits laitiers, les fruits et les légumes, les viandes et les substituts, le pain et les produits céréaliers, au nombre des quatre groupes alimentaires dont la consommation quotidienne est fortement recommandée.

En dépit de l'interdiction légale non équivoque qui la frappe, la pollution marine continue malheureusement de s'effectuer massivement dans une certaine indifférence générale. Elle provient :
- Des eaux usées d'origine urbaine et industrielle.
- Des rejets d'origine agrochimique.
- Des déchets solides (dont les matières plastiques) et des débris marins.
- Des hydrocarbures provenant des rejets et effluents industriels urbains et des sites portuaires.
- Des dégazages et du déversement des huiles en mer, opérés par les navires.
- De la déperdition de la bauxite en mer.

Ce dernier cas, lié à l'utilisation de barges destinées au chargement en bauxite des minéraliers mouillant au large, est d'apparition toute récente et mérite une attention particulière. Il est certes incontestable qu'en offrant, aux nouvelles sociétés d'exploitation de la bauxite, une alternative à l'absence de ports dans leur zone d'évolution, ce procédé a permis de booster l'exportation de ce minerai. Malheureusement, le barging, en provoquant une importante déperdition de la bauxite en mer, affecte considérablement et inexorablement l'écosystème marin et constitue, de ce fait, un danger pour les espoirs de développement durable de tout le pays[7].

Plus généralement, la stratégie de promotion de l'économie bleue guinéenne nécessite un suivi rigoureux de son impact sur l'état environnemental de la mer et des eaux continentales. À ce jour, ce suivi incombe pour les eaux marines au Centre de protection du milieu marin et des zones côtières (CPMZC) qui relève du ministère de l'Environnement, la situation est moins claire pour les eaux continentales. Le problème est surtout que les menaces sont nombreuses (pollution tellurique, déchets urbains dont les matières plastiques, déchets industriels ou miniers, espèces invasives, menaces sur la biodiversité, etc.) tandis que les moyens pour prévenir, contrôler et éliminer ces pollutions semblent cruellement faire défaut. La Guinée, comme la majorité des pays du continent ne dispose pas à l'heure actuelle d'un tableau de bord lui permettant de mesurer et de suivre l'état écologique de ses eaux marines et continentales.

Une étude soutenue par le PNUD a été lancée pour définir la méthodologie qui permettrait de s'assurer du bon état écologique des eaux guinéennes.

---

6 L'article 969 punit de l'amende prévue pour les contraventions de la 2e classe (100 000 GNF) le dépôt l'abandon, le jet ou le déversement, en un lieu public ou privé non prévu à cet effet des ordures, déchets, déjections, matériaux, liquides insalubres ou tout autre objet de quelque nature qu'il soit. Toutefois, l'article 37 module cette disposition en prévoyant que le montant de l'amende est déterminé compte tenu des circonstances de l'infraction, des ressources et des charges des prévenus dans les limites fixées par la loi.

7 Information recueillie au cours d'une réunion de prise de contact entre les consultants et les cadres du ministère des Transports.

7.4.2 Les menaces de provenance extérieure

En reconnaissant aux États côtiers des droits souverains sur les ressources naturelles de leur plateau continental et de leur zone économique, la Convention de Montego Bay de 1982 sur le droit de la mer[8] a considérablement accru les perspectives de développement de nombreux pays, car il est indéniable que la mer offre d'énormes possibilités d'activités au profit de la croissance et du bien-être collectif.

Toutefois, cette convention n'a pas tranché la question de la délimitation entre plateaux continentaux et zones économiques de pays côtiers voisins, et s'est contentée de définir des critères dont l'appréciation par les différents pays est l'objet de controverses et de différends frontaliers maritimes entre les États côtiers. Le golfe de Guinée qui dispose de ressources pétrolières et gazières considérables offre un excellent exemple de cette situation ambiguë.

Vers les années 1970 la Guinée a été confrontée avec la Guinée-Bissau, au sujet de l'archipel des Bissagos, à un différend qui a perduré plus d'une dizaine d'années avant

8 Montego Bay est la ville jamaïcaine qui a abrité les travaux de la conférence internationale au cours de laquelle a été définie pour la première fois, sous les auspices de l'ONU, un droit à la mer appelé Convention des Nations Unies sur le droit de la mer (CNUDM) entré en vigueur en 1994. La zone économique exclusive (ZEE) y a été créée, donnant la propriété complète de la pêche et de l'exploitation du sous-sol à l'État frontalier de la zone de 200 milles nautiques, soit 370 kilomètres.

d'être résolu à La Haye en 1985 par un tribunal arbitral chargé de la délimitation de la frontière maritime[9]. De nos jours, c'est avec la Sierra Leone qu'elle est aux prises au sujet d'une zone correspondant aux coordonnées déterminées par un décret présidentiel guinéen datant de 2014. Elles sont les suivantes : N08° 51'W018°15' ; N07° 30'W016°33' ; N10°53' W015°04' ; N09°02' W013°18'.

C'est précisément cette délimitation qui a fait l'objet d'une vive contestation de la part de la Sierra Leone qui n'a pas hésité à faire arraisonner des navires guinéens dans la zone litigieuse. La tension est montée si bien qu'en 2017 un affrontement direct a été évité de justesse entre les marines des deux pays.

Grâce à une médiation internationale engagée depuis 2016, le niveau du différend est retombé en latence. En tout état de cause, si, pour beaucoup d'observateurs, son enjeu est lié à la présence de gisements pétroliers, celle-ci reste encore à l'état de simple hypothèse, les recherches effectuées étant demeurées infructueuses[10]. Bien entendu, le pétrole n'est pas la seule richesse potentielle qui compte. Les pêcheries, la protection du milieu marin, la recherche scientifique marine, etc. en sont d'autres dont la préservation est susceptible d'engendrer des conflits entre États côtiers voisins.

7.4.3 Les menaces et atteintes aux eaux intérieures

Autrefois très en vogue parce que, à la fois, proche des populations rurales, assurant un débouché pour les produits agricoles et constituant un appui avéré à la lutte contre la pauvreté, le transport fluvial est de nos jours en forte perte de vitesse, de loin supplanté par le transport routier qui assure l'essentiel du transport intérieur.

L'ensablement croissant des fleuves les rendant inaptes au transport, il ne reste que la pêche et le tourisme pour pouvoir être des cibles d'utilisation directe et indirecte des eaux continentales à des fins délictuelles ou criminelles, même si l'absence de statistiques ne peut permettre d'en déterminer l'ampleur.

7.4.4 Les risques et les évènements d'ordre accidentel

Il a été enregistré neuf cas de 2014 à 2022, consistant en naufrage, échouage, noyade, incendie et détresse, ainsi qu'indiqués par la fiche statistique des évènements dans les eaux guinéennes de la préfecture maritime.

7.5 Les défis liés à la préservation des richesses et du potentiel hydrique

La préservation des richesses et du potentiel hydrique concerne plus des questions de sûreté que de sécurité. C'est aux mesures de sûreté qu'il incombe de prévenir

9 Selon un article de 1985 de l'Annuaire français de droit international, c'est à partir de 1977 que les deux parties ouvrirent des négociations directes qui débouchèrent, le 18 février 1983, sur la décision de soumettre le différend à l'arbitrage. La sentence finale, acceptée par les deux parties, fut rendue le 14 février 1985.
10 Information recueille auprès de la préfecture maritime qui a pris part aux séances de médiation.

les actes malveillants que sont le terrorisme, la piraterie, le brigandage, les trafics divers, sans oublier la cybercriminalité, qui sont dirigés contre le navire, le port et ses infrastructures.

Longtemps restée à l'arrière-plan des préoccupations suscitées par la recherche de mesures propres à prévenir la réédition de la tragédie du *Titanic*[11], à l'origine de l'élaboration de la Convention SOLAS[12], la prépondérance de la sûreté de la navigation maritime ne s'est imposée qu'au lendemain du 11 septembre 2001[13], invitant les industries maritimes et portuaires à se mobiliser autour des enjeux qu'elle représente.

La modification, en décembre 2012 sous la houlette de l'Organisation maritime internationale (OMI), de la Convention SOLAS enrichie, à cette occasion, d'un nouveau chapitre intitulé « Mesures spéciales pour renforcer la sûreté maritime », traduit la conscience aiguë de la communauté internationale face au danger que fait planer en permanence l'activité de groupes terroristes et autres prédateurs, sur le commerce mondial dont la mer constitue, de loin, le principal vecteur.

Cependant, en dépit de son insertion salvatrice dans l'arsenal juridique maritime, le code ISPS (*International Ship and Port Facility Security*)[14] ne règle pas la totalité de l'importante question relative aux places respectives, dans la gestion de la sûreté, de l'État et des entreprises privées. Quoique chacune des deux entités ait des raisons de revendiquer un rôle prépondérant, il s'avère à l'analyse que la sûreté maritime et portuaire étant l'affaire et l'intérêt de tous, c'est en définitive du dynamisme du partenariat entre elles que dépend l'efficacité de sa mise en œuvre.

C'est dans une logique partenariale toutefois marquée du sceau de la prédominance étatique, que tente de s'inscrire le modèle guinéen, avec les heurs et les malheurs inhérents à l'exercice d'équilibrisme auquel il s'apparente et qui, par ailleurs, s'effectue sur fond de situation politique, économique et sociale en lien avec la gouvernance publique et la promotion d'un environnement des affaires propices au développement de l'économie bleue.

7.5.1 La mise en œuvre de la stratégie nationale de l'action de l'État en mer : le modèle guinéen de sécurisation maritime

Les 17 cas de brigandage enregistrés entre 2014 et 2020 donnent une idée de la situation prévalant antérieurement, surtout lorsque l'on y ajoute ceux de la pêche illégale qui foisonnaient avant la prise de mesures visant à leur éradication. Sans pouvoir être interprétés véritablement comme l'atteinte d'une cote d'alerte, ils ont été suffisants pour inciter le gouvernement guinéen à prendre les décisions qui s'imposaient.

11 De son nom complet *Royal Mail Ship (RMS) Titanic*, un paquebot transatlantique britannique qui a sombré dans la nuit du 14 avril 1912 dans l'océan Atlantique Nord, après avoir heurté un iceberg. Le bilan humain fut de 1 504 morts parmi les 2 223 passagers à bord. C'est l'une des plus grandes catastrophes survenues en temps de paix.

12 Convention internationale pour la sauvegarde de la vie humaine en mer, qui a été créée en 1912, à la suite du naufrage du *Titanic*. Adoptée en 1914, elle a été amendée en 1929, 1948 et 1960.

13 Date des attentats sur les tours jumelles du World Trade Center à Manhattan (New York) et sur le Pentagone, siège du département de la Défense, à Washington, où trois avions de ligne ont été détournés par le réseau djihadiste Al-Qaïda, faisant au total 2 973 morts et 6 291 blessés.

14 En français, code international pour la sûreté des navires et des installations portuaires.

Faisant suite à l'invitation lancée en 2011/2012 par la communauté internationale aux États côtiers, notamment ceux du golfe de Guinée, à lutter efficacement contre l'insécurité maritime[15], le gouvernement guinéen n'a pas attendu le lancement de la mise en œuvre de l'architecture de Yaoundé dans le golfe de Guinée pour amorcer celle d'une stratégie nationale de la sécurité maritime dont la clé de voûte est la structure de coordination de l'action de l'État en mer dénommée « préfecture maritime ».

Ce rôle de coordination suppose l'existence préalable de plusieurs acteurs publics et privés intervenant en mer de manière disparate, chacun d'eux s'attribuant un droit de prééminence, avec parfois des effets pervers qu'il devenait urgent de juguler en regroupant leurs moyens, leurs savoirs et leurs savoir-faire par l'instauration d'une dynamique synergique.

Toutefois, mettre en place un tel dispositif dans cette intention bien arrêtée est une chose, et parvenir au résultat escompté en est une autre. Dans le cas d'espèce, le gap entre ces deux situations peut être évalué à travers l'examen de différents paramètres que sont l'état du cadre institutionnel des acteurs sécuritaires, la qualité des rapports entretenus avec l'organe de coordination, l'état du cadre juridique fondant leurs actions et les résultats opérationnels.

7.5.2 Le cadre institutionnel

Dans l'acception que lui confère son texte fondateur guinéen, le vocable d'action de l'État en mer (AEM) regroupe toutes les missions dévolues à l'État en mer, à l'exception de celles relevant « des forces armées guinéennes en situation de guerre ».

Ces missions peuvent être réparties en deux catégories distinctes que sont, d'une part, les missions d'administration et de gestion et, de l'autre, des missions de police et des missions opérationnelles. Cette seconde catégorie fait appel, dans son mode opératoire, à la notion d'engagement, militairement parlant, et traduit la toute-puissance de l'État, c'est-à-dire la faculté d'user de la force pour parvenir à ses fins, sans compter le recours à toute une panoplie de leviers destinés à influencer les comportements des autres acteurs.

Ce sont les administrations publiques et les associations ou sociétés privées chargées, peu ou prou, de missions de service public, disposant de compétences et de moyens en mer et incarnant cette puissance étatique, qui constituent la trame des développements consacrés à la dimension sécuritaire du cadre institutionnel du modèle guinéen de l'action de l'État en mer.

a. La préfecture maritime

La préfecture maritime (PREMARGUI) apparaît comme le système nerveux central du dispositif de sécurisation maritime. Toutes les informations doivent converger vers lui et toutes les instructions doivent émaner de lui. La recrudescence et les

15 Il s'agit des résolutions UN 2018 de 2011 et 2039 de 2012 qui sont à l'origine de la convocation du Sommet de Yaoundé les 24 et 25 juin 2013.

circonstances inquiétantes des actes de brigandage dans les eaux guinéennes expliquent sans doute le privilège accordé à cette approche radicale dans la création, le 18 juin 2012, avec l'appui de la coopération française, de la première préfecture maritime en Afrique.

Conformément à son statut, elle n'a pas vocation à « descendre dans l'arène », ses cadres ou agents ne pouvant se rendre sur les navires ou au contact des opérateurs privés de la mer que sur autorisation expresse de leur chef. Elle n'en reste pas moins la pièce maîtresse du dispositif sécuritaire en mer, son rôle consistant à y assurer la mise en œuvre de l'action de l'État en veillant à l'exécution des lois et règlements, ainsi que des décisions gouvernementales, conférant ainsi à son premier responsable la qualité de représentant du Premier ministre, placé sous l'autorité directe du président de la République, ce qui lui donne en principe toute la latitude de mobiliser, lors d'opérations planifiées ou inopinées, et dans le cadre d'un processus de mutualisation, tous les moyens des différentes administrations.

Elle est composée d'un centre opérationnel maritime (COM), d'un centre d'expertise maritime, de services d'appui et de bureaux côtiers.

Au nombre de ces services et dans l'optique sécuritaire, le centre opérationnel maritime demeure sans conteste sa colonne vertébrale, par la mission qui lui incombe d'organiser et/ou de gérer les opérations planifiées et les opérations inopinées tout comme d'entretenir un lien avec les autres centres régionaux. L'exécution de cette importante mission est renforcée par l'existence d'une emblématique salle de veille qui s'efforce d'assurer en temps réel le suivi de l'espace maritime guinéen grâce à un équipement comprenant :
- des radios VHF Marines et une radio VHF Air ;
- un téléphone satellitaire ;
- deux systèmes de surveillance en forme d'écran que sont le SeaVision qui fournit les données de tous les navires qui ont leurs balises AIS activés, et le VMAS dont l'utilisation simultanée qui autorise la synchronisation des données radars et AIS des sémaphores de Tamara (dans les îles de Loos) et de Khoundindé permet de remédier à l'inactivation, souvent volontaire, des balises AIS des navires engagés dans des opérations frauduleuses.

À propos des sémaphores sans lesquels le système de surveillance serait inefficace, il convient de préciser qu'en tant que premier réseau sémaphorique interconnecté d'Afrique, ils sont des fruits du renforcement de la coopération de défense franco-guinéenne.

Enfin, le centre opérationnel maritime s'est doté de plusieurs autres systèmes de surveillance maritime à savoir :
- la plateforme YARIS qui est un outil développé pour les centres de l'architecture de Yaoundé et qui intègre plusieurs données radars et AIS,
- le système VMS du CNSP pour le suivi des navires qui ont la licence de pêches autorisées.

b. Les autres acteurs de l'action de l'État en mer

Il existe une multiplicité d'autres acteurs cités par le texte fondateur, mais ne seront retenus que ceux dont le rôle et l'importance sécuritaires s'ordonnent autour de la notion clé d'engagement, qu'ils en assurent directement l'exécution, qu'ils la suscitent ou qu'ils y contribuent par les moyens de l'information.

c. Les acteurs étatiques

L'Armée de mer

Elle est l'acteur qui assume la plus grande part de responsabilité dans la sécurisation opérationnelle de l'espace maritime en vertu de la grande puissance de frappe que lui assure son statut de force militaire, de l'appui qu'elle apporte à d'autres intervenants comme le CNSP et le CNSHB en les faisant escorter par des fusiliers marins, ainsi que de ses missions régaliennes. À ce dernier titre, elle est déployée en permanence tout le long du littoral de 270 km, d'une mer territoriale de 12 NQ et d'une zone économique exclusive (ZEE) vaste de 200 NQ.

Dans le cadre de l'appui qu'elle apporte à la mise en œuvre de l'action de l'État en mer, sous la houlette de la préfecture maritime, elle tient à disposition quatre patrouilleurs et quatre vedettes d'interception.

La Direction nationale de la Marine marchande

Elle relève du ministère des Transports. Elle est la dépositaire de toutes les conventions maritimes internationales dont elle assure la mise en œuvre, le contrôle et le suivi de la réglementation qui en découle.

En matière de sécurité de la navigation maritime, son activité est encadrée par les conventions SOLAS, MARPOL, STCW sur les lignes de charge et sur le jaugeage des navires. Cette activité est complétée par la surveillance étroite qu'elle exerce sur le respect des normes en matière de conception, de construction et d'exploitation des ports.

Dans la lutte qu'elle mène en matière de sûreté au profit des navires à quai et des ports, elle recourt, sur le plan technique, à l'usage du contrôle par moyens d'imagerie que permet le scanner et, au plan institutionnel, à la surveillance permanente des huit installations portuaires, réalisée avec le concours de forces de police et de gendarmerie.

L'Armée de l'air

Elle participe à la gestion de la sûreté maritime par l'accomplissement de vols de reconnaissance découlant de sa mission générale de surveillance de l'espace aérien, mais aussi par des vols de localisation du positionnement de cas suspects sur réquisition de la préfecture maritime. Sa contribution à cette mission particulière qui fait recours théoriquement à cinq avions légers, dont quatre Tétras et un DA42, est toutefois handicapée par des difficultés en équipement.

Le haut commandement de la gendarmerie nationale et la direction de la justice militaire

Il est représenté à deux niveaux d'intervention :
- au port autonome de Conakry (PAC) où une brigade participe à la mise en œuvre du code ISPS ;
- auprès de la préfecture maritime où cette brigade fluviale et maritime est rendue apte à exécuter les missions d'intervention en mer, grâce à la possession de trois vedettes hors-bord.

La direction générale des douanes

Elle est représentée au niveau unique du PAC par une brigade portuaire chargée d'y accomplir sa mission traditionnelle de soutien de l'activité économique nationale et de lutte contre la fraude. Cette tâche qui s'effectue quotidiennement dans les différentes installations portuaires se prolonge parfois par des missions ponctuelles de contrôle en mer que les inspecteurs de douane exécutent à bord de leur vedette, sous la protection de la Marine nationale ou de la brigade maritime et fluviale de la gendarmerie nationale.

Le Centre national de surveillance et de protection des pêches

Il s'agit d'une structure relevant du ministère des Pêches, de l'Aquaculture et de l'Économie maritime, ayant pour mission la gestion rationnelle de la ressource halieutique de la zone maritime guinéenne, le contrôle et le suivi de l'effort de pêche et la surveillance des activités de pêche des navires opérant dans ladite zone. Pour l'exécution de ces tâches, elle dispose en temps normal d'un lot appréciable d'équipements techniques, dont trois vedettes de surveillance côtière, qui participent au dispositif de surveillance incombant à la préfecture maritime.

La direction générale du port autonome de Conakry (PAC)

Le PAC est le plus important abri artificiel pour les navires en Guinée, destiné à l'embarquement et au débarquement des passagers et des marchandises, ce qui en fait un des plus grands pôles de développement du pays.

En plus d'offrir à la Direction nationale de la Marine marchande, à travers les différentes installations qu'il abrite, le cadre de l'exécution de ses nombreuses obligations en matière de contrôle de sécurité et de sûreté, il tient à la disposition de la préfecture maritime ses quatre bateaux en vue de la réalisation d'interventions en mer commandées par l'évolution de la situation sécuritaire.

La direction générale de la protection civile

Elle est l'un des acteurs majeurs concernés par toutes les activités en mer liées à la protection, notamment aux sinistres et catastrophes résultant des effets de l'eau. Elle dispose à cet effet, depuis 2016, de quatre unités de protection civile (UPC) de 100 hommes chacune, qui, en plus d'une formation de base dans le domaine du commandement, de l'administration et de l'éthique, ont été formés plus particulièrement comme secouristes et hygiénistes.

Ces unités ne constituent cependant qu'une réserve d'intervention ne faisant donc pas l'objet d'un déploiement permanent. Du reste, elles ne disposent d'aucun moyen de protection en mer.

La police de l'air aux frontières

La direction centrale de la police de l'air aux frontières est l'une des six directions centrales de la direction générale de la police nationale. Opérationnellement, sa représentation est assurée à un niveau unique, celui du PAC, au profit duquel son commissariat spécial participe à la mise en œuvre du code ISPS, en même temps qu'il s'attelle à l'accomplissement de sa mission régalienne dédiée au contrôle de l'émigration et de l'immigration. En même temps, elle participe aux sessions de la commission technique de suivi de l'action de l'État en mer.

La direction générale de l'Agence de navigation maritime

Bien que ne participant pas aux opérations en mer dans le cadre du pouvoir de mutualisation des moyens des différents intervenants, reconnu à la PREMARGUI, l'Agence de navigation maritime n'en joue pas moins un rôle important dans la gestion de la sécurité et de la sûreté de la navigation maritime. Elle est chargée en effet :
- de la police maritime dans les débarcadères ;
- du contrôle des navires par l'État du port ;
- de l'octroi du pavillon guinéen.

Le Centre national des sciences halieutiques de Boussoura (CNSHB)

Son statut d'établissement public à caractère scientifique résolument orienté vers des recherches sur les ressources biologiques présentes dans la ZEE et l'exploitation qui en est faite, tout comme d'ailleurs sa composition humaine dominée par des chercheurs, ingénieurs et techniciens, ne lui confère pas a priori une vocation d'acteur sécuritaire en mer. Il n'en demeure pas moins pourtant l'un d'eux, pour être le seul à posséder un navire hauturier qui rend quasiment indispensable sa participation à l'accomplissement de missions de patrouille et d'intervention en haute mer.

d. Les acteurs du secteur privé

Le secteur privé couvre une multiplicité d'activités, dont un nombre non négligeable évolue dans l'informel. Celles qui ont une existence officielle et se consacrent essentiellement aux activités de pêche et d'aquaculture sont regroupées au sein de neuf organisations structurées. Le décret D/2019/063/PRG/SGG ne confère cependant de statut de collaborateur de la préfecture maritime qu'aux deux suivantes :
- l'Association guinéenne des consignataires maritimes ;
- la Confédération nationale des professionnels de la pêche en Guinée.

Ce secteur participe à la gestion de la sécurité maritime, principalement, par le versement d'un fonds de cotisation destiné à l'acquisition de vecteurs d'intervention, ainsi qu'au soutien financier et logistique des interventions en mer et, accessoirement par un partage d'informations avec la préfecture maritime. C'est le versement d'une partie de ces fonds à la Marine nationale qui permet à celle-ci d'assurer une patrouille quotidienne.

7.5.3 Le cadre juridique

La mise en œuvre de la stratégie nationale de la sécurité maritime est encadrée par un important arsenal juridique comportant :
- la Constitution guinéenne ;
- des conventions internationales, dont celle du 10 septembre 1982, ainsi que diverses autres conventions consacrées aux mesures de sécurité et de sûreté de la navigation maritime
- des textes législatifs consacrés à la réglementation de grands domaines de l'activité économique et sociale en rapport avec l'action en mer ;
- des textes réglementaires définissant les modalités de l'action de l'État en mer :
  > un nouveau décret D/2023/0175/PRG/CNRD/SGG du 1er août 2023, portant attribution, organisation et fonctionnement de la préfecture maritime ;
  > la décision n° 001/MDN/PREMARGUI/2022 du 1er février 2022, portant création, missions, mode d'action et fonctionnement des bureaux côtiers de l'AEM.

Ce sont ces derniers qui méritent une attention particulière tant en raison de leur création récente que de leur spécificité liée à la réponse qu'ils apportent à la prolifération des évènements dans les eaux guinéennes.

Le décret portant création d'une préfecture maritime

C'est le décret D/2012/081/PRG/SGG du 18 juin 2012. Il est peu volumineux et ne comporte que cinq articles. Par cet acte, l'État définit et désigne l'institution à qui il attribue tous les pouvoirs lui échéant en la matière.

Le décret portant attribution et organisation de la préfecture maritime

Par le décret D/2016/016/prg/SGG du 18 janvier 2016, l'État, non seulement persiste sur sa décision de juin 2012, mais confère une véritable existence administrative à son « élu » qu'il charge de l'accomplissement de tâches ne laissant planer aucun doute sur son rôle prééminent, en lui conférant une organisation dont la solidité est en rapport avec ses missions et en le dotant de capacités financières nécessaires à son fonctionnement.

Le décret portant organisation de l'État en mer

Le décret D/2019/063/PRG/SGG du 5 février 2019 ne laisse pas d'autre choix aux différents intervenants, que celui de faire acte d'allégeance à la nouvelle autorité. Les 76 articles qu'il comporte donnent profusément, en tout cas pour un texte de cette hiérarchie, une vue d'ensemble complète du nouveau paysage que constituent les intervenants en mer, des obligations et des servitudes qui leur incombent individuellement, tout comme de modalités de leurs interventions sous la houlette de la préfecture maritime.

7.6 Les défis de la mise en œuvre de la sécurisation et de la préservation des richesses et du potentiel hydrique

7.6.1 La problématique relative aux richesses et au potentiel marin

En dépit de toutes les mesures d'ordre institutionnel et juridique prises, il reste encore à la mise en œuvre de la stratégie nationale de la sécurité maritime du chemin à parcourir, près d'une dizaine d'années après son lancement.

a. Les défis d'ordre institutionnel

Les différents types évoqués ci-dessous paraissent suffisamment révélateurs de la situation d'ensemble, quoique n'épuisant probablement pas le sujet.

Le déficit d'autorité de la préfecture

Dans son milieu d'évolution, la préfecture maritime (PREMARGUI), dans le meilleur des cas, est perçue comme une institution insuffisamment soutenue et peu préparée pour assumer le rôle de coordination et de supervision qui lui est conféré. La suprématie dont elle jouit est parfois mal vécue par différents intervenants pouvant se prévaloir d'une expérience et d'une expertise plus solides.

Cet état d'esprit est largement partagé par les intervenants étatiques et au-delà. Le secteur privé, lui aussi, participe à cette cabale à ciel ouvert en refusant délibérément de verser à la PREMARGUI les fonds de cotisation qu'il acquitte au titre de sa contribution à la lutte contre l'insécurité maritime[16].

De plus, l'octroi des fonds d'intervention urgente promis par son acte de confirmation reste encore un vœu pieux.

Il s'ensuit que faute de moyens :
- la régularité des missions de patrouille n'est pas assurée dans la zone de mouillage censée être un sanctuaire maritime, tout comme en rade ;
- des opérations de secours ou d'intervention dûment commandées ne sont pas exécutées.

L'état d'inachèvement de l'organisation de la préfecture maritime

Le décret D/2016/016/PRG/SGG réserve une place importante, dans l'organisation de la préfecture maritime, aux bureaux côtiers dont la création est prévue le long des 350 km de littoral. Chargés de jouer le rôle de lanceurs d'alerte dans les cas de crises maritimes (détresse, incendie, piraterie, pollution, etc.), ils constituent des outils déterminants dans le dispositif de surveillance des eaux maritimes guinéennes. Cependant, leur mise en place tarde à se réaliser.

b. Les défis d'ordre humain

Ils sont représentés par le besoin de renforcement des capacités professionnelles des différents personnels, pour lesquels un surcroît d'effort de formation s'impose au regard tant de la nécessité de s'intégrer au cadre offert par la coopération internationale en matière de navigation que du caractère pointu des activités qu'il couvre.

Les personnels concernés se recrutent d'abord au niveau de la préfecture maritime dont le rôle de coordination interne doublé avec celui de liaison internationale requiert un effectif maîtrisant les arcanes de la sûreté en mer et les équipements sophistiqués de télécommunications de la navigation maritime moderne. Ces personnels se recrutent aussi au niveau de la Marine marchande, notamment en ce qui concerne les « gens de mer »[17].

16 Ces fonds continuent d'être versés à la ONMM au mépris de la publication du décret sur l'action de l'État en mer et en dépit des protestations réitérées du préfet maritime. À la suite du déferlement d'attaques contre des bateaux dans la rade de Conakry, 80 millions de GNF/mois furent versés à la Marine nationale pour lui permettre d'assurer une patrouille quotidienne. Il a malheureusement été mis un terme à cette initiative.

17 Les gens de mer sont les officiers, les marins et toute personne au service d'un navire et qui forment les équipages des navires. Ils sont hydrographes, pilotes maritimes, lamaneurs ou, encore, affectés à la propreté, l'hôtellerie, la restauration, à la vente, à l'accueil de passagers, au rôle d'écrivain de bord. Leur formation joue un rôle capital dans la sécurité des vies humaines en mer, ainsi que dans la protection de l'environnement marin.

c. Les défis d'ordre matériel

De manière générale, la préfecture maritime, qui seule en a l'initiative, ne peut fonder ses instructions d'engagement destinées aux unités d'intervention marine que sur les messages d'alerte radio de différentes provenances reçus par son centre opérationnel, ainsi que l'indique son schéma de conversion des renseignements en actions d'engagement.

Cette procédure opérationnelle, simple et efficace en temps normal, est rendue complexe et d'efficacité aléatoire par des insuffisances se situant aux deux niveaux essentiels que représentent, l'une, la prise de décision et, la seconde, l'exécution de celle-ci.

Pour le premier niveau, il s'agit de l'affectation de la promptitude à informer due à la faiblesse en équipements radio ou au fonctionnement irrégulier de moyens de surveillance, comme pour le cas du réseau sémaphorique interconnecté de Tamara et Koundidé[18].

Pour le second, c'est plutôt la lenteur, voire parfois l'impossibilité à l'engagement en raison de l'improbabilité, parfois importante de la disponibilité de moyens navals et aéronautiques appropriés, ainsi que l'indique le tableau[19] ci-dessous.

La disponibilité des moyens navals et aéronautiques

ADMINISTRATIONS DE L'AEM	NATURE DES MOYENS	DISPONIBILITÉ EFFECTIVE	DISPONIBILITÉ THÉORIQUE	ÉCART
Armée de mer	Patrouilleur et intercepteur	04	05	- 1
Armée de l'air	Avion léger	02	05	- 3
CNSP	Vedette	01	03	- 2
Gendarmerie maritime	Vedette	01	03	- 2
PAC	Bateau dont lamanage et pilotine	05	05	00
CNSHB	Navire hauturier	01	01	00
Douanes	Vedette	01	01	00
TOTAL		15	23	- 8

À raison de 8 engins non disponibles sur 23, le taux d'indisponibilité s'établit à environ 35 % d'un parc qui, par son importance numérique et sa variété, reste insuffisant. Cette indisponibilité peut, par ailleurs, être aggravée par l'inadéquation entre les engins disponibles et la nature de l'intervention en mer.

18 Le sémaphore de Khoundindé est resté inactif tout au long de l'année 2019, à la suite d'une panne de magnétron dont le coût n'excède pourtant pas 9 000 000 GNF.
19 Informations extraites du tableau des moyens d'intervention navale et aéronautiques auxquels la préfecture peut faire recours.

Depuis 2022, les plus hautes autorités et le gouvernement s'attachent à promouvoir les moyens des institutions de sécurité, notamment maritimes.

d. Les limites de la coopération régionale : les tribulations de l'architecture de Yaoundé

Soucieux de ne pas s'installer dans une aventure solitaire aux conséquences imprévisibles, le gouvernement guinéen s'est très tôt associé à la mise en œuvre de la Stratégie maritime intégrée de la CEDEAO, dont les travaux ont abouti à la création du Centre régional de sécurité maritime de l'Afrique de l'Ouest (CRESMAO) qui a vu ses textes juridiques et de fonctionnement validés par ses experts du 19 au 21 juillet 2017, après la signature de l'accord de siège intervenue quatre mois plus tôt.

L'objectif affiché de cette structure sous-régionale est d'assurer la coordination des activités de sécurité et de sûreté dans les zones maritimes E, F et G entre lesquelles se répartissent les États de la CEDEAO.

Le CRESMAO est, lui-même, interconnecté au Centre régional de sécurité maritime de l'Afrique centrale (CRESMAC) ambitionnant le même objectif d'assurer la maîtrise de l'espace maritime des États membres de la CEEAC répartis, eux, entre les Zones A (Angola, RDC, Congo-Brazzaville) et D (Gabon, Cameroun, Sao Tomé et Principe, Guinée équatoriale).

L'ensemble du dispositif a été baptisé « architecture de Yaoundé », du nom de la ville camerounaise qui a abrité les travaux du sommet tenu en juin 2013, qui en se fondant sur les résolutions 2018 (2011) et 2039 (2012) des Nations Unies, a par ailleurs produit d'importants documents initiateurs que sont :
- le Mémorandum d'entente entre la CEEAC, la CEDEAO et la CGG sur la sûreté et la sécurité dans l'espace maritime de l'Afrique de l'Ouest et du Centre ;
- la déclaration politique des chefs d'État et de gouvernement ;
- le code de conduite.

L'architecture de Yaoundé possède les caractéristiques essentielles suivantes :
- L'ambition affichée d'assurer la couverture sécuritaire maximale de :
  > plus de 6 000 km de côte bordant directement 17 pays côtiers, 2 îles et, indirectement, 7 pays de l'hinterland ;
  > une route maritime quasi incontournable pour les échanges internationaux ;
  > de nombreuses richesses minières, halieutiques et écologiques.
- Une organisation pour ce faire comportant cinq paliers d'échange d'information et de coordination, situés aux niveaux suivants :
  > politique constitue par la CEDAO, la CGG (Commission du golfe de Guinée)[20] et la CEEAC ;
  > stratégique qu'est le Centre interrégional de coordination basé à Yaoundé qui est

20 La Commission du golfe de Guinée (CGG) créée en juillet 2001 et comprenant originellement l'Angola, le Congo, le Gabon, le Nigeria et Sao Tomé-et-Principe, est l'outil institutionnel permanent de coopération entre les États qui la composent, se consacrant essentiellement à l'arbitrage des litiges territoriaux dans le domaine maritime du golfe de Guinée. La RDC et le Cameroun la rejoignent en 2008.

la jonction entre les centres régionaux de sécurité maritime de l'Afrique de l'Ouest et de l'Afrique du Centre ;
> régional formé par le CRESMAO et le CRESMAC dont les sièges sont respectivement à Abidjan, et à Pointe-Noire ;
> multinational que sont les Zones E, F et G pour l'Afrique occidentale et A et D pour l'Afrique centrale ;
> national représenté par le Centre d'opération maritime de chacun des pays, soit 15 au total.
- Un fonctionnement impulsé par le Centre interrégional de coordination (CIC) et reposant sur les six piliers suivants :
> l'échange d'informations et le partage d'expériences ;
> l'harmonisation de la législation dans les deux régions (CEDEAO, CEEAC) ;
> l'harmonisation des procédures opérationnelles ;
> l'harmonisation de la formation ;
> la coopération renforcée avec les partenaires internationaux ;
> l'optimisation des interventions.

Malheureusement, malgré l'espoir suscité par les nobles ambitions qu'elle affichait, et en dépit de l'installation de son personnel définitif, l'architecture de Yaoundé ne fut qu'une espèce de mort-née. Elle ne réussit jamais à se dépêtrer des difficultés de nature à mettre en cause la capacité et la volonté des États riverains de coopérer entre eux dans la construction du multilatéralisme sécuritaire dans le golfe de Guinée, et qui l'assaillirent dès sa naissance. Au nombre de celles-ci, l'on peut citer :
- L'insuffisance des ressources financières nécessaires à l'opérationalisation des structures, la décision de la fourniture, par les États membres, de 40 % des ressources, étant restée lettre morte.
- Le caractère non contraignant du code de conduite signé par les parties prenantes.
- La gestion calamiteuse du peu de fonds réunis.
- L'orientation exclusive de toutes les initiatives vers la détection et la répression de la piraterie, pourtant loin d'être la seule à fournir des exemples d'utilisation de la mer à des fins criminelles.
- Les conflits de délimitations des frontières maritimes entre Etats.

Cependant, le Sommet extraordinaire de Lomé sur les questions de sécurité et de sûreté maritimes, tenu du 10 au 15 octobre 2016, a abouti à l'adoption de la charte sur la sécurité et la sûreté maritime et le développement en Afrique. Ce nouvel instrument juridique présente, sur l'architecture de Yaoundé, les avantages d'être contraignant, d'englober tous les pays africains, de concilier la coordination harmonieuse et efficace des interventions des États en mer aux objectifs du développement économique et social, de couvrir toutes les formes de criminalité en mer et de préconiser des mesures, en amont, pour décourager les actes illicites en mer.

Le fait que, sur la cinquantaine de délégations présentes, 18 ont signé le document sur le champ, et que ce nombre est passé à 30 moins d'une année plus tard, indique sans doute que cette nouvelle initiative pilotée par le Togo, en sonnant le glas de l'architecture de Yaoundé, permettra de déjouer l'enlisement de ce processus. L'avenir nous le confirmera sans doute[21].

7.6.2 La problématique relative aux richesses et au potentiel des eaux continentales

En abordant ce second volet de l'économie bleue, il apparaît clairement que la sécurisation de l'exploitation et de la préservation des richesses et du potentiel des eaux continentales n'est pas logée à la même enseigne que celle de la mer. Le décalage entre elles est, bien entendu, au profit de la seconde.

À première vue, les raisons explicatives plausibles de cet écart sont sans doute à chercher du côté :

- de l'étendue de loin plus vaste des eaux marines ;
- des difficultés inhérentes à l'instauration du niveau souhaité de sûreté et de sécurité, qui varient considérablement de l'une à l'autre ;
- de la différence des enjeux existant entre la mer et les eaux continentales.

Toutefois, une quatrième explication moins apparente, mais tout aussi pertinente, pourrait résider dans la prise de conscience tardive du formidable parti qu'un pays comme la Guinée peut tirer du potentiel que représentent sa pluviométrie exceptionnelle, son inégalable réseau fluvial à l'échelle sous-régionale, ainsi que ses 1 200 cours d'eau permanents.

Toujours est-il que le constat de cet écart s'observe sur le plan juridique aussi bien que sur celui institutionnel. Et ce n'est probablement pas l'examen de la problématique de sécurisation sous les angles de la pêche continentale, du tourisme et du transport fluvial, qui constituent les principaux types continentaux des richesses hydriques, qui viendra démentir cette assertion introductive.

21 Tiré de l'analyse de Michel Luntumbue, chargé de recherche au GRIP dans l'axe Conflit, sécurité et gouvernance en Afrique subsaharienne, « La longue marche de l'architecture africaine de sûreté et sécurité maritimes dans le golfe de Guinée », *Diplomatie*, 2016.

a. La protection sécuritaire insuffisante de la pêche continentale

La sécurisation de la pêche est régie par la loi n° 2015/027/AN du 14 septembre 2015, portant code de la pêche continentale, qui réserve son avant-dernier titre, sur les cinq qui le composent, à la surveillance et à la constatation des infractions en la matière.

Le problème majeur de la pêche continentale est que dans les deux cas de figure considérés, surpêche en Haute-Guinée et sous-pêche en Guinée maritime, l'activité ne donne pas lieu à une surveillance aussi étroite que celle qui prévaut en matière de pêche maritime.

Certes, la police, la gendarmerie et le corps des conservateurs de la nature (Environnement), dotés du pouvoir de police judiciaire, font partie des cinq institutions fournissant les agents de surveillance, de contrôle et de police des pêches. Certes aussi, ces agents ont-ils de larges pouvoirs d'investigation[22] tendant à mettre un terme à la poursuite de la commission d'infractions à la réglementation de la pêche. Certes, également, ont-ils la possibilité de requérir, en cas de besoin, les forces de l'ordre et sont-ils astreints à dresser procès-verbal de leurs opérations? Certes, enfin, les actes réputés d'infractions de pêche continentale concernent-ils une gamme d'agissements dont le large éventail ne laisse pas beaucoup de chance à la commission d'un acte non répertorié comme tel. Il n'en demeure pas moins cependant que non seulement ces différentes mesures ont une portée bien moins grande que celles prévalant en mer, mais, qu'intrinsèquement, l'on est en droit de douter de leur force de dissuasion.

Ce doute est d'autant plus permis que sur le plan institutionnel, l'existence de structures dédiées à la surveillance et au contrôle de la pêche continentale semble fortement improbable, en tout cas en qui concerne la police nationale et, très possiblement, la douane. Il est vrai que la gendarmerie nationale peut se prévaloir d'une organisation faisant état de l'existence d'une brigade maritime et fluviale basée à Conakry. Si l'activité maritime de cette unité est avérée dans la capitale, tout porte à croire que sa vocation fluviale relève plus de la perspective que de la réalité.

Il ne reste donc plus, pour sévir contre les auteurs d'actes malveillants, que les agents de l'Administration chargée de la pêche continentale et désignés par le ministre de tutelle, et les agents de l'Administration chargés de l'environnement, qui, les uns et les autres, ont beau jeu de profiter de l'indulgence de la loi, et de l'insuffisance du dispositif institutionnel pour faire de la transaction l'unique forme de procédure.

Ce sont, en définitive, les pêcheurs véreux qui en tirent le plus de profit, les modiques sommes qu'ils versent de temps à autre aux concussionnaires ne représentant qu'une infime part des avantages qu'ils tirent de la poursuite de leurs activités illicites, au détriment de la préservation des richesses et du potentiel que recèlent les fleuves, les rivières et les mares qui parsèment le territoire national.

---

22 Ils peuvent procéder à la visite et au contrôle de tout bateau de pêche se trouvant ou en activité de pêche dans les cours d'eaux, contrôler les engins, les captures, les sites de transformation et tous les moyens utilisés pour le transport des captures.

b. Les déboires sécuritaires du tourisme

Il ne fait aucun doute que le tourisme mérite droit de cité dans l'examen sécuritaire du potentiel et des richesses de l'économie bleue en Guinée. En plus de l'importance notoire de son potentiel et des retombées en termes de recettes et d'emplois qu'il laisse entrevoir, il doit sa réputation encore latente bien plus à son patrimoine hydrique qu'à autre chose, à en juger par l'existence de près de 81 sites ayant trait à l'eau continentale sur les 200 répertoriés sur toute l'étendue du territoire[23].

Malheureusement, ces sites demeurent pour l'heure infréquentés, voire infréquentables, même de la part du commun des Guinéens, pour de multiples raisons au nombre desquelles il ne sera retenu que celles d'ordre sécuritaire liées à la circulation des touristes (qui ne sont pas l'exclusivité du tourisme bleu).

La difficulté d'obtention de visa

Pour les voyageurs étrangers susceptibles d'être de potentiels touristes, à l'exception des citoyens de la CEDEAO, de l'Algérie, du Maroc et de la Tunisie, l'obtention d'un visa peut s'avérer compliquée. Il faut espérer que la délivrance de visa électronique récemment introduite (permettant au voyageur de demander et de payer son visa en ligne avant son départ et de le récupérer à l'arrivée) connaîtra un meilleur sort que celui du visa volant dont l'introduction, qui apportait un réel soulagement, a dû être vite abandonnée à la suite de nombreux abus :

- Les tracasseries sécuritaires diverses[24]. Sans même faire référence à la nouvelle donne imposée par la pandémie de Covid-19, elles surviennent au cours du voyage à destination d'un site touristique, surtout s'il est situé dans l'hinterland et ont pour noms contrôles répétés et tatillons, rackets, et confiscation d'appareils photographiques dont la détention d'un passeport et d'un visa ne met pas à l'abri. De louables efforts ont été faits en direction de la réduction sensible des points de contrôle. Il n'est nullement exclu cependant de se trouver parfois nez à nez, à des endroits inattendus, avec des équipes de contrôleurs agissant sous le couvert de la clandestinité.
- Le banditisme de grand chemin reste prégnant sur nombre d'axes routiers et fait de nombreuses victimes. Depuis 2022, les autorités nationales ont engagé des actions sécuritaires d'envergure pour sécuriser les axes routiers et les déplacements intérieurs et vers les frontières aujourd'hui ouvertes.

c. La disparition (regrettable) du transport fluvial

Les cours d'eau continentaux ont eu une fonction importante aussi bien pour les échanges locaux que ceux avec le Mali. Mais dans le cadre de la dimension sécuritaire de l'économie bleue, cette activité ne sera citée que pour mémoire, en raison de l'importante perte de vitesse de ce mode de transport au profit du transport routier. On peut toutefois regretter que malgré le contexte du changement climatique le transport routier ait quasiment réduit à néant le transport intérieur par voie d'eau. La promotion de l'économie bleue devrait conduire à reconsidérer cette situation et

23 Il semble qu'il n'y ait pas de concordance entre différentes études consacrées à l'identification des sites touristiques. Les chiffres présentés dans ce document sont ceux fournis par le portail en ligne de la communauté guinéenne www.kababachir.com
24 Stratégie nationale de développement durable du tourisme en République de Guinée.

à examiner par exemple si un programme de désensablement pourrait relancer au moins en partie le transport sur certaines voies d'eau. Un cadre sécuritaire propice à la relance du transport fluvial serait alors nécessaire.

7.7 Une gouvernance sécuritaire renouvelée pour la promotion de l'économie bleue

La Guinée a accompli d'importantes avancées avec la coordination de l'action de l'État en mer et la création de la préfecture maritime. La Guinée dispose en outre d'un ministère ayant (entre autres) la responsabilité de son économie maritime. Il n'en reste pas moins que cette organisation ne reflète pas toutes les exigences requises pour la promotion de l'économie bleue de demain en Guinée.

À titre d'exemple, on relèvera que le décret portant organisation de l'action de l'État en mer (qui ne concerne donc pas les eaux continentales), énumère (article 11) pas moins de 18 administrations au nombre des « administrations concernées par l'action de l'État en mer ». La coordination interministérielle est donc une question clé pour assurer la cohérence du développement de l'économie bleue et sa visibilité.

Les lignes d'orientations prioritaires de la gouvernance bleue en Guinée

Garantir la sûreté et la sécurité de la mer et des eaux continentales n'est pas une activité économique en tant que telle, mais un prérequis indispensable pour promouvoir l'économie bleue et gagner la confiance des investisseurs et opérateurs économiques.

Les menaces et atteintes sont multiples et se matérialisent par des pratiques de pêche illégales, la pollution de la mer et des autres ressources hydriques (d'origine urbaine, industrielle, agricole, minière), les incertitudes sur les frontières maritimes ou les accidents de navigation.

Le bon état écologique des eaux marines et continentales devra impérativement constituer une priorité de la stratégie.

La Guinée s'est dotée d'un cadre institutionnel et d'un cadre réglementaire pour assurer sûreté et sécurité, comme en témoignent des initiatives majeures comme le décret sur l'action de l'État en mer ou la création de la première préfecture maritime en Afrique.

Le dispositif en place souffre cependant d'importantes lacunes dont la correction pourrait utilement constituer un axe d'une future stratégie de développement de l'économie bleue.

Plus généralement, un prérequis pour développer l'économie bleue en Guinée est l'adoption d'une gouvernance renouvelée pour mettre un terme au morcellement des responsabilités et favoriser le pilotage stratégique et la responsabilité de la promotion de l'économie bleue du pays.

CHAPITRE 8

La recherche et l'innovation au service de l'économie bleue

—

Professeur Amirou DIALLO
Directeur général du Centre d'études et de recherche en environnement de l'université Gamal-Abdel-Nasser de Conakry

Dr Mariama DIALLO
Directrice générale adjointe du Centre national des sciences halieutiques de Boussoura du ministère de la Pêche et de l'Économie maritime

Introduction

Au cours de la Décennie des Nations Unies pour les sciences océaniques au service du développement durable 2021-2030, les connaissances relatives à l'océan vont continuer de s'améliorer au plan mondial, et l'Afrique devrait en bénéficier largement. Certes, les pays du continent comprennent mieux et mesurent pleinement la valeur de l'océan grâce aux compétences et aux connaissances acquises ces dernières années. Toutefois, il importe de pousser le plaidoyer plus largement auprès de l'ensemble des parties prenantes (État, secteur privé, société civile, collectivités décentralisées et médias) pour qu'elles œuvrent pleinement, et de manière inclusive, à l'économie océanique durable

8.1 La recherche scientifique et technologique pour la promotion de l'économie bleue

La Guinée connaît une période de transition politique qui se caractérise par des initiatives fortes en vue d'une profonde transformation de l'État, tant dans son fonctionnement que dans son rapport avec les citoyens. Cette période de transition vise à renforcer les fondements de l'État de droit et à asseoir les principes d'une gouvernance vertueuse : projet de nouvelle Constitution, réforme des institutions, adaptation du cadre macroéconomique et financier, modernisation des pratiques administratives, etc.

Parmi les nombreux chantiers ouverts à l'issue de la prise de pouvoir par le Comité national du rassemblement pour le développement (CNRD), instance centrale du gouvernement de transition, figure celui de l'enseignement supérieur, de la recherche scientifique et de l'innovation. Car, aucun secteur d'activité, aucune politique publique, aucune entreprise ne peut penser sa réussite sans s'appuyer sur les savoirs scientifiques, sur l'innovation et sur le développement des compétences et des connaissances.

À l'issue d'un diagnostic institutionnel, pédagogique et administratif des institutions d'enseignement supérieur, des instituts de recherche scientifique et des centres de documentation et d'information, des dispositions ont été prises en Guinée pour renforcer l'autonomie financière et la capacité à se développer de ces établissements. Ceci, afin de pouvoir répondre aux besoins actuels et futurs de la communauté universitaire et offrir de meilleures conditions de travail aux différentes catégories de personnel. Ces toutes récentes avancées (loi du 23 juillet 2023) prennent place dans une perspective plus large qui réunit l'enseignement supérieur, la recherche scientifique et l'innovation autour de stratégies complémentaires et d'un cadre fédérateur ayant pour fonction de favoriser les synergies intersectorielles et de stimuler la performance dans ces domaines pour de meilleurs impacts sur la société guinéenne et son développement.

Le fait d'encourager les recherches collaboratives visant à soutenir des innovations qui répondent aux défis sociaux (tels que l'environnement, les enjeux sanitaires, etc.) et les partenariats public-privé permet de disposer de puissants instruments pour la transformation structurelle de l'économie, le développement durable et la croissance, à condition toutefois que ces activités soient adossées à une vision stratégique et à un cadre de gouvernance intégré et performant. C'est-à-dire démontrant une cohérence d'ensemble, fondée sur la convergence de grands axes d'action adaptés aux besoins du pays et aux agendas nationaux et internationaux.

Aujourd'hui, les autorités nationales se mobilisent pour promouvoir l'innovation et la recherche scientifique, mais aussi des transferts de technologie adaptés aux réalités de la Guinée. L'économie bleue est un domaine privilégié, même si, par sa nouveauté, il importe d'affiner ses potentialités.

Il est vrai qu'il existe peu de stratégies disponibles pour intensifier la sensibilisation à la recherche, promouvoir la collaboration ou fournir des orientations et des incitations aux études et programmes consacrés à l'économie bleue. À cet égard, il convient de renforcer les acquis en veillant à :

- Soutenir les actions de recherche et d'innovation visant la gestion et la valorisation des ressources marines (ichtyologiques, conchylicoles et crevettières).
- Inciter la recherche scientifique à la compréhension des écosystèmes aquatiques et leur fonctionnement.
- Mettre les connaissances scientifiques et les savoirs endogènes relatives à l'océan à la disposition de l'ensemble des acteurs et investir dans la sensibilisation, l'éducation citoyenne et les changements de comportement.
- Développer la formation professionnelle et technologique à la conservation et à la gestion des océans et à la valorisation durable des écosystèmes.
- Favoriser la recherche collaborative et innovante pour la valorisation des produits de la mer et aquacole (poissons arches, huitres, crevettes, etc.).
- Intensifier la coopération public-privé pour renforcer les capacités et les transferts des connaissances et des technologies marines, selon des termes établis et mutuellement avantageux.
- Inciter à l'utilisation des dernières innovations et technologies telles que les satellites, les véhicules autonomes, l'intelligence artificielle pour la collecte et l'accessibilité des données ainsi que le suivi-évaluation des impacts liés à l'économie bleue et verte.
- Rendre les données conviviales et accessibles à l'ensemble des acteurs afin de s'approprier de nouvelles connaissances scientifiques et innovantes.
- Soutenir le renforcement des capacités en sciences marines, l'échange d'information la collaboration et le transfert de technologies appropriées.

Rappelons que les progrès réalisés dans les technologies de détection à distance, l'usage des drones, la gestion de l'intelligence artificielle et du Big Data ainsi que les techniques de modélisation offrent de nouvelles opportunités. L'Afrique et la Guinée en particulier peuvent ainsi améliorer l'efficacité et la rentabilité de la gestion et du suivi des activités océaniques et de l'économie bleue et verte.

L'innovation et les investissements dans de nouvelles industries océaniques de l'économie bleue ont stimulé une croissance inclusive et responsable sur le plan environnemental. Ainsi, le potentiel du commerce, de la valorisation des produits de mer (tels que les rejets) et de l'agriculture des algues respectueuse de l'environnement est important pour fournir des aliments et créer des alternatives aux produits tels que des matières premières d'aquaculture et d'agriculture, des carburants, des biotechnologies et des alternatives au plastique viables et durables.

En termes d'innovation, il est important d'encourager, à travers des laboratoires et instituts de recherche liés au secteur privé, des activités intersectorielles et localisées, intelligentes et durables, pour alimenter des exploitations d'aquaculture à zéro émission de gaz à effet de serre et d'encourager les initiatives d'économie bleue circulaire. Il est également possible de faire progresser la capture et le stockage du carbone dans le sous-sol, en particulier des formations géologiques sous-marines, grâce à des innovations et incitations appropriées appropriés afin de mieux s'adapter aux effets des changements climatiques.

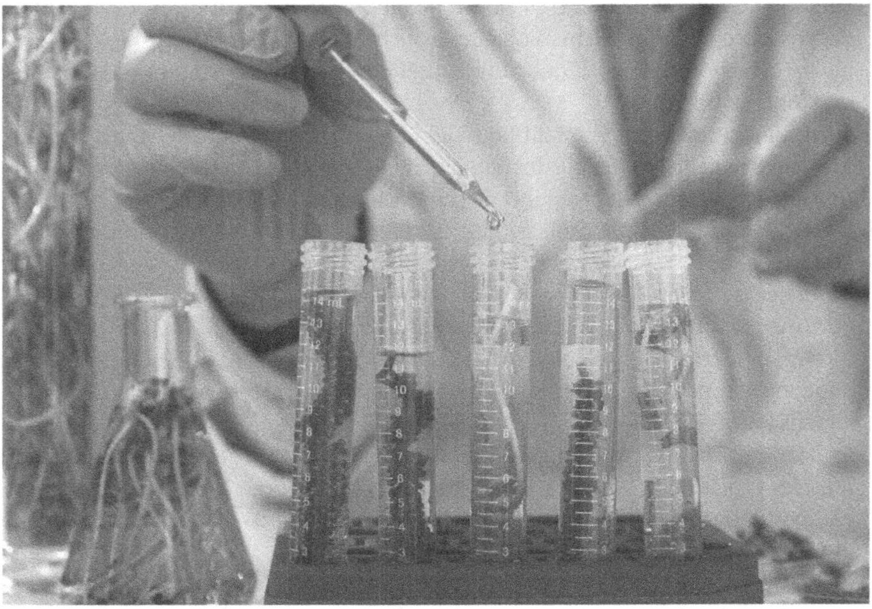

8.2 La coopération université/industrie

Bien qu'il existe en Guinée un réseau de centres de formation et d'universités hérité du passé, la performance de celui-ci est affectée par un personnel vieillissant, l'éclatement des programmes et des collaborations externes, des équipements limités et un faible degré d'insertion dans le système mondial des institutions de recherche. Cette situation, qui résulte d'un sous-investissement chronique de l'État dans les institutions de recherche-développement, de l'absence de politique d'innovation au cours des deux dernières décennies, mais aussi d'un adossement quasi inexistant de ces institutions sur le secteur privé (fermé pour certaines filières comme l'environnement), se traduit par un affaiblissement des capacités et de la maturité du système d'innovation guinéen.

Pour autant, le développement de l'économie bleue pourrait être l'occasion de revitaliser et de développer une partie de ce système d'innovation national, en valorisant les bases infrastructurelles et les acquis d'expérience dont il dispose. L'élaboration de la stratégie nationale de l'économie bleue est l'occasion de canaliser l'attention de l'État et des acteurs privés et de concentrer vers ces filières leurs efforts d'investissements et de mise en réseau.

Une telle politique, qui pourrait se matérialiser par la promotion de partenariats entre les universités et les entreprises, s'inscrirait dans une stratégie de transformation structurelle du pays. L'objectif de la composante innovation de la stratégie de l'économie bleue serait, selon la logique des dotations factorielles, de viser le renforcement de certains facteurs cruciaux de transférabilité, dans lesquels la coopération université/industrie aurait un rôle favorable à jouer : celui de la connaissance et de la technologie, d'une part, et celui du travail et de l'expérience, d'autre part. Pour cela, il est nécessaire de distinguer au préalable les filières susceptibles de faire l'objet d'un tel appui. Les filières des algocultures, des biotechnologies marines, des énergies marines renouvelables ayant été mises de côté par l'analyse de transférabilité, reste à identifier le type de coopération envisageable dans les autres filières, en fonction de leurs spécificités structurelles et de leur dynamique d'innovation. À cet égard, il est proposé d'envisager la coopération université/industrie non pas filière par filière, mais par groupe de filières présentant des dynamiques d'innovation comparables.

Ainsi, cette coopération serait structurée à partir de plusieurs piliers :

1. Le renforcement de la connaissance de l'économie des zones côtières. Ce premier pilier regroupe les activités émergentes de l'économie bleue nécessitant une connaissance approfondie des ressources marines et côtières, du dynamisme des écosystèmes, du contexte local d'implantation (réalités socio-économiques, déterminants du marché et de la consommation, etc.). Il regroupe les filières relevant de l'économie des zones côtières, pisciculture, saliculture et carbone bleu, qui toutes présentent un potentiel de développement important. Compte tenu de l'opérabilité actuelle de ces activités, le besoin fondamental pour le développement et la structuration de ces filières est avant tout celui d'un transfert de technologie, qui nécessite au préalable une connaissance des innovations disponibles et des moyens d'assurer leur assimilation par les populations cibles.

   Ce programme pourrait s'appuyer sur les instituts de recherche disposant déjà d'une expérience opérationnelle dans ces filières et d'une spécialisation sectorielle (gestion des pêcheries, aquaculture, riziculture de mangrove, agroforesterie, etc.) ou thématique (environnement, gestion des zones côtières, transformation agroalimentaire, etc.).

2. Le réseau guinéen de la recherche comprend plusieurs centres susceptibles d'intervenir dans ce domaine, dont le Centre national des sciences halieutiques de Boussoura, le Centre d'études et de recherches scientifiques de Conakry-Rogbané (CERESCOR) et l'Institut de recherche agronomique de Guinée (IRAG), qui mènent déjà des travaux sur l'aquaculture, la riziculture de mangrove et la saliculture, ainsi que des établissements universitaires spécialisés, comme l'Institut supérieur des sciences et médecine vétérinaire (ISSMV) de Dalaba, l'Institut supérieur agronomique et vétérinaire (ISAV) de Faranah et le Centre d'étude et de recherche en environnement (CERE/UGANC).

   S'agissant de la composante du « secteur privé » des coopérations, elle pourrait être centrée sur les micros, petites et moyennes entreprises (MPME), ces filières étant composées essentiellement d'acteurs informels et n'accueillant pas, pour l'heure, de grandes entreprises. Il s'agirait bien d'une coopération avec l'industrie, dans la mesure où les bénéfices compétitifs retirés par ce secteur privé (assimilation de technologies, apprentissage, regroupement, mutualisation, sous-traitance, etc.) pourraient participer à la structuration, à la modernisation et à la mise à l'échelle d'entreprises formelles.

Enfin, le paysage actuel de ces filières en Guinée semble propice au renforcement de leur système d'innovation, comme le montre par exemple la convention signée entre l'Agence nationale de l'aquaculture de Guinée (ANAG) et l'Institut supérieur des sciences et médecine vétérinaire de Dalaba. Cette coopération pourrait être valorisée en tant qu'expérience pilote destinée à être reproduite dans d'autres régions ou dans des filières voisines comme la saliculture et la riziculture de mangrove. Enfin, il existe plusieurs ONGs internationales et cabinets d'étude actifs dans ces filières en Guinée, comme l'ONG Univers-Sel et le Partenariat régional pour la conservation de la zone côtière et marine (PRCM) ou JC Agrobusiness Consulting.

3. Le renforcement des compétences dans les activités de modernisation structurelle. La deuxième catégorie de filières susceptibles de faire l'objet d'un programme d'appui à la coopération université/industrie est celle regroupant les activités à vocation structurelle et à forte intensité technologique : hydroélectricité, transport fluvial et TICs marines. Dans la mesure où le développement de ces filières repose essentiellement sur un transfert de technologie exogène assuré par des opérateurs extérieurs, les principaux défis sont d'une part, le choix d'une technologie appropriée (déterminants de succès) et, d'autre part, la disponibilité en main-d'œuvre capable de faire fonctionner les équipements technologiques (cadres supérieurs gestionnaires, ingénieurs et ingénieurs informaticiens).

   Face à ce facteur limitant, et compte tenu des dynamiques favorables dont bénéficient ces filières, comme en témoignent les nombreux projets actuellement mis en œuvre ou programmés (barrages hydroélectriques, secteur du transport fluvio-maritime des marchandises minières et des passagers, réseau de fibre optique et centres de données, etc.). Il existe une opportunité d'associer le secteur privé à une stratégie de comblement de cette lacune. D'autant qu'aussi bien dans les secteurs déjà opérationnels en Guinée (hydroélectricité, transport fluvial) que dans les secteurs émergents (TIC) et économie numérique, le secteur privé se montre enclin à prendre part aux transferts de compétences, comme le montre le cas de la Société minière de Boké, qui a mis en démarrage ses activités de logistique fluviale avec des expatriés, ou celui de CAP DC, qui a intégré une composante « transferts de compétence » dans le projet de construction d'un centre de données à Conakry.

   S'il n'existe pas réellement de système d'innovation national pour ces filières, celles-ci disposent en revanche d'un réseau d'universités et de centres de formation susceptibles d'accueillir des programmes de formation pour lesquels les entreprises apporteraient un soutien financier et technique (formateurs, matériels didactiques, accueil d'étudiants, etc.). Parmi ces établissements, on peut citer par exemple, pour le transport fluvial, la nouvelle Académie régionale des sciences et techniques de la mer (ARSTM) de Conakry, en cours de développement sous la tutelle de la Marine marchande, et pour les TICs marines, les différentes universités offrant des formations en informatique, comme l'Université Gamal Abdel Nasser de Conakry et l'Institut supérieur de technologie (IST) de Mamou.

Ainsi, une différence fondamentale dans la gouvernance de ces coopérations université/industrie résiderait dans le fait que celui sur l'économie des zones côtières serait mené par le secteur public (centres de recherche et universités), tandis que celui sur l'économie de la modernisation structurelle serait mené par les grandes entreprises des secteurs concernés.

L'avantage de cette structuration de la coopération université/industrie est qu'elle pourrait être mise en œuvre à travers une approche programmatique, source d'économie d'échelle dans l'allocation du budget et mobilisant les compétences mutualisées des centres de recherche/universités existants. Cette approche requière toutefois une autonomie décisionnelle de la part des bénéficiaires, à même d'orienter leur programme de recherche en fonction de l'évolution des opportunités. Dans l'hypothèse où cette approche serait validée, sa mise en œuvre nécessiterait une étude complémentaire dont les objectifs seraient, entre autres, les suivants :

4. Identification et délimitation des centres de recherche, des universités et des laboratoires susceptibles de prendre part aux coopérations suivies d'une consultation sur l'expérience et les besoins en ressources financières et humaines.

5. Identification et délimitation des entreprises susceptibles de participer au 2e pilier suivie d'une consultation axée sur les besoins en ressources humaines (qualifications, localisation géographique, etc.) et l'ouverture à la coopération.

6. Identification des ONGs, incubateurs et autres composantes du système d'innovation suivie d'une consultation axée sur l'expérience et l'ouverture à la coopération locale et internationale.

Après ce premier travail exploratoire sur les grandes tendances et le potentiel des coopérations université/industrie, une enquête approfondie est appelée à dessiner une stratégie définissant le modèle et le mode de fonctionnement de ces coopérations à promouvoir.

CHAPITRE 9

Vers l'identification de priorités sectorielles émergentes

—

Karim SAMOURA
Secrétaire général du ministère de l'Environnement
et du Développement durable de la République de Guinée

Sidiki KEITA
Directeur général de l'Agence nationale de l'aquaculture
de la République de Guinée

Joachim HABA
Directeur général du Bureau de stratégie et de développement
du ministère de l'Énergie, de l'Hydraulique et des Hydrocarbures

Introduction

Il existe une multitude d'activités et de filières « bleues » non traditionnelles qui pourraient répondre aux objectifs d'une stratégie de l'économie bleue, notamment, les emplois et les modèles productifs qu'elles créeraient en Guinée. Elles sont qualifiées d'émergentes ou d'innovantes.

La première stratégie, conçue en 2021-2022 en Guinée, a préconisé que soit réalisée une étude d'opportunité sur un certain nombre de ces filières émergentes, et d'évaluer dans quelle mesure ces dernières pourrait donner lieu à des coopérations université/industrie. Sans préjuger ses conclusions, certaines activités méritent d'être évoquées, comme le secteur des télécommunications (à l'exemple de ce qui a été fait à Djibouti qui est devenu un hub régional de câbles sous-marins) ou l'exploitation des richesses minières des grands fonds marins (comme l'envisage l'Autorité internationale des fonds marins), voire la production d'énergie marémotrice comme envisagée un temps par le CERESCOR.

Il a ainsi été réalisé une évaluation du potentiel de transférabilité des filières sélectionnées[1]. Elle s'appuie sur une analyse qui identifie les principaux facteurs permettant aux territoires d'assimiler des technologies inhérentes à chaque filière. Par la suite, une analyse « chaîne de valeur » est réalisée au niveau de chaque filière afin d'expliquer leur émergence, en caractérisant la complexité des processus. En effet, ces analyses montrent que leur transfert et leur appropriation ne reposent pas seulement sur la disponibilité en ressources naturelles, mais également sur un maillage institutionnel et sur le financement de nouvelles technologies. L'enjeux est de synthétiser les processus d'émergence et de diffuser les résultats, tout en proposant des indications méthodologiques pour les suivre et les évaluer.

Cette approche s'appuie sur une grille d'analyse visant à identifier, pour chaque filière, les acteurs et les dynamiques de marché et d'investissement, et ainsi, mieux définir les conditions dans lesquelles certaines activités pourraient être transférées avec succès en Guinée.

9.1 L'aquaculture

L'essor de l'aquaculture au niveau mondial est tiré par les pays en développement où la population expérimente une transition nutritionnelle. Cette transition est caractérisée par le passage d'une alimentation riche en amidon et en fibres à une alimentation plus diversifiée, d'origine animale notamment, grâce à l'accroissement du niveau de vie dans ces pays et le processus d'urbanisation qui entraîne une modification des habitudes alimentaires au détriment des produits vivriers. En ce qui concerne l'activité océanique, elle fournit une source essentielle et accessible de protéines et de micronutriments, qui sont particulièrement importants pour les communautés vivant dans les pays à faibles revenus, les pays à déficit alimentaire et naturellement, les petits États insulaires.

L'économie bleue peut améliorer la sécurité alimentaire, créer une croissance économique et des emplois durables et favoriser une meilleure santé humaine et le bien-être des communautés. Pour ce faire, il est important que les gouvernements, notamment celui de la République de Guinée, saisissent les opportunités d'accroître durablement la productivité des pêcheries et la production d'aquaculture, en renforçant les opportunités pour les communautés côtières, les pêcheurs artisanaux et les petits pêcheurs. Il importe donc de :

- Éliminer la pêche illégale, non déclarée et non réglementée en encourageant l'utilisation des dernières innovations et technologies, telles que la traçabilité numérique, afin de protéger le capital écologique, d'accroître les chaînes d'approvisionnement et les revenus nationaux, de renforcer le suivi, le contrôle et la surveillance des ressources bleues.
- Renforcer les organisations régionales de gestion de la pêche, par la promotion d'une gestion stratégique du contrôle des niveaux de pêche en fonction de

1 La méthodologie détaillée de cette analyse est décrite dans le rapport de Maxime Weigert et Alphonse Ngom « Étude sur les activités émergentes à fort contenu technologique et sur le potentiel de coopération université/industrie dans le cadre de l'économie bleue en Guinée », PNUD, octobre 2020.

l'évaluation scientifique, telle que la prise totale admissible, les dépassements de quotas et des examens réguliers et transparents des performances.
- Mettre en place des politiques et des cadres de gestion pour minimiser les impacts environnementaux de l'aquaculture, y compris les inefficacités dans la chaîne d'approvisionnement alimentaire, et permettre l'accélération de la production d'aquacultures nourries selon les priorités locales environnementales et à partir d'écloseries et d'une alimentation saine adaptée aux ressources des terroirs.

L'aquaculture correspond aux activités de reproduction, d'élevage, de récolte, et de transformation d'organismes aquatiques dans des conditions contrôlées. Elle couvre trois sous-secteurs, dont les produits sont exploités dans différents milieux aquatiques (les eaux salées et les eaux saumâtres dans les zones marines et côtières, les eaux douces dans les zones continentales). Cela concerne les poissons d'élevage, les plantes aquatiques (algues) et les mollusques et crustacés.

La production aquacole mondiale a connu un essor remarquable dans les dernières années, passant de 41 millions de tonnes en 2001 à 110 millions de tonnes en 2016 (FishStat). En valeur, la production est passée de 52 à 244 milliards de dollars américains sur la période, soit un taux de croissance annuel moyen (TCAM) de 8 % entre 2001 et 2016. L'aquaculture a progressivement rattrapé la pêche en tant que principale source de production halieutique.

Pour les poissons d'élevage, les volumes de production de poissons en aquaculture ont atteint 54 millions de tonnes en 2016 et 61 millions de tonnes en 2022. La FAO recense 379 espèces produites à travers le monde. Le marché est dominé par une dizaine d'espèces, qui représentent environ deux tiers de la production mondiale, mais les deux espèces dominantes dans les captures sont les carpes et les tilapias.

Pour les algues, les volumes de production ont atteint 30 millions de tonnes en 2016 et près de 42 millions de tonnes en 2022. La FAO recense 40 espèces à travers le monde. Pour la Guinée, l industrie des algues ne peut se situer qu'à long terme, du fait que, pour le moment, l'identification et la cartographie sont encore peu avancées.

Quant aux mollusques et crustacés, les volumes de production ont atteint 25 millions de tonnes en 2016 et 29 millions de tonnes en 2022. La FAO recense 173 espèces à travers le monde. En Guinée, les tentatives d'introduction de la crevetticulture ont échoué à Sakoba dans la préfecture de Boffa. Et les installations ont été transformées en production de poisson. Selon le schéma directeur de la crevetticulture élaboré dans les années 1990, plusieurs autres sites s'y prêteraient, mais il faudrait réactualiser entièrement les études pour disposer de données pertinentes.

Ces produits de l'aquaculture sont généralement transformés et nous considérons une chaîne de valeur générique de l'aquaculture piscicole lorsqu'elle est composée de fournisseurs d'intrants (aliments pour poisson), d'écloseries (alevins), d'éleveurs, de transformateurs et de consommateurs finaux (voir schéma). Elle inclut également les différents services-support tels que la recherche-développement, le financement et l'appui politique.

Chaîne de valeur de l'aquaculture piscicole

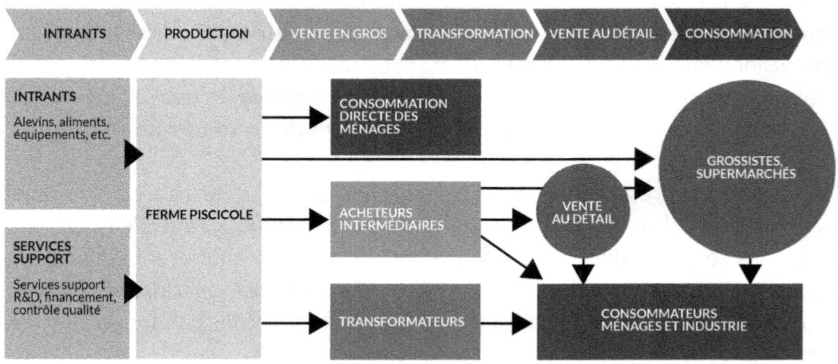

De nos jours, la Guinée pratique un système de production aquacole majoritairement extensif. Les produits sont destinés à la consommation des ménages. Les enjeux de qualité sont restreints face aux enjeux d'accessibilité. Car le principal défi qui se pose est lié à la sécurité alimentaire et à l'autosuffisance, engendrées par l'accroissement rapide de la population et les changements de régime alimentaire, qui évoluent avec l'augmentation du niveau de vie des ménages et l'urbanisation. Les espèces les plus consommées sont le tilapia et le poisson-chat, en raison de leur forte valeur nutritionnelle, de leur goût, de leur coût relativement abordable en comparaison avec d'autres poissons, et de leur résistance aux conditions environnementales de production. Ces espèces peuvent connaître des étapes simples de transformation (séchage/ fumage) et sont destinés au marché local.

Plusieurs contraintes au développement ont été recensées. Le prix et la qualité des intrants constituent des contraintes majeures à l'accroissement de la production et de la productivité aquacole, au regard du prix du poisson sur le marché. Les aliments pour le poisson représentent fréquemment plus de la moitié des coûts de production, et il faut encore tenir compte de la disponibilité en alevins de qualité et à prix abordable, de l'inaccessibilité des technologies et de la formation pour les aquaculteurs, qui sont souvent des pluriactifs agricoles (petits planteurs).

L'aquaculture est considérée comme secteur stratégique en Guinée et la création de l'Agence nationale de l'aquaculture de Guinée (ANAG) vise l'intensification de la production aquacole pour pour proposer aux familles intéressées un système semi-intensif où les élevages font l'objet de pratiques améliorées au niveau des intrants (alimentation, reproduction) et des équipements.

C'est à cet effet qu'un plan de développement de l'aquaculture en Guinée a été établi sur quatre axes principaux :
- La disponibilité, l'accessibilité (rentabilité) et l'amplification pour une densification des sites aquacoles (vulgarisation dans d'autres régions ou sur le même site).

- L'intensification pour l'amélioration de la production/ha/an et diversification.
- La professionnalisation des acteurs de production (aménagistes, pêcheurs, producteurs d'aliments, etc.) et de la chaîne de valeur/transformation.
- Le renforcement du capital humain (compétence en recherche-action, prestation de services) et l'appui institutionnel.

Contraintes de développement de l'aquaculture

CONTRAINTES TECHNOLOGIQUES			
Aliments Intrants	- Disponibilité en alevins de qualité - Disponibilité d'aliments de qualité	Faible productivité	- USAID, 2009 - Rothuis et al., 2014 - Okechi, 2004
Élevage	- Passage à la production de grande échelle	- Changement d'échelle limité - Économies d'échelle inversées	- USAID, 2009
Intrants Élevage	- Systèmes d'élevage productifs - Existence de services d'appui commercial et technologique - Savoir-faire des éleveurs	- Faible qualité - Faible productivité	- USAID, 2009 - Rothuis, 2014 - Macfadyen, 2011 - Kassam, 2017
Financement	Disponibilité en données	- Opportunités de marché manquées	- De Graf et Garibaldi, 2014 - Macfadyen, 2011
Élevage	- Sensibilisation des éleveurs aux opportunités technologiques - Manque d'information sur les opportunités de marché	- Faible productivité - Changement d'échelle	- PIND, 2014 - Maurice, 2013
CONTRAINTES INDUSTRIELLES			
Distribution Logistique	- Accès limité aux marchés éloignés (urbains) - Accès limité aux terrains - Interruption chaîne du froid - Rivalité entre éleveurs	- Faible envergure du marché - Faible pénétration du marché - Changement d'échelle	- USAID, 2009 - Kassam et al., 2017 - Brummet et Jamu, 2004 - Maurice, 2013
Élevage	- Éclatement des éleveurs - Monopole des fournisseurs et des acheteurs	- Faible pouvoir de négociation avec fournisseurs/acheteurs - Faible compétitivité-prix - Approvisionnements non sécurisés	- Maurice, 2013 - Kaunda, 2017
CONTRAINTES REGLEMENTAIRES			
Intrants Élevage	- Contrôle des espèces importées	- Négligence environnementale	- Brummet et Jamu, 2004 - Cottier-Cook, 2016
Intrants	- Taxes d'importation sur les intrants et sur les équipements	- Faible compétitivité-prix en raison des taxes d'importation	- Brummet et Jamu, 2004
Tous Segments	Manque de soutien de l'État	- Faiblesse des financements publics et privés - Changement d'échelle	- Rothuis, 2014 - PIND, 2014 - Kaunda, 2017

CONTRAINTES DE FINANCEMENT			
Tous Segments	- Accès au capital-investissement - Accès aux équipements - Accès aux fonds de roulement	- Changement d'échelle limité - Faible productivité - Faible compétitivité-prix	- Brummet et Jamu, 2004 - Rothuis, 2014 - PIND, 2014, Kassam, 2017
Tous Segments	- Faible sensibilisation aux opportunités - Transferts de technologies et de compétences limités - Faible implication des PPP	Changement d'échelle	- PIND, 2014 - Macfadyen et al., 2011

Plusieurs innovations existent déjà dans la pratique de l'aquaculture à travers le monde. Celle qui semble notable pour la Guinée est l'aquaculture multitrophique intégrée (AMTI) qui est une « approche de l'aquaculture fondée sur la combinaison d'espèces aquatiques (poissons, phytoplanctons et zooplanctons) capable de valoriser la riziculture inondée. Dans ce milieu, le poisson grossit jusqu'à une taille portion et/ou marchande, en fonction des objectifs du « pisciriziculteur » en mobilisant le plancton produit dans l'étang. Ce système « pisciriziculture » est un concept intégré, résilient et inclusif que revendique la Guinée. Elle permet d'éviter les rejets polluants, de réduire considérablement le coût des aliments, et de recycler l'eau, rendant le procédé à la fois économiquement viable et écologiquement soutenable.

Il convient enfin de souligner l'implication de plus en plus fructueuse des partenariats public-privé à travers lesquels l'État s'engage à fournir les infrastructures de base (terrain, routes d'accès, énergie, eau, etc.) et le soutien technique (entreprises publiques d'aliments et d'écloserie, fermes de démonstration, programmes de recherche, etc.) nécessaires pour assurer les opérations du secteur privé qui semblent offrir des opportunités de transferts de technologies et de modèles de production adaptés.

La pisciculture est une filière de l'aquaculture pour laquelle il existe un marché domestique et régional dynamique et pour laquelle la Guinée possède des ressources, une partie des technologies nécessaires et une expérience opérationnelle. Son développement, qui est encouragé par les institutions de financement du développement partenaires de la Guinée, aurait un impact sur la sécurité alimentaire et nutritionnelle des populations, la création d'emplois et sur la balance des paiements du pays, par substitution aux importations. Les activités aquacoles se diffusent dans l'ensemble de la région et elles comportent peu d'externalités négatives.

La Guinée a un dispositif institutionnel en charge de sa promotion et de sa gestion. Le développement de la filière exige un certain nombre d'actions et d'investissements qui justifient qu'elle fasse l'objet d'une priorité stratégique : la chaîne de valeur doit être structurée, en particulier au niveau de l'approvisionnement et de la production d'intrants adaptés aux stratégies paysannes et aux stratégies entrepreneuriales, de la formation des aquaculteurs sur la gestion de ces intrants et sur la gestion économique de leur atelier et de la valorisation des produits (poissons de petite et de grande taille). Ce processus de développement sectoriel est à la portée immédiate de la Guinée, à la fois en termes de financement, de capacités technologiques et de gouvernance. C'est pourquoi le potentiel de transférabilité, évalué comme étant fort, incite à placer l'aquaculture et la pisciculture en tête de la liste des filières prioritaires de l'économie bleue guinéenne.

L'algoculture, déconnectée des marchés locaux, ne semble pas présenter les mêmes perspectives favorables.

9.2 Les biotechnologies marines

Les biotechnologies marines parfois appelées biotechnologies bleues recouvrent à la fois des activités de production de la connaissance relevant de la biologie marine et des activités de transformation, destinées à faire un usage industriel des découvertes de la recherche. L'intérêt pour les biotechnologies marines est renforcé par la disponibilité en matières premières, puisque les améliorations techniques de la mariculture et de l'aquaculture ont considérablement accru le potentiel en biomasse marine accessible.

Le marché mondial des biotechnologies marines à l'horizon 2022 était estimé à 5,9 milliards de dollars américains au début des années 2020 et pourrait dépasser le chiffre de 15 milliards de dollars américains en 2030. Ce marché est tiré par les investissements croissants dans la recherche en biotechnologie marine et par l'augmentation de la demande de produits marins naturels, notamment alimentaires, pharmaceutiques, biologiques et cosmétiques.

La filière des biotechnologies marines s'inscrit dans plusieurs chaînes de valeur, dont celles de l'industrie pharmaceutique et cosmétique. Elles ne font pas qu'en constituer un segment horizontal. Elles sont déterminées par leurs dynamiques de gouvernance, organisée autour des acheteurs et par les stratégies de fragmentation géographique en vigueur, qui sont elles-mêmes déterminées par des processus d'externalisation et d'implantation dans les marchés. Dans le cas des pays en développement en général, et de l'Afrique en particulier, les expériences du secteur des biotechnologies marines montrent qu'elles ont été rendues possibles par trois conditions majeures :

- L'existence d'un marché (d'ampleur régionale en l'occurrence) et la présence préalable d'acteurs de la chaîne de valeur (institutions, universités, acheteurs, etc.).
- Une infrastructure qui fait office de cadre d'intervention (organisation régionale, cluster, expansion d'une entreprise).
- L'organisation d'un processus coopératif (entre États et entre acteurs publics et privés).

Toutefois, il faut souligner que ce secteur de l'économie bleue est peu présent dans les ambitions de la Guinée, principalement du fait de ses exigences en compétences techniques et humaines et en financement, bien qu'il existe des initiatives de culture d'algues avec des communautés villageoises tout à fait intéressantes pour la Guinée, comme à Madagascar avec l'entreprise sociale Océan Farmers et Blues Ventures. Le secteur des biotechnologies marines est théoriquement transférable dans un pays qui dispose d'un environnement marin caractérisé par la diversité écosystémique. Dans la mesure où il nécessite une main-d'œuvre hautement qualifiée, il pourrait constituer un secteur de spécialisation à forte valeur ajoutée et de promotion des emplois qualifiés.

Toutefois, la filière est confrontée à une contrainte majeure en Afrique, étant sur une chaîne de valeur d'industries spécialisées dans la conception et la fabrication de produits de consommation innovants non essentiels dont la rentabilité est assurée principalement dans les marchés des pays développés à fort pouvoir d'achat. En Afrique subsaharienne, hormis en Afrique du Sud, les marchés de consommation ne sont généralement pas de taille assez critique pour justifier une implantation et des infrastructures nécessaires pour rendre la filière opérationnelle.

La Guinée dispose de peu d'infrastructures spécialisées dans les biotechnologies terrestres, et faute de financement de long terme, celles-ci sont sous-dotées et n'ont pas les moyens d'assurer la disponibilité immédiate en matériel et en ressources humaines pour opérationnaliser la filière et rendre attractifs d'éventuels investissements. En outre, il n'existe pas en Guinée d'innovateurs dans les biotechnologies bleues susceptibles de financer des activités dans le domaine.

Le développement de la filière des biotechnologies bleues est toutefois une piste intéressante. Dans le cadre d'une politique générale de soutien à la recherche scientifique, la Guinée devrait privilégier une approche graduelle qui consisterait à progressivement intégrer la biotechnologie marine dans les parcours de recherche existant dans les institutions locales, et à établir des coopérations avec les autres pays de la région et avec la communauté scientifique mondiale.

9.3 Les énergies bleues

Les énergies bleues recouvrent l'énergie hydroélectrique et les énergies marines renouvelables (EMR), soit l'ensemble des technologies permettant de produire de l'électricité à partir de différentes forces ou ressources du milieu aquatique, fluvial ou marin.

La promotion des EMR est relativement récente et fort porteuse, car l'Agence internationale de l'énergie (AIE) considère que l'énergie renouvelable des océans pourrait satisfaire 400 % de la demande mondiale actuelle d'électricité.

Les océans et les mers d'Afrique présentent un potentiel énorme et d'innombrables possibilités de développement des sources d'énergie non renouvelables (pétrole et gaz) et renouvelables (vent, marées, vagues, etc.), dont seule une petite partie est exploitée à ce jour. Le développement de l'hydroélectricité se situe à l'intersection du commerce et de l'investissement ainsi que de la gestion de l'eau.

Les ressources énergétiques sous-marines constituent un potentiel clé au plan mondial mais aussi pour le continent africain. En effet, le pétrole et le gaz sont activement recherchés et exploités dans toutes les mers et océans du continent.

L'exploitation offshore à faible profondeur puis la production d'hydrocarbures offshore à grande échelle se sont étendues progressivement stimulées par les chocs pétroliers et l'augmentation du prix du baril et le souci des gouvernements d'assurer leur indépendance énergétique. Aujourd'hui, l'augmentation des prix de l'énergie, sous l'effet de celle de la demande, et parfois de la spéculation, permet de rentabiliser les coûts particulièrement élevés attachés à la valorisation de ces ressources, situées à grande et même très grande profondeur.

Les ressources énergétiques marines tirent parti du potentiel d'énergie cinétique, thermique et chimique de l'eau de mer, qui peut être transformée pour fournir de l'électricité, de l'énergie thermique ou de l'eau potable. Une large gamme de technologies existe, dont certaines commencent à se déployer en Afrique.

Les ressources énergétiques marines offrent en effet des perspectives intéressantes sur le long terme en Afrique et un développement significatif de certaines technologies telles que les hydroliennes est envisageable au cours des dix prochaines années, y compris en Guinée.

Le coût des investissements dans ces technologies et le coût moyen de l'électricité produite commencent à baisser et seront rapidement compétitifs d'autant que la recherche et développement (R&D), les expérimentations en cours et la réalisation d'installations pilotes en Afrique présentent de véritables succès démonstratifs.

Les gouvernements et les entreprises de la plupart des pays africains ont une capacité limitée pour participer au développement d'options énergétiques fondées sur le secteur marin. Parmi les insuffisances évidentes en termes de capacité, il convient de citer la faiblesse des investissements dans le secteur maritime, associée à des considérations de sécurité insuffisantes, des compétences techniques limitées dans les secteurs géologique, pétrochimique et technologique, mais aussi en ingénierie, construction, logistique et approvisionnement. En outre, les cadres politiques et les mécanismes juridiques et institutionnels nécessaires pour investir dans l'énergie des océans sont globalement absents.

Des technologies variées à différents stades de maturation se sont développées dans les domaines de l'économie bleue à travers six grandes sources océaniques d'énergies renouvelables. Chacune est singulière au regard de ses origines et des technologies développées pour assurer la conversion de l'énergie maritime en énergie exploitable.

9.3.1 L'énergie houlomotrice

L'énergie houlomotrice ou celle des vagues provient de la transmission aux mers et aux océans de l'énergie cinétique du vent à leur surface. Elle est potentiellement considérable mais présente de grandes difficultés technologiques d'exploitation. C'est pourquoi ce type d'énergie se trouve à un stade de maturité inférieur aux éoliennes et hydroliennes. Dans l'état actuel, le développement de cette énergie est relativement complexe bien qu'intéressante, En effet, la densité énergétique d'un parc houlomoteur est de l'ordre de 20 à 30 MW par km^2 et les équipements sont susceptibles de fonctionner jusqu'à 4000 heures par an en pleine puissance.

9.3.2 L'énergie marémotrice

L'énergie marémotrice consiste à exploiter l'énergie liée à la différence de niveau entre deux masses d'eau aux marées montantes et descendantes par des systèmes de barrages au travers desquels le passage de l'eau entraîne des turbines. Malgré leur intérêt et leur caractère parfaitement prédictible, elles restent très peu développées en Afrique en raison de leur coût. Le potentiel théorique de l'énergie marémotrice est de 50 TWh/an en moyenne.

9.3.3 L'énergie des courants océaniques

Les courants marins résultent de la transformation de l'énergie cinétique éolienne et de la circulation thermohaline. La densité énergétique d'un parc d'hydroliennes offshore est de l'ordre de 20 à 30 MW par km^2 dans les sites favorables.

Les hydroliennes sont en outre susceptibles de fonctionner 2500 à 3000 heures en équivalent pleine puissance. La captation de l'énergie marine ne nécessite pas la construction de barrages, ce qui limite en partie les impacts environnementaux de ces dispositifs, dont le potentiel de développement est important.

9.3.4 L'énergie thermique des mers

L'énergie thermique des mers est produite en exploitant la différence de température entre les eaux superficielles chauffées par le soleil et les eaux profondes des océans en dessous de 1 000 m pour disposer d'un gradient minimum de 20° C et assurer ainsi un rendement suffisant au regard des techniques disponibles. Ce potentiel est pleinement valorisable et rentable dans les zones tropicales, notamment celles du continent africain. L'énergie thermique marine pourrait en effet connaître, au cours des quinze prochaines années, un développement important dans l'océan Indien.

L'éolien flottant permet d'exploiter l'énergie du vent dans des zones où la profondeur est importante et connaît un développement significatif dans un certain nombre de pays industrialisés. En Afrique, il existe un réel potentiel de développement en Méditerranée et en Afrique australe et dans l'océan Indien.

Le développement des énergies marines renouvelables dépend des efforts réalisés en matière de R&D et d'expérimentation dans chacun de ces secteurs, mais aussi de la convergence des technologies et des progrès réalisés dans d'autres industries marines en matière de construction, de matériaux, de lutte contre la corrosion, de câbles sous-marins et de communication.

Les énergies marines renouvelables (EMR) sont certes à des stades de développement différents mais leur potentiel conduit de nombreux groupes industriels, et également de nombreuses PME et TPE, à s'y intéresser, y compris des centres de recherches et universités africaines.

9.3.5 Les EMR : un vrai potentiel pour l'Afrique et la Guinée

Face à la demande mondiale croissante en énergie, le pétrole et le gaz resteront la principale source d'énergie au cours du demi-siècle à venir, ce qui réserve à l'Afrique une place particulière d'autant que l'extraction des hydrocarbures au large des côtes s'est considérablement développée. Aujourd'hui, plus de 35 % du pétrole et du gaz proviennent de gisements sous-marins, notamment en Afrique, et cette proportion devrait encore augmenter dans l'avenir.

Alors que l'énergie hydraulique s'est développée dans le monde depuis plus d'un siècle, la promotion des EMR est relativement récente, étant une réponse aux défis de plus en plus accentués du changement climatique, et une opportunité stratégique à une époque où les ressources fossiles présentent un coût d'extraction et d'exploitation de plus en plus important. Elles sont devenues l'un des champs d'exploration pour la substitution des énergies renouvelables aux énergies fossiles.

Tandis que l'énergie hydroélectrique est une technologie mature, les énergies maritimes renouvelables non conventionnelles comprennent des technologies spécifiques, qui visent à exploiter le potentiel de production énergétique offert par les différents phénomènes physiques existant en milieu marin et fluvial. Ces EMR suscitent un intérêt croissant à l'échelle mondiale, grâce au succès de projets de grande taille, dans le sous-secteur des éoliennes en mer.

L'accroissement des pressions environnementales pourrait induire une augmentation des efforts et des investissements en faveur de ces technologies, et ainsi contribuer à améliorer leur compétitivité. Jusqu'à présent, la plupart des États africains ont négligé la potentialité des EMR dans leurs politiques énergétiques, préférant mettre l'accent sur l'énergie hydroélectrique (en Éthiopie par exemple) ou s'interroger, dans une réflexion prospective, sur les moyens d'intégrer le nucléaire comme mode de production de l'électricité (Afrique du Sud). Par ailleurs, l'option des EMR pour l'Afrique n'est généralement que peu explorée par les institutions de financement du développement et par les organisations internationales du secteur de l'énergie. C'est ainsi que dans son rapport prospectif « Africa 2030 », l'Agence internationale pour les énergies renouvelables (IRENA) ne fait aucune mention des technologies EMR, analysant le seul potentiel des énergies renouvelables plus « conventionnelles » (solaire et éolien terrestre, hydroélectrique, géothermie, etc.). Ce manque d'examen de la potentialité des EMR s'observe également au niveau régional de l'Afrique de l'Ouest, à la fois, dans les états des lieux énergétiques, et dans les études prospectives.

Au regard de leurs exigences, ces EMR ne sont pas encore opérationnelles en Guinée, même si certaines études de faisabilité ont été réalisées sur leurs opportunités. Les contraintes rencontrées par le secteur des EMR sont liées à leur faible niveau de maturité, qui rend les technologies coûteuses, aux risques mal maîtrisés du point de vue de la production des équipements comme de leur utilisation. L'incertitude principale quant à la transférabilité de la filière en Guinée concerne la capacité d'opérabilité des technologies concernées, notamment du point de vue des conditions géomorphologiques et météorologiques, et la faiblesse des facteurs d'assimilation qui nécessiteraient des efforts de capacity building pour toute la filière.

Le potentiel du pays mériterait une analyse plus approfondie pour chaque technologie – notamment l'énergie thermique des mers, l'énergie houlomotrice et l'énergie osmotique – mais, à court terme, cette option devrait rester concurrencée par une énergie renouvelable à fort potentiel et prioritaire pour le pays : l'hydroélectricité.

9.4 L'hydroélectricité

Avec environ 1165 cours d'eau récences, dont trois des cinq fleuves les plus importants d'Afrique (fleuve Niger, fleuve Sénégal et fleuve Gambie) qui y prennent leur source, le potentiel hydroélectrique de la Guinée est estimé à plus de 6000 MW, pour une énergie annuelle garantie de 19 300 GWh, dont plus de 13 % est valorisé.

La Lettre de politique de développement du secteur de l'énergie (LPSDE) met l'accent sur le potentiel de l'hydroélectricité dans le pays et prévoit de développer son potentiel de sorte que sa part dans l'énergie électrique parvienne à hauteur de 75 % à l'horizon 2025.

La Guinée dispose d'une solide connaissance du secteur de l'énergie hydraulique, qui occupe une part majoritaire dans le mix énergétique du pays. La mise en service du barrage Kaléta, doté d'une puissance installée de 240 MW, en septembre 2015, et bientôt en 2021 le barrage de Souapiti, apporte une production annuelle moyenne de 2000 GWh/an et permettra, à très court terme, la finalisation de l'interconnexion avec les pays voisins.

Malgré des défis en matière de maintenance et de gestion des installations, la Guinée dispose des technologies nécessaires pour le développement de cette filière et a formulé sa Lettre de politique de développement du secteur de l'énergie. L'institution en charge d'encadrer les activités liées à l'énergie hydraulique demeure la Direction nationale de l'hydraulique du ministère de l'Énergie et de l'Hydraulique.

Pour approfondir la connaissance du potentiel de développement de l'énergie hydraulique, la Guinée s'est dotée d'un atlas du potentiel hydroélectrique préparé en 2017 par AECOM qui a recensé près de 200 sites potentiels connus et plus de 100 nouveaux sites potentiels de plus de 1 MW. Le pays peut ainsi suivre sa programmation conséquente de projets d'énergie hydraulique, axés à la fois sur la réhabilitation des infrastructures existantes et sur la construction de nouveaux barrages, la plupart de ces projets disposant de financements ou étant déjà mis en travaux.

Centrales hydroélectriques réalisées

N°		PUISSANCES INSTALLÉES
1	Kaléta	240 MW
2	Souapiti	450 MW
3	Garafiri	75 MW
4	Grandes Chutes	27 MW
5	Donkéa	15 MW
6	Banéa	5 MW
7	Kinkon	3,4 MW

Projet de centrale hydroélectrique en cours de réalisation

N°		PUISSANCES INSTALLÉES PRÉVUES
1	Amaria	300 MW

Projets de centrale hydroélectrique à moyen et long terme

N°		PUISSANCES PRÉVUES
1	Projet hydroélectrique à but multiple de Fomi	90 MW
2	Gozoguezia	54 MW
3	Nongoa	8 MW
4	Poudaldé	90 MW
5	Diaoya	149 MW
6	Morissananko	105 MW
7	Singuega	18 MW
8	Lokoua	11 MW
9	Tinkisso II	11 MW
10	Kéno	7,2 MW
11	Touba	5 MW

Par ailleurs, la Guinée est un partenaire clé sur le marché régional de l'électricité, où elle est engagée dans des initiatives transnationales basées sur l'énergie hydraulique à travers un réseau d'interconnexion électrique avec les pays membres de l'Union du fleuve Mano (Côte d'Ivoire, Libéria et Sierra Leone), de l'Organisation pour la mise en valeur du fleuve Gambie (OMVG - Gambie, Guinée-Bissau et Sénégal). Deux zones frontalières d'intérêt : la sous-région « Sud/Sud-Est » frontalière de la Sierra Leone, du Libéria et de la Côte d'Ivoire et la sous-région « Nord », frontalière de la Guinée-Bissau, du Sénégal, du Mali et par interconnexion de la Gambie sont des opportunités de projets s'inscrivant dans une dimension régionale.

Un autre intérêt de l'énergie hydroélectrique réside dans la diversité de la répartition spatiale du potentiel, qui ne se limite pas aux espaces côtiers, mais peut s'étendre loin dans les arrière-pays. Ce potentiel est d'autant plus vaste qu'il ne se limite pas aux grands projets, mais recouvre aussi la « petite hydroélectricité », c'est-à-dire les solutions de production électrique à petite échelle utilisant les ressources en eau intérieures (0,1 MW à 10 MW), qui peuvent se révéler favorables à l'électrification hors réseau des zones rurales. La République de Guinée a lancé le 26 juin 2023 le Programme national d'électrification rurale (PNER) après avoir initié les états généraux de l'énergie.

Les contraintes liées au développement de l'hydroélectricité sont de plusieurs natures : le coût important des projets d'ouvrages de grands travaux, comme les méga-barrages ; les risques d'impact environnemental considérables (déplacement forcé ou involontaire des populations) ; la détérioration du réseau hydrographique et de la biodiversité aux alentours et l'inondation des habitats naturels. Enfin, le changement climatique, en modifiant les régimes de précipitations et les températures, est susceptible d'affecter à la baisse les capacités des équipements hydroélectriques installés ou en cours d'installation, pesant à terme sur leur rentabilité, voire sur leur utilité.

L'hydroélectricité présente un fort potentiel en Guinée, dont le territoire est adapté à l'expansion des technologies hydrauliques. Ce potentiel est bien connu, puisque le pays, qui abrite déjà plusieurs grands projets, dispose de nombreux documents, études de faisabilité, schémas d'aménagement de centrales hydroélectriques, ainsi que d'un portefeuille de projets en phase de démarrage ou en quête d'investissements. Les projets sont de différentes échelles, en fonction des technologies et des sites (petite hydroélectricité hors réseau et grandes centrales connectées au réseau). Leur mise en œuvre est susceptible de remplir différentes fonctions, comme l'électrification rurale et urbaine, l'approvisionnement énergétique des sites miniers, ou encore l'alimentation du réseau électrique régional.

La filière hydroélectrique se heurte toutefois, en Guinée, à plusieurs obstacles structurels. Requérant d'importants travaux, ces projets nécessitent des financements à la hauteur de l'infrastructure et des équipements qu'ils impliquent. Leur opérationnalisation et leur maintenance sont effectuées par une main-d'œuvre qualifiée qui n'est que partiellement disponible dans le pays. Leur mise en œuvre nécessite au préalable des études d'impact socio-environnemental en vue d'évaluer les risques pour les populations et les écosystèmes.

L'élimination de ces obstacles, que pourrait promouvoir et organiser une stratégie de l'économie bleue, apparaît donc comme opportune, dans la mesure où le développement de l'énergie hydroélectrique, énergie renouvelable, s'inscrirait au cœur de l'électrification durable du pays.

9.5 Le stockage de carbone bleu

Le stockage du carbone lié à l'économie bleue ne représente pas ici une filière industrielle, mais constitue une source de revenus internationaux résultant de la valorisation et de la préservation des espaces marins et côtiers.

Le carbone bleu, ou carbone côtier, se définit comme le carbone capturé par les organismes vivant dans les océans et dans les habitats côtiers, et séquestrés sous la forme de biomasse et de sédiments. Ce processus naturel est mis en péril par la disparition des végétations marines et côtières comme les mangroves, mais il peut être intensifié par des activités de préservation et de développement, ce qui présente une valeur économique dans un monde qui cherche à lutter contre le réchauffement climatique. En effet, les capacités de certains végétaux marins à stocker le gaz carbonique peuvent être défalquées du bilan carbone d'un pays, et les certificats d'économies d'émission peuvent être monnayés sur le marché dédié du carbone.

Le stockage du carbone bleu est potentiellement valorisable dans la mesure où il participe à la réduction des émissions de gaz carbonique dans l'atmosphère. Ce procédé passe par le marché du carbone, c'est-à-dire l'ensemble des plateformes d'échange entre certificats d'économie d'émissions de carbone et pollueurs – qui peuvent ainsi défalquer les économies achetées de leur propre bilan carbone. Ce système, également appelé systèmes d'échange de quotas d'émissions (*Emissions Trading Schemes* – ETS), a été mis en place en 2005 par le protocole de Kyoto, pour inciter les pays à réduire leurs émissions de CO_2 et à investir dans des technologies plus propres et ainsi lutter contre le réchauffement climatique.

Les écosystèmes marins, tels que les marais salants, les mangroves et les prairies sous-marines, fonctionnent comme des puits de carbone : grâce aux capacités absorbantes de certains des végétaux qui les peuplent, le carbone est piégé, conservé, et sédimenté dans les fonds marins. Les plantes marines, qui ne représentent pourtant que 0,05 % de la biomasse végétale terrestre, absorberaient des volumes de carbone équivalents à celui absorbé en surface continentale, en sorte que la moitié des émissions anthropiques de carbone dans l'atmosphère seraient capturés par ces écosystèmes marins.

L'objectif du stockage du carbone bleu ne s'atteint pas seulement par le développement des écosystèmes marins, mais aussi plutôt par leur préservation, voire leur restauration. En effet, ces espaces sont particulièrement menacés par l'activité humaine : 35 % des mangroves mondiales ont disparu entre 1980 et 2000 selon la FAO, et leur disparition progresse de presque 1 % de leur surface chaque année.

La fin des destructions et la réhabilitation pourraient permettre de compenser jusqu'à 7 % des émissions actuelles de combustible fossile. Ces milieux sont propices à l'intervention humaine, puisqu'une partie non négligeable des écosystèmes marins se trouvent en zone littorale (lagunes, mangroves, estuaires). De ce fait, les projets de stockage du carbone bleu sont le plus souvent associés à ceux de gestion des zones côtières, où se déploient les principales activités agricoles, aquacoles et urbaines susceptibles d'influer sur la santé des écosystèmes marins.

Les marchés du carbone, qui consistent dans l'échange de quotas sur le marché (finance carbone) ou directement entre les pollueurs et les économiseurs, ont émergé principalement dans les pays industrialisés, où se trouvent les entreprises les plus polluantes. Ce système a rapidement été conçu comme une opportunité écologique pour les pays en développement de mettre en place des projets économes en carbone, en les valorisant sur ces marchés et s'évitant de passer par les stades polluants de l'industrialisation traditionnelle. Dans ce contexte, un certain nombre d'initiatives, mécanismes et fonds d'appui complémentaires, rattachés soit au marché réglementé soit au marché volontaire, ont vu le jour ces dernières années afin de promouvoir les crédits carbone dans le monde en développement, notamment sous l'égide de la Convention-cadre des Nations Unies sur le changement climatique (UNCCC).

Parmi les différents écosystèmes marins, les mangroves attirent particulièrement l'attention du secteur, du fait de leur fragilité et de leur forte capacité à stocker le carbone, ou à en émettre lorsqu'elles disparaissent. Leur conservation produit donc potentiellement un retour sur investissement plus conséquent en termes de stockage carbone.

Stocks de carbone et leur valeur dans les écosystèmes guinéens

TYPE FORMATION VÉGÉTALE	SUPERFICIE (x 1 000 ha)	DENSITÉ DE CARBONE (t C/ha)	STOCK TOTAL DE CARBONE (Mt C)	VALEUR DU STOCK (milliards $)
Mangroves	250	800	200	2,0
Forêts denses humides	700	250	175	1,8
Forêts claires et forêts denses sèches	1600	150	240	2,4
Savanes boisées	10636	110	1170	12
Jachères et savane arbustive	7500	70	525	5,3
Couverture agricole	1700	40	68	0,7
Autres	2200	0	0	0
Total	24586		2378	24

Source : 6e Rapport national sur la diversité biologique, MEEF 2020.

En fonction du marché réglementaire, qui contraint certains secteurs polluants (énergie, acier, raffinage, etc.), ou du marché volontaire, sur lequel des entreprises peuvent choisir de compenser leurs émissions carbonées dans le cadre d'une politique de responsabilité environnementale ou en prévision d'un durcissement de la législation de leur secteur d'activité, on distingue deux types de « crédit carbone » et de méthodologie pour les acquérir :

- Les CER (*Certified Emission Reduction*) délivrés par des « mécanismes de développement propre » (projets MDP/CDM en anglais, pour *Clean Development Mechanism*)

qui concernent essentiellement les secteurs où la réduction des émissions est contraignante sous l'égide du protocole de Kyoto.
- Les VER (*Verified Emission Reductions*), en vigueur sur le marché volontaire, qui ne sont pas attribués par les Nations Unies, mais par des organismes de vérification indépendants, qui respectent des procédures équivalentes à celles de la Convention-cadre des Nations Unies sur les changements climatiques et sont utilisables dans les secteurs non contraints réglementairement, et dans les pays non-signataires du protocole de Kyoto.

Plusieurs contraintes sont liées au marché carbone :
- La connaissance et la valorisation des projets : à considérer les puits de carbone côtiers comme les mangroves, les marais cotidaux et les prairies sous-marines, une des difficultés qui se pose pour le carbone bleu est qu'il ne fait pas l'objet, dans les mécanismes d'action, d'une distinction vis-à-vis du carbone vert – celui économisé dans les activités terrestres, notamment de conservation et de restauration des forêts. Cela pose un problème de crédibilité dans l'élaboration des projets de carbone bleu, en particulier pour l'évaluation des stocks effectivement réalisés – et donc valorisables.
- La viabilité financière des projets de valorisation du carbone bleu : elle est liée au fonctionnement du marché mondial du carbone et les perspectives plutôt haussières et optimistes dépendent de la volonté politique des principaux pays foyers d'émission de respecter les engagements de l'Accord de Paris[2]. L'optimisme est renforcé par l'adoption progressive de taxes carbone dans un nombre diversifié d'industries et l'introduction de grands mécanismes tels que le mécanisme mondial de compensation et de réduction de carbone pour l'aviation internationale (CORSIA), progressivement entré en activité en 2021 et qui dotera l'aviation internationale de son propre système de compensation. Autrement dit, les projets de valorisation des puits de carbone bleu sont d'autant plus pertinents qu'ils constituent le volet d'un projet structuré autour de plusieurs activités, selon une logique d'additionnalité des bénéfices.

Dans la restauration des mangroves, la Guinée devrait s'inspirer de l'expérience de Blue Ventures, une entreprise sociale britannique installée à Madagascar depuis 2003 où elle accompagne l'État malgache dans sa stratégie REDD en développant des projets de carbone bleu à base communautaire sur plusieurs sites pilotes. Car il a été constaté, comme en Guinée d'ailleurs, que la disparition des mangroves, soumises à de fortes pressions (croissance démographique, surexploitation des ressources halieutiques, urbanisation, changement climatique, etc.), produisait des séquelles sociales et environnementales alarmantes.

Malgré la volatilité des marchés du carbone dans les années récentes, la valorisation de la réduction des émissions de carbone semble devoir continuer de s'imposer en tendance lourde dans le futur proche. Les projets de stockage carbone s'en trouveront consolidés et rendus plus attractifs.

---

2 Remy Allah-Kouadio, Babacar Cissé et Luc Joël Grégoire, *Développement durable et émergence de l'Afrique*, Éditions Grandvaux, 2015.

La Guinée est l'un des pays les mieux dotés de la région en ressources nécessaires, dont un important couvert de mangrove qui pourrait faire l'objet d'une valorisation sous la forme de carbone bleu. L'une des voies à privilégier est d'assortir les projets de restauration et de préservation des mangroves d'autres activités économiques, comme s'y emploie déjà la population du littoral guinéen en promouvant, parfois avec l'appui de l'État, la riziculture de mangrove et la saliculture.

Ces projets sont d'autant plus transférables que les méthodologies de mesure d'impact, mal adaptées jusque-là aux contextes marins, se développent à l'échelle africaine, et qu'un nombre croissant d'acteurs du développement, privés, publics et civils, s'intéressent à cette activité. La Guinée, où sont déjà menés des projets de restauration et de valorisation des mangroves, pourrait profiter de cette dynamique favorable en promouvant des projets en zone côtière, avec l'appui des centres de recherche et des ONGs impliqués. Une contrainte majeure pour la filière est la disponibilité en ressources humaines adéquatement qualifiées pour promouvoir et mettre en œuvre ces projets. Ceux-ci devront donc être conçus en incluant une importante dimension de renforcement des capacités et de sensibilisation aux enjeux de la durabilité.

Le gouvernement guinéen s'est engagé de manière volontariste dans un programme d'urgence pour l'emploi et la formation professionnelle qui ouvre d'importantes opportunités pour la mise à niveau des compétences « bleues » disponibles.

Les externalités positives de l'activité (environnement, financement, etc.), et le relativement faible coût qu'elles représentent constituent un facteur primordial de transférabilité, qui a conduit le gouvernement à retenir le stockage du carbone dans le cadre de la stratégie de promotion de l'économie bleue.

9.6 La saliculture solaire

La filière de la saliculture se développe en Guinée et présente un important potentiel de développement. Le sel produit en Guinée est obtenu par récupération des cristaux laissés sur la terre après le retrait de l'eau de mer dans certaines zones, suivant une méthode artisanale. La production s'étale sur six à huit mois selon les zones.

Des enquêtes réalisées par le ministère du Plan (1996) ont montré que les ménages à Conakry (en moyenne 9 personnes) consomment par an 61,5 kg de sel de cuisine (sel de mangrove), soit en moyenne 6,8 kg de sel de cuisine par personne et par an. En milieu rural et dans les petites villes, la valeur estimative moyenne est de l'ordre de 5 kg/personne/an ; soit une moyenne de 5,916 kg de sel de cuisine par personne et par an pour l'ensemble de la population. Pour une population estimée à 12 559 623 habitants (RGPH, 2014), la consommation nationale serait de l'ordre de 74 400 tonnes par an. Si on y ajoute le sel destiné à l'élevage et aux divers autres consommateurs, soit une demande estimée par la même étude à 21 300 t/an, la demande nationale de sel serait de l'ordre de 96 000 tonnes.

Le tableau présente le niveau estimé de production actuelle, qui est évaluée à environ 5 600 tonnes annuelles. Cette production nationale ne permet de couvrir qu'environ 6 % des besoins en sel du pays. La filière sel présente donc un important potentiel de développement local axé sur le marché domestique.

Estimation de la production de sel en Guinée

PRÉFECTURE	PRODUCTION (en tonnes)
Forécariah	514,00
Coyah	943,70
Dubréka	2,40
Boké/Kafarandé	233,30
Boké/Bintimodia	3,40
Boké/Kamsar	8,60
Gaoual/Coffra	1,50
Koundara/Dyamatou	1,30
Koba/COSEKO	800,00
Koba (Prod. non COSEKO)	80,0
Thia/COSETHIA	980,00
Thia	196,00
Douprou	895,00
Douprou	179,00
S/TOTAL	4 838,20
Estimation production non prise en compte **Coyah et Boké**	725,73
Total	5 563,93

Les ressources en sel sont abondantes et renouvelables. Il s'agit de l'eau de mer et de l'irradiation solaire. Toutefois, la salinisation par le feu contribue à la réduction importante de la mangrove (3,14 kg de bois de feu sont nécessaires pour produire un kilogramme de sel). L'activité participe grandement, du fait de ces pratiques, à la dégradation accélérée de l'environnement, surtout de la mangrove, car très peu d'exploitants sont initiés aux méthodes modernes et écologiques de production (sel solaire).

L'IRAM a publié en 2016 un rapport sur l'activité salicole traditionnelle en mangrove guinéenne et l'alternative par production de sel solaire ; il contient un diagnostic des enjeux et des défis ainsi que des recommandations sur les moyens de moderniser la filière salicole par la promotion de la technique du sel solaire. Un transfert de technologie est en cours au sein des exploitants salicoles, sous l'impulsion de coopérations avec les ONGs comme Univers-Sel. Selon cette dernière organisation, environ 30 % du sel maritime guinéen est produit par la technique solaire remplaçant progressivement la production ignigène.

En dépit de son potentiel, la filière de la saliculture n'est pas couverte par une stratégie nationale ou par une stratégie spécifique. Elle est quasiment absente dans la Politique nationale de développement durable (PNDA) et le Plan national d'investissement agricole et de sécurité alimentaire et nutritionnelle (PNIASAN) qui présentent la politique du secteur et ses moyens de financement.

La filière n'est pas non plus couverte par une stratégie nationale ou par une stratégie de financement de bailleur de fonds de l'appui au développement. Des projets salicoles seraient cependant susceptibles d'être financés par des bailleurs de fonds associés à des ONGs. Le ministère de l'Agriculture est le ministère en charge de la filière. Il est naturellement épaulé par d'autres ministères dont celui de l'environnement.

Compte-tenu de la dépendance de la Guinée vis-à-vis des importations ; de l'impact catastrophique pour l'environnement et la lutte contre le changement climatique de la saliculture ignigène et de l'importance du sel pour la sécurité alimentaire et nutritionnelle, la promotion d'une filière domestique de saliculture solaire devrait faire l'objet d'une stratégie nationale à intégrer dans le PNDES II et le développement de l'économie bleue. Un objectif de production de 70 à 100 000 tonnes par an correspondrait aux besoins de la consommation domestique.

De plus, comme il n'existe pas de filière régionale de la saliculture, mais que la demande en sel existe dans toute la région, des débouchés internationaux pourraient être recherchés tout comme des transferts de technologie intrarégionaux.

9.7 Le transport fluvial

Le marché du transport de passagers et de marchandises en Guinée est marqué par un fort écart entre l'offre et la demande. 30 % du réseau routier est bitumé, 54 %

du réseau national est considéré comme étant en mauvais état, les liaisons interurbaines et rurales sont lacunaires, et le parc de véhicules de transport en commun est vétuste. Le transport fluvial a un rôle important à jouer dans le comblement de ces lacunes, car il utilise une infrastructure naturelle (les voies fluviales) qui permet d'emprunter des chemins entre les zones de production et les zones de consommation/exportation. Par ailleurs, ce mode de transport est de nature à contribuer à la lutte contre la pauvreté et à l'inclusion des populations vulnérables.

La Guinée possède les ressources de base nécessaires au développement du transport fluvial étant traversé par trois fleuves importants (fleuves Niger, Sénégal et Gambie) et par un réseau fluvial composé de 1 165 cours d'eau. Ces fleuves et les nombreuses pénétrations fluviomaritimes forment une infrastructure naturelle sur laquelle peut être développé un transport fluvial par petites et moyennes embarcations. Par ailleurs, les transports par voie d'eau peuvent aussi contribuer à réduire la congestion urbaine, notamment à Conakry, faciliter les liaisons entre certaines villes (Conakry-Kamsar ; Faranah-Kouroussa-Kankan-Siguiri, etc.) et à renforcer les échanges régionaux avec les pays du voisinage, notamment sur le Niger et le Milo, à partir de la Haute-Guinée, vers le Mali et le Niger.

Toutefois, le transport fluvial fait face à un déficit de précipitation, qui réduit le tirant d'eau des voies fluviales et accroît l'ensablement de leur lit. Faute de maintenance, la navigabilité ne peut être assurée que sur certains segments.

La Guinée dispose d'une connaissance restreinte des enjeux techniques du réseau fluvial national et de son potentiel d'aménagement. L'étude diagnostique[3] de l'Union européenne sur le transport fluvial en Guinée renseigne sur le potentiel de développement du transport fluvial. Parmi les études disponibles, elle cite celle sur la réhabilitation des trois débarcadères principaux, de Kankan, Kouroussa et Siguiri. Parmi les études prévues, mais non encore réalisées/finalisées, le rapport mentionne une étude sur les perspectives du transport fluvial sur le Niger et le Milo après l'aménagement de la route Kankan-Bamako et une étude sur les besoins en aménagement de débarcadères fluviaux le long du Niger et du Milo, pour laquelle les premières informations récoltées suggèrent une aggravation de la situation d'ensablement des deux cours d'eau, réduisant leur navigabilité.

Par ailleurs, la quasi-totalité des petits ports, des gares fluviales et des embarcadères de Guinée se trouve dans un état de vétusté, résultant d'un sous-investissement chronique dans le secteur. De même, la sécurité d'accostage et d'opération pour les usagers n'a pas été renforcée, et demeure rudimentaire. Seuls les contrôles des services de l'Agence de navigation maritime (ANAM) assurent un minimum de sécurité (sécurité de l'embarcation, qualification du personnel, équipement en matériel de sécurité). Le programme d'actions stratégiques du rapport de l'Union européenne recommande donc, en matière de sécurité de navigation fluviale, de réaliser une étude sur l'équipement normal en signalisation de sécurité de navigation au niveau des ports secondaires, des débarcadères, et des voies navigables – étude qui

3 Union européenne, COWI (2011), Étude diagnostique des transports en République de Guinée et préparation d'un document de politique et de stratégie sectorielle.

n'était pas réalisée au moment de la rédaction de l'étude du PNUD sur les activités émergentes.

La Guinée enregistre un déficit technologique multidimensionnel en matière de transport fluvial. L'étude diagnostique de l'Union européenne sur le transport fluvial en Guinée résume les defis de la navigation côtière et fluviale à quatre domaines :
- le vieillissement du personnel technique et la difficulté à recruter dans les métiers concernés ;
- l'insuffisance de l'administration de la surveillance, du contrôle, du secours et du sauvetage en mer ;
- les lacunes dans la signalisation fluviale ;
- l'insuffisance dans l'aménagement et dans la maintenance des voies navigables.

La Guinée abrite actuellement plusieurs projets de transport fluvial. Deux projets miniers, à Matakan au sud de Conakry et entre Boffa et Kamsar, ont prévu de se doter de ports en eau profonde. En mars 2019, le consortium SMB-Winning a démarré les travaux de la nouvelle voie ferrée reliant les zones minières de Santou et de Houda (préfecture de Télimélé) au terminal fluvial de Dapilon (préfecture de Boké). Ce réseau multimodal nécessitera la construction de nombreux ouvrages d'art pour un investissement de 1,2 milliard de dollars américains, impliquant la construction et la gestion du port fluvial de Katougouma, d'une superficie totale de 46 ha, ainsi que la construction et la gestion d'un second port fluvial à Dapilon. En 2020, le Winning Consortium Simandou (WCS) a débuté les travaux de réparation de la route reliant le port fluvial de Morebaya à Maférinya.

En 2019, le ministère des Transports avait conclu un accord avec la société ivoirienne Mayelia Logistics, associée à Damen Shipyards, constructeur de navires et Cic Marine, constructeur de gares maritimes, sur la concession des sites affectés au transport maritime à Conakry. Doté d'un investissement prévu de 35 millions d'euros, le projet est axé sur la construction de sept gares maritimes à Conakry (Gbessia, Bonfi, Boussoura, Lambanyi, Kipé, Ratoma et Landrea) qui serviront de stations d'embarquement et de débarquement de passagers. Ces gares seront exploitées par 17 bateaux bus, disposant chacun d'une capacité minimum d'embarquement de 250 passagers, qui seront équipés de système Wi-Fi et de gilets de sauvetage.

Par ailleurs, plusieurs opérateurs de logistique maritime et fluviale sont présents et actifs en Guinée. Louis Dreyfus Armateurs développe le transbordement de bauxite en Guinée pour le compte de la société minière Emirates Global Aluminium (EGA) d'Abu Dhabi. Bolloré Transport & Logistics est également actif en tant qu'exploitant du port autonome de Conakry.

Enfin, la Guinée est le pays d'opération de nombreuses sociétés minières qui, à l'instar de la Société minière de Boké (SMB), pourraient être intéressées par le développement de voies fluviales permettant d'acheminer les minerais.

La Guinée ne dispose cependant pas d'une stratégie spécifique pour le développement du transport fluvial. Les documents de référence pour la politique des transports du pays sont le plan national des transports (PNT), établi en 2002, et le plan sectoriel routier (PSR), établi en 2005. Ces documents, qui traitent des infrastructures et de la gouvernance, couvrent tous les sous-secteurs des transports, le PNT couvrant celui des transports maritimes et fluviaux.

Pour le transport fluvial, le PNP a fixé les objectifs suivants :
- Disposer de réseau de dessertes et de services de cabotage littoral et fluvial intérieur et de voisinage, offrant au moindre coût des conditions acceptables de transport, de sécurité et préservant l'environnement.
- Disposer d'un réseau de ports fluviaux de bon niveau de service sur le Niger et le Milo, pour dynamiser l'activité de transport fluvial sur ces cours d'eau.
- Conforter les capacités de l'Agence nationale de navigation maritime (ANAM).
- Améliorer la sécurité de navigation côtière et fluviale, et les conditions d'opération du petit cabotage.

En 2011, le gouvernement a manifesté à nouveau un intérêt au développement du transport fluvial et à son intégration dans le système de transport multimodal. Il était envisagé de réaliser les actions suivantes sur une période de cinq ans :

Infrastructures et institutions

- Confirmer l'attribution au MDT, de la maîtrise d'ouvrage de l'État sur les infrastructures portuaires, quel que soit leur destination (transport, pêche, tourisme, chantier naval), avec mise en concession à l'ANAM.
- Construire, aménager, réhabiliter et mettre à niveau six débarcadères ou petits ports pour le transport côtier (urbain et interurbain).
- Réhabiliter et mettre à niveau les ports fluviaux de Kouroussa, Kankan, Siguiri.
- Étudier un schéma directeur d'aménagement des voies d'eau potentiellement navigables.
- Étudier un schéma directeur d'équipement et d'aménagement en débarcadères et petits ports maritimes et fluviaux.
- Élaborer une stratégie de développement des transports fluviomaritimes, assortie d'un plan d'action (dont un programme d'investissements).
- Élaborer un programme quinquennal (2018-2022) d'investissements, en matière d'aménagement de débarcadères et de petits ports maritimes et fluviaux.
- Élaborer un programme d'investissements en matière d'aménagement des voies potentiellement navigables (dragages des chenaux, balisage).
- Élaborer un projet de réhabilitation de la navigabilité des fleuves Niger et Milo, et préparer sa mise en œuvre.

Sécurité

- Améliorer la sécurité de la navigation sur les fleuves (maintenance et balisage des chenaux).
- Aménager des débarcadères et petits ports maritimes et fluviaux.

- Élaborer un projet de signalisation des dangers de la navigation le long de la côte et des voies navigables.
- Améliorer l'assistance météorologique pour la sécurité en mer.

Le transport fluvial n'apparaît toutefois pas dans les stratégies plus récentes. Si le PNDES met en valeur le potentiel de la navigation fluviale, la note sectorielle sur les transports interurbains du programme Investir en Guinée ne mentionne pas de manière spécifique le transport fluvial[4].

La question du développement du transport fluvial est pourtant un levier important de l'économie bleue en Guinée. La topographie du pays, parcouru d'un vaste réseau fluvial, offre non seulement les infrastructures naturelles au développement de ce mode de transport, mais constitue une alternative au développement d'autres modes de transport plus coûteux et moins adaptés au territoire, comme le transport routier. Compte tenu des enjeux d'intégration spatiale et d'aménagement du territoire en Guinée, dont les lacunes pèsent sur les échanges de marchandises, de ressources minières et de produits agricoles, y compris au niveau régional, il existe une nette décorrélation entre le potentiel du secteur et le sous-investissement chronique qu'il a subi, aussi bien du point de vue des financements que du point de vue des orientations stratégiques.

Cette situation s'explique par la priorité traditionnellement donnée au transport routier et par la complexité de mise en œuvre du transport fluvial, dans un contexte d'assèchement et d'ensablement croissant des cours d'eau sous l'effet du changement climatique.

Au-delà du coût des opérations de dragage et de réhabilitation des infrastructures (bateaux, ports, gares maritimes), le défi à long terme du transport fluvial en Guinée est celui de la maintenance opérationnelle, qui comprend des enjeux de régulation (signalisation, sécurité, etc.) et d'entretien du réseau fluvial. Alors que l'État semble s'être progressivement retiré de cette stratégie de transport, une dynamique de marché tend à en réactualiser l'intérêt, dans une perspective multimodale. Plusieurs sociétés minières investissent dans le développement de sections fluviales en vue d'acheminer plus efficacement les marchandises, et des institutions comme la Marine marchande réalisent d'importants efforts proactifs d'adaptation en matière de formation du personnel navigant. Pour toutes ces raisons, le transport fluvial figure parmi les filières qui, malgré les difficultés historiques du secteur à s'imposer en priorité gouvernementale, devraient s'inscrire dans la dynamique de promotion de l'économie bleue.

9.8 Les minerais marins et sous-marins

Les ressources minérales marines profondes pourraient contribuer à la diversification des sources d'approvisionnement. Trois types de ressources minérales potentielles sont connus dans les grands fonds : les sulfures hydrothermaux, les

4 Ministère des Investissements et des Partenariats public-privé. Note sectorielle, « Infrastructures de transport inter-urbaines ».

encroûtements cobaltifères et les nodules polymétalliques. À ces ressources minérales s'ajoutent les ressources en granulats marins.

L'intérêt de l'industrie pour l'exploitation des minerais sous-marins est déterminé par la conjugaison d'une demande croissante pour les produits de consommation utilisant des métaux et par une raréfaction des ressources disponibles sur terre. Les difficultés croissantes de l'exploitation des carrières terrestres, avec l'épuisement des ressources en minerais les plus purs et l'impossibilité de recycler un certain nombre de produits, présentent des coûts technologiques qui justifient l'investissement dans la recherche sous-marine. Par ailleurs, ces recherches sont encouragées par les États, dont le besoin de sécuriser des ressources stratégiques s'accroît également. Ces ressources sont aussi bien les métaux communs que les terres rares.

Le potentiel de l'industrie minière en Afrique est difficile à évaluer. La localisation des ressources sous-marines et la récurrence des projets relevant de ce secteur ne sont pas particulièrement favorables au continent. Un rapport de 2014 commandé par la Commission européenne sur l'état de la connaissance du secteur des mines sous-marines n'avait recensé aucun projet en Afrique, et la recherche effectuée pour le PNUD par Weigert et Ngom n'en a pas identifié non plus, pour ce qui concerne les encroûtements, les nodules et les sulfures. Pour les granulats marins, leur exploitation est plusieurs fois mentionnée pour l'Afrique, mais sans qu'une distinction soit faite avec l'exploitation des granulats terrestres.

En mai 2017 à Kampala, l'Autorité internationale des fonds marins (ISA) et le gouvernement de l'Ouganda ont organisé un atelier sur les ressources minérales sous-marines en Afrique et sur le développement d'une économie bleue durable. L'objectif de cet atelier était de réfléchir à des mécanismes pour améliorer la coopération régionale et la participation des pays africains au régime mondial de régulation de l'activité. Il s'agissait plus spécifiquement d'identifier les moyens de renforcer les capacités techniques des pays africains dans le domaine, d'accroître leur participation dans les décisions et les initiatives mondiales et ainsi de définir et mettre en place des opérations durables sur le plateau continental africain.

L'atelier a permis de mettre l'accent sur plusieurs enjeux critiques pour assurer, dans le futur, un développement durable de l'industrie minière sous-marine autour du continent. Le premier enjeu est juridique : il insiste sur le rôle directif et la vocation protectrice de la Convention des Nations Unies sur le droit de la mer pour les pays signataires ; le deuxième enjeu est informationnel : il souligne l'importance pour les pays africains de connaître le potentiel disponible dans les fonds sous-marins ; le troisième enjeu est technologique : il met en avant le besoin de renforcer la capacité de l'Afrique à produire et à valoriser sa propre connaissance des fonds marins ; le quatrième enjeu est institutionnel : il met en évidence le besoin de créer des centres d'excellence pour améliorer la formation locale en sciences marines ; le cinquième enjeu est industriel : il attire l'attention sur le rôle des partenariats public-privé dans la promotion des activités minières sous-marines.

Au total, l'atelier a permis de dresser un panorama des défis pour l'Afrique, face aux nombreux risques économiques, sociaux et environnementaux inhérents à cette filière émergente, où les acteurs privés disposent de moyens financiers considérables et d'avantages informationnels qui créent une asymétrie dans les rapports de négociation. À cet égard, l'atelier a rappelé l'intérêt que les pays africains auraient à collaborer au niveau continental, mais surtout régional, par exemple en créant des agences de coopération sur les fonds marins. La mutualisation des moyens serait propice à l'organisation d'opérations conjointes, y compris le financement de campagnes de prospection et d'exploration, très coûteuses et dont les résultats sont incertains.

Faute d'informations propres à d'hypothétiques expériences africaines d'exploration/exploitation de minerais sous-marins, les expériences existantes dans d'autres parties du monde révèlent quelques traits majeurs qui expliquent pourquoi ces activités semblent difficiles à mettre en place pour les pays du continent, hormis pour les granulats marins :

- Les projets d'exploration présentent un coût en capital considérable, avec des incertitudes quant à la rentabilité des investissements de telle sorte que seuls les pays industrialisés sont en mesure de les financer.
- Le risque environnemental n'étant pas clairement délimité, la technologie d'exploration n'est pas totalement finalisée et donc n'est pas reproductible par des équipementiers – ce qui permettrait de multiplier les projets.
- Compte tenu des coûts et des risques environnementaux, la gouvernance des projets doit être solidement établie, avec une coopération forte entre les États, le secteur privé et la communauté internationale (Convention des Nations Unies sur le droit de la mer).
- Pour les granulats marins, l'approche holistique, qui vise à compenser les externalités négatives de la lutte contre l'exploitation illégale des plages (destruction d'emplois, filières parallèles), semble nécessaire pour atteindre les objectifs complémentaires assignés au projet (protection des côtes).

En conclusion, les projets de prospection minière sous-marine sont extrêmement coûteux, et sont généralement cofinancés par les États potentiellement bénéficiaires, afin que les opérateurs privés qui possèdent la technologie de prospection n'assument pas seuls le risque de non-découverte. Dans la mesure où quasiment aucun indice sur la présence de minerais sous-marins n'a été identifié aussi bien au niveau de la ZEE de la Guinée que dans la zone du golfe de Guinée dans son ensemble, il est probable que l'incertitude accroîtrait encore le coût de prospection. En Afrique de l'Ouest, seul le Nigeria a été en mesure de mener des prospections, avec l'appui de l'Autorité internationale des fonds marins, mais cette expérience a suscité un tollé chez les défenseurs de l'environnement.

Étant donné ces multiples risques, et à moins que des acteurs privés prennent en charge l'ensemble des coûts d'exploration, l'investissement dans cette filière représenterait un important coût pour la Guinée, aussi bien au niveau des prestations de service à financer qu'au niveau des régulations à développer. Il convient en outre de considérer également les risques environnementaux et la compatibilité de ces activités avec les enjeux de développement durable.

9.9 Les technologies de l'information et de la communication

Les câbles marins représentent une innovation de l'économie bleue non pas en tant que tels mais dans la mesure où ils ouvrent des perspectives considérables de développement et comme une technologie nécessaire aux opérateurs de télécommunications pour fournir aux usagers une grande diversité de services numériques. Dorénavant consacrés à l'acheminement du réseau Internet, du réseau téléphonique (voix) et du réseau de télévision numérique vers un continent ou un pays côtier, les câbles sous-marins s'inscrivent *de facto* dans une dynamique d'innovation, car la connexion à l'Internet global à laquelle ils permettent d'accéder constitue un facteur de transformation sociale et économique, notamment dans les pays en développement jusqu'alors moins desservis.

Les câbles sous-marins de télécommunications, en tant que canal de transmission des données de télécommunications, notamment d'Internet, comportent deux types d'enjeux pour les pays en général, et les pays en développement en particulier : l'accès et la souveraineté numériques. L'accès au réseau large bande de télécommunications et à l'Internet à haut et à très haut débit, dont la transmission est dorénavant assurée de manière quasi exclusive fait que la technologie de la fibre optique est devenue indispensable à la mise en place d'une économie moderne et productive de réduction des coûts de transaction, de gains de productivité, de développement social et territorial, et de lutte contre le changement climatique.

Pour l'état des lieux, environ 406 câbles, tirés sur une longueur totale de 1,2 million de kilomètres, étaient en service dans les océans début 2020 et assuraient l'interconnexion planétaire des réseaux de télécommunications. L'Afrique est aujourd'hui connectée à ce réseau mondial par 54 câbles transcontinentaux ou intra-africains qui sont déjà opérationnels ou en cours de déploiement, et qui la relient à l'ensemble des continents, à l'exception de l'Océanie. En Afrique de l'Ouest par exemple, le projet Africa Coast to Europe (ACE) a permis à plusieurs pays de la région (Guinée équatoriale, Gambie, Guinée, Libéria, Mauritanie, Sao Tomé-et-Principe et Sierra Leone) de se connecter pour la première fois à un câble de télécommunications intercontinentale.

Le projet va toucher 24 pays africains, y compris dans des pays enclavés comme le Mali et le Niger. Certains pays, comme la Guinée, ont reçu le soutien de la Banque mondiale dans le cadre du programme régional d'infrastructures de communications de l'Afrique occidentale (*West African Regional Communications Infrastructure Program* - WARCIP), dont l'objectif était d'accroître la portée géographique des réseaux à large bande et de réduire le coût des services de communication dans les territoires bénéficiaires.

Il convient de noter que le potentiel lié à ce tronçon initial de connexion aux réseaux mondiaux de télécommunications (câbles sous-marins de fibre optique) ne réside pas dans l'infrastructure en elle-même, mais dans le système dans lequel il s'intègre au niveau terrestre, et dans les opportunités de transformation qu'il induit par conséquent.

Tracé et bénéficiaires du projet ACE

Source : ZDnet.

L'accès est également un enjeu d'avenir. Car Internet est au cœur d'une transformation générale de la société et de l'économie, qui dépasse la simple optimisation des modèles existants. Il donne naissance à un environnement numérique multidimensionnel qui préfigure la notion de 4e révolution industrielle, ou révolution numérique. Celle-ci se caractérise par « une fusion des technologies qui gomme les frontières entre les sphères physique, numérique et biologique ».

Le système du réseau de fibre optique est développé, opéré et entretenu par une combinaison d'opérateurs publics et privés dont les niveaux d'implication varient en fonction du modèle de gouvernance privilégié. En tant que bien public à promouvoir, l'aménagement numérique du territoire est généralement initié par les États, en particulier dans les pays qui cherchent à installer les premières infrastructures de la dorsale nationale de télécommunications. Le faible nombre de connexions aux câbles mondiaux se traduit en effet par un manque de redondance dans l'architecture critique du réseau. Il en résulte une dépendance envers les opérateurs de télécommunications présents dans le pays, qui ajoute un enjeu de régulation sectorielle en faveur d'une meilleure compétition dans l'agenda national de souveraineté numérique.

Le progrès de la connexion à Internet et le renforcement de sa pénétration dans l'économie et la société forment un enjeu critique pour l'Afrique et la Guinée. L'expansion d'Internet pourrait permettre au continent de réaliser des gains de productivité de l'ordre de 148 milliards à 318 milliards de dollars américains en 2025, du fait des transformations qu'elle occasionnerait dans six secteurs en particulier : les services financiers, l'éducation, la santé, le commerce, l'agriculture et la gouvernance.

Le principal obstacle au déploiement de la fibre optique en Afrique est financier. Alors que le coût d'exploitation est relativement faible une fois les câbles installés, le développement de l'infrastructure du réseau national est un projet long, qui présente un coût important de travaux de génie civil – la pose de câbles terrestres de fibre optique était estimée à 20 000 euros par kilomètre en 2013 pour l'Afrique, elle s'évalue aujourd'hui à plus de 30 000 euros en 2023. Et dans l'articulation de l'offre et de la demande réside une autre contrainte majeure pour l'Afrique : le faible pouvoir d'achat des populations combiné au prix élevé des services de télécommunications et des connexions à haut débit.

Pour rentabiliser la connexion aux câbles sous-marins, c'est donc dans l'espace post-câble de l'offre et de la demande que l'État a un rôle à jouer, à travers le modèle de promotion du numérique qu'il met en place pour développer le secteur. L'action de l'État s'inscrit ainsi à deux niveaux : promouvoir la commercialisation de services de qualité et abordables par les fournisseurs et encourager l'utilisation d'Internet chez les populations.

Enfin, la Guinée, en tirant parti de son accès maritime et de la proposition de transformation du PAC en éco-port, avec accès facile à l'hinterland, a une opportunité supplémentaire de rentabiliser les investissements dans l'infrastructure du réseau national en assurant une continuité vers le Mali et le Burkina Faso. Les pays enclavés, pour qui l'accès au réseau central fourni par les câbles sous-marins est tout aussi nécessaire, peuvent ainsi devenir des clients du réseau d'atterrissement sur lesquels transitent les télécommunications qui leur sont acheminées. C'est là une opportunité à enjeu d'intégration régionale, en particulier dans le domaine de l'aménagement numérique de la sous-région.

La République de Guinée, comme le Sénégal et la Côte d'Ivoire, va pouvoir se classer aussi comme un hub de transit pour une partie de la dorsale régionale de télécommunications. Dans cette optique, la Guinée doit chercher à intégrer le projet 2Africa de câble sous-marin de fibre optique intercontinental destiné à relier 16 pays d'Afrique avec l'Europe et le Moyen-Orient et promu par Facebook et ses partenaires.

Le développement par étapes du secteur comprend une composante équipementière de la fibre optique qui nécessite d'importants capitaux et une maîtrise du processus de manufacture des câbles et d'installation des réseaux (métro Ethernet, centres de données, etc.) et une phase d'opérationnalisation de la fibre optique et d'Internet dans la vie économique et sociale en faveur de l'adoption de la technologie par les populations.

Dans la mesure où les infrastructures de base sont déjà installées, et dans la mesure où le développement du secteur des TICs favorise la modernisation et la transformation de l'économie, il semble opportun d'inclure la filière parmi celles disposant d'un potentiel de développement significatif en Guinée.

Partie 4

L'économie bleue et les enjeux de développement social

CHAPITRE 10

Le renforcement des capacités et du capital humain

—

Alpha Bacar BARRY
Ministre de l'Enseignement technique, de la Formation professionnelle et de l'Emploi de la République de Guinée

Naima PAGES
Team leader du cluster du PNUD en charge de la transformation structurelle et du développement durable

Introduction

La promotion de l'économie bleue ne peut être un succès que si elle bénéficie d'une appropriation par les décideurs, d'une part, et par la population prise globalement, d'autre part. À cette fin, il paraît logique d'engager un effort d'information à ces deux niveaux.

La communication stratégique, notamment des gouvernants, l'information du grand public et la mobilisation des parties prenantes à l'action de développement constituent des conditions nécessaires pour la valorisation des potentialités de l'économie bleue en Afrique et dans le monde.

L'Union africaine, la Commission économique des Nations unies pour l'Afrique, le PNUD et la FAO s'attachent à valoriser le concept de l'économie bleue, à le faire mieux connaître et à promouvoir des stratégies nationales inclusives, mobilisatrices et transformationnelles. En Afrique et en Guinée tout particulièrement, cette prise de conscience est importante.

10.1 Informer les décideurs et le public sur l'économie bleue

10.1.1 les décideurs

S'agissant des décideurs, il importe de mentionner que l'économie bleue a fait l'objet d'une information spécifique au niveau gouvernemental au même titre que le PRI en cours (Programme de référence intérimaire (2022-2025) et le PNDES II à venir (2026-2030).

Le gouvernement de la République de Guinée et ses départements ministériels ont impulsé une dynamique de coordination stratégique et synergétique des actions publiques en faveur de l'économie bleue en responsabilisant deux ministères clés, celui de l'Environnement et du Développement durable et celui des Pêches et de l'Économie maritime.

Le premier, le ministère de l'Environnement et du Développement durable en Guinée, a pour mission principale la protection de l'environnement, la promotion du développement durable et la gestion des ressources naturelles du pays pour le bien-être des générations présentes et futures. Ses priorités sont les suivantes :
- La protection de l'environnement : le ministère s'engage à préserver les écosystèmes naturels de la Guinée, y compris les forêts, les zones humides, les cours d'eau, les zones côtières et la biodiversité. Il vise à promouvoir des pratiques de conservation, efficace et pérenne, à lutter contre la déforestation, la dégradation des terres, la pollution de l'air et de l'eau, et à protéger les espèces en voie de disparition.
- La gestion durable des ressources naturelles : le ministère est chargé de la gestion durable des ressources naturelles, telles que les forêts, l'eau, les sols et les minéraux. Il vise à promouvoir une utilisation responsable de ces ressources, en veillant à leur préservation pour les générations futures, tout en favorisant le développement économique du pays.
- La lutte contre les changements climatiques : le ministère est impliqué dans les efforts de lutte contre les changements climatiques en Guinée. Il vise à promouvoir l'adaptation aux effets du changement climatique, la réduction des émissions de gaz à effet de serre, la promotion des énergies renouvelables et la mise en œuvre des engagements internationaux de la Guinée dans le cadre de l'Accord de Paris.
- La gestion des déchets : le ministère s'engage à mettre en place des politiques et des programmes visant à promouvoir la gestion des déchets de manière efficace et durable. Cela comprend la collecte, le tri, le recyclage et l'élimination appropriée des déchets, ainsi que la sensibilisation du public à l'importance de la réduction des déchets et de la promotion d'une économie circulaire.
- La promotion du développement durable : le ministère œuvre à cet égard à la promotion du développement durable en intégrant les aspects économiques, sociaux et environnementaux dans les politiques et la planification du développement et cherche à harmoniser la croissance économique avec la protection de l'environnement et le bien-être des populations, en favorisant l'économie bleue ainsi que l'utilisation durable des ressources.
- Le renforcement des capacités : le ministère s'attache à renforcer les capacités des acteurs nationaux, y compris les communautés locales, les organisations de la

société civile et les institutions publiques, en matière de gestion environnementale et de développement durable. Cela inclut la formation, l'éducation environnementale, la sensibilisation du public et le renforcement des institutions spécialisées compétentes.

Le ministère de la Pêche et de l'Économie maritime, quant à lui, a pour mission principale la gestion durable des ressources marines et la promotion de l'économie maritime du pays. Ses principales missions et priorités sont les suivantes :

- La gestion des ressources marines : le ministère est chargé de la gestion durable des ressources marines, y compris la pêche, l'aquaculture et l'ostréiculture. Il vise à préserver la biodiversité marine, à lutter contre la surpêche, à promouvoir des pratiques de pêche durables et à assurer la réglementation et le contrôle des activités de pêche.
- Le développement de l'économie maritime : le ministère a pour objectif de promouvoir le développement de l'économie maritime en Guinée. Cela comprend la stimulation de l'activité économique liée à la pêche, à l'aquaculture, au transport maritime, à la construction navale, à la logistique portuaire et à d'autres secteurs connexes. Il vise à encourager les investissements, à créer des emplois et à favoriser la croissance économique dans le domaine maritime.
- La protection de l'environnement marin : le ministère accorde une importance particulière à la préservation de l'environnement marin et des écosystèmes côtiers. Il travaille à la réduction de la pollution marine, à la préservation des zones sensibles, à la lutte contre la dégradation des habitats marins et à la conservation des espèces marines.
- Le renforcement des capacités : le ministère s'engage à renforcer les capacités des acteurs du secteur maritime, y compris les pêcheurs, les aquaculteurs, les employés des ports et les autres parties prenantes. Cela comprend la formation technique, l'éducation sur les bonnes pratiques, la sensibilisation à la préservation des ressources marines et le renforcement des institutions compétentes.
- La lutte contre la pêche illégale : le ministère met en place des mesures pour lutter contre la pêche illégale, non déclarée et non réglementée. Il travaille en collaboration avec d'autres agences nationales et internationales pour renforcer les capacités de surveillance, renforcer les systèmes de contrôle et d'inspection, et appliquer les réglementations relatives à la pêche.

Au total, les deux ministères œuvrent à la promotion d'une coopération régionale et internationale d'envergure. Ainsi, les ministères collaborent avec d'autres pays, organisations régionales et internationales dans le domaine de la pêche, de l'économie maritime, de l'environnement et du développement durable. Ils participent, en outre, à des initiatives régionales et internationales visant à promouvoir la gestion durable des ressources naturelles y compris marines, partagent les meilleures pratiques reproductibles et à mettre à l'échelle, et à renforcer la coopération internationale et Sud-Sud, dans leurs domaines de compétence.

Ces missions et priorités du ministère de la Pêche et de l'Économie maritime en Guinée Conakry visent à assurer la gestion durable des ressources marines, à promouvoir le développement économique du secteur maritime et à protéger l'environnement marin pour les générations présentes et futures.

Un vrai défi existe en Afrique de l'Ouest pour développer une ambition en matière d'économie bleue comme cela a été fait dans certains pays d'Afrique de l'Est. Les responsables des ministères guinéens les plus concernés souhaitent partager leurs expériences et apprendre de leurs homologues engagés depuis plus longtemps dans la promotion de l'économie bleue, par exemple au Kenya (suivi de la Conférence de Nairobi, Programme pour l'environnement des Nations Unies (UNEP), Lake Victoria Basin Commission (LVBC)), en Éthiopie(barrage de la Renaissance, travaux de la Commission économique pour l'Afrique), à Djibouti (travaux de l'IGAD (Intergovernmental Authority on Development - autorité intergouvernementale pour le développement, géothermie, hub de câbles sous-marins)), à Maurice (ministère de l'Économie bleue) ou au Seychelles (Blue Economy Knowledge Center).

10.1.2 Le public

S'agissant de l'information du public, des campagnes pourraient être organisées en partenariat avec les ONGs et les collectivités locales en vue de montrer que la stratégie de promotion de l'économie bleue vise à la fois à créer des activités et des emplois et à préserver les équilibres écologiques. Une information utile pourrait encore être diffusée dans le cadre des écoles et des universités.

10.2 Le renforcement des capacités et la formation des acteurs de l'économie bleue

Le déficit en capacités techniques, technologiques, ou plus largement le manque de qualification professionnelle est probablement l'un des obstacles majeurs au développement de l'économie bleue en Guinée.

Il paraît dès lors prioritaire, à partir d'une cartographie des métiers de l'économie bleue (inventaire à réaliser), d'identifier ces déficits secteur par secteur (sûreté et sécurité, veille écologique, pisciculture, saliculture solaire, hydroélectricité, transport fluvial, technologies de l'information, activités portuaires, etc.) et de mettre en place les formations requises dans une optique de moyen terme. En résulterait un programme national de renforcement des capacités dans le domaine de l'économie bleue.

Le renforcement des capacités des acteurs de l'économie bleue s'avère donc essentiel pour promouvoir une transition durable vers des pratiques économiques respectueuses de l'environnement. C'est la raison pour laquelle le gouvernement guinéen privilégie le renforcement des capacités dans des domaines et secteurs clés :

- La formation et l'éducation : à cet égard, il est important de mettre en place des programmes de formation et d'éducation pour les acteurs de l'économie bleue. Cela peut inclure des programmes d'apprentissage pratique, des ateliers, des cours universitaires spécialisés et des formations professionnelles pour développer les compétences nécessaires dans des domaines tels que la gestion des ressources naturelles, les énergies renouvelables, la gestion côtière et les pratiques durables.
- La sensibilisation et la diffusion des connaissances : le gouvernement considère

comme crucial de sensibiliser les acteurs et la société dans son ensemble aux enjeux de l'économie bleue. Cela peut se faire par le biais de campagnes de sensibilisation, de conférences, de publications et de partage d'informations. À cet égard, la diffusion des connaissances permet de promouvoir une meilleure compréhension des enjeux environnementaux et des pratiques durables.

- L'accès aux technologies et à l'innovation : le renforcement des capacités implique également de faciliter l'accès aux technologies et à l'innovation dans les secteurs de l'économie bleue. Cela peut inclure la promotion et le partage des meilleures pratiques, le développement de solutions technologiques adaptées, dont l'usage des drones et celui du numérique pour améliorer la gestion et la supervision des infrastructures et écosystèmes mais aussi les connaissances des bases de données écologiques et environnementales. L'accès à des financements pour l'adoption de technologies propres, et la création de partenariats pour favoriser l'innovation sont aussi essentiels.
- Le renforcement institutionnel : le gouvernement s'est engagé à renforcer les institutions et les organismes gouvernementaux responsables de la réglementation et de la gestion des secteurs de l'économie bleue. Cela permettra d'inclure le renforcement des capacités et les savoir-faire en matière de planification, de mise en œuvre et de suivi des politiques environnementales, ainsi que la coordination entre les différentes parties prenantes et les acteurs concernés.
- Le renforcement des capacités des acteurs de l'économie bleue : le gouvernement s'est engagé à renforcer les capacités des acteurs de l'économie bleue afin de contribuer à la durabilité des pratiques économiques, à la préservation de l'environnement et à la réalisation des objectifs de développement durable. Il est par conséquent nécessaire d'investir dans ces efforts pour favoriser une transition vers une économie plus respectueuse de l'environnement.
- Les partenariats et le réseautage : la collaboration et les partenariats entre les acteurs de l'économie bleue, les organisations internationales, les ONGs, les entreprises et les communautés locales sont essentiels pour le renforcement des capacités. Les réseaux et les collaborations permettent d'échanger des connaissances, de partager des expériences et de trouver des solutions collectives aux défis environnementaux y compris en matière de suivi-évaluation et de gestion axée sur les résultats et les impacts.
- L'amélioration des infrastructures et des programmes de formation technique et professionnelle en faveur de l'économie bleue : le gouvernement s'est engagé dans des rénovations majeures au sein des établissements d'enseignement technique et professionnel où sont développées les filières cruciales pour l'emploi dans ce secteur. Cela inclut des établissements qui sont principalement au cœur des filières promotrices d'emplois dans l'économie bleue, constitués des écoles spécialisées telles que celles dédiées aux domaines des eaux et forêts, des activités fluviales et marines, de l'agroforesterie et de l'environnement. Ces rénovations visent à garantir des environnements d'apprentissage modernes et adaptés, offrant ainsi aux apprenants les compétences nécessaires pour prospérer dans ces secteurs essentiels à notre économie. Ces écoles sont le Centre d'Études Environnementales et de Développement (CEED) de Pita, l'École nationale des Agents Techniques des Eaux et Forêts (ENATEF) de Mamou, les Écoles nationales d'Agriculture et d'Élevage (ENAE), le Centre de formation professionnel maritime.

De plus, l'organisation d'une conférence internationale en Guinée a mis en valeur le fait que, face à l'urgence de limiter les émissions mondiales de gaz à effet de serre, l'Afrique se trouve désormais en possession d'une ressource cruciale : le carbone. Ce composant joue un rôle clé dans l'atténuation des effets du changement climatique et dans sa régulation. Par conséquent, de nouveaux mécanismes de financement et de paiement pour les services écosystémiques émergent.
Les emplois bleus sont essentiels pour réduire l'impact environnemental des entreprises et des secteurs économiques de manière durable à long terme. Ils contribuent à diminuer la consommation d'énergie et de matières premières, à prévenir les émissions de gaz à effet de serre, à minimiser les déchets et la pollution et à restaurer les services écosystémiques tels que l'eau potable, la protection contre les inondations et la biodiversité. Ces emplois peuvent être créés aussi bien dans les zones urbaines que dans les zones rurales, couvrant un large éventail de professions et de métiers manuels aux professions hautement qualifiées.

En 2023, la 28e Conférence des Parties sur les changements climatiques (COP 28) de Dubaï, a mis l'accent sur des aspects clés tels que la transition énergétique et la solidarité entre les pays du Nord et du Sud. Cela souligne l'importance cruciale du développement de l'emploi bleu pour les Services publics d'Emploi (SPE). Dans ce contexte, l'Association mondiale des Services publics d'Emploi (AMSEP) a tenu une conférence interrégionale en Afrique en décembre 2023 sur le thème « Développement et Promotion des Emplois verts : une opportunité pour les Services publics d'Emploi (SPE) », précisément en Guinée Conakry.
Après le Tchad en 2018 et le Cameroun en 2019 en Afrique Centrale, c'était désormais au tour de l'Afrique de l'Ouest d'accueillir cette conférence interrégionale. Le Secrétariat exécutif de l'AMSEP et la Vice-Présidence pour la Région Afrique ont choisi la Guinée Conakry comme hôte, en partenariat avec l'Agence Guinéenne pour la Promotion de l'Emploi (AGUIPE). Et ses préparatifs ont été pris en charge par le Ministère de l'Enseignement technique de la Formation professionnelle et de l'Emploi, à travers l'Agence guinéenne de la Promotion de l'Emploi (AGUIPE), en étroite collaboration avec la Présidence de l'Association mondiale des Services publics d'Emploi et le Secrétariat Exécutif de l'AMSEP.

10.2.1 La sécurité maritime

Les métiers de la sécurité maritime et de la sûreté sont essentiels pour assurer la protection des zones maritimes, la sécurité des navires, des équipages et des cargaisons, ainsi que la prévention et la gestion des risques liés à la piraterie, au terrorisme maritime, à la contrebande et à d'autres activités illégales en mer. Dans ces domaines, des métiers nouveaux sont appelés à être créés :

- Des officiers de sécurité maritime : ils sont responsables de la planification, de la mise en œuvre et de la supervision des mesures de sécurité à bord des navires. Ils veillent à la conformité aux réglementations internationales et nationales en matière de sécurité maritime, et coordonnent les activités de sécurité avec les autorités compétentes.
- Des agents de sûreté maritime : ils sont chargés de la surveillance et de la protection des installations portuaires, des navires et des cargaisons contre les menaces

de terrorisme, de sabotage et d'autres activités criminelles. Ils effectuent des contrôles de sécurité, veillent au respect des procédures de sûreté et contribuent à la prévention des incidents.

- Des agents de sécurité portuaire : ils sont responsables de la surveillance et de la sécurité des installations portuaires, notamment des terminaux, des entrepôts, des zones d'accès restreint et des infrastructures clés. Ils veillent à ce que seules les personnes autorisées aient accès aux zones sécurisées et contribuent à la prévention des vols, des actes de vandalisme et des activités illicites.
- Des analystes en sécurité maritime : ils travaillent dans les centres d'opérations maritimes et les organismes de renseignement pour collecter, analyser et évaluer les informations relatives à la sécurité maritime. Ils surveillent les activités suspectes, fournissent des rapports de renseignement et contribuent à l'élaboration de stratégies de sécurité maritime.
- Des officiers de prévention des pollutions marines : ils sont responsables de la prévention et de la gestion des incidents de pollution marine, tels que les déversements d'hydrocarbures ou les rejets chimiques. Ils s'assurent que les navires respectent les réglementations en matière de prévention de la pollution et coordonnent les opérations de lutte contre la pollution en cas d'incident.
- Des experts en gestion des risques maritimes : ils évaluent les risques liés à la sécurité maritime, à la sûreté et à la protection de l'environnement en identifiant les vulnérabilités, en analysant les menaces potentielles et en élaborant des stratégies pour atténuer ces risques. Ils contribuent à la mise en place de plans d'urgence et de mesures de sécurité appropriées.

Ces métiers peuvent être exercés dans différents contextes, tels que les compagnies maritimes, les ports, les organismes gouvernementaux, les agences de sécurité maritime et les entreprises de conseil en sécurité. Les professionnels travaillant dans ces domaines doivent posséder des connaissances spécialisées en sécurité maritime, en réglementation, en techniques d'enquête et en gestion des risques.

10.2.2 L'halieutique

Dans les domaines de l'halieutique, les métiers de l'aquaculture, de la pisciculture, de l'ostréiculture et de la saliculture solaire peuvent être développés d'autant qu'ils sont liés à la production et à la gestion des ressources aquatiques, notamment les poissons, les crustacés, les mollusques y compris le sel. Voici une liste de métiers courants dans ces domaines :

- Les aquaculteurs/pisciculteurs : ils sont responsables de l'élevage et de la reproduction des poissons et d'autres espèces aquatiques dans des environnements contrôlés. Ils gèrent les installations d'élevage, surveillent la qualité de l'eau, s'occupent de l'alimentation et de la santé des poissons, et veillent à la commercialisation des produits. En Guinée, près de 350 postes pourraient être créés chaque année au regard des potentialités du pays.
- Les ostréiculteurs : En Guinée, ces métiers sont fort occupés par les femmes. Les ostréiculteurs se spécialisent dans l'élevage des huîtres. Ils gèrent les parcs à huîtres, collectent les larves d'huîtres sauvages ou les produisent, s'occupent de leur croissance et de leur entretien, et récoltent les huîtres à maturité pour la vente.
- Les techniciens en aquaculture : ils soutiennent les aquaculteurs dans la gestion quotidienne des installations. Ils effectuent des tâches telles que le suivi de la qualité de l'eau, la maintenance des équipements, l'alimentation des poissons, la prévention des maladies et la récolte des produits.
- Les responsables de la qualité et de la sécurité des produits aquatiques : ces professionnels sont responsables de la surveillance de la qualité et de la sécurité des produits aquatiques issus de l'aquaculture, de la pisciculture, de l'ostréiculture et d'autres activités similaires. Ils veillent au respect des normes sanitaires et réglementaires, effectuent des contrôles de qualité, assurent la traçabilité des produits et veillent à la conformité des pratiques de production.
- Les gestionnaires de ferme aquacole : ils sont chargés de superviser l'ensemble des opérations dans une ferme aquacole. Ils planifient les activités de production, gèrent les ressources humaines et financières, coordonnent la commercialisation des produits et s'assurent du respect des réglementations.
- Les saliculteurs solaires : ces métiers principalement occupés par les femmes en Guinée sont engagés dans la production de sel en utilisant des méthodes de séchage solaire. Ils gèrent les bassins de sel, régulent le flux d'eau salée, supervisent le processus de cristallisation et collectent le sel récolté.

Au total, ces métiers peuvent être exercés dans des fermes aquacoles, des parcs à huîtres, des installations de pisciculture, des entreprises de production de sel et des organismes de recherche dans le domaine de l'aquaculture. Les professionnels travaillant dans ces domaines doivent avoir des connaissances spécialisées sur les espèces aquatiques, les techniques d'élevage, la gestion de l'eau et la réglementation applicable. En Guinée, ces spécialisations ont donc des perspectives de développement importantes.

10.2.3 L'hydroélectricité

Le secteur de l'hydroélectricité offre également diverses opportunités d'emplois liées à la conception, à la construction, à l'exploitation et à la maintenance des installations hydroélectriques. Les métiers courants de ce secteur sont en plein développement, notamment :

- Les ingénieurs hydroélectriciens : ils sont responsables de la conception, de la planification et de la construction des centrales hydroélectriques. Ils travaillent sur des aspects tels que a conception des barrages, des turbines, des systèmes de contrôle et de gestion de l'eau, ainsi que sur la gestion des risques et la mise en œuvre de mesures de sécurité.
- Les techniciens en hydroélectricité : ils soutiennent les ingénieurs dans diverses tâches techniques, notamment la surveillance des équipements, les essais et la maintenance préventive. Ils peuvent également être impliqués dans le fonctionnement des centrales hydroélectriques, en assurant le suivi des paramètres de performance et en effectuant des ajustements lorsque nécessaire.
- Les opérateurs de centrale hydroélectrique : ils sont responsables de la supervision et de la gestion des opérations quotidiennes de la centrale. Ils surveillent les équipements, régulent les flux d'eau, contrôlent les paramètres de production d'électricité et veillent à la sécurité et à l'efficacité des centrales.
- Les électromécaniciens : ils sont chargés de l'entretien et de la réparation des équipements électromécaniques utilisés dans les centrales hydroélectriques, tels que les turbines, les générateurs, les transformateurs et les systèmes de contrôle. Ils effectuent des inspections régulières, diagnostiquent les pannes, effectuent des réparations et assurent la maintenance préventive.
- Les techniciens en environnement : ils travaillent dans le domaine de l'hydroélectricité pour évaluer et minimiser les impacts environnementaux des projets hydro électriques. Ils réalisent des études d'impact environnemental, surveillent la qualité de l'eau et de l'écosystème aquatique, proposent des mesures de préservation et de restauration, et assurent la conformité aux réglementations environnementales.
- Les gestionnaires des ressources en eau : ils sont chargés de la planification et de la gestion des ressources hydriques nécessaires à l'exploitation des centrales hydroélectriques. Ils évaluent les besoins en eau, coordonnent les usages multiples de l'eau, gèrent les réservoirs et les débits d'eau, et veillent à l'optimisation de la production d'électricité en fonction des contraintes hydrologiques.

Ces métiers peuvent être exercés dans les sociétés d'énergie, au sein naturellement des organismes gouvernementaux, des bureaux d'études, des entreprises de construction et d'exploitation de centrales hydroélectriques, ainsi que dans des centres de recherche et d'innovation liés au domaine de l'énergie hydraulique. Les professionnels travaillant dans ces secteurs en plein développement en Guinée doivent avoir des connaissances techniques approfondies, une compréhension des enjeux environnementaux et une maîtrise des process technologiques.

10.2.4 Le transport fluvial et les activités portuaires

Le transport fluvial et les activités portuaires offrent également une variété de métiers liés à la gestion, à l'exploitation et à la logistique des voies navigables et des ports. Certains de ces métiers courants devraient se développer en Guinée, au cours des prochaines années :

- Les capitaines de navires fluviaux : ces experts sont responsables de la navigation et de la sécurité des bateaux sur les voies navigables intérieures. Ils planifient les itinéraires, supervisent l'équipage, manœuvrent le navire, respectent les règles de navigation et veillent à la sécurité des passagers et des marchandises transportées.
- Les pilotes fluviaux : ils sont des experts de la navigation sur les voies navigables intérieures. Ils assistent les capitaines de navire dans la conduite des bateaux, en fournissant des informations sur les conditions du cours d'eau, les obstacles et les réglementations locales.
- Les agents portuaires : ils assurent la coordination des activités dans les ports. Ils gèrent les formalités administratives, coordonnent les mouvements des navires, supervisent les opérations de chargement et de déchargement des marchandises, et facilitent la communication entre les différents acteurs portuaires.
- Les responsables de terminal portuaire : ils sont chargés de la gestion opérationnelle des terminaux dans les ports. Ils supervisent les activités de manutention, optimisent l'utilisation des équipements, veillent à la sécurité des opérations et coordonnent les flux de marchandises.
- Les gestionnaires de la logistique portuaire : ils planifient et coordonnent les opérations logistiques dans les ports. Ils s'occupent de la gestion des stocks, de la coordination des flux de marchandises, de la gestion des entrepôts et des activités de transport terrestre liées au port. Ces postes existent actuellement en Guinée mais leur nombre va être décuplé au cours des prochaines années.
- Les postes d'agent de manutention portuaire : ils sont responsables de l'organisation du chargement et du déchargement des marchandises dans les ports en utilisant des équipements tels que des grues, des chariots élévateurs et des convoyeurs pour manipuler les conteneurs mais aussi les marchandises en vrac.

Ces métiers peuvent être exercés dans les ports, les compagnies de transport fluvial, les agences maritimes, les autorités portuaires et les entreprises de logistique. Les professionnels travaillant dans ce domaine doivent avoir des compétences techniques spécifiques, une connaissance des réglementations maritimes, une aptitude à travailler en équipe et à résoudre les problèmes logistiques et opérationnels liés aux activités portuaires.

10.2.5 La veille écologique

Les métiers de la veille écologique et du bon état écologique de la mer et des eaux sont aussi essentiels pour surveiller, évaluer et protéger les écosystèmes marins et d'eau douce. Ces nouveaux métiers sont appelés à se développer, notamment en Guinée. Ils impliquent généralement des tâches de collecte de données, d'analyse environnementale, de gestion des ressources aquatiques et de mise en œuvre de mesures de conservation. Ces métiers nouveaux sont :

- Les biologistes marins : ils étudient les organismes vivant dans les écosystèmes marins et les habitats associés. Ils effectuent des recherches sur la biodiversité marine, l'écologie des espèces, les interactions entre les organismes et les écosystèmes, ainsi que les impacts des activités humaines sur la vie marine.
- Les océanographes : ces experts, en effectif très limité sur le continent africain, étudient les océans et les caractéristiques physiques, chimiques et biologiques de l'eau. Ils se concentrent sur les mouvements des courants, les conditions météorologiques marines, la qualité de l'eau et l'impact des changements climatiques sur les écosystèmes marins.
- Les techniciens en environnement marin : ils assistent les biologistes et les océanographes dans leurs travaux de collecte de données sur le terrain et en laboratoire. Ils effectuent des prélèvements d'eau, des échantillonnages de la faune et de la flore marines, ainsi que des analyses chimiques pour évaluer la qualité écologique des écosystèmes aquatiques.
- Les écotoxicologues aquatiques : ils étudient les effets des substances chimiques et des polluants sur les organismes aquatiques et les écosystèmes marins. Ils évaluent les risques pour la vie marine et fournissent des données scientifiques pour orienter les politiques de protection de l'environnement.
- Les gestionnaires des ressources aquatiques : ils sont responsables de la planification et de la gestion des ressources en eau douce et marine. Ils mettent en œuvre des mesures de conservation, établissent des aires marines protégées, surveillent les activités de pêche et veillent au respect des réglementations environnementales.
- Les écogardes maritimes : ils patrouillent les zones marines protégées et surveillent les activités humaines pour prévenir les pratiques illégales telles que la pêche non réglementée, la pollution et la destruction des habitats sensibles.
- Les hydrologues : ils étudient la distribution, le mouvement et la gestion des ressources en eau, y compris les eaux de surface et souterraines. Ils travaillent sur des projets liés à la gestion durable des ressources en eau et à la protection des écosystèmes aquatiques.

Dans l'ensemble, ces métiers peuvent être exercés dans des organismes gouvernementaux chargés de l'environnement et de la gestion des ressources aquatiques, des instituts de recherche environnementale, des organisations de conservation marine, des entreprises privées œuvrant dans le domaine de l'écologie maritime et de la gestion de l'eau, ainsi que dans des institutions internationales spécialisées dans la préservation des écosystèmes aquatiques. Les professionnels travaillant dans ces métiers doivent avoir une solide formation scientifique, des compétences en collecte et en analyse de données, ainsi qu'une passion pour la préservation de l'environnement et des écosystèmes marins et d'eau douce.

La recherche scientifique et technologique et l'économie bleue

L'économie bleue est soutenue par de nombreuses innovations et avancées dans les domaines de la recherche scientifique et technologique. La recherche vise en effet à développer des approches innovantes pour la gestion durable des ressources marines, y compris la pêche durable, la conservation des habitats marins, la protection des espèces menacées et la prévention de la pollution marine. Des outils de surveillance et de modélisation sont également développés pour évaluer l'état des écosystèmes marins et guider les décisions de gestion. Ces innovations visent à développer des solutions durables pour l'utilisation des ressources marines et la préservation de l'environnement.

La recherche scientifique, technique et technologique se concentre sur le développement de technologies permettant de produire de l'énergie à partir des ressources marines, telles que l'énergie des vagues, des marées, du vent en mer et de l'énergie thermique des océans. Des progrès sont réalisés dans la conception de systèmes de conversion de l'énergie marine et dans l'amélioration de leur efficacité.

L'aquaculture durable, qui dispose d'opportunités majeures, notamment en Guinée, vise à développer des méthodes d'élevage des poissons, des crustacés et des coquillages qui minimisent l'impact sur l'environnement, réduisent l'utilisation de ressources naturelles et maintiennent la qualité de l'eau. Et sur ce plan, la recherche se concentre sur l'amélioration des systèmes de production, la sélection génétique des espèces et l'utilisation de l'alimentation durable pour promouvoir une aquaculture respectueuse de l'environnement. En Guinée, des formules alimentaires pour la pisciculture ont été développées et des écloseries ont été conçues grâce aux concours d'institutions de recherches guinéennes.

Par ailleurs, des technologies sont également développées pour la détection, la collecte et le traitement des déchets plastiques et des autres polluants présents dans les océans. Des avancées sont faites dans le domaine de la surveillance et du nettoyage des zones marines polluées, ainsi que dans la prévention de la pollution par de nouvelles approches de gestion des déchets.

La Guinée et l'Afrique doivent donc se préparer à renforcer leurs capacités endogènes. La recherche se concentre actuellement sur le développement de capteurs, d'instruments et de plateformes de surveillance innovantes pour collecter des données sur l'environnement marin, notamment la qualité de l'eau, la biodiversité marine, les conditions météorologiques et les paramètres océanographiques. Ces avancées permettent une meilleure compréhension des écosystèmes marins et soutiennent la prise de décision basée sur des données probantes.

La recherche doit également se focaliser sur l'exploration et la valorisation des ressources marines, telles que les algues, les micro-organismes marins et les minéraux marins. Des études sont aujourd'hui menées pour identifier les applications potentielles de ces ressources dans des domaines tels que l'alimentation, la santé, l'énergie, les matériaux et les produits chimiques.

Ces avancées illustrent l'ampleur des innovations et de la recherche scientifique et technologique dans le domaine de l'économie bleue, qui jouent un rôle clé dans la transition vers des pratiques plus durables et contribuent à la préservation des écosystèmes marins et de l'environnement global.

10.2.6 Hydroliennes et énergies marémotrices

Les métiers liés aux hydroliennes et aux énergies marémotrices sont aussi essentiels pour le développement et l'exploitation de ces sources d'énergie renouvelable. Des métiers et compétences indispensables sont appelés à se développer, notamment :

- Les ingénieurs en hydrodynamique : ils sont spécialisés dans l'étude des mouvements de l'eau et des courants marins. Ils travaillent sur la conception et l'optimisation des hydroliennes et des installations de conversion de l'énergie marémotrice.
- Les techniciens d'installation et de maintenance : ils sont responsables de l'installation, de la réparation et de la maintenance des hydroliennes et des dispositifs de conversion de l'énergie marémotrice. Ils effectuent des inspections régulières, diagnostiquent les problèmes techniques et effectuent les réparations nécessaires.
- Les gestionnaires de projets d'énergies marines renouvelables : ils sont chargés de coordonner les différentes phases de développement, d'installation et d'exploitation des projets d'hydroliennes et d'énergies marémotrices. Ils veillent à ce que les projets respectent les réglementations en vigueur, gèrent les ressources, établissent des calendriers et supervisent les équipes impliquées.
- Les experts en évaluation environnementale : ils effectuent des études d'impact et de gestion des risques, évaluent les impacts sur la biodiversité et les écosystèmes, et proposent des mesures d'atténuation pour minimiser les conséquences négatives.
- Les ingénieurs en génie électrique : ils sont spécialisés dans la conception et l'installation des systèmes de conversion de l'énergie produite par les hydroliennes et les dispositifs marémoteurs en électricité. Ils travaillent sur la conception des systèmes de transmission, de stockage et de distribution de l'énergie produite.
- Les experts en réglementation et en financement : ils sont chargés de suivre les évolutions des réglementations relatives aux énergies marines et d'identifier les opportunités de financement pour les projets. Ils fournissent des conseils sur les aspects juridiques, réglementaires et financiers liés aux projets.

Au total, ces métiers peuvent être exercés dans des entreprises spécialisées dans les énergies marines renouvelables, des centres de recherche et de développement, des organismes gouvernementaux et des instituts académiques. Les professionnels travaillant dans ce domaine doivent avoir des compétences techniques spécialisées, une connaissance approfondie des aspects environnementaux et réglementaires, et une volonté de contribuer à la transition énergétique vers des sources renouvelables.

CHAPITRE II

L'emploi et la professionnalisation des métiers liés à l'économie bleue

—

Mahmoud CONDE
Conseiller principal du ministère de l'Enseignement technique, de la Formation professionnelle et de l'Emploi

Moussa DIOUBATE
Chargé de programme du PNUD en charge des questions d'employabilité, de formation professionnelle et d'entrepreneuriat

Introduction

Autant les secteurs traditionnels de l'économie maritime sont connus, autant les informations sur ceux qui émergent sont peu nombreuses : on estime des profits et des emplois à venir, rarement des chiffres d'affaires et des emplois concrets.

Les statistiques publiques ou professionnelles ne recensent pas les potentialités des énergies et des minerais marins ni les brevets qui ont la mer pour objet. De même, les bénéfices éventuels tirés à ce jour par l'industrie pharmaceutique, chimique ou des cosmétiques en lien avec la biodiversité marine sont sous-estimés.

11.1 Les défis et les orientations prioritaires pour l'emploi et l'employabilité en Guinée

En 2022, selon les estimations fondées sur les projections démographiques de l'Institut national de la statistique (INS) et les observations de l'Enquête nationale sur l'emploi et secteur informel en Guinée (ENESIG-2018/2019), 4 millions de personnes de 15 ans et plus sont comptabilisées dans la main-d'œuvre et 3,4 millions de personnes sont considérées hors main-d'œuvre. La main-d'œuvre guinéenne se compose de 3,8 millions de personnes en emploi et de près de 200 000 personnes au chômage.

En effet, sur une population de 13,2 millions de personnes, dont 7,4 millions en âge de travailler, seulement 3,8 millions de personnes sont engagées dans l'emploi, c'est-à-dire des activités génératrices de revenus, soit en tant qu'employé salarié, soit en tant qu'employeur.

Selon le « profil emploi » élaboré en 2022, les travailleurs à compte propre et les travailleurs familiaux comptent pour 79 % de la population dans l'emploi, soit près de 3 millions de personnes. De l'autre côté, l'économie salariale, celle du secteur public et des entreprises privées, comporterait 725 800 employés, soit 106 400 employeurs et 619 400 salariés et compterait pour 29 % de l'emploi en milieu urbain, 13 % en milieu rural et 19 % au niveau national.

Deux segments emploient 94 % de la population en emploi : les exploitations agricoles familiales (32 %) et les microentreprises non agricoles (62 %). Deux autres segments concentrent l'emploi formel : les administrations publiques qui emploient 3,5 % de la population active occupée et les entreprises qui en emploient 2,5 %.

En 2019 déjà, l'examen de la structure de la valeur ajoutée et de l'emploi montrait que le secteur agriculture, forêts et pêche était à l'origine de 24 % des revenus (valeur ajoutée) générés sur le marché national guinéen, secteur qui représente 41 % des emplois. Le deuxième secteur en termes de contribution au revenu est celui du commerce avec 17 % de la valeur ajoutée. Il est aussi le deuxième secteur pourvoyeur d'emplois puisqu'il emploie 29 % de la population active occupée. Et, le secteur manufacturier est le troisième pourvoyeur d'emplois avec 8 % de la population active occupée.

Le quatrième secteur le plus important en tant que contributeur à la formation de la valeur ajoutée est le secteur des activités extractives. Ce dernier secteur contribue à hauteur de 16 % de la valeur ajoutée. Il n'emploie, cependant que 3 % de la main-d'œuvre occupée.

Les secteurs liés aux services collectifs (production et distribution d'eau et d'électricité et actions d'assainissement, notamment la gestion des déchets liquides et solides) sont encore marginaux en termes de contribution à la valeur ajoutée et à l'emploi puisqu'ils ne représentent que 3 % de la valeur ajoutée et 3,6 % de l'emploi.

Le taux de chômage en Guinée est de 10,4% de l'ensemble de la main-d'œuvre en 2022. Il est relativement plus élevé à Conakry (21,6%), que dans les autres villes (16,1%). Par ailleurs, celui chez les femmes est de (11,6%) et de 14% tant chez les personnes non handicapées que chez les personnes migrantes. Enfin, celui des jeunes de niveau scolaire supérieur atteint 37%, 35,5% pour les hommes et 48,9% pour les femmes.

La République de Guinée a engagé la formulation d'une Politique nationale de l'emploi ambitieuse et volontariste et s'est attachée à promouvoir un programme d'urgence de création d'emplois évalué à 20000 emplois annuels en 2023-2024.

Elle a lancé l'élaboration d'une politique nationale de l'emploi ambitieuse et proactive et s'est engagée dans un programme d'urgence visant à créer 20 000 emplois annuels d'ici 2023-2024. Pour atteindre cet objectif, les autorités se sont engagées à :

- Établir un environnement propice à la recherche d'emploi pour les jeunes diplômés guinéens, par le biais de formations spécifiques.
- Favoriser l'alignement entre la formation des jeunes et les besoins réels du marché de l'emploi pour accroître leur employabilité.
- Guider les jeunes demandeurs d'emploi vers les opportunités les plus adaptées.
- Renforcer les liens entre les diplômés sans emploi et le secteur formel de l'emploi.
- Placer les diplômés dans des opportunités formelles dans des secteurs en forte croissance, présentant un déficit urgent de compétences.
- Encourager la création d'emplois et d'opportunités sur l'ensemble du territoire guinéen.
- Établir et promouvoir une plateforme centralisée pour les opportunités d'emploi, en collaboration avec l'Agence guinéenne pour la promotion de l'emploi (AGUIPE).

Le gouvernement a également instauré le Fonds national pour l'insertion des jeunes, le FONIJ. Ce fonds, doté de la personnalité morale et de l'autonomie financière, a pour objet de favoriser l'intégration des jeunes dans le processus de développement socio-économique de la Guinée en soutenant les projets de développement générateurs de revenus et créateurs d'emplois présentés par les jeunes promoteurs. Il soutient les programmes d'amélioration de l'employabilité des jeunes et les techniques à haute intensité de main-d'œuvre. Il s'attache également à contribuer à l'amélioration du système d'informations statistiques sur le marché du travail.

Ces missions sont de sensibiliser à l'entrepreneuriat, de soutenir et financer des programmes et projets de formation qualifiante, d'assister les activités génératrices de revenus et de financer et accompagner les microprojets tout en soutenant les PME portées par des jeunes en finançant le renforcement de leurs capacités.

Par ailleurs, les autorités s'appuient sur l'Agence nationale du volontariat jeunesse (ANVJ), un établissement public à caractère administratif, doté de la personnalité morale et de l'autonomie financière. Cette agence couvre les jeunes de 15 à 35 ans conformément à la politique et aux missions des ministères de la Jeunesse et de l'Emploi des jeunes et soutient deux catégories de volontariats :

- Le volontariat d'expertise qui concerne les jeunes diplômés, ayant une formation académique et/ou professionnelle avérée. À ce niveau, en combinant la politique sociale, la politique d'emploi et celle éducative, l'ANVJ a déployé un volontariat d'expertise significatif de plus de 480 jeunes, dont 181 filles (soit une moyenne de 40 %).

- Le volontariat d'urgence qui concerne les jeunes de 15 à 35 ans ayant ou non une qualification a permis de mobiliser plus de 1600 jeunes dont 430 filles pour des campagnes de sensibilisation et de prévention dans les domaines sanitaires et d'assainissement mobilisant plus de 9000 jeunes, dont 3779 filles (41,9 %), à Conakry.

L'ANVJ utilise les directions préfectorales de la jeunesse (DPJ) comme relais sur toute l'étendue du territoire. Les DPJ, siégeant dans les conseils préfectoraux, lui permettent d'obtenir les expressions des besoins en volontaires exprimés dans les plans de développement local (PDL).

Présentation synoptique des programmes d'emploi en Guinée

PROGRAMME	SIGNIFICATION DU SIGLE	MONTANT ALLOUÉ EN MILLIONS DE DOLLARS AMÉRICAINS	BAILLEURS DE FONDS
BoCEJ	Booster les compétences pour l'employabilité des jeunes	20	BM et BND
ASCAD	Agence du service civique d'action pour le développement	15	BND et BM (via BoCEJ)
GAS	Guinea Agriculture Services (Services agricoles Guinée)	30,2	USAID
INTEGRA	Programme d'appui à l'intégration socioéconomique des jeunes	9,7	UE-FFU, PNUD, UNDCF
ANVJ	Agence nationale du volontariat Jeunesse	0,6	BND et BM (via BoCEJ)
PNISEJ	Programme national d'insertion socio-économique des jeunes	27,7	PNUD et FAO
Filets Sociaux		25	BM
PPAO	Programme de productivité agricole en Afrique de l'Ouest	6,7	
PDELG	Projet de développement économique local en Guinée	0,8	Canada et IFC
PRECOP	Projet de renforcement à la compétitivité des PME et accès au financement	6,7	BM
PAMSFI	Projet d'appui à la modernisation du secteur financier	0,7	BAD
ROSCED	Projet de renforcement des capacités de la société civile pour la création d'emplois durables	0,6	UE-FFU
PNDA & PNIASAN	Plan national de développement agricole et Plan national d'investissement agricole et de sécurité alimentaire et nutritionnelle	280,4	BND et FINEX (FAO,USAID, IFPRI et BM)

Source : Banque mondiale, « L'emploi, la productivité et l'inclusion des jeunes dans la République de Guinée », Note de politique, décembre 2019.

L'Agence guinéenne d'exécution des travaux d'intérêt public pour l'emploi (AGETIPE), établissement public à caractère administratif, constitue également un instrument majeur et intéressant pour l'économie bleue avec pour mission principale d'assurer une maîtrise d'ouvrage déléguée pour le compte de l'État et des collectivités en privilégiant le recours à la haute intensité de main-d'œuvre (HIMO), et ce, dans le but de participer à l'émergence des petites et moyennes entreprises et à la promotion de l'emploi.

C'est dans ce sens qu'elle s'est vue saisie pour des travaux de construction de marché, de pavage, et d'accompagnement technique des agriculteurs (projet Espoir des jeunes agriculteurs de Guinée-EJAG). Cette agence a aussi, dans ses attributions, la possibilité d'intervenir dans la réalisation des infrastructures et d'autres travaux de construction pour des opérateurs privés (groupements d'artisans, ONGs, Association des Guinéens de l'étranger, etc.). En outre, 15 programmes actifs du marché du travail ont été engagés et financés par divers donateurs, dont le gouvernement à travers le budget général du développement (BND).

Ces programmes d'emplois directs visent à renforcer les compétences par la formation professionnelle et l'apprentissage mais aussi la création d'emplois par le micro-entrepreneuriat et les travaux publics (HIMO). Sur ces quinze programmes, huit ont concerné les secteurs de l'économie bleue.

Au total, les autorités nationales se sont fixées, cinq groupes de résultats ou objectifs spécifiques autour desquels les actions prioritaires ont été définies :
- La création d'emplois à travers le travail à haute intensité de main-d'œuvre (HIMO) contribuant à la mise en œuvre des plans de développement économique au niveau local. L'amélioration de l'accès des jeunes à la formation professionnelle et leur préparation à la vie professionnelle par le renforcement de leur employabilité.
- Le renforcement de l'entrepreneuriat dans des chaînes de valeur, créatrices d'opportunités économiques, dont certaines liées à l'économie bleue.
- La mise en place d'une offre de services financiers adaptée et répondant aux besoins des bénéficiaires au niveau régional.

L'information et la sensibilisation des populations des régions cibles (régions de départ et régions d'intervention) sur les opportunités offertes par le programme INTEGRA et sur la prévention des risques de la migration irrégulière.

À cet égard, des actions principales ont été et sont actuellement engagées par les autorités nationales, notamment :
- L'introduction de possibilités d'accompagnement complet de parcours d'insertion en dehors de la modalité « chantier-école » et de l'initiative HIMO et l'établissement de partenariats avec des entreprises pour intégrer des jeunes sur des chantiers dans le cadre de la réalisation d'infrastructures.
- La mise en place de crèches mobiles pour les formations qualifiantes et les sessions d'alphabétisation.
- L'accompagnement des apprenants pour faciliter l'acquisition des connaissances de base nécessaires pour assurer une employabilité polyvalente pour la formation et l'orientation des salariés et des entrepreneurs.

- Le développement des mécanismes de financement innovants et variés qui répondent aux différents besoins des bénéficiaires pour l'auto-emploi, l'entrepreneuriat et le travail indépendant.
- Le renforcement des capacités des acteurs en charge du financement des projets, ainsi que l'éducation financière des jeunes pour contribuer à l'inclusion financière.
- L'amélioration de la coordination des acteurs œuvrant dans l'insertion des jeunes et la prévention des départs des jeunes avec un mécanisme de référencement des migrants.
- L'amélioration de la stratégie d'insertion des migrants de retour à travers des accompagnements appropriés.

Au total, la vision retenue par la Politique nationale de l'emploi (PNE) découle des orientations retenues dans le Programme de référence intérimaire (PRI) qui vise à ce que « La Guinée en 2030 puisse offrir à tous des emplois décents contribuant au développement d'une économie inclusive et soutenable, portée par l'acquisition de compétences et l'apprentissage tout au long de la vie pour une valorisation optimale de ses ressources humaines et de ses ressources naturelles ».

Le principal défi relevé par la PNE est celui de la valorisation du dividende démographique dans un contexte où le poids de la jeunesse est croissant puisque rappelons-le, en 2022, près des deux tiers de la population (64 %) sont âgés de moins de 25 ans.

Pour répondre à ce défi, le PRI recommande de « créer les conditions nécessaires pour que cette jeunesse puisse :
- suivre une formation adaptée aux besoins actuels et émergents du marché ;
- devenir plus compétitive, y compris dans les métiers nouveaux, dont ceux liés à l'économie bleue ;
- accéder à des emplois décents et prendre une part active à la création de la richesse nationale ».

Le PRI pointe, parallèlement, le défi du capital humain, et, pour y répondre, assigne à différentes politiques publiques, la réalisation des axes d'action suivants :
- Élaborer et mettre en œuvre la Politique nationale de l'emploi (PNE) sachant que la promotion de l'emploi décent doit être au cœur des politiques publiques dans une perspective d'inclusion financière, technologique et entrepreneuriale, notamment des jeunes et des femmes.
- Créer les conditions nécessaires pour que la jeunesse puisse : (i) suivre des formations adaptées aux besoins actuels et émergents du marché national ; (ii) devenir plus compétitive, y compris dans les nouveaux métiers ; (iii) accéder à des emplois décents afin de prendre une part active à la création de la richesse nationale.
- Améliorer l'accès à une éducation de qualité, y compris l'éducation non formelle et la formation professionnelle et développer les compétences nouvelles nécessaires pour répondre aux besoins du marché du travail.
- Promouvoir l'entrepreneuriat et l'employabilité des jeunes et faire de l'emploi et de l'entrepreneuriat des outils pour une meilleure redistribution de la richesse.

Au niveau macroéconomique et sectoriel, le PRI préconise d'augmenter le taux d'investissement, et d'équilibrer le contenu des investissements pour « rattraper les retards » : (i) dans les infrastructures économiques (routes, chemins de fer, ports, aéroports, TICs, production et distribution d'énergie, réseaux d'alimentation en eau et assainissement) ; (ii) dans les infrastructures sociales (construction de logements sociaux, d'écoles, d'hôpitaux, de lieux de loisirs et autres centres d'action sociale).

En tant que composante du PRI, la Politique nationale de l'emploi ambitionne de relever le défi des capacités techniques et, à ce titre, s'aligne sur la diversification des chaînes de valeur et la promotion du contenu local, créateurs de plus-values pour contribuer à :
- L'articulation entre le référentiel national de développement et les cadres stratégiques et/ou programmatiques des secteurs en vue d'accroître l'efficacité de l'action publique au niveau central.
- La régionalisation de la mise en œuvre du PRI pour amplifier l'effet des actions de développement au niveau décentralisé.
- La recherche d'une efficience accrue de l'investissement public y compris dans les secteurs de l'économie bleue.
- L'adoption d'une Politique nationale de financement du développement durable.

Dans cette perspective, il apparaît clairement que la République de Guinée inscrit son potentiel de création de richesses et d'emplois dans une planification stratégique et une modernisation de ses politiques publiques aptes à préparer son émergence rapide. Dans cette dynamique, l'économie verte et bleue prend toute sa part et s'inscrit dans une transformation des modes de production et de consommation favorable au développement inclusif durable.

11.2 La formation professionnelle des filières liées à l'économie bleue

11.2.1 Emploi et formation des jeunes

L'économie et l'emploi des jeunes sont des sujets importants et préoccupants dans de nombreux pays. Ce défi est pleinement considéré par les plus hautes autorités du pays et le gouvernement. La question de l'emploi, de l'employabilité et de la formation professionnelle a fait l'objet d'un pilier central de planification pour le développement, et ce, au cœur du Plan de référence intérimaire (2022-2025), où le gouvernement a placé l'emploi au cœur de ses priorités, en adoptant une approche holistique et en mettant en œuvre des politiques ciblées pour contribuer activement au développement économique et social du pays.

L'emploi des jeunes est naturellement influencé par plusieurs facteurs, notamment la conjoncture économique, les politiques de l'éducation et de la formation, ainsi que les dynamiques du marché du travail.

Les jeunes font face à des défis spécifiques lorsqu'il s'agit de trouver un emploi, tels que le manque d'expérience professionnelle, les compétences inadaptées aux besoins du marché du travail ou la concurrence accrue. Aussi, pour favoriser leur emploi, le gouvernement et les acteurs économiques de la Guinée s'attachent à mettre en œuvre différentes mesures, dont :

- L'investissement dans les chaînes de valeur transformationnelles de l'agriculture, des mines et de l'industrie pour améliorer la production, la productivité et le niveau de la transformation structurelle liée à la valeur ajoutée du contenu local.
- L'éducation, la formation technique et professionnelle pour mieux valoriser le capital humain de la Guinée. À cet égard, le gouvernement juge essentiel d'investir dans l'éducation et la formation des jeunes pour les doter des compétences nécessaires à l'emploi. Cela intègre des programmes de formation professionnelle, des stages ou des apprentissages, ainsi que des initiatives visant à combler l'écart entre l'éducation et les exigences du marché du travail.
- Le soutien aux écosystèmes entrepreneuriaux avec des politiques favorables à l'emploi des jeunes, notamment des incitations fiscales pour les employeurs qui embauchent des jeunes, des programmes de subventions à l'emploi, des mesures d'encouragement à l'entrepreneuriat des jeunes, etc.
- Des soutiens financiers, des conseils en affaires et des programmes d'incubation pour aider les jeunes entrepreneurs à développer leurs idées et leurs entreprises sont également développés y compris dans les secteurs de l'économie verte et bleue. Des initiatives telles que des prêts à taux préférentiels, des fonds de capital-risque spécifiques aux jeunes entrepreneurs ou des plateformes de financement participatif sont à l'étude pour faciliter l'accès au financement pour les jeunes.
- Des opportunités pour les jeunes sont offertes grâce à la stratégie nationale de digitalisation et de développement de l'économie numérique qui a été conçue, avec le concours du PNUD, en 2023-2023, telles que les technologies de l'information et de la communication (TICs), les industries créatives, les initiatives de développement durable, etc.

11.2.2 Emploi et formation des femmes

Il est également important de mentionner que l'employabilité des femmes et des jeunes dans les secteurs de l'économie bleue est considérée par le gouvernement guinéen comme un enjeu important pour promouvoir l'égalité des genres, l'inclusion sociale et le développement durable. À cet égard, des campagnes de sensibilisation et des programmes éducatifs peuvent aider à combler les écarts de connaissances et à promouvoir l'intérêt pour ces domaines. Ces programmes de formation et de renforcement des compétences spécifiques aux secteurs de l'économie bleue leur permettront d'acquérir les connaissances et les compétences nécessaires pour occuper des emplois dans ces domaines.

L'accès à des financements appropriés est également crucial pour permettre aux femmes et aux jeunes de démarrer ou de développer des entreprises liées à l'économie bleue. Des initiatives telles que des fonds de microcrédit, des subventions ou des programmes d'investissement peuvent favoriser l'entrepreneuriat et la création d'emplois.

Il est important de promouvoir l'égalité des genres dans les secteurs de l'économie bleue en garantissant des opportunités équitables d'emploi, de promotion et de leadership pour les femmes. Cela peut impliquer des politiques et des mesures visant à éliminer les discriminations et à promouvoir la diversité et l'inclusion.

Les partenariats entre le gouvernement, les organisations de la société civile, les entreprises et les institutions académiques peuvent créer des opportunités d'emploi et de formation pour les femmes et les jeunes dans les secteurs de l'économie bleue. Les réseaux professionnels et les mentorats peuvent également jouer un rôle important pour faciliter l'accès à l'emploi et au développement de carrière. Les initiatives de soutien à l'entrepreneuriat, telles que l'accès à l'incubation, à l'assistance technique et aux ressources peuvent stimuler la création d'entreprises innovantes.

L'employabilité des femmes et des jeunes dans les secteurs de l'économie bleue présente de nombreux avantages, notamment en renforçant la durabilité environnementale, en promouvant l'autonomisation économique et en favorisant une croissance inclusive.

La formalisation des entreprises et l'entrepreneuriat féminin en Afrique, y compris en Guinée, sont des éléments clés pour favoriser le développement économique et l'autonomisation des femmes. La formalisation des entreprises et l'entrepreneuriat féminin s'attachent à prendre en considération les domaines et secteurs de l'économie bleue. Pour ce faire, il est crucial de sensibiliser les femmes à l'importance de la formalisation des entreprises et de les informer sur les avantages et les étapes de ce processus. Cela peut être réalisé par le biais de programmes de sensibilisation, de formations et de conseils pratiques.

Les femmes entrepreneuses sont souvent confrontées à des difficultés pour accéder aux financements nécessaires au développement de leurs entreprises, notamment dans l'économie bleue. Aussi, il est important de consolider les mécanismes de financement adaptés aux besoins spécifiques des femmes, tels que des prêts à taux préférentiels, des subventions et des programmes de microcrédit.

L'accès au crédit est crucial pour permettre aux femmes et aux jeunes d'entreprendre et de développer leurs activités économiques. Ainsi, les programmes de microcrédit ciblant spécifiquement les femmes et les jeunes peuvent offrir des prêts à faible taux d'intérêt et des modalités de remboursement flexibles. Ces programmes sont souvent accompagnés de formations en entrepreneuriat et de conseils en gestion d'entreprise pour renforcer les compétences des emprunteurs.

La mise en place de fonds de garantie peut contribuer à réduire les risques pour les institutions financières qui prêtent aux femmes et aux jeunes. Ces fonds peuvent fournir des garanties partielles aux prêteurs, ce qui facilite l'obtention de prêts à des conditions plus avantageuses pour les emprunteurs.

Les femmes et les jeunes entrepreneurs peuvent bénéficier d'un accompagnement financier, tel que des conseils sur la gestion des finances, l'élaboration de plans d'affaires solides et la préparation des demandes de prêt grâce à l'appui des programmes et fonds gouvernementaux mais aussi des ONGs et partenaires au développement.

Les nouvelles technologies financières, telles que les services bancaires mobiles et les plateformes de crowdfunding, peuvent faciliter l'accès au crédit pour les femmes et les jeunes. Ces innovations offrent d'ailleurs des solutions plus rapides, plus accessibles et plus flexibles pour obtenir des financements.

Les programmes de renforcement des capacités en matière d'éducation financière et de compétences entrepreneuriales sont essentiels pour permettre aux femmes et aux jeunes de mieux comprendre les enjeux financiers, d'améliorer leur gestion financière et de se préparer à accéder au crédit. Pour ce faire, des institutions spécialisées en Guinée apportent des concours précieux à travers les centres d'autonomisation et d'entrepreneuriat des femmes (CAEF).

Les opportunités de réseautage et de mentorat pour les femmes et les jeunes facilitent les contacts avec des acteurs clés du secteur financier, permettent de bénéficier de conseils d'experts et d'accéder à des opportunités de financement.

Il est important que ces mesures soient mises en œuvre de manière inclusive, en tenant compte des spécificités des femmes et des jeunes, de leurs besoins et de leurs aspirations. Une approche holistique qui combine des mesures financières, des formations, un accompagnement et un environnement propice à l'entrepreneuriat est promue en Guinée. Des mesures sont également essentielles pour favoriser l'accès au crédit et promouvoir l'autonomisation économique des femmes et des jeunes.

Les femmes entrepreneuses bénéficient pour certaines de programmes de formation et de renforcement des capacités pour développer leurs compétences en gestion d'entreprise, en marketing, en finances et en leadership.

L'accès aux marchés est un élément essentiel pour la croissance des entreprises. Les femmes entrepreneuses peuvent bénéficier de programmes visant à faciliter leur accès aux marchés locaux, régionaux et internationaux, ainsi qu'à favoriser le réseautage avec d'autres acteurs économiques.

En Guinée, des efforts ont été déployés pour promouvoir l'entrepreneuriat féminin et la formalisation des entreprises. Des programmes et des initiatives spécifiques ont été lancés pour soutenir les femmes entrepreneuses et leur fournir les outils nécessaires pour réussir dans leurs activités. Cela comprend des formations, des accès aux financements et des plateformes de réseautage.

Il est essentiel de continuer à soutenir et à renforcer ces efforts pour créer un environnement favorable à l'entrepreneuriat féminin et à la formalisation des entreprises.

Le monde rural joue un rôle essentiel dans le développement de l'économie bleue. De nombreuses activités liées à l'économie bleue sont étroitement liées aux communautés rurales et aux zones côtières.

11.3 L'employabilité des femmes et des jeunes dans le secteur de l'économie bleue

La pêche et l'aquaculture sont des activités économiques importantes dans les zones côtières et rurales de la Guinée et les femmes y jouent un rôle fondamental, notamment dans la pêche artisanale, la pisciculture et l'ostréiculture. Ces activités fournissent des emplois, des revenus et contribuent à la sécurité alimentaire des communautés locales.

L'agriculture durable dans les zones rurales peut être étroitement liée à l'économie bleue. Par exemple, les pratiques agricoles respectueuses de l'environnement peuvent contribuer à la réduction de la pollution des eaux côtières et à la préservation des écosystèmes marins. L'aquaponie, qui associe la culture de plantes et l'élevage de poissons, est un exemple d'approche intégrée de l'agriculture et de l'économie bleue.

Les régions rurales de la Guinée disposant d'une riche biodiversité marine et de magnifiques paysages côtiers peuvent tirer parti du tourisme côtier et du tourisme lié à l'économie bleue. Les activités telles que l'observation des baleines, la plongée sous-marine, les excursions en bateau et les visites des villages de pêcheurs peuvent générer des revenus supplémentaires pour les communautés rurales.

Les zones rurales peuvent aussi tirer parti des sources d'énergie renouvelable pour soutenir l'économie bleue. Par exemple, l'énergie solaire peut être utilisée pour alimenter les systèmes de pompage d'eau pour l'aquaculture ou pour fournir de l'électricité aux communautés côtières.

La gestion durable des ressources naturelles dans les zones rurales est essentielle pour maintenir la santé des écosystèmes marins. Cela peut impliquer la mise en place de mécanismes de cogestion, la promotion de pratiques de pêche durables, la protection des zones marines protégées et la lutte contre la pollution.

Les femmes jouent également un rôle clé dans la transformation et le fumage du poisson en Guinée. Elles sont souvent responsables du nettoyage, du filetage, du salage et du fumage du poisson. Elles utilisent des techniques traditionnelles de fumage pour conserver le poisson et lui donner une saveur distincte. Le poisson fumé est ensuite vendu sur les marchés locaux et régionaux. Elles sont aussi responsables de l'élevage des poissons dans les étangs, les bassins ou les cages. Elles s'occupent de l'alimentation, du suivi sanitaire et de la gestion quotidienne des poissons. Les femmes sont actives dans la reproduction et la gestion des alevins.

Les femmes guinéennes sont également actives dans la gestion des coopératives et des associations de piscicultrices. Elles s'organisent en groupes pour renforcer leurs capacités techniques, partager les bonnes pratiques et accéder à des opportunités de financement. Ces structures collectives leur permettent de promouvoir leurs intérêts et de défendre leurs droits en tant qu'actrices de la pisciculture.

L'implication des femmes dans la pisciculture et le fumage du poisson présente plusieurs avantages, notamment en termes d'autonomisation économique, de sécurité alimentaire et de préservation des ressources naturelles. Cependant, des défis persistent, tels que l'accès aux financements, aux formations et aux marchés. Il est donc important de continuer à soutenir et renforcer l'entrepreneuriat des femmes dans ces domaines en Guinée, en leur offrant des formations techniques, des opportunités de réseautage, des accès aux financements et en promouvant leur inclusion dans les politiques et les prises de décision liées à la pisciculture et à la transformation du poisson.

En Guinée, les femmes aussi jouent un rôle important dans le secteur de l'ostréiculture. Elles sont impliquées dans différentes étapes de la production d'huîtres, de la collecte des naissains à la commercialisation des produits finis. Les femmes sont également impliquées dans l'élevage et l'entretien des huîtres. Elles s'occupent des opérations d'élevage, telles que le nettoyage des poches d'élevage, le contrôle de la qualité de l'eau, la gestion de l'alimentation et le suivi sanitaire des huîtres. Elles veillent à ce que les huîtres bénéficient d'un environnement propice à leur croissance et à leur développement. Enfin, elles participent à la transformation et à la commercialisation des huîtres. Elles peuvent être impliquées dans le nettoyage, le triage et l'emballage pour leur mise sur le marché. Certaines femmes se spécialisent dans le fumage des huîtres pour diversifier les produits et répondre à la demande des consommateurs.

La saliculture en Guinée est principalement pratiquée dans les zones côtières où les conditions géographiques et climatiques sont favorables à la production de sel. Les femmes jouent un rôle important dans ce secteur et sont impliquées dans différentes activités liées à la saliculture. Ainsi, elles participent activement à la récolte du sel dans les salines. Elles travaillent souvent en groupe pour collecter le sel qui s'est formé par évaporation de l'eau de mer et sont responsables de son ramassage à la surface des bassins salins, de son stockage et de son traitement, y compris le nettoyage et le triage du sel récolté. Elles peuvent être responsables du séchage supplémentaire du sel récolté, de son broyage et de son conditionnement pour la vente. Certaines se spécialisent également dans la production de produits dérivés, tels que des cosmétiques ou des produits de beauté à base de sel.

11.4 Les institutions nationales de formation et de perfectionnement liées à l'économie bleue

11.4.1 Favoriser l'entrepreneuriat féminin

Il existe plusieurs programmes et projets en faveur de l'autonomisation des femmes et de l'entrepreneuriat féminin en Afrique et en Guinée qui méritent d'être mentionnés pour leur concours précieux à la dynamique de développement inclusive :

- Le Programme d'autonomisation économique des femmes africaines (AWEP) : ce programme, lancé par l'Agence des États-Unis pour le développement international (USAID), vise à renforcer les compétences entrepreneuriales des femmes africaines et à promouvoir leur participation économique d'un certain nombre de secteurs dont ceux de l'économie bleue.
- Le projet We-Fi (Women Entrepreneurs Finance Initiative) qui vise à mobiliser des financements pour soutenir les femmes entrepreneuses dans les pays en développement, y compris en Afrique. Ce projet fournit des ressources financières et techniques pour renforcer les capacités des femmes entrepreneuses et faciliter leur accès aux financements.
- L'Initiative pour l'entrepreneuriat des jeunes en Afrique (YEP), projet, financé par l'Union européenne, vise à soutenir l'entrepreneuriat des jeunes, y compris des jeunes femmes. Il offre des formations, des subventions et des conseils aux jeunes entrepreneurs pour les aider à développer leurs entreprises.
- Le Programme d'appui à l'entrepreneuriat des femmes en Guinée (PAEF), mis en place par le gouvernement guinéen avec le soutien de partenaires internationaux, vise à renforcer l'entrepreneuriat féminin en offrant des formations, des subventions et un accompagnement aux femmes entrepreneuses en Guinée.

Le PNUD met en œuvre divers projets et programmes visant à promouvoir l'autonomisation des femmes et l'entrepreneuriat féminin en Afrique et en Guinée. Ces initiatives comprennent des formations, des accès aux financements, des programmes de mentorat et des opportunités de réseautage.

11.4.2 Entrepreneuriat et employabilité des jeunes

YouthConnekt est l'une de ces initiatives qui vise à promouvoir l'entrepreneuriat et l'employabilité des jeunes en Afrique. Ce programme est conçu pour encourager les jeunes à devenir des agents du changement et à contribuer au développement économique et social de leur pays. En Guinée, le programme YouthConneckt, comme le programme d'appui à l'intégration socio-économique des jeunes en République de Guinée (INTEGRA), a connu des résultats remarquables pour l'entrepreneuriat et l'insertion socio-économique des jeunes.

Le gouvernement a mis en place plusieurs initiatives visant à soutenir l'entrepreneuriat des jeunes et à favoriser leur accès à des opportunités économiques, dont :

- Le Programme d'appui à l'entrepreneuriat des jeunes en Guinée (PAEG) : ce programme, soutenu par le gouvernement guinéen, vise à promouvoir l'entrepreneuriat des jeunes en offrant des formations, des subventions et un accompagnement pour le démarrage et le développement de leurs entreprises.
- Le Projet d'appui à l'entrepreneuriat des jeunes et des femmes en Guinée (PAEJF) : ce projet, financé par la Banque mondiale, vise à renforcer l'entrepreneuriat des jeunes et des femmes en Guinée en fournissant des formations, des subventions et un soutien technique pour le développement de leurs activités.
- Le Projet de développement de l'entrepreneuriat et de l'emploi des jeunes (PRODEJE) : ce projet, financé par l'Union européenne, vise à promouvoir l'entrepreneuriat des jeunes en Guinée en offrant des formations, des subventions et un accompagnement pour le développement de leurs entreprises.

11.4.3 Recherche et formation pour l'économie bleue

Des institutions de recherche et de formation actives dans les domaines de l'économie bleue œuvrent en Guinée :

- Le Centre national de recherche et de formation sur les énergies renouvelables et l'économie verte (CNRFEREV) : ce centre est une institution dédiée à la recherche, à la formation et à la promotion des énergies renouvelables et de l'économie verte en Guinée. Il mène des études et des projets de recherche dans ces domaines et offre des formations spécialisées aux étudiants et aux professionnels.
- Le Centre de recherche et de valorisation des produits forestiers (CEREF) : ce centre se concentre sur la recherche, la valorisation et la promotion des produits forestiers durables en Guinée y compris ceux en lien avec les mangroves. Il travaille sur des projets de recherche liés à la gestion forestière durable, à la conservation de la biodiversité et à la valorisation des ressources forestières pour des utilisations écologiquement et économiquement viables.
- L'Institut supérieur des mines et de la géologie de Boké (ISMGB) : ce centre est une institution d'enseignement supérieur spécialisée dans les domaines de l'exploitation minière, de la géologie et de l'environnement. Il forme des professionnels qualifiés dans ces domaines et mène également des recherches liées à l'économie verte et aux pratiques durables dans le secteur minier.
- L'Université Gamal Abdel Nasser de Conakry : cette université propose des programmes d'études supérieures et de recherche dans divers domaines, y compris

les sciences de l'environnement et les sciences marines. Elle encourage la recherche et la formation dans le domaine de l'économie verte et des enjeux environnementaux en Guinée.
- Le Centre de recherche océanographique de Conakry (CROC) : cette institution est un centre de recherche spécialisé dans l'étude des ressources marines, de l'écosystème côtier et des changements environnementaux dans la région de Conakry. Il mène des recherches sur la biodiversité marine, la gestion des ressources marines et les impacts du changement climatique sur les écosystèmes marins.
- L'Institut supérieur des sciences de la mer et de l'environnement (ISSME) : cet institut est une institution de formation et de recherche axée sur les sciences marines, l'environnement marin et la gestion des ressources côtières. Il propose des programmes de formation et de recherche dans ces domaines, contribuant ainsi au développement de l'économie bleue en Guinée.

Ces institutions jouent un rôle important dans la recherche, la formation et la sensibilisation dans les domaines de l'économie bleue en Guinée Conakry. Elles contribuent à la formation de professionnels qualifiés pour promouvoir la durabilité environnementale et le développement économique dans ces secteurs.

Ces universités et centres de recherches guinéens constituent les leviers de demain pour promouvoir et valoriser les compétences, les savoirs et les fruits de la R&D dans les domaines de l'économie bleue. Le gouvernement de la transition s'attache à les soutenir et à accroître les budgets publics consacrés à ces institutions et à l'innovation et la recherche scientifique et technologique. Cette dynamique doit être poursuivie et renforcée au regard des retours sur investissement que permet le potentiel de l'économie bleue en Guinée et, plus largement, sur le continent.

CHAPITRE 12

Une économie bleue inclusive au service des populations

—

Fatoumata TRAORE
Directrice nationale de la Promotion féminine et du Genre
au ministère de la Promotion féminine, de l'Enfance et des Personnes
vulnérables de la République de Guinée

Safiatou KABA
Chargée de programme du PNUD en matière de genre
et de soutien aux personnes vivant avec un handicap

12.1 L'insertion sociale des femmes et des jeunes dans l'économie bleue

Dans plusieurs secteurs de l'économie bleue, les femmes sont directement et fortement impliquées, bien que leur contribution au secteur de la pêche soit encore souvent invisible. Dans le secteur de la pêche, artisanale comme industrielle, les femmes jouent un rôle proéminent en ce qui concerne le conditionnement, le fumage ou la commercialisation.

En Afrique de l'Ouest y compris en Guinée, près de 80 % des produits de la mer sont commercialisés par les femmes ainsi que le rapporte le document de la FAO sur la situation des pêches et de l'aquaculture. Dans ces filières comme celle de la pêche, les femmes constituent un maillon important de la chaîne de valeur. Le fumage et le salage du poisson, la saliculture, l'ostréiculture etc. leur incombent généralement, que ce soit au niveau artisanal ou semi-industriel.

Les femmes sont très actives mais contraintes par la faible rémunération du travail qu'elles accomplissent et leur difficile accès au crédit, aux installations d'entreposage et de transformation ainsi qu'aux technologies et à la formation professionnelle.

Le cas des jeunes est tout aussi problématique en milieu rural alors même que les potentialités de l'économie bleue permettraient de valoriser le dividende démographique, de contenir l'urbanisation accélérée et de favoriser l'insertion sociale des jeunes femmes et hommes, y compris ceux vivant avec un handicap.

La mobilisation des femmes et des jeunes constitue un atout et capital humain essentiels pour faire fructifier les potentialités de l'économie bleue. Pour ce faire, il est essentiel d'accélérer les dynamiques d'éducation et de formation professionnelle et de soutenir les initiatives en faveur de la création d'emplois productifs et décents.

Une attention toute particulière doit être portée aux communautés locales de pêcheurs, de travailleurs de la mer et artisans ou de cultivateurs dépendant des ressources en eau douce de l'intérieur des terres qui sont souvent de petits producteurs, avec peu de matériel sophistiqué et un accès limité aux marchés et aux outils financiers.

Il est vrai que les politiques publiques doivent leur être plus favorables d'autant que les subventions et allègements fiscaux, les supports matériels et logistiques, les programmes d'appui aux institutions de recherches et de formation professionnelle et l'aide financière des secteurs industriels et manufacturiers sont largement ciblés sur les dirigeants et entreprises de pêcheries, les propriétaires de navires et les sociétés de transformation.

La réalisation de tous les avantages promis par l'économie bleue sera grandement facilitée par l'inclusivité des politiques, la responsabilisation et le soutien apportés aux organisations de femmes et de jeunes.

L'économie bleue peut permettre une croissance intense et inclusive et transformer le paysage économique et les écosystèmes productifs mais aussi les modes de vie et de consommation.

Une économie bleue focalisée sur l'innovation, les transferts de technologies et le développement d'activités à forte valeur ajoutée peut créer les conditions propices à l'emploi, au développement du contenu local et au maintien des compétences et de la force de travail dans les pays.

Ces forces transformationnelles œuvrent déjà mais pourraient véritablement limiter les migrations internes, volontaires ou non, et les déplacements de population incontrôlés. Il est vrai que cette situation est difficile pour les jeunes des communautés qui migrent à l'intérieur du continent et s'installent, souvent illégalement, sur des terres peu productives ou très vulnérables (bas-fonds, bidonvilles au bord de l'eau et à proximité des villes côtières, habitat fragile sans eau courante et assainissement).

Le développement de l'économie bleue peut et doit préserver la grande diversité culturelle de l'Afrique et son riche héritage tout en valorisant ses potentialités liées à l'artisanat, à la culture et au patrimoine.

12.2 L'économie bleue participative et l'écocitoyenneté

L'écocitoyenneté se réfère à l'engagement et à la responsabilité individuelle et collective envers l'environnement et le développement durable. Elle encourage les citoyens à adopter des comportements respectueux de l'environnement et à prendre des mesures concrètes pour préserver les ressources naturelles, réduire les émissions de gaz à effet de serre, protéger la biodiversité et promouvoir un mode de vie durable. Elle commence par la sensibilisation et l'éducation des citoyens africains sur les enjeux environnementaux et les pratiques durables. Il est essentiel, à cet égard, de sensibiliser les populations aux conséquences de leurs actions sur l'environnement et de promouvoir une compréhension des liens entre l'environnement, la santé, la qualité de vie et le développement durable.

Cela peut se traduire par des actions telles que la participation à des programmes de conservation, la création et la gestion d'aires protégées, la lutte contre le braconnage et la promotion d'une utilisation durable des ressources naturelles de l'économie bleue.

L'écocitoyenneté comprend également la gestion responsable des déchets. Cela peut impliquer la réduction, le tri, le recyclage et la valorisation des déchets, ainsi que la promotion de pratiques de consommation responsables et la lutte contre la pollution plastique.

Les écocitoyens sont encouragés à adopter des comportements économes en ressources naturelles. Cela peut inclure des actions telles que la réduction de la consommation d'eau, l'efficacité énergétique, l'utilisation de sources d'énergie renouvelable ainsi que la promotion de pratiques agricoles durables.

Pour ce faire, il est nécessaire d'impliquer les acteurs des initiatives communautaires dans les processus de planification environnementale et le plaidoyer en faveur de politiques et de pratiques durables. L'écocitoyenneté nécessite donc une approche holistique qui intègre la sensibilisation, l'éducation, la participation communautaire et des mesures concrètes de protection de l'environnement.

Les départements ministériels, les organisations de la société civile, les entreprises, les collectivités locales et les citoyens eux-mêmes ont un rôle à jouer dans la promotion de l'écocitoyenneté. Pour ce faire, il est crucial de sensibiliser les jeunes et les femmes aux enjeux environnementaux, à l'importance de l'économie bleue et à leur rôle dans la préservation de l'environnement. Des campagnes de sensibilisation, des programmes éducatifs et des initiatives de formation peuvent être mis en place pour informer et éduquer les jeunes et les femmes sur les défis écologiques et les opportunités offertes par l'économie bleue.

Il est aussi crucial d'encourager la participation active des jeunes et des femmes dans les processus de prise de décision liés à l'écologie et à l'économie bleue. Cela peut être réalisé en favorisant la représentation des jeunes et des femmes dans les instances décisionnelles, en organisant des consultations publiques inclusives et en créant des plateformes de dialogue pour recueillir leurs opinions et idées. Par exemple, le rôle du Parlement des enfants de Guinée et celui des ONGs en charge de la gestion de l'environnement est essentiel.

À cet égard, il est bénéfique de créer des réseaux et des partenariats entre les jeunes, les femmes, les organisations de la société civile, les entreprises et les universités et institutions de recherche. Ces collaborations favorisent les échanges d'expérience, les bonnes pratiques et les opportunités de coopération dans le domaine de l'écologie et de l'économie bleue.

Cela peut inspirer les jeunes et les femmes à s'engager et à développer des initiatives similaires. La reconnaissance des réalisations accomplies en Afrique, notamment en Guinée, contribue à renforcer la confiance et l'estime de soi des jeunes et des femmes dans ces secteurs.

La mobilisation sociale et la participation active des jeunes et des femmes sont essentielles pour transformer les défis environnementaux en opportunités durables et pour construire un avenir plus écologique et inclusif en Afrique. Pour favoriser cette dimension mobilisatrice et informative en faveur de l'économie bleue, le gouvernement guinéen s'est engagé à mettre en place une plateforme interactive consacrée à ce secteur multidimensionnel.

12.3 Les services écosystémiques liés à l'économie bleue

Les services écosystémiques sont les bénéfices que les êtres humains tirent des écosystèmes naturels et des processus écologiques qui les sous-tendent. Ces services peuvent être classés en quatre catégories principales :

- Les services de support : ce sont les services qui permettent le fonctionnement des écosystèmes, tels que la formation des sols, le cycle des nutriments, la pollinisation des cultures et la régulation du climat.
- Les services d'approvisionnement : ce sont les services qui fournissent des ressources matérielles aux êtres humains, tels que l'alimentation, l'eau potable, les matériaux de construction, les ressources génétiques et l'énergie renouvelable.
- Les services de régulation : ce sont les services qui régulent les processus écologiques et maintiennent l'équilibre des écosystèmes, tels que la régulation du climat, la régulation des maladies, le contrôle des ravageurs, la purification de l'air et de l'eau, et la régulation des catastrophes naturelles.
- Les services culturels : ce sont les services non matériels qui contribuent au bien-être humain, tels que la valeur esthétique des paysages naturels, les loisirs et le tourisme, les valeurs spirituelles et culturelles, et les liens sociaux avec la nature.

L'Afrique possède une biodiversité riche et des écosystèmes variés, ce qui offre de nombreux gains potentiels grâce à la valorisation des services écosystémiques, notamment à travers le tourisme écologique, l'exploitation durable des ressources naturelles, la création d'emplois dans les secteurs liés à la nature et la valorisation des pratiques agricoles durables.

Les écosystèmes fournissent des services de régulation de l'eau, de pollinisation et de fertilité des sols qui sont essentiels à la production alimentaire. La valorisation des services écosystémiques peut en Guinée améliorer la sécurité alimentaire en renforçant la productivité agricole, en préservant les ressources en eau et en promouvant des pratiques agricoles durables. Il est vrai que les écosystèmes africains jouent un rôle crucial dans la régulation du climat en stockant le carbone, en régulant les températures et en atténuant les effets des événements météorologiques extrêmes tels que les sécheresses et les inondations.

Les paysages naturels, les parcs nationaux, les réserves naturelles et les écosystèmes marins de la Guinée pourraient attirer de nombreux touristes du monde entier. La valorisation des services écosystémiques permettrait de préserver ces environnements naturels uniques, créant ainsi des opportunités économiques grâce au tourisme et aux activités récréatives.

Les écosystèmes africains fournissent des services de régulation de la qualité de l'air, de purification de l'eau et de prévention des maladies. Ainsi, la préservation des écosystèmes contribue à améliorer la santé humaine en réduisant l'exposition à la pollution de l'air et de l'eau, et en offrant des espaces naturels propices à l'exercice physique et à la détente.

La préservation des écosystèmes naturels, tels que les forêts, les zones humides et les récifs coralliens, peut contribuer à la réduction des émissions de gaz à effet de serre et à la protection contre les événements climatiques extrêmes.

Les écosystèmes marins fournissent une source importante de nourriture, notamment les poissons, les crustacés et les mollusques. La diversité des espèces marines contribue à maintenir la productivité des pêcheries et à assurer la sécurité alimentaire pour les communautés côtières dépendantes de la pêche.

Les écosystèmes marins, tels que les mangroves, les marais salés et les herbiers marins, jouent un rôle important dans la régulation du climat en capturant et en stockant le carbone. Ils jouent aussi un rôle crucial dans la filtration des nutriments et des polluants, contribuant ainsi à maintenir la qualité de l'eau dans les écosystèmes marins et côtiers.

Les zones humides, telles que les marais, les deltas et les lacs, qui sont fort répandues en Afrique, jouent un rôle clé dans la régulation des inondations. Elles agissent comme des réservoirs naturels qui absorbent et retiennent l'eau lors des périodes de pluies abondantes, puis la libèrent progressivement lors des périodes de sécheresse. Aussi, la préservation des zones humides est essentielle pour atténuer les effets des inondations et des sécheresses dans les régions concernées.

Les mangroves, présentes le long des côtes africaines, offrent une protection naturelle contre l'érosion côtière, les tempêtes et les vagues. Leurs racines complexes agissent comme des barrières physiques qui réduisent l'impact des éléments côtiers et protègent les zones côtières et les communautés riveraines des événements extrêmes. La préservation des mangroves est donc cruciale pour maintenir cette protection côtière.

Enfin, ces écosystèmes contribuent à atténuer les effets du changement climatique en réduisant les émissions de gaz à effet de serre. Rappelons que les récifs coralliens, les herbiers marins et les dunes de sable offrent également une protection naturelle contre l'érosion côtière et les tempêtes. Ils agissent comme une barrière physique qui réduit l'impact des vagues et des courants, protégeant ainsi les zones côtières et les communautés riveraines.

Les gouvernements africains ont pris divers engagements en faveur des services écosystémiques, notamment dans le cadre d'accords internationaux tels que la Convention sur la diversité biologique (CDB) et l'Accord de Paris sur le climat. Les gouvernements dont celui de la Guinée se sont engagés à atteindre les objectifs d'Aichi pour la biodiversité, qui comprennent la conservation et l'utilisation durable de la biodiversité, la restauration des écosystèmes dégradés et la valorisation des services écosystémiques.

Dans le cadre de l'Accord de Paris, de nombreux gouvernements africains dont la Guinée ont soumis leurs contributions déterminées au niveau national (CDN), qui définissent les mesures qu'ils prennent pour lutter contre le changement climatique. Ces CDN peuvent inclure des engagements visant à protéger les écosystèmes, à promouvoir la gestion durable des ressources naturelles et à renforcer les services écosystémiques, dont ceux liés à l'économie bleue.

Des législations et des politiques nationales visant à protéger les écosystèmes et à valoriser les services écosystémiques ont été initiées. Cela concerne la création de réserves naturelles, la promotion de pratiques agricoles durables, la gestion des ressources en eau et la réglementation de l'exploitation des ressources naturelles.

Par ailleurs, de nombreux pays du continent ont élaboré des stratégies nationales de développement durable qui intègrent la conservation de la biodiversité, la gestion des écosystèmes et la promotion des services écosystémiques. Ces stratégies visent à assurer une croissance économique durable et à protéger les écosystèmes pour les générations futures. Sur ce plan, le gouvernement guinéen s'est illustré par des engagements significatifs mais toutefois mesurés. Des engagements qui ont été réitérés lors de la dernière COP27 organisée à Charm-el-Cheikh, en Égypte.

Quelques exemples de projets valorisant les services écosystémiques en Afrique

Le projet Mangrove Ecosystems for Climate Change Adaptation and Livelihoods au Sénégal vise à restaurer les mangroves dégradées le long de la côte. En restaurant ces écosystèmes, il contribue à la protection côtière, à la régulation du climat et à la création de moyens de subsistance durables pour les communautés locales.

L'Initiative de paiement pour les services écosystémiques en Éthiopie dans la région de Tigray. Ce projet récompense les agriculteurs qui adoptent des pratiques de conservation des sols et de gestion durable de l'eau pour préserver les services écosystémiques tels que la régulation de l'eau et la protection des sols.

Le Programme de restauration des terres dégradées en Afrique australe mis en place par la Southern African Development Community (SADC). En utilisant des approches de gestion durable des terres et des pratiques agricoles respectueuses de l'environnement, il contribue à améliorer la fertilité des sols, à augmenter la biodiversité et à renforcer les services écosystémiques.

Le projet Mozambique Marine Biodiversity Conservation se concentre sur la conservation des récifs coralliens, des mangroves et des habitats marins côtiers au Mozambique. Il vise à préserver la biodiversité marine, à renforcer la résilience des écosystèmes face au changement climatique et à promouvoir des moyens de subsistance durables pour les communautés côtières.

Le projet d'appui au développement de l'aquaculture en Haute et Moyenne-Guinée (PADAHMG) soutenu par la Fédération de Russie et le Japon et techniquement appuyé par le PNUD a apporté un concours précieux aux communautés, à la pisciculture guinéenne et à la valorisation des potentialités de cette chaîne de valeur pour le pays.

Le projet pour l'accroissement de la résilience et de la capacité d'adaptation des communautés les plus vulnérables de Guinée face au changement climatique a été mis en œuvre par le gouvernement et soutenu par le Fonds pour l'environnement mondial (FEM) et le PNUD.

Ces exemples illustrent comment les projets en Afrique valorisent les services écosystémiques en adoptant des approches de conservation, de restauration et de gestion durable des écosystèmes et contribuent à la protection de la biodiversité et au soutien des moyens de subsistance durables des communautés locales en lien avec l'économie bleue.

Partie 5

L'économie bleue et les politiques environnementales et de développement durable

CHAPITRE 13

La préservation de la diversité biologique marine et des ressources en eau

–

Lama You CAMARA
Directeur général du Centre national de protection du milieu marin et des zones côtières de Guinée

Emmanuel KOUROUMA
Expert national en géomatique et des systèmes informatiques et géographiques du PNUD en Guinée

Introduction

Les océans recouvrent 71 % de la surface de la terre et contiennent 97 % des réserves en eau de la planète. Ils fournissent l'eau de pluie, notre eau potable, l'essentiel de l'oxygène que nous respirons et une grande partie de notre nourriture. Selon l'Organisation des Nations Unies, près de 3 milliards de personnes dépendent principalement des océans pour leurs besoins en protéines. Ces mêmes océans sont également les grands régulateurs du climat grâce à la circulation des courants, au brassage océanique et à leur capacité d'absorption du dioxyde de carbone, laquelle équivaut à environ un tiers de la production d'origine anthropique.
Réunies sous l'appellation d'hydrosphère, l'eau douce et l'eau salée sur terre comprennent quatre grands réservoirs, notamment les mers et les océans, les eaux continentales superficielles et souterraines, l'atmosphère et la biosphère. L'échange d'eau entre ces quatre réservoirs qualifiés de cycle biogéochimique est complexe et permanent.
Les écosystèmes marins sont innombrables, variables en taille, en diversité biologique, en nombre d'espèces endémiques... et leur répartition à travers les océans est

inégale. La plus grande diversité d'espèces fréquentant les océans se rencontre quant à elle dans les larges bandes des latitudes moyennes de tous les océans. Pour autant, des formes de vie ont été trouvées sur les bordures continentales, les dorsales océaniques et les plaines abyssales sous-marines.
Ces écosystèmes marins et les ressources en eau sont au cœur des préoccupations de gestion, de préservation et de lutte contre les diverses formes de pollution. Aussi, les stratégies de promotion de l'économie bleue et verte portent une attention particulière à la gestion durable des ressources hydriques et océaniques.

13.1 La gestion durable des ressources hydriques

Les zones côtières, comme les mangroves ou les lagunes, sont des zones d'échange et de transfert d'énergie et de matières nutritives, très favorables au développement d'un foisonnement biologique (insectes, oiseaux, mais également mollusques, crustacés, poissons, etc.).

Les paysages et les fonds sous-marins sont variés et les habitats contrastés, notamment dans les fonds sableux ou rocheux, les gisements et herbiers favorables à la vie et à la reproduction de nombreuses espèces.

Il existe également les grandes profondeurs qui sont des lieux d'habitats peu explorés et exceptionnels où cohabitent à la fois un petit nombre d'espèces dont les populations sont abondantes, et des milliers d'espèces rares représentées par un très faible nombre d'individus.

La végétation sous-marine abrite trois groupes d'algues distincts, dont la composition biochimique est diverse ainsi que des plantes essentiellement littorales, qui constituent, à n'en point douter, une richesse océanique, nourricière et productrice d'oxygène, réservoir de multiples espèces qui viennent s'y reproduire. Elle constitue également un puits de carbone pour notre planète.

La richesse que représente la végétation marine constitue un potentiel considérable pour les sociétés humaines et cela ne s'arrête pas à la seule valorisation alimentaire puisque les algues, en particulier, sont utilisées dans l'agriculture pour amender naturellement les sols en raison de leur richesse en sels minéraux et oligoéléments mais aussi dans les secteurs pharmaceutiques et des cosmétiques, notamment comme agents de texture.

La surexploitation des ressources océaniques, la progression des pollutions de divers ordres et les conséquences du réchauffement climatique contribuent à la destruction du milieu marin. Les vastes ressources des océans et les nombreux avantages socio-économiques qui en découlent finissent par être en réel péril, parce que les zones les plus touchées, les zones côtières, sont aussi les plus productives de l'environnement marin.

Les pressions qui s'exercent sur le milieu océanique résultent pour partie d'activités qui existent de longue date mais qui ont connu un essor considérable pour répondre aux exigences d'une économie mondialisée et à une demande sociale pressante liée à la croissance démographique et aux défis environnementaux.

Le nouveau cadre de l'économie bleue privilégie une approche intégrée, systémique, dynamique, inclusive et participative des écosystèmes. Il lève les barrières sectorielles au niveau de la gouvernance et promeut les dimensions environnementale, sociale et économique de toutes les activités impliquées dans l'économie bleue.

Cette démarche est centrée sur l'écosystème et intègre les principes du développement durable énoncés dans le rapport des Nations Unies « Une économie verte dans un monde bleu ». Ce rapport prend en compte les trois piliers (environnemental, économique et social) de la durabilité mis en exergue dans le document final de Rio+20 « L'avenir que nous voulons » (2012), ainsi que le programme quinquennal d'action des Nations Unies et celui sur les ODD 2030.

L'économie bleue promeut la conservation des écosystèmes aquatiques et marins, l'utilisation et la gestion durables des ressources qu'ils abritent, et elle se fonde sur les principes d'équité, de développement avec faible émission de carbone, d'efficacité énergétique et d'inclusion sociale.

Le concept intègre les filières de l'économie bleue en incluant la dimension sociale de l'amorce d'une transformation structurelle de l'Afrique. Il prône le développement intégré, ainsi qu'une meilleure coopération et coordination régionales des politiques.

Les activités liées à l'économie bleue et verte bénéficient de technologies de plus en plus performantes et d'opportunités de développement des chaînes de valeur si bien que certaines d'entre elles peuvent se révéler impactantes pour les ressources et leur capacité à se reconstituer, mais aussi porteuses de risques de pollution et de perturbation des écosystèmes marins.

Par exemple, plusieurs facteurs ont contribué à la diminution importante des stocks de poissons au cours des trois dernières décennies ainsi qu'à la dégradation des écosystèmes, notamment l'augmentation spectaculaire de la taille et de la capacité des flottes de pêche dans le monde – et surtout celle des pays industrialisés –, la prévalence de la pêche illicite, clandestine et non réglementée en haute mer ou à l'intérieur des ZEE ainsi que le choix peu judicieux des matériels de pêche qui entraîne souvent des prises accessoires et des rejets importants ainsi que le précise le rapport du Conseil économique et social français consacré à la gouvernance des océans.

L'intensification considerable de la pêche depuis trois décennies a permis à la pêche de capture en mer d'atteindre des sommets très élevés, proches de 100 millions de tonnes par an en moyenne, même si ces données n'intègrent pas la pêche illicite, l'insincérité des déclarations, le laisser-faire de certains États et l'insuffisance des données de la pêche artisanale et de loisir. Ce volume constitue, selon les Nations Unies, un palier haut car aucune progression n'a pu être dépassée depuis au niveau mondial. Cette stagnation s'explique par le fait que la majeure partie des zones de pêche dans le monde ont atteint leur capacité maximale de prises.

En outre, les États ont été plus ou moins diligents pour permettre le suivi de l'état de santé des écosystèmes marins. Certains, il est vrai, n'ont pas eu les moyens de cette ambition. Pourtant des descripteurs destinés à permettre le suivi de l'état de santé des écosystèmes marins comme des modélisations écosystémiques et des analyses de séries longues de données permettent une gestion rationnelle des stocks.

La dégradation progressive des stocks de poissons, au niveau des plateaux continentaux, a conduit à la contraction des captures issues de la pêche artisanale et à la progression de la pêche lointaine et profonde. Or, la pêche profonde est par nature singulière, car le cycle de vie des poissons des profondeurs les rend beaucoup plus vulnérables aux prélèvements que les espèces pélagiques en raison de leur croissance lente, de leur longévité élevée et de leur maturité sexuelle tardive. C'est la raison pour laquelle les filets maillants et les chaluts de profondeur ont un effet dévastateur qui peut conduire à l'extinction commerciale de ces espèces. L'utilisation de ces techniques de pêche a d'ailleurs rapidement réduit les populations de poissons. Dans le Pacifique comme dans l'Atlantique et l'océan Indien, les espèces des profondeurs ont payé le prix fort de cette évolution en raison des pratiques de pêche et des techniques mises en œuvre.

À l'heure actuelle, les institutions en charge de l'halieutique n'ont pas une connaissance précise des impacts subis par les fonds marins qui ont été perturbés par l'ampleur de la pêche dite profonde et de l'utilisation de chaluts, filets et palangres qui causent incontestablement des dommages aux écosystèmes vulnérables.

Des mesures et analyses pourraient permettre de définir des valeurs seuils en deçà desquelles certaines ressources ne devraient pas être exploitées afin non seulement de conserver les espèces, mais encore de gérer durablement les ressources marines et les patrimoines écologiques.

Les impacts du trafic maritime international sont également non négligeables sur les écosystèmes marins rares ou délicats ainsi que sur l'habitat des espèces et autres organismes marins en régression, menacés ou en voie d'extinction.

Les risques potentiels liés au trafic maritime ont conduit l'Organisation maritime internationale (OMI) à élaborer une convention internationale pour la prévention de la pollution par les navires, plus connue sous son acronyme anglo-saxon (MARPOL).

Cette convention couvre l'intégralité des risques relevant du transport par mer, notamment : (i) la prévention de la pollution par les hydrocarbures ; (ii) la lutte contre la pollution par les substances liquides nocives transportées ; (iii) la prévention de la pollution par les eaux usées et ordures des navires ; (iv) les pollutions atmosphériques et sonores.

Les espèces invasives sont aussi considérées comme une grande menace pour les océans après la pollution d'origine terrestre, la surexploitation des ressources marines et la destruction des habitats marins.

Les espèces envahissantes représentent en effet des dangers significatifs, voire majeurs, car elles colonisent les espaces et concurrencent les espèces locales et mettent parfois en péril la survie de certaines d'entre elles en détruisant la biodiversité, tant animale que végétale.

Ces espèces envahissantes sont souvent à l'origine de dérèglements multiples aux conséquences parfois dramatiques, non seulement pour l'environnement marin, mais aussi pour la sécurité alimentaire et la santé publique.

L'objectif de développement durable consacré à la vie aquatique, l'ODD 14 du Programme de développement durable à l'horizon 2030, a pour ambition de « conserver et exploiter de manière durable les océans, les mers et les ressources marines ». Alors que nous entamons la dernière décennie du Programme 2030, il est urgent d'agir pour atténuer les effets néfastes des activités humaines tant en mer et sur le littoral que dans les terres loin des côtes.

De nombreuses initiatives agissent dans ce sens à travers le monde et en particulier en Afrique. Des actions majeures sont en effet promues en matière de gouvernance océanique et de gestion écosystémique des zones marines et côtières, telles que l'Initiative durable pour l'économie bleue, le Programme d'action mondial pour la protection du milieu marin contre la pollution due aux activités terrestres ou les efforts conduits dans le cadre des programmes pour les mers régionales soutenus par les Nations Unies.

13.2 Le bon état écologique du domaine marin et la lutte contre les pollutions industrielles marines

13.2.1 La lutte contre les pollutions marines

La pêche, l'aquaculture et la conchyliculture sont aussi génératrices de déchets qui finissent en mer ou à terre. Les précipitations par les ruissellements, les crues et les débordements des collecteurs d'eaux usées concourent à l'augmentation du flux inéluctable des déchets vers les embouchures, les estuaires et les deltas.

L'activité portuaire génère d'importantes quantités de déchets de toutes sortes, issues du trafic maritime, de la maintenance et des opérations de manutention. Les pollutions résultent d'équipements de mauvaise qualité ou en raison de négligences.

Les ports où le nettoyage n'est pas assuré de façon adéquate voient s'accumuler dans les bassins des nappes de macro-déchets qu'il s'avère difficile de récupérer sans moyens appropriés.

Les décharges sauvages sont une autre source importante d'apport de déchets, en particulier lorsqu'elles sont situées sur le littoral ou à proximité des cours d'eau.

Par ailleurs, il est important de relever que les métaux ne sont pas biodégradables et engendrent des pollutions persistantes. Les plus toxiques pour l'environnement sont le mercure, le cadmium et le plomb. Certains sels et oxydes comme le cobalt ou le manganèse comportent une dangerosité pour l'environnement ainsi que les divers pesticides (herbicides, fongicides, insecticides) qui participent également à la contamination du milieu marin, car issus de minéraux comme le soufre ou le sulfate de cuivre.

Les macros-déchets qui jonchent les littoraux et qui envahissent les zones côtières sont considérables en volume et posent de réels problèmes. Ces déchets se retrouvent piégés dans le sable ou dans la végétation littorale et échappent bien souvent aux systèmes de collecte et d'élimination, lorsqu'ils sont fonctionnels.

Les Nations Unies et les spécialistes de l'association de recherche scientifique One Ocean estiment que près de 10 millions de tonnes de déchets, toutes catégories confondues, seraient déversées dans les océans, ce qui impacte sévèrement les sociétés humaines et les écosystèmes, notamment en Afrique.

En effet, les activités littorales ont un impact majeur sur l'océan sous l'effet de la progression démographique des zones côtières d'autant que de nombreuses mégapoles du continent ne disposent pas de stations d'épuration à la hauteur des besoins et rejettent sans traitement leurs eaux usées à la mer.

Le rejet des eaux continentales, direct ou par ruissellement, constitue l'un des effets polluants majeurs sur l'océan avec les impacts des intrants agricoles qui contaminent durablement les nappes phréatiques et les eaux littorales. À ces pollutions viennent s'ajouter des contaminations de produits chimiques et pharmaceutiques dont on commence seulement à mesurer les impacts sur le milieu aquatique.

De plus, les rejets de matières plastiques en mer progressent sur l'ensemble du continent et ne cessent d'augmenter. Cette situation est très impactante, car les polymères utilisés dans les produits plastiques ont des propriétés physico-chimiques qui les rendent peu biodégradables sans oublier qu'ils persistent dans l'environnement marin pendant un temps considérable. En effet, ils s'y dégradent à un rythme très différent suivant qu'ils se trouvent en surface, entre deux eaux ou en profondeur. Il est à cet égard important de relever que seuls les rayons du soleil parviennent à désagréger les macro-molécules du plastique. Les deux tiers de la lumière étant absorbés dans les cinq premiers mètres d'eau, les objets immergés en deçà de cette profondeur se détériorent très lentement et ceux qui sont dans les grands fonds sont pratiquement indestructibles. Pour exemple, une bouteille ou une couche en plastique ont une durée de vie de trois à quatre siècles dans les profondeurs océaniques.

13.2.2 La préservation de la diversité biologique marine

La biodiversité marine, comme la diversité de la vie dans les océans et les mers, est un aspect essentiel des trois piliers du développement durable (économique, social et environnemental).

Le secrétaire général de l'ONU a rappelé lors de la 15e session de la Convention des Nations Unies sur la biodiversité, qui s'est tenue à Montréal (Canada), en 2022, qu'il n'y a pas de développement durable sans biodiversité et qu'il n'y avait pas de climat stable sans biodiversité.

Les océans sont l'un des principaux réservoirs de la biodiversité dans le monde. Ils constituent plus de 90 % de l'espace habitable sur la planète et abritent quelque 250 000 espèces connues ainsi que beaucoup d'autres, qui ne sont pas encore toutes répertoriées.

Les océans et la vie marine sont essentiels au bon fonctionnement de la planète, fournissant la moitié de l'oxygène que nous respirons et absorbant environ 26 % des émissions de dioxyde de carbone anthropique dans l'atmosphère par an.

La pêche et l'aquaculture sont une source de revenus pour des dizaines de millions de personnes en Afrique, en particulier pour les familles à faible revenu, et contribuent directement et indirectement à leur sécurité alimentaire.

Les écosystèmes marins fournissent de nombreux services aux communautés côtières dans le monde. Par exemple, les écosystèmes de mangroves sont une source importante de nourriture pour plus de 25 millions de personnes, mais fournissent aussi de nombreux autres services comme des moyens de subsistance, de l'eau salubre, des produits forestiers ainsi qu'une protection contre l'érosion et les phénomènes météorologiques extrêmes.

La COP15 a donné lieu au lancement d'une plateforme destinée à aider les pays à accélérer la mise en œuvre du cadre mondial pour la biodiversité. Ainsi, 23 pays, menés par la Colombie et soutenus par l'Allemagne, ont signé une déclaration pour aider les gouvernements, avec le concours du PNUE et du PNUD, à accélérer la mise en œuvre de leurs stratégies et des plans d'action nationaux pour la biodiversité (SPANB). Ce partenariat a pour objectif de faciliter l'accès aux soutiens financiers et techniques internationaux en vue de développer des capacités institutionnelles adaptées aux besoins nationaux, dans une démarche de développement inclusif et durable.

Selon les prévisions de l'OCDE, d'ici à 2030, l'économie bleue, qui englobe tous les secteurs économiques ayant un lien direct ou indirect avec les océans – tels que l'énergie marine, le tourisme côtier, les biotechnologies marines –, pourrait enregistrer une croissance supérieure à celle de l'économie mondiale, tant du point de vue de la valeur ajoutée que de l'impact potentiel sur l'emploi productif et décent.

Cependant, un large éventail d'activités humaines dégrade les océans depuis des années, et ce, tout particulièrement sur le continent africain alors même que le Groupe d'experts intergouvernemental sur l'évolution du climat (GIEC) conclut que l'océan est désormais plus chaud, plus acide et moins productif. En effet, en renforçant l'absorption de dioxyde de carbone, le réchauffement climatique entraîne l'acidification des océans et la réduction de leur teneur en oxygène, ce qui a un effet délétère sur les plantes, les animaux et les autres organismes marins.

En raison de la fonte des calottes glaciaires, la hausse du niveau des mers met également en péril des centaines de millions d'habitants des zones côtières.

De plus, selon les estimations, plus de 8 millions de tonnes de déchets plastiques et 1,7 million de tonnes de microplastiques sont rejetées chaque année dans les océans. Cette pollution menace les écosystèmes marins et les populations qui vivent de la mer. Le plastique qui se retrouve dans les océans provient principalement des déchets qui sont rejetés à terre ou dans des cours d'eau par les deux milliards de personnes qui n'ont pas accès à ces services de collecte.

Le gouvernement guinéen a entrepris un projet de lac ambitieux pour la lutte contre les sachets plastiques appelé à réduire les rejets plastiques et leur recyclage.

La forte croissance démographique et l'urbanisation rapide que connaissent un grand nombre de villes de par le monde, en particulier dans les régions côtières, aggravent les défis environnementaux.

Il est par conséquent essentiel d'investir dans l'économie bleue durable et les initiatives visant à réduire la pollution et à préserver les océans, leur biodiversité et les écosystèmes marins.

Parmi les secteurs clés de l'économie bleue, rappelons que onze secteurs sont considérés comme essentiels et à grandes potentialités en Afrique :
- l'exploitation durable des produits de la mer ;
- l'industrie extractive et énergies marines ;
- le transport maritime ;
- les infrastructures portuaires ;
- la construction navale ;
- la gestion et la résilience des zones côtières ;
- le tourisme côtier ;
- les biotechnologies ;
- la gestion des eaux pluviales et le traitement des eaux usées ;
- la recherche et l'innovation liées aux industries maritimes ;
- la production en mer d'énergie renouvelable.

CHAPITRE 14

La durabilité, composante nécessaire de l'économie bleue

—

Fassou THEA
Conseiller principal en charge de l'environnement, de l'assainissement et du développement durable auprès du Premier ministre de la République de Guinée

Julienne KUISEU
Experte des questions environnementales et du développement durable, volontaire des Nations Unies auprès du PNUD en Guinée

Introduction

Les océans et mers recouvrent plus des deux tiers de la surface du globe et sont un élément primordial de la vie, car ils constituent l'une des sources principales d'aliments, produisent la majeure partie de l'oxygène présent dans l'air que nous respirons, jouent un rôle central dans le cycle du carbone et régulent le climat.

L'économie océanique mondiale est estimée à 3 000 milliards de dollars américains par an, ce qui équivaut à 5 % du PIB mondial. La croissance de l'économie bleue doit préserver et valoriser le capital naturel dont elle dépend, tout en générant des bénéfices économiques et sociaux équitablement répartis.

Pour atteindre le plein potentiel d'une économie bleue durable, il convient de reconnaître les externalités négatives des activités terrestres et d'y remédier. Pourtant, l'avenir des océans est en jeu. La surexploitation, la pollution et les changements climatiques sont à l'origine d'une perte considérable de biodiversité marine.

Grâce aux organismes et aux habitats marins, comme les mangroves, les marais salés, la prairie sous-marine et les algues marines, souvent appelées « forêts bleues », les mers et océans absorbent aujourd'hui plus de 35 % du dioxyde de carbone rejeté dans l'atmosphère du fait des activités humaines.

Les mers et océans jouent également un rôle socio-économique important pour les communautés et les États, d'une manière générale.

L'économie bleue, constituée des secteurs traditionnels que sont la pêche, le transport maritime, le tourisme côtier et l'extraction de pétrole et de gaz, ainsi que de nouveaux secteurs à croissance rapide comme l'énergie océanique, l'éolien offshore et les biotechnologies bleues, offre un potentiel considérable en termes de croissance et de création de richesses et d'emplois.

Les océans et mers hébergent un grand nombre d'écosystèmes, qui se développent depuis l'environnement stable, mais aussi vulnérable, des grandes profondeurs océaniques, jusqu'aux eaux côtières extrêmement dynamiques et fortement éprouvées par l'action humaine.

Les producteurs primaires de la biodiversité naturelle, comme le phytoplancton et les algues, absorbent l'énergie de la lumière du soleil et des minéraux. Les ressources marines sont une source importante de protéines et constituent la source d'aliments de base pour toute la vie présente dans les océans.

La surexploitation des ressources vivantes de l'économie bleue est une donnée fondamentale. La pression exercée sur les stocks de pêche est particulièrement significative. De nombreux stocks commerciaux sont exploités au-delà de leur rendement maximal durable (RMD), paramètre fondamental sur la proportion maximale du stock halieutique pouvant être prélevée, en toute sécurité, sans altérer la reproduction écologique du patrimoine existant.

Les écosystèmes marins deviennent plus vulnérables alors même que la santé et les moyens d'existence d'une population de plus en plus nombreuse, en particulier le long des côtes, dépendent des services rendus par ces mêmes écosystèmes.

Les océans et mers sont pollués par des contaminants connus, par de nouveaux agents polluants, par l'excès de nutriments provenant des eaux usées, lesquels provoquent une eutrophisation côtière et par les déchets plastiques. Alors que dans les régions marines, la plus grande partie des déchets marins provient des terroirs et donc des espaces continentaux, les navires représentent quant à eux environ 20 % de toutes les décharges en mer.

En outre, la montée du niveau de la mer et les émissions de carbone entraînant l'augmentation de la température et l'acidification des océans rendent les espèces et les écosystèmes plus vulnérables.

14.1 Le défi du bon état écologique de la mer

Promouvoir l'économie bleue ne peut et ne doit se faire sans la préoccupation permanente d'altérer le moins possible la qualité des eaux marines, et plus généralement de toutes les ressources hydriques. Il s'agit au contraire de rechercher des modèles vertueux qui s'appuient sur l'apport d'innovations et tiennent compte des capacités de charge du milieu naturel. À cet effet, il est de la plus grande importance de mesurer, en première intention, le bon état écologique (BEE) puis de limiter ensuite les prélèvements et les déchets, sans omettre de réduire l'empreinte carbone du secteur maritime.

14.1.1 Pour une stratégie de développement écologique durable

Le bon état écologique (BEE) est un élément central des stratégies de développement écologique durable. La principale difficulté pour établir une évaluation initiale du BEE de la mer en Guinée réside dans le manque de données concernant par exemple la biodiversité et son état de conservation. Les données sont fractionnées, dispersées, privatisées, rarement centralisées et partagées. Elles devraient être mieux renseignées et mises en contexte ou rendues accessibles aux instances publiques, notamment en Afrique.

L'écosystème côtier de la Guinée maritime inclut 305 km² d'estrans intertidaux, 2 036 km² de mangroves, 755 km² de marais côtiers d'eau douce ou d'eau saumâtre et 605 km² de rizières inondées. Le marnage est très important ; la marée peut remonter jusqu'à 50 km à l'intérieur des terres. Cette configuration influence fortement le fonctionnement de l'écosystème marin et côtier guinéen qui subit une pluviométrie abondante mais concentrée, des températures élevées mais constantes, des écoulements rapides (érosion des versants), des crues d'hivernage, de la dérive littorale, du marnage relativement élevé et des effets importants des houles locales.

Compte tenu des interactions entre la terre et la mer, tout ne se règle donc pas en mer. Bassins-versants et espaces terrestres exercent une influence sur les espaces maritimes et littoraux au travers des questions de la qualité des eaux, de l'occupation des sols, des grands aménagements urbains, touristiques et agricoles, des projets d'activités en mer, etc. C'est à cet effet que le bon état écologique est considéré comme un aspect central de l'économie bleue à côté d'autres considérations comme la planification spatiale maritime, la gestion foncière du littoral ou encore les innovations marines. L'ambition en République de Guinée est de dépasser les approches thématiques de la mer et du littoral dans le but d'optimiser l'exploitation des ressources, tout en assurant leur durabilité écologique[1].

Pour cela, les scientifiques ont défini plusieurs types de pollution qui sont présentes dans les milieux marins et littoraux : la pollution par les déchets, les perturbations sonores sous-marines, l'introduction de composés synthétiques et de substances non synthétiques, l'enrichissement en nutriments et l'enrichissement en matière

1 S. Camara *et al.*, 2020, Rapport sur les impacts environnementaux et la mise en place d'un dispositif d'évaluation et de gestion du bon état écologique de la mer et de la lutte contre les pollutions industrielles dans le cadre de l'économie bleue.

organique. Parmi les activités susceptibles d'engendrer ces types de pression, on recense quasiment les mêmes que celles qui conduisent à une perturbation ou à une modification physique des fonds marins : transport maritime, travaux publics maritimes, pose de câbles sous-marins, production électrique littorale, exploration/ exploitation pétrolière ou minière, etc.

Sur sa façade maritime, la Guinée possède six principaux estuaires qui sont l'estuaire du Kogon (Rio Componi), l'estuaire du Tinguilinta (Rio Nunez), l'estuaire de la Fatala (Rio Pongo), l'estuaire du Konkouré, l'estuaire du Bofon, l'estuaire de la Melakoré. À l'exception de l'estuaire du Tinguilinta fortement fréquenté depuis 2015 par les barges de transports de bauxite de plusieurs sociétés minières, les autres estuaires sont pour le moment relativement moins exploités et sont assez grands pour assurer le maintien des organismes végétaux et animaux. Ils constituent des zones de nurseries, de frayère et de croissance pour beaucoup d'espèces marines et aussi des couloirs de migration pour bon nombre d'espèces marines et continentales.

Trois types de pressions, qui s'exercent sur les écosystèmes marins et du littoral, y sont indexés : (i) la pression démographique sur la biodiversité marine et littorale considérée souvent comme l'une des composantes non explicites d'autres pressions ; (ii) la surexploitation des ressources vivantes issues de la biodiversité marine et littorale dont la préservation est essentielle à la pérennité des activités de pêche, mais qui dépend des politiques mises en œuvre, afin de garantir des conditions écologiques favorables à la protection de la biodiversité ; (iii) les modifications des milieux marins et littoraux dues au changement climatique et à l'acidification.

Le changement climatique qui se manifeste par des changements des paramètres physiques et chimiques du milieu (élévation globale de la température et diminution du taux d'oxygène, acidification, modification de la salinité, élévation du niveau de la mer, etc.) affecte directement la biodiversité marine et littorale, perturbe les espèces et éprouve la capacité de résilience des écosystèmes marins et littoraux.

14.1.2 Des outils de surveillance

Il est donc recommandé de mettre en place des outils pour surveiller l'environnement marin et promouvoir des actions visant à restaurer et préserver la diversité écologique des eaux marines.

Une des premières actions à mener dans cette perspective consiste à mesurer l'état écologique initial du milieu marin, afin de disposer d'un « état des lieux » de la situation à un moment donné dans le pays.

L'étude réalisée propose, en tenant compte des capacités disponibles au niveau national, une série de six descripteurs permettant d'offrir une vision juste de la situation actuelle. Ces descripteurs doivent permettre d'élaborer une stratégie visant à mesurer d'abord puis à travailler ensuite sur les écarts entre, d'une part, la situation constatée et, d'autre part, la situation recherchée.

Grâce à cette série de descripteurs et à la mesure du bon état écologique initial, il devient possible de mettre en place une stratégie nationale de suivi, permettant d'assurer une « veille » et d'envisager ensuite des décisions (élaboration de mesures et recommandations) pour cheminer vers la situation recherchée.

Les descripteurs et leur suivi sont un instrument indispensable au service du politique et des partenariats public-privé pour aller dans le sens d'une restauration et d'une préservation du domaine marin.

Les descripteurs pour une stratégie nationale de suivi

Les six descripteurs proposés, à partir de l'expérience de l'Union européenne (directive-cadre stratégie pour le milieu marin) et des spécificités de la situation guinéenne, sont les suivants :

Descripteur 1 : les contaminants

Le niveau de concentration des contaminants ne provoque pas d'effets dus à la pollution. Ce descripteur concerne donc exclusivement les substances chimiques dans le milieu en termes d'apports, d'inventaire et d'effets physiques et biologiques induits par cette pression. Les origines de ces apports peuvent être tellurique, maritime, sous-marine ou atmosphérique.
Enjeux :

- Maintien des effets biologiques des contaminants dans des limites acceptables permettant d'éviter les impacts significatifs sur l'environnement marin.
- Baisse des concentrations des contaminants permettant d'éliminer les risques pour le milieu marin et d'assurer l'absence d'effets biologiques et physiques significatifs.
- Réduire ou supprimer les apports en contaminants chimiques dans le milieu marin, qu'ils soient chroniques ou accidentels ; réduire les apports de contaminants à la source ; limiter les transferts des contaminants vers et au sein du milieu marin.

Descripteur 2 : la diversité biologique

La diversité biologique est conservée, les populations de tous les poissons et crustacés exploités à des fins commerciales se situent dans les limites de sécurité biologique et les espèces non indigènes introduites par le biais des activités humaines sont à des niveaux qui ne perturbent pas l'écosysteme.

Enjeux :

- Maintien de la biodiversité et préservation de la fonctionnalité du milieu marin et non perturbation des écosystèmes par les espèces introduites par l'homme.
- Exploitation des espèces dans le cadre d'une approche écosystémique des pêches.
- Bon état des stocks exploités et maintien des stocks en bon état.
- Améliorer l'état des stocks en mauvais état en vue de l'atteinte du bon état.
- Favoriser la reconstitution des stocks des espèces en très mauvais état en vue de l'atteinte du bon état.
- Protéger les espèces et habitats rares ou menacés.
- Limiter les risques d'introduction accidentelle, les risques liés à l'introduction volontaire et à la dissémination des espèces non indigènes.
- Réduire les impacts des espèces non indigènes envahissantes.

Descripteur 3 : les eaux de baignade

La qualité sanitaire des eaux de baignade.

Enjeux :

- Garantir la qualité sanitaire des eaux de baignade.
- Améliorer la qualité microbiologique des eaux, pour limiter le risque significatif d'impact sur la santé humaine en assurant le non-dépassement des seuils fixés par la législation ou autres normes applicables.

Réduire les apports ponctuels et les apports diffus.

Descripteur 4 : l'eutrophisation

L'eutrophisation d'origine humaine, dont les effets néfastes incluent l'appauvrissement de la biodiversité, la dégradation des écosystèmes, la prolifération d'algues toxiques et la désoxygénation des eaux de fond, doit être réduite au minimum.

Enjeux :

- Préservation des milieux et maintien de leurs fonctionnalités.
- Réduction significative des apports excessifs en nutriments dans le milieu marin, poursuite de la réduction des pollutions ponctuelles et diffuses (agricoles, des collectivités, industrielles) et limitation de leur transfert au milieu aquatique.
- Réduction des apports d'azote atmosphérique (Nox) d'origine agricole, urbaine, industrielle et dus au trafic maritime et terrestre.
- Renforcement de la réduction des apports sur les zones d'eutrophisation avérée.

Descripteur 5 : les déchets marins

Les propriétés et les quantités de déchets marins ne provoquent pas de dommages au milieu côtier et marin.

Enjeux :

- Réduire les dommages liés aux déchets marins en mer et sur le littoral (réduction à la source les quantités de déchets en mer et sur le littoral).
- Réduction significative de la quantité de déchets présents dans le milieu marin.
- Réduction des impacts des déchets sur les espèces et les habitats.

Descripteur 6 : l'érosion côtière

Le suivi de l'évolution de l'érosion côtière en vue de limiter son impact représente un enjeu en vue de la réduction des dommages qui y sont liés. Celle-ci peut résulter de la réduction des causes anthropiques et de l'aménagement du littoral en intégrant ce phénomène.

La deuxième action à mener est la revue de la législation en matière de prévention des pollutions et donc de la législation des installations classées pour la protection de l'environnement (ICPE) de manière à la faire évoluer dans le contexte international et à travers l'acquisition de nouvelles connaissances et leur mise en pratique.

La principale difficulté pour établir une évaluation initiale du bon état écologique de la mer en Guinée réside dans la capacité de recueil de données actualisées et complètes sur les différentes sous-régions maritimes de la Guinée. Malgré un engagement ferme et déterminé des autorités nationales et de la ministre de l'Environnement et du Développement durable, il est constaté, d'une part, un manque de données concernant les différentes thématiques clés, par exemple la biodiversité et son état de conservation. D'autre part, il apparaît que, lorsqu'elles existent, les données sont fractionnées, dispersées, privatisées, rarement centralisées, ni mises en contexte ou rendues accessibles aux instances publiques qui auraient eu besoin d'y avoir accès pour analyser et comprendre les situations et élaborer une évaluation initiale du BEE.

Le processus d'élaboration de la Stratégie africaine intégrée pour les mers et les océans à l'horizon 2050 (Stratégie AIM 2050) prend en compte le potentiel considérable que possède le domaine maritime africain en termes de création de richesses, ainsi qu'un certain nombre de défis à relever. La perspective visant à disposer d'une stratégie globale déclinée en stratégies nationales pour la mer et le littoral nécessite d'adopter une politique commune dans ce domaine et de la faire vivre au sein des pays membres ou signataires.

Disposer d'un schéma directeur général et de déclinaisons nationales organisées autour de solutions innovantes et de systèmes de gestion et de réglementation pris en compte dans le droit interne de chacun des pays (droit de l'environnement) constitue une étape pour envisager une évaluation et un suivi du bon état écologique. Dans un tel contexte, le rôle dévolu à l'État doit être celui d'impulser les conditions de mise en œuvre d'une gouvernance adéquate dont la performance sera contrôlée par la structure supranationale (UA, CEDEAO, CEEAC, etc.).

Les orientations stratégiques relatives au bon état écologique des eaux.

Les priorités stratégiques de la Guinée permettent de tirer des conclusions sur la situation actuelle concernant la stratégie de préservation du bon état écologique du domaine marin et la prévention des pollutions marines en Guinée :

- une prise de conscience est amorcée en vue de la préservation des écosystèmes côtiers et de la pollution marine ;
- les prémices d'une meilleure coordination des actions avec la restructuration du MEEF, la création de la préfecture maritime et le décret sur l'action de l'État en mer ;
- les eaux continentales restent le parent pauvre de la gouvernance en matière de protection de l'environnement même si le ministère de l'Économie maritime impulse une dynamique nouvelle ;
- les données nécessaires à l'évaluation initiale du bon état écologique du domaine maritime sont inexistantes sur certaines thématiques, datées, parcellaires et dispersées ;
- la gouvernance en matière d'environnement est représentée par de nombreuses institutions, ce qui morcelle souvent encore les responsabilités ;
- le manque de moyen matériel et humain est avéré ;
- la nécessité de monter en compétence des personnels chargés des missions de préservation du patrimoine marin ou de la prévention des pollutions est impérative ;
- la revue (et l'éventuelle refonte) des textes législatifs en matière d'ICPE est jugée prioritaire ;
- la mise en place d'une coopération avec les pays voisins est nécessaire et encouragée.

En attendant, chaque pays soucieux de disposer d'un cadre national opérationnel pour une valorisation durable des ressources marines peut faire le choix de s'engager dans la voie d'une installation progressive, notamment dans le cadre de l'économie bleue, d'un dispositif de mesure et de surveillance du bon état écologique de la mer. Sur ce plan, la République de Guinée démontre un engagement et une volonté remarquables au plan national, mais aussi au plan de la coopération sous-régionale.

14.2 Le bon état écologique des eaux douces (eaux continentales)

Il s'agit là d'un élément pour lequel les informations font largement défaut à l'heure actuelle, et que les études engagées jusqu'à présent n'ont pas traité. Cette dimension ne peut pourtant être ignorée à l'avenir, et il serait nécessaire de mettre en place un système de suivi-évaluation de l'état écologique des eaux intérieures de Guinée, au même titre que ce qui est proposé pour les eaux marines.

La République de Guinée s'est par conséquent engagée à conduire une étude pour définir les descripteurs pertinents et à mettre en place un système de suivi-évaluation du bon état écologique des eaux intérieures de Guinée.

14.3 Les pollutions industrielles

Dans le cadre de son code de l'environnement et de ses textes d'application, la Guinée a mis en place un régime juridique propre aux installations classées pour la protection de l'environnement (ICPE)[2]. Les pollutions industrielles constituent une question d'importance majeure dans le cadre de l'économie bleue étant donné qu'en Guinée 70 % des unités industrielles sont concentrées sur le littoral et peuvent générer des pollutions affectant le milieu marin.

L'expertise réalisée dans le cadre de l'étude complémentaire commanditée par le PNUD a mis en évidence la nécessité d'actualiser la législation guinéenne relative aux ICPE, à la lumière des conventions internationales ratifiées par la Guinée (Conventions de Bâle, de Stockholm et de Rotterdam), et ce, afin de prendre en compte des substances polluantes jusqu'à présent ignorées, comme les dioxines, les furanes, certains polluants tirés des pesticides, etc. D'autres aspects gagneraient aussi à être intégrés dans la législation guinéenne, comme la constitution de garanties financières pour faire face aux éventuels sinistres causés par l'exploitation d'une ICPE ainsi qu'une révision des rubriques de la nomenclature des ICPE.

2 Décret n°200/PRG/SGG/89.

14.4 La valorisation des services écosystémiques

De nombreux services écologiques sont également rendus par les écosystèmes marins tels que les massifs coralliens dans des domaines aussi divers que la pêche, le tourisme, la gestion des risques naturels mais aussi, et de façon indirecte, les ressources génétiques et la bioprospection.

Les besoins croissants des sociétés humaines et l'amélioration considérable des techniques dont elles se sont dotées sont à l'origine de changements majeurs en lien avec les potentialités de l'économie bleue.

Les services rendus par les écosystèmes marins sont conséquents. Les populations humaines dépendent en effet au quotidien de la biodiversité et des écosystèmes terrestre, mais aussi marins. Au-delà de la fourniture de protéines alimentaires par la pêche, l'aquaculture ou l'algoculture, les écosystèmes marins rendent des services écologiques éminents, notamment : (i) la production d'oxygène ; (ii) le recyclage de la matière organique ; (iii) la captation du CO_2 de l'atmosphère ; (iv) le piégeage du méthane dans les sédiments.

Ils contribuent aussi, par effet mécanique (barrières de corail, mangrove, etc.), à diminuer la vulnérabilité des écosystèmes côtiers exposés aux événements naturels destructeurs comme les tempêtes ou les inondations.

La contribution des écosystèmes marins est essentielle au développement de certaines activités humaines, touristiques ou sportives, dont les retombées économiques sont parfois très importantes pour les riverains et les États eux-mêmes, notamment quand il s'agit de petits États insulaires.

14.4.1 L'exemple de la mangrove

Les écosystèmes marins fournissent de nombreux services aux communautés côtières dans le monde. Par exemple, les écosystèmes de la mangrove sont une source importante de nourriture pour plus de 25 millions de personnes, mais fournissent aussi de nombreux autres services, comme de l'eau salubre, des produits forestiers ainsi qu'une protection contre l'érosion et les phénomènes météorologiques extrêmes.

La mangrove est cette forêt amphibie qui s'étend sur tout le long de la façade atlantique guinéenne, avec une superficie de 4 379 km^2 périodiquement inondée par le flux des marées. Elle s'étend assez loin dans les rivières (parfois jusqu'à 49 km à l'intérieur des grands fleuves) où l'action des marées est notoire et l'eau plus ou moins saumâtre (les embouchures). La mangrove se retrouve le long de toutes les côtes de la Guinée.

La topographie de la région côtière facilite le dépôt de sédiments et la submersion des embouchures des fleuves. La marée pénètre à l'intérieur et submerge partiellement les vallées des fleuves en formant ainsi des anses étroites.

La mangrove se développe le long de ces anses ainsi qu'à l'intérieur des baies, aux embouchures des fleuves. En Guinée, elle présenterait deux typologies de végétation : la végétation ligneuse et la végétation non ligneuse qui se trouve normalement dans les zones déboisées. Elle s'étend sur 300 km le long des côtes du pays, à l'exception de la zone de Cap Verga et de l'île Kaloum. Sa distribution géographique est différente selon les sites, du fait de leur capacité d'ancrage au sol et se retrouve principalement sur le littoral.

Les « forêts cathédrales » se retrouvent le long du grand fleuve Konkouré où l'apport des eaux intérieures est significatif. *Avicennia germinans* et d'autres espèces herbeuses colonisent souvent les zones déboisées destinées à la riziculture mais encore sujettes à des alluvions. *Rhizophora racemosa* peut atteindre 25 m de hauteur à Kakounsou, dans la baie de Sangaréa, mais dans d'autres régions, les arbres dépassent rarement les 8 m de hauteur et sont souvent encore beaucoup moins hauts. Dans la même zone, *Avicennia germinans* s'élève jusqu'à 15 m et l'on retrouve également l'espèce *Conocarpus erectus.*

Comme dans d'autres pays de cette région ouest-africaine, une importante étendue de la mangrove a été destinée à la riziculture (souvent associée à l'élevage de poissons). En effet, le riz provenant de ces terres représente 13 % de la production nationale et plus de 50 000 paysans vivent de cette activité.

L'extraction de sel reste une activité saisonnière bien qu'elle consomme d'énormes quantités de bois. Les feuilles de *Laguncularia racemosa* sont également utilisées comme pesticide naturel dans les zones destinées à la riziculture. La mangrove assure enfin l'approvisionnement en bois de chauffe, charbon de bois et bois de construction des populations rurales et des villes côtières.

Malheureusement, l'exploitation intensive et incontrôlée de la mangrove associée aux menaces naturelles et à la pression démographique le long des côtes de Guinée en font un écosystème très menacé. En outre, un des problèmes lié à la riziculture et à la crevetticulture est la modification indirecte du sol à travers la réduction de la population de crabes et des barrages qui y sont construits, pour développer cette dernière.

14.4.2 Agir pour préserver cet écosystème fragile

La mangrove forme le biotope humide le plus remarquable de tout le littoral guinéen. Elle entoure de grandes parties du littoral et elle pénètre profondément en terre par l'intermédiaire des estuaires et des rivières. Cet écosystème humide héberge des espèces animales et végétales très diversifiées.

Selon l'importance de cette diversité, quelques zones ont été classées comme zones d'importance internationale[3]:
- L'Archipel Tristao : classé depuis 1992 comme zone humide d'importance internationale (site Ramsar), l'archipel comporte la grande île Kattarak, l'île Kapkin, l'île Fori Souri et l'île Gnèr è Souri.
- Le Rio Pongo : classé site Ramsar depuis novembre 1992, le Rio Pongo s'étend sur une superficie totale d'environ 30 000 ha, il représente un lieu de repos, de reproduction et de croissance pour les oiseaux d'eau et un corridor de migration pour de nombreux organismes côtiers et marins.
- L'estuaire du Konkouré : d'une surface de 90 000 ha, le Konkouré a été inscrit dans la liste des sites Ramsar en novembre 1992, c'est un milieu vierge colonisé par une épaisse mangrove peuplée principalement des genres *Rhizophora* et *Avicennia*.
- La réserve naturelle de Loos : l'île Blanche est classée comme site Ramsar et elle est reconnue comme une zone importante pour la conservation des oiseaux, en raison de sa fréquentation régulière par au moins 1 % de la population biogéographique de sternes royales (*Sterna maxima*).

Cependant, les effets conjugués de la croissance démographique élevée qui s'est traduite par une forte urbanisation, l'intensification des activités économiques (aménagements hydro-agricoles, exploitation de bois de mangrove, activités minières et portuaires, etc.) et des facteurs climatiques extrêmes comme la remontée des eaux exercent des pressions accrues sur cet écosystème et le fragilise.

En effet, de 2000 à 2015, la superficie de la mangrove est passée de 260 000 ha à 141 953 ha. Soit une perte de près de la moitié de cette formation en quinze ans. Ainsi, si les actions d'aménagement et de restauration adaptées de cet écosystème ne sont pas mises en œuvre et que cette tendance se maintient, la Guinée perdra la totalité de sa formation de mangrove dans moins de vingt ans.

3 Zone d'importance écologique appelée site Ramsar.

Aussi, le développement des activités minière et portuaire sur la côte guinéenne accélère l'artificialisation du milieu et les pressions sur les ressources marines (destruction des zones de frayer, perte de biodiversité, pollution des eaux et des terres) et fragilisent l'économie locale (pêche, agriculture) et donc les conditions de vie des populations.

Boffa ou la mangrove décapitée

Sur l'une des rives de la Fatala, une rivière qui débouche sur le Rio Pongo, dans l'Atlantique, le paysage s'est transformé. Depuis 2019 s'étend un port fluvial, d'où s'élèvent deux hautes grues. De là partent des barges chargées de tonnes de bauxite. En haute mer, à une cinquantaine de kilomètres, mouillent des navires, qui, une fois le transbordement d'or rouge effectué, mettent le cap vers la Chine.

Boffa, préfecture de quelque 200 000 habitants à 150 km au nord de Conakry, a vu son environnement défiguré par l'industrie extractive. Onze sociétés détiennent des permis de recherche et d'exploitation selon l'ONG Action mines Guinée, qui appelle ces sociétés à « mettre en œuvre un schéma directeur de mutualisation des infrastructures ».

Le port flanqué au beau milieu des mangroves sur la Fatala a été construit en 2019 par Chalco Guinea Company, filiale guinéenne du géant public chinois de l'aluminium Chinalco. Du site d'extraction, sur les plateaux, la bauxite est acheminée à bord d'un convoyeur à bandes, avant d'atterrir sur un tapis roulant qui mène au port fluvial, censé s'étendre encore. « Chalco construit actuellement une centrale à mazout dans la zone portuaire de Boffa pour faire tourner l'infrastructure. De plus, un port fluvial équipé de trois quais, deux exclusivement minéraliers, l'autre multifonctionnel, permettra de débarquer le matériel pour la mise en service de la mine », indique le mensuel panafricain *Jeune Afrique.*

« Les cours d'eau de ce fleuve sont bordés par le *Rhizophora*. C'est l'espèce de palétuviers majoritaires ici, qui a plusieurs propriétés, comme le fait de s'adapter à l'eau salée, ou de pouvoir se régénérer naturellement grâce à ses propagules. Ce sont des graines qui tombent dans l'eau, et qu'on peut aussi repiquer en pépinières », explique Sanoussi Camara, ingénieur aux Eaux et Forêts à la direction préfectorale de l'environnement de Boffa. Impossible selon lui de déterminer la surface totale de mangrove défrichée pour les besoins de l'exploitation minière (et en particulier pour la construction du port fluvial), car la déforestation se poursuit.

La mangrove rend beaucoup de services. Elle nourrit les reptiles qui apprécient son écorce amère, elle produit de l'oxygène, elle permet aux poissons de se reproduire, et elle sert aussi de barrage entre la mer et le continent, ce qui protège des ouragans ou des tempêtes », résume Sanoussi Camara.

La superficie de la mangrove guinéenne est variable, car c'est un milieu extrêmement dynamique qui est exploité depuis longtemps.

La mangrove guinéenne est menacée par le changement climatique, avec la montée des eaux, et par les activités anthropiques, notamment industrielles. Outre l'établissement d'infrastructures portuaires en bordure de fleuves qui nécessitent au préalable de détruire la mangrove, l'effet des dragages permettant aux barges de naviguer dans les estuaires est également à prendre en compte selon Didier Bazzo : « Cela modifie les conditions hydro-sédimentaires dont sont extrêmement dépendantes les mangroves. Elles deviennent donc très sensibles à ces changements. »

Source : Extraits d'une émission de France Inter. Agnès Faivre, 24 décembre 2020.

La mangrove est pourtant un milieu fournissant des services écosystémiques majeurs, comme la séquestration du carbone, le renforcement de la stabilité du littoral et des rives, et la protection des villages côtiers contre les tempêtes tropicales ou l'élévation du niveau de la mer à travers un processus d'accrétion plus rapide.

Face à ces enjeux d'importance, des initiatives ont été prises comme l'adoption d'une charte et d'un plan d'actions pour une gestion durable des mangroves, associant la Mauritanie, le Sénégal, la Gambie, la Guinée, la Guinée Bissau et la Sierra Leone en novembre 2009.

Malheureusement, le contre-exemple de Boffa dix ans plus tard suffit, en dépit des bonnes intentions initiales, à montrer l'insuffisance flagrante de cette approche. C'est à nouveau de la Convention d'Abidjan qu'est venue une lueur d'espoir avec l'adoption en juillet 2019 d'un protocole additionnel, dit de Calabar, sur la gestion durable des mangroves. Celui-ci devrait être pleinement pris en compte au moment de promouvoir l'économie bleue en Guinée. Le protocole réaffirme les principes à respecter dans la gestion des mangroves.

Sans pouvoir ici reprendre l'intégralité des obligations découlant du protocole, on se limitera à souligner qu'il détaille les modes de gestion durable de l'écosystème mangrove et des zones humides associées : « Les Parties prennent des mesures en vue de la gestion durable permettant aux communautés locales riveraines de profiter des ressources de la mangrove. Les différentes modalités de gestion durable des ressources de l'écosystème mangrove sont les suivantes :
- le renforcement du cadre juridique et institutionnel ;
- la restauration, la réhabilitation, la conservation et l'utilisation rationnelle de la mangrove ;
- la mise en place de mécanismes de financement durable ;
- une meilleure organisation du marché des biens et services ;
- la mise en place de moyens de subsistance alternatifs pour les communautés riveraines et, en particulier pour les femmes ;
- la mise en place « d'un système de suivi-évaluation, de capitalisation des connaissances traditionnelles, de promotion des bonnes pratiques, de gestion participative des mangroves et d'amélioration du système d'information et de communication. » (article 5)

Soucieux d'éviter une nouvelle expérience sans impact sur la réalité, les rédacteurs du protocole de Calabar ont inclus dans le texte une liste de mesures visant à assurer l'application effective du protocole (article 13).

Il est ainsi précisé que « les parties contractantes :
- élaborent et adoptent des plans et programmes d'action nationaux et régionaux visant à assurer une gestion durable de la mangrove ;
- intègrent la gestion de la mangrove dans les stratégies sectorielles pertinentes ;
- adoptent des politiques, des mesures législatives et réglementaires spécifiques à la gestion durable de la mangrove aux niveaux régional, national et local ;

- s'accordent sur des objectifs prioritaires communs en matière d'environnement au cours des quatre premières années suivant l'entrée en vigueur du présent protocole, avec révision tous les deux ans ensuite ;
- encouragent et utilisent les meilleures techniques disponibles ainsi que les meilleures pratiques environnementales ;
- favorisent l'application, l'accessibilité et le transfert de technologies durables, notamment dans le domaine de l'usage et de l'exploitation des produits de mangrove;
- favorisent l'implication de toutes les parties concernées dans la gestion de la mangrove. »

Cette prise en compte des services écosystémiques doit être l'une des caractéristiques des efforts de promotion de l'économie bleue en Guinée.

14.5 Les défis sur la préservation de la diversité biologique marine

L'économie bleue est un levier important de la croissance économique et de la protection de l'environnement dans nos états. Cependant, d'énormes défis restent à relever pour la préservation de la biodiversité marine et de l'environnement côtier.

Les espaces maritimes sont considérés comme des zones ne relevant pas des juridictions nationales, mais qualifiés de biens communs planétaires. La gouvernance des zones marines et côtières est généralement sectorielle et fonction de l'appréhension de la ressource par le secteur. L'élaboration et la mise en œuvre de plusieurs stratégies et politiques non intégrées en matière de protection de biodiversité marine et d'environnement constitue plutôt une source d'impacts cumulés, qui ne peuvent pas être efficacement gérés de manière isolée. Cela amène souvent à la surexploitation de la ressource ou à la pollution de l'eau de mer, conduisant à la raréfaction ou à la disparition de certaines ressources biologiques. Ainsi, ces multiples pressions exercées sur les océans ont une réelle incidence sur le niveau d'efficacité de la gouvernance de sa biodiversité. Le manque de considération de la multisectorialité dans l'élaboration des outils de gouvernance se traduit par la « tragédie des biens communs » et entraine la dégradation de la biodiversité dans ces zones.

Une approche écosystémique globale, intégrée dans la gestion de toutes les activités humaines ayant un impact sur les océans, tenant compte des écosystèmes et des espèces qui franchissent les frontières politiques, pourrait être non seulement bénéfique pour les ressources halieutiques et les espèces migratoires, mais aussi pour les communautés côtières qui en tirent profit pour leur développement socio-économique.

La conservation de la biodiversité marine doit être au cœur de la gouvernance mondiale des mers et des océans. Il convient donc de réunir les parties prenantes du secteur maritime et de parvenir à un accord sur une nouvelle feuille de route pour une gouvernance plus efficace des mers et des océans, qui peut être bénéfique pour les écosystèmes ainsi que pour les populations et leurs moyens de subsistance.

Le 1er août 2023, l'Assemblée générale de l'ONU a adopté, à l'issue d'un vote, la Résolution 77/321 (A/77/L.82) visant à faire entrer en vigueur, dans les plus brefs délais, l'accord se rapportant à la Convention des Nations unies sur le droit de la mer et portant sur la conservation et l'utilisation durable de la diversité biologique marine des zones ne relevant pas de la juridiction nationale (BBNJ).

Ce document, qui est le produit de plusieurs années de débats, pourrait contribuer à améliorer la gouvernance de la biodiversité marine à l'échelle mondiale. Toutefois, une approche sectorielle concertée dans les différents états contribuera à valoriser ce document juridique international.

CHAPITRE 15

L'adaptation au changement climatique et l'économie bleue

—

Oumou DOUMBOUYA
Directrice nationale adjointe en charge des pollutions, des nuisances et du changement climatique au sein du ministère de l'Environnement et du Développement durable

Aboubacar YOULA
Expert en charge des défis du changement climatique et de la gestion durable des terres au bureau du PNUD

Introduction

Les effets du changement climatique, au-delà des aléas locaux de la météorologie, affectent durement le continent africain, en particulier la modification des modèles saisonniers, l'élévation du niveau de la mer et l'érosion des littoraux, l'intrusion des eaux salines dans les terres, le réchauffement et l'acidification des océans ou la recrudescence des inondations et des épisodes de sécheresse.

Ces effets, conjugués aux phénomènes météorologiques extrêmes et erratiques, déstabilisent les moyens de subsistance des populations dépendantes des ressources en eau douce et maritime. Ils menacent aussi les infrastructures et les systèmes de transport et d'énergie affectant les processus productifs.

Les écosystèmes entrepreneuriaux et les chaînes de valeur sont maintenant affectés, malgré les capacités de résilience du continent, notamment dans leur productivité. Ils le sont également du fait de l'incapacité de l'économie de marché à intégrer le coût de la dégradation dans la production nationale brute, notamment les impacts de la pollution industrielle, de l'eutrophisation et de la sédimentation des cours d'eau et des lacs, de la déforestation et de la perte de biodiversité.

À cet égard, l'Afrique enregistre des pertes et dommages non négligeables, qui recouvrent l'ensemble des effets négatifs de phénomènes climatiques extrêmes et de l'intensification du changement climatique auxquels les populations ne sont pas parvenues à faire face ou à s'adapter. Il s'agit naturellement de pertes économiques mais également de pertes sociales et culturelles. Pour y remédier, les plans de développement et les cadres stratégiques consacrés au développement de l'économie bleue mettent en exergue le besoin urgent de renforcer les capacités préventives de résilience mais aussi de gestion des risques.

Par ailleurs, des pratiques non durables de développement continuent d'entamer le patrimoine naturel des pays, entraînant des coûts sociétaux qui entravent les efforts engagés par les pays pour instituer une dynamique de développement durable et porteuse de transformations.

La protection des écosystèmes marins et côtiers suscite un intérêt grandissant pour l'adaptation au changement climatique, et ce, depuis quelques années.

15.1 La promotion de l'économie bleue et la transition écologique

La Convention-cadre des Nations Unies pour le climat (CCNUCC) a établi des stratégies et des mécanismes de renforcement des puits de « carbone vert » terrestres, qui recouvrent les « forêts bleues » et les concepts liés au « carbone bleu », récemment en vogue. Il est intéressant à cet égard de rappeler que les forêts bleues sont des écosystèmes marins et côtiers extrêmement précieux de par les multiples services écologiques qu'ils rendent. En fait, le carbone bleu correspond au carbone stocké et piégé dans les habitats forestiers bleus (mangroves, herbiers marins, marais, lits et forêts de varech) et peut constituer un outil avantageux d'atténuation du changement climatique.

L'Afrique est richement dotée en habitats côtiers, ce qui conforte l'importance du carbone bleu pour ses stratégies de lutte contre le changement climatique et les programmes de développement qui s'engagent à réduire les émissions de carbone.

Les taux de piégeage et de stockage du carbone bleu sont parfois supérieurs aux taux de piégeage des écosystèmes terrestres, comme les forêts tropicales humides. À l'inverse de la plupart des systèmes terrestres, qui parviennent à un équilibre « sol-carbone » en quelques décennies, les sédiments des écosystèmes côtiers peuvent absorber le dioxyde de carbone pendant des millénaires. Toutefois, lorsque ces écosystèmes sont endommagés ou détruits, ils peuvent au contraire se mettre à émettre dangereusement du dioxyde de carbone.

Il importe par conséquent d'attirer l'attention des parties prenantes à l'action de développement et aux partenaires de la communauté internationale de soutenir les programmes d'assistance aux écosystèmes et aux habitats côtiers, afin de mieux les préserver, de les protéger et de les restaurer, en tirant un meilleur parti de leurs avantages en carbone.

Les gouvernements des pays du continent auraient avantage à renforcer leur engagement en faveur de la prise en compte des considérations relatives au changement climatique et à l'environnement pour une économie bleue, inclusive et multi partenariale.

Pour cela, il importe d'intégrer le changement climatique et la durabilité de l'environnement dans les plans, politiques et textes de lois en vigueur ou à venir, portant sur l'économie bleue, au niveau national et à l'échelle régionale et continentale.

Les pays africains devraient affiner l'effort de planification et de connaissance des grands écosystèmes marins et renforcer les approches par bassin-versant pour évaluer l'évolution des écosystèmes à l'aide d'indicateurs relatifs à la productivité biologique, à la santé des écosystèmes, au niveau des pollutions, etc. De plus, il est important d'accroître les investissements et le renforcement des capacités dans les services d'information sur le climat et l'environnement, et ce, dans le but de faciliter l'accès aux données et la sensibilisation des populations sur ces questions et d'en améliorer la disponibilité.

Les gouvernements doivent également intégrer le recours et la mise en œuvre effective des évaluations des impacts environnementaux (EIE) et des évaluations environnementales stratégiques (EES) pour rationaliser la prise en compte des considérations en matière de climat et d'environnement et les principes de l'économie bleue dans les politiques, les programmes et les projets.

Les pays du continent doivent veiller à concevoir ou à renforcer les plans sectoriels afin d'assurer la promotion d'infrastructures à l'épreuve du climat et respectueuses de l'environnement (ports écologiques, technologies bleues en faveur des énergies renouvelables, etc.). Ils doivent, en outre, améliorer la réduction des risques de catastrophe par la mise en place ou le renforcement des systèmes d'alerte précoce (plateformes de connaissances et de veille ; renforcement des capacités et des formations en faveur de la protection civile ; cartographie des zones les plus exposées ; campagnes d'information et de sensibilisation des communautés, etc.).

Ils doivent intégrer le changement climatique dans les projets d'infrastructures naturelles dédiés au carbone bleu pour réhabiliter et renforcer les mangroves, les herbiers marins et les marais salants mais aussi concevoir un cadre pour développer ou améliorer la gestion des aires maritimes protégées.

Les cadres stratégiques en faveur de l'économie bleue doivent s'investir dans la mise en œuvre effective de programmes de sensibilisation des populations et des parties prenantes au changement climatique et la promotion du changement de comportement pour assurer la responsabilisation et le respect des droits relatifs aux ressources et à leur usage.

Ces mêmes cadres doivent encourager l'emploi d'instruments tels que le modèle FPEIR (Facteurs, Pressions, États, Impacts, Réponses) pour identifier, analyser et suggérer des solutions durables face à des usages conflictuels et concurrentiels des ressources, notamment en eau, et à l'exploitation de ces ressources, dans le respect des seuils de durabilité et des frontières écologiques et écosystémiques.

À cet égard, les stratégies de l'économie bleue doivent introduire des systèmes de comptabilisation du capital naturel pour permettre aux États de promouvoir les énergies bleues (hydroélectricité et énergies océaniques, par exemple) et de créer des taxes « carbone » susceptibles d'étayer les investissements dans ces technologies et de les rendre compétitifs.

L'océan est essentiel pour le système climatique mondial et la santé planétaire, car il absorbe plus de 25 % de l'ensemble des émissions de dioxyde de carbone (CO_2) et capte autour de 90 % de la chaleur générée par les émissions de gaz à effet de serre. Cependant, l'océan se réchauffe et s'acidifie. Aussi, la communauté mondiale s'efforce d'agir pour réduire, à la fois, les émissions de gaz à effet de serre et les pollutions, restaurer et protéger les écosystèmes côtiers et marins, y compris des grands fonds marins, et surtout prévenir la perte de biodiversité océanique.

Sa santé ainsi que les moyens de subsistance et les économies qui en dépendent exigent que soient réduites urgemment les émissions de gaz à effet de serre conformément aux objectifs de l'Accord de Paris et des résultats de la COP27 de Charm el-Cheikh (Égypte, 2022).

Une économie bleue durable peut en effet jouer un rôle essentiel dans cette réduction indispensable des émissions, tout en offrant des emplois, en soutenant la sécurité alimentaire, la diversité biologique et en améliorant la résilience des écosystèmes.

Les actions climatiques fondées sur l'océan peuvent fournir, selon le GIEC, jusqu'à un cinquième des réductions annuelles des émissions de gaz à effet de serre nécessaires d'ici à 2050 pour limiter le réchauffement à 1,5 °C.

L'appel à l'action climatique basée sur l'économie bleue et les engagements de l'Ocean Panel[1] sont essentiels, en encourageant l'intensification des investissements dans les énergies renouvelables de l'océan, le transport maritime bleu, les solutions basées sur la nature ainsi que la capture et le stockage du carbone dans des formations géologiques sous-marines.

1 Le Groupe d'experts de haut niveau pour une économie océanique durable (Ocean Panel) est une initiative mondiale unique au service des dirigeants mondiaux qui s'efforce de créer une dynamique vers une économie bleue durable dans laquelle protection efficace, production durable et prospérité équitable vont de pair.

15.2 L'économie circulaire et écologique pour la promotion de l'insertion socio-économique

L'économie bleue peut constituer le socle développementaliste d'une économie circulaire peu polluante, efficace dans l'utilisation des ressources et fondée sur des modes de consommation et de production durables, favorisant le bien-être humain et l'égalité sociale.

Elle est potentiellement génératrice de création de richesses, de valeur ajoutée économique et d'emplois décents. Elle peut aussi réduire de manière significative les risques environnementaux et les incidences écologiques. Cette économie reste cependant encore dans une phase de construction et de diversification progressive de ses chaînes de valeur.

L'économie circulaire est, rappelons-le, un concept relativement nouveau en Afrique et en Guinée. Elle vise à réduire le gaspillage des ressources et à minimiser l'impact environnemental en favorisant la réutilisation, le recyclage et la valorisation des produits, des matériaux et des déchets. Elle se base sur le principe selon lequel les déchets d'un processus peuvent devenir des ressources pour un autre processus, créant ainsi une boucle de production plus durable.

L'économie circulaire s'appuie sur les processus écologiques naturels pour inspirer et guider les pratiques économiques. Les processus écologiques font ainsi référence aux interactions et aux cycles naturels qui se produisent dans les écosystèmes. Ils incluent la photosynthèse, la décomposition des déchets organiques, le cycle de l'eau, le cycle des nutriments, etc.

En intégrant les principes de l'économie circulaire, les processus écologiques deviennent une source d'inspiration pour concevoir des systèmes économiques plus durables. Par exemple, l'économie circulaire cherche à imiter le cycle naturel des matériaux en favorisant la réutilisation, le recyclage et la valorisation des déchets pour minimiser la consommation de ressources vierges. Elle cherche également à réduire la pollution en adoptant des méthodes de production plus propres et en privilégiant les sources d'énergie renouvelables.

L'économie circulaire peut être appliquée dans de nombreux secteurs, tels que l'agriculture, l'élevage et la pêche, l'industrie manufacturière, la construction, la gestion des déchets, etc. Elle favorise la conception de produits durables, la mise en place de filières de recyclage efficaces, la promotion de l'éco-conception et l'adoption de modèles d'affaires fondés sur le partage et l'inclusivité.

En combinant les principes de l'économie circulaire avec les processus écologiques, il est possible de créer des systèmes économiques plus résilients, moins dépendants des ressources non renouvelables et plus respectueux de l'environnement. Cela permet de réduire les pressions sur les écosystèmes naturels et de favoriser une utilisation plus efficace des ressources, contribuant ainsi à la préservation de la biodiversité et à la lutte contre les changements climatiques.

L'économie circulaire et le recyclage sont deux concepts étroitement liés dans la transition vers une économie plus durable et moins dépendante des ressources vierges. Ainsi, il importe de mentionner que l'économie circulaire vise à créer une boucle fermée où les produits, les matériaux et les ressources sont utilisés, réutilisés, recyclés et réintégrés dans le processus de production. Le recyclage est pour sa part une des stratégies clés de l'économie circulaire. Il consiste à collecter, trier et traiter les déchets afin de les transformer en nouvelles matières premières ou produits. Le recyclage permet de réduire la consommation de ressources naturelles, la pollution et les émissions de gaz à effet de serre associées à l'extraction et à la production de matières premières vierges.

Dans le cadre de l'économie circulaire, le recyclage joue un rôle essentiel dans la transition vers une utilisation plus durable des ressources. Il peut être réalisé à différentes échelles, allant du recyclage individuel (par exemple, le tri des déchets ménagers) au recyclage industriel (par exemple, le recyclage des déchets de production). Il nécessite des infrastructures de collecte et de traitement adéquates, ainsi qu'une sensibilisation et une participation active des citoyens, des entreprises et des institutions.

En intégrant le recyclage dans les pratiques de l'économie circulaire, il est possible de créer une économie plus circulaire et durable. Cela implique la conception de produits plus recyclables, la mise en place de systèmes de collecte et de tri efficaces, la promotion de l'utilisation de matières recyclées dans la production et l'engagement des acteurs de tous les secteurs pour adopter des pratiques respectueuses de l'environnement. La Guinée souhaite devenir l'un des pays les plus engagés dans cette économie circulaire et la valorisation du recyclage.

Pour ce faire, les processus et étapes clés de l'économie circulaire en lien avec l'économie bleue peuvent s'établir comme suit :

- La conception durable : cette première étape consiste à concevoir des produits, des services et des infrastructures en intégrant des principes de durabilité. Cela inclut la conception de produits recyclables, l'utilisation de matériaux durables, l'adoption de technologies propres, et la prise en compte des impacts environnementaux tout au long du cycle de vie.
- L'utilisation efficace des ressources : l'économie circulaire vise à optimiser l'utilisation des ressources en minimisant le gaspillage et en favorisant la réutilisation. Cela peut se faire en utilisant des systèmes de location, de partage ou de remanufacturing, qui prolongent la durée de vie des produits et réduisent le besoin de nouvelles ressources.
- La collecte et le tri des déchets : cette étape centrale de l'économie circulaire est la collecte et le tri des déchets, afin de les séparer en différentes catégories pour un traitement approprié. Cela peut inclure le tri sélectif des déchets plastiques, du verre, du papier, des métaux, etc., pour faciliter le recyclage ou d'autres processus de valorisation.
- Le recyclage et la valorisation des déchets : le recyclage est un élément central de l'économie circulaire. Les matériaux recyclables sont collectés, triés et traités pour être transformés en nouvelles matières premières ou produits. Dans le contexte de l'économie bleue, cela peut inclure le recyclage des déchets plastiques en fibres textiles, le recyclage des métaux pour la fabrication d'équipements marins, ou le recyclage des déchets organiques en engrais pour l'aquaculture.
- La valorisation énergétique : certains déchets qui ne peuvent pas être recyclés peuvent être utilisés comme source d'énergie. Par exemple, la biomasse provenant de l'industrie de la pêche ou de l'aquaculture peut être utilisée pour produire de l'énergie renouvelable. La Guinée a une expérience unique des biodigesteurs qu'elle pourrait partager avec l'Afrique.

Pour réussir la transition vers une économie circulaire, il est important d'impliquer tous les acteurs et de sensibiliser le public aux enjeux de durabilité et de gestion des ressources. Des campagnes de sensibilisation et des programmes d'éducation peuvent être mis en place pour encourager les comportements responsables et informer sur les avantages de l'économie circulaire.

L'économie circulaire en lien avec l'économie bleue permet de promouvoir une utilisation durable des ressources marines et de réduire l'impact environnemental des activités économiques liées aux océans et aux ressources marines. Cela contribue à la préservation des écosystèmes marins et à la durabilité des activités économiques dépendantes de ces ressources.

L'économie circulaire peut jouer un rôle important dans le secteur de la pisciculture et de l'aquaculture en favorisant une utilisation plus efficace des ressources, la réduction des déchets et une gestion plus durable des écosystèmes aquatiques. Ainsi, l'économie circulaire peut encourager la valorisation des sous-produits de la pisciculture et de l'aquaculture. Les déchets organiques issus de l'élevage de poissons peuvent être transformés en compost ou en aliments pour animaux, réduisant ainsi les déchets et favorisant une utilisation plus efficace des ressources. Les coproduits de l'aquaculture, tels que les coquilles d'huîtres ou les peaux de poisson, peuvent être valorisés dans d'autres secteurs, tels que l'industrie alimentaire, pharmaceutique ou cosmétique. Cela permet de réduire les déchets et de créer de nouvelles opportunités économiques.

L'économie circulaire encourage la valorisation des coproduits et des déchets générés lors de la transformation alimentaire. Par exemple, les résidus de production peuvent être utilisés comme ingrédients dans d'autres produits, tels que les fibres alimentaires, les huiles essentielles ou les compléments alimentaires. Cela permet de réduire les déchets et d'optimiser l'utilisation des ressources.

Dans l'économie circulaire, il est possible également de recycler les nutriments issus des effluents de l'aquaculture pour réduire les impacts environnementaux. Les systèmes d'aquaponie, par exemple, combinent la culture de plantes avec l'élevage de poissons, permettant aux plantes d'utiliser les nutriments provenant des déchets des poissons pour leur croissance.

L'économie circulaire encourage aussi une utilisation efficace de l'eau dans les activités de pisciculture et d'aquaculture. Cela peut inclure l'utilisation de systèmes de recirculation de l'eau pour minimiser la consommation d'eau douce et l'épuration des eaux usées afin de réduire les impacts sur les écosystèmes aquatiques.

Rappelons que l'économie circulaire et le recyclage des plastiques jouent un rôle essentiel dans la protection des écosystèmes. Or, les plastiques sont une préoccupation majeure en raison de leur impact négatif sur les écosystèmes terrestres et marins.

Une mention toute particulière concerne le recyclage des plastiques qui contribuent à protéger les écosystèmes, car l'économie circulaire encourage la réduction de la consommation de plastique en favorisant l'utilisation de matériaux alternatifs durables et en encourageant la conception de produits sans plastique ou à usage réduit de plastique. Cela permet de limiter la quantité de plastique produit, réduisant ainsi les risques de pollution et d'accumulation dans les écosystèmes. L'économie circulaire promeut la collecte sélective des plastiques afin de les recycler de manière appropriée. Les plastiques collectés sont triés, nettoyés et transformés en matières premières recyclées qui peuvent être utilisées dans la fabrication de nouveaux produits.

Le recyclage permet de réduire la demande de plastique vierge, de limiter les déchets et de prévenir la pollution des écosystèmes. En recyclant les plastiques plutôt que de les jeter dans les océans, il est possible d'éviter qu'ils se dégradent en microplastiques et qu'ils nuisent à la faune marine. L'utilisation d'emballages durables et la réduction des déchets d'emballage doivent constituer une priorité et les autorités guinéennes, dont le ministère de l'Environnement et du Développement durable, sont acquis à cette cause. Cela implique l'utilisation de matériaux recyclables, la conception d'emballages réutilisables ou compostables, ainsi que la mise en place de systèmes de collecte et de recyclage des emballages. En mettant en œuvre des stratégies d'économie circulaire et en promouvant le recyclage des plastiques, il est possible de réduire significativement l'impact des plastiques sur les écosystèmes guinéens et du continent.

L'économie circulaire nécessite enfin une collaboration étroite entre les différents acteurs de la chaîne alimentaire, y compris les producteurs, les transformateurs, les distributeurs et les consommateurs. La mise en place de partenariats, au niveau continental et de la Zone de libre-échange continentale africaine (ZLECAf), peut favoriser l'échange d'informations, la recherche de solutions communes et la mise en œuvre de projets pilotes visant à améliorer la circularité dans les processus de transformation.

15.3 La protection des aires protégées et la valorisation des écosystèmes marins

Les écosystèmes marins et côtiers séquestrent et stockent non seulement de grandes quantités de CO_2, mais protègent également les côtes et les communautés des impacts climatiques. Ils génèrent des revenus et offrent des opportunités alimentaires, médicinales et récréatives, un habitat et une gamme de fonctions d'écosystème pour soutenir le bien-être humain.

Une approche intégrée et intelligente face au climat se développe à grande échelle, y compris sur le continent africain, et se concentre sur des solutions basées sur la nature, l'intégration de zones marines protégées mieux gérées et d'autres mesures efficaces de conservation, ainsi que le développement d'infrastructures durables.

Afin de faire en sorte que les écosystèmes marins et côtiers puissent être sains, résilients et productifs, des solutions sont promues pour :

- augmenter l'étendue et améliorer l'état des écosystèmes côtiers et marins, en particulier les mangroves, les herbes marines, les marais salants, les récifs et les systèmes écologiques des océans profonds ;
- améliorer la planification spatiale maritime et développer les infrastructures côtières et l'habitat durable ;
- encourager les actions prioritaires pour séquestrer et stocker le carbone et améliorer la résilience côtière ;
- gérer plus efficacement les zones marines protégées et les mesures de conservation de la biodiversité tout en offrant également des avantages climatiques, alimentaires, socio-économiques et culturels ;
- favoriser les démarches inclusives avec tous les partenaires pertinents, y compris les communautés locales et les peuples autochtones ainsi que les acteurs du secteur privé et les parties prenantes œuvrant auprès des organisations internationales et régionales pertinentes pour promouvoir une gestion durable des écosystèmes marins et côtiers.

Il est reconnu que les aires marines protégées bien conçues et bien gérées peuvent sauvegarder la biodiversité, accroître la résilience au changement climatique, et fournir des bienfaits écologiques aux écosystèmes de la flore et la faune marines.

Ces bienfaits sont amplifiés lorsque les aires marines protégées sont vastes, bien gérées, isolées et durables.

Rappelons qu'il existe un continuum écologique entre les eaux relevant de la juridiction nationale et les zones situées au-delà. De nombreuses espèces utilisent les unes et les autres à différents stades de leur cycle de vie.

Les bienfaits écologiques des régimes de gestion durable dans les zones ne relevant pas de la juridiction nationale (tels que la reconstitution des stocks de poissons grâce à une aire marine protégée bien gérée) varieront en fonction de l'emplacement, des espèces concernées et des caractéristiques biophysiques de l'habitat.

Un renforcement des capacités et un transfert des techniques sont requis pour veiller à ce que tous les pays puissent participer à l'utilisation durable et à la conservation des eaux ne relevant pas de la juridiction nationale.

C'est là une question très importante à laquelle il convient d'accorder suffisamment d'attention. Le Programme d'action d'Istanbul (PAI) a déjà établi une série de principes largement admis et des plans d'action concrets pour le développement durable.

Enfin, les océans et les mers sont devenus des bassins pour les polluants, y compris les plastiques, les produits chimiques, les nutriments divers et les eaux usées. Bien que la sensibilisation et l'action à l'échelle mondiale aient augmenté, elles n'ont pas été suffisantes pour prévenir une augmentation de la pollution marine.

À travers l'Assemblée des Nations Unies pour l'environnement, les gouvernements ont adopté une vision à long terme de l'élimination des déchets marins et des microplastiques dans l'océan.

La Vision de l'océan bleu lors du sommet du G20 et la charte sur les plastiques dans les océans reconnaissent l'enjeu de réponses adéquates, au niveau des chaînes de valeur pour que soient adoptées des approches intégratrices du cycle de vie et de l'économie circulaire, conformes aux ODD.

À cet égard, des recommandations stratégiques et opérationnelles ont été exprimées pour lesquels les parties prenantes à l'action de développement durable doivent souscrire en veillant à :

- promouvoir une approche complète du cycle de vie qui comprend une gestion améliorée des déchets et des solutions innovantes pour réduire, significativement puis à zéro, les rejets des déchets plastiques marins ;
- éliminer les déchets plastiques et de microplastiques provenant de sources marines, y compris des navires, des installations en haute mer et des sources terrestres, notamment les ports, grâce à des réglementations plus strictes ;
- inciter au développement technologique transformationnel et à l'utilisation d'alternatives afin de permettre l'élimination progressive et les exportations illégales des plastiques problématiques et inutiles ;
- mettre en œuvre des pratiques intégrées de gestion des bassins-versants et promouvoir des technologies et innovations agricoles qui minimisent le rejet d'excès de pesticides, d'engrais et de fumier pour éliminer l'eutrophisation des eaux côtières ;
- renforcer les mesures visant à prévenir la pollution des activités minières, pétrolières et gazières en haute mer, y compris les déversements de substances dangereuses et nocives ;
- promouvoir la sensibilisation et l'investissement public et privé dans les infrastructures de gestion des eaux usées et des déchets ;
- saisir les opportunités entrepreneuriales, encourager les incitations financières, et assurer la responsabilité accrue des producteurs pour la conception durable des produits en veillant au respect des normes afin de maximiser la réutilisation et le recyclage dans la poursuite d'une économie circulaire, ainsi que dans le développement de nouveaux matériaux biodégradables.

La création d'aires protégées est un pilier essentiel de la préservation de la biodiversité. Il est aujourd'hui primordial de poursuivre et amplifier la dynamique sur le continent africain en fixant une ambition élevée pour la décennie à venir.

L'océan, partie intégrante et fondamentale du système climatique mondial, subit de plein fouet les conséquences des activités humaines et se réchauffe et s'acidifie progressivement.

Le réchauffement de la planète affecte les mers et les masses océaniques dans leur ensemble, provoquant des effets en chaîne sur la qualité des eaux, sur la faune et la flore marines mais aussi sur les systèmes écologiques et humains.

Rappelons que 90 % de la chaleur excédentaire produite et accumulée au cours du dernier demi-siècle dans le monde sont stockés dans l'océan, soit dix à vingt fois plus que dans la basse atmosphère et sur les continents. Cette chaleur affecte essentiellement ses couches superficielles jusqu'à -500 m de profondeur. Toutefois, le réchauffement commence à atteindre des profondeurs plus importantes, notamment dans l'océan Atlantique et sur le continent africain.

L'augmentation de la température en surface est à l'origine d'une désoxygénation des masses océaniques, car la dissolution dans l'eau de l'oxygène contenu dans l'atmosphère s'opère d'autant mieux que cette eau est froide. Aussi, le réchauffement climatique entraîne une modification de densité qui réduit les échanges entre les eaux de surface et les eaux sous-jacentes.

Rappelons enfin que le réchauffement climatique a un puissant effet sur la hausse actuelle du niveau de la mer, qui augmente depuis le début du XXe siècle à une vitesse moyenne de 1,8 mm par an, et qui atteint aujourd'hui 3 mm par an en moyenne, selon les travaux d'Anny Cazeneuve sur l'océan et le climat, publiés par l'Institut océanographique en 2012.

Les océans sont particulièrement menacés par la pollution plastique. Chaque année, environ 8 millions de tonnes de plastique provenant de sources terrestres finissent dans les océans. On retrouve des microplastiques dans le monde entier, dans la chaîne alimentaire, l'air, les océans, l'eau de pluie et la glace dans l'Arctique.

La pollution par le plastique porte atteinte aux économies, aux écosystèmes et à la sécurité alimentaire, et pourrait avoir des répercussions sur la santé publique. La lutte contre la pollution plastique est complexe, multisectorielle et spécifique à chaque pays ; elle nécessite de mettre un terme aux rejets en améliorant la gestion des déchets solides, en créant des économies circulaires (suivant les principes des « 3R » : réduire, réutiliser, recycler) et en encourageant le nettoyage et le ramassage des déchets.

Les déchets provenant de sources terrestres qui atteignent l'océan représentent un problème majeur pour la vie marine, les écosystèmes mais aussi la beauté naturelle des sites marins touristiques. La pollution marine liée aux plastiques progresse significativement sur le continent et le temps nécessaire à leur dégradation signifie qu'ils poseront de sérieux problèmes au cours des décennies à venir, avec un impact visible et extrêmement préjudiciable sur l'environnement.

La faiblesse du cadre juridique, foncier et institutionnel, associée à un développement côtier mal planifié et relativement peu réglementé, exacerbe les difficultés et entame les opportunités du développement de l'économie bleue.

Des solutions clés peuvent être promues pour affronter, par l'innovation foncière ou la planification spatiale maritime, les difficultés auxquelles est confrontée l'économie bleue en Afrique et ailleurs dans le monde.

Les comportements des espèces marines peuvent également être affectés par les effets conjugués de l'élévation de la température des mers et de leur appauvrissement en oxygène. Avec la diminution de la quantité d'oxygène dissoute dans l'eau des océans, la taille des poissons et des invertébrés devrait par ailleurs diminuer. De plus, des migrations commencent à être observées, non seulement vers des latitudes plus élevées, mais encore vers des profondeurs plus importantes, modifiant ainsi la répartition des espèces.

En outre, l'acidité de l'eau de mer a augmenté de 30 % au cours des trente dernières années et le GIEC estime qu'elle pourrait avoir doublé d'ici à 2100. Cette augmentation aura un effet sensible et inéluctable sur la solubilité de deux minéraux calcaires très importants, la calcite et l'aragonite. Le premier de ces minéraux est constitutif des coraux et le second des mollusques. Cette acidification des océans et la progression des espèces envahissantes entraînent alors une perte de biodiversité et compromettent la santé humaine et la sécurité alimentaire. Enfin, la disparition ou la contraction sévère des quantités de plancton disponible pourrait fortement affecter la chaîne alimentaire en raison de l'augmentation de l'acidité de l'eau.

Pour cela, il est donc essentiel d'établir des mécanismes d'évaluation et de surveillance dont des études d'impact et de résilience des écosystèmes. Celles-ci doivent alors être conçues à travers une démarche en quatre étapes :
- la cartographie des écosystèmes ;
- l'analyse de leur fonctionnement ;
- l'étendue de leur dynamique naturelle et des variations temporelles des espèces et de leur habitat ;
- l'interconnexion et les interférences entre les populations de ces différents sites océaniques.

Le rôle des acteurs nationaux, les partenariats et la coopération pour le développement de l'économie bleue

L'Afrique enregistre des évolutions significatives en termes de gouvernance démocratique et institutionnelle malgré la fragilité de certains processus de transition en cours. Le continent élit ses chefs d'État, ses députés, ses maires et s'efforce de promouvoir une gouvernance démocratique plus inclusive et plus transparente. Les institutions en charge de la gestion des élections, notamment les commissions électorales, dans la plupart des cas, indépendantes, sont parfois encore subordonnées au pouvoir. Toutefois, les contre-pouvoirs s'organisent : des organisations dynamiques de la société civile ont mis sous pression les gouvernements en place pour qu'ils acceptent les résultats des élections ; pour qu'ils gouvernent dans la durée du mandat qui leur est accordé par la Constitution ; et qu'ils transmettent effectivement sans violence le pouvoir lorsque les urnes dictent l'alternance. Les parlements et les gouvernements locaux issus des élections gagnent également de plus en plus la confiance des citoyens et augmentent leur capacité législative, représentative et de contrôle. Dans toutes les situations où les libertés sont contraintes, de nombreuses voix se font entendre pour que les gouvernants acceptent d'organiser des élections libres et transparentes. Ces voix sont, bien entendu, celles de la société civile, mais aussi de manière croissante, celles des leaders africains, des élites politiques, des décideurs économiques et des représentants des médias. Malgré les tendances positives observées, des défis en matière de gouvernance demeurent pour consolider la démocratie et la transparence des processus politiques et ainsi assurer la transmission pacifique du pouvoir.

L'intelligence économique et sociale et l'émergence engagée du continent promeuvent une géographie de la légitimité institutionnelle et de la liberté citoyenne mais aussi des processus vertueux de développement durable, eux-mêmes forces motrices de processus renforcés de bonne gouvernance et de développement humain.

Les pays définissent, aujourd'hui, de manière endogène et participative, leur projet de développement durable à travers des exercices de planification stratégique, de programmation et de budgétisation parfaitement crédibles.

L'Afrique s'engage de manière résolue dans son ambition de continent émergent et pour ce faire a besoin d'un processus soutenu, multidimensionnel et participatif de renforcement des capacités pour le développement national et régional, ainsi que pour une insertion dynamique à l'économie mondiale. La nécessité de renforcer les secteurs public et privé, de donner voix à la société civile et de réhabiliter les institutions d'enseignement et de recherches constitue une priorité absolue. Cette nécessité doit s'appliquer aux domaines de l'économie bleue et verte.

Il en va de même de la réforme des institutions, des systèmes, des méthodes, des procédures et des pratiques qui sous-tendent les efforts de développement déployés par les secteurs public et privé. Ainsi, les pays ont besoin de capacités pour asseoir et soutenir la bonne gouvernance, concevoir et gérer des politiques et programmes efficaces, assurer l'adaptation au changement climatique, lutter contre la pauvreté en faisant appel à la science et à la technologie pour lever les contraintes du développement.

Des capacités sont aussi nécessaires pour accélérer la mobilisation des financements domestiques et internationaux et coordonner les flux financiers ainsi que l'aide publique au développement y compris en vue de préparer les transitions écologiques et accompagner les dynamiques de développement durable.

CHAPITRE 16

Le rôle de l'État et des administrations publiques pour la promotion et le développement de l'économie bleue en Guinée

—

Ahmed Tidiane SOUARE
Ancien Premier ministre et chef du gouvernement de la République de Guinée

Luc-Joël GRÉGOIRE
Représentant résident du Programme des Nations Unies pour le développement en République de Guinée

Introduction

Comme l'Afrique, la Guinée doit s'assurer d'une insertion solide dans le marché mondial, afin de pouvoir participer en tant que partenaire crédible aux côtés d'autres grandes régions. Les créateurs de richesse et d'emplois bénéficient depuis peu de l'entrée en vigueur de la zone de libre-échange continentale africaine (ZLECAf) qui réunit 54 États et qui favorise le développement des chaînes de valeur vertes et bleues.

La mobilité des coûts des facteurs ou des capitaux mais aussi l'élargissement des spécialisations et des opportunités sectorielles de développement sera sans nul doute bénéfique à l'économie bleue du continent.

À l'heure du Big Data et de l'intelligence artificielle, l'Afrique est à même de valoriser les opportunités d'investissement liées aux innovations et aux adaptations technologiques mais aussi d'assainir son climat des affaires par des systèmes d'identification uniques et fiables, indispensables pour le développement des marchés financiers.

L'intégration passe aussi par la protection des investisseurs et la mise en place des tribunaux de commerce suffisamment dotés pour rendre le droit et garantir la transparence. Le renouveau de l'Afrique repose également sur l'amélioration de la qualité des services des administrations publiques seules susceptibles de satisfaire la demande sociale et de permettre le développement du marché commun africain en constitution.

L'intelligence économique et sociale comme l'intelligence de l'innovation peuvent et doivent concourir aux meilleures modalités d'insertion du continent et donc de la Guinée au marché mondial, à la réalisation de l'émergence et à la réalisation des objectifs de développement durable.

Les approches et pratiques de l'intelligence économique et stratégique peuvent être particulièrement utiles, voire déterminantes, pour améliorer le pilotage stratégique des réformes nécessaires, renforcer les modes efficients de l'insertion au marché mondial, la compétitivité et la responsabilité sociétale qui constituent les fondements du développement durable.

16.1 Le rôle de l'État

Le rôle des pouvoirs publics est, depuis quelques années, en constante évolution en Afrique et depuis les engagements de l'Agenda 2030 pour le développement durable. Cette dynamique permet d'élargir la transformation des structures productives et de consommation, notamment celles liées à l'économie bleue.

Les acteurs et les professionnels engagés dans ces activités sont divers et nombreux, ce secteur étant hautement transversal. En effet, l'économie bleue regroupe des acteurs et des intervenants du commerce maritime et des ports, de la construction navale, civile et militaire, des industries et services liés à la sécurité et à la sûreté maritimes, des para-pétroliers offshore et de l'exploitation minière marine, de l'industrie nautique, du tourisme, de la pêche, des énergies marines renouvelables etc. À ceux-ci s'ajoutent des entreprises qui ne rentrent dans aucune des catégories précédentes, notamment des assureurs, des courtiers maritimes, des banques de financement maritime, des sociétés d'affrètement, des cabinets de conseil et d'expertise spécialisés dans le droit maritime et l'arbitrage.

Par ailleurs, il convient de mentionner les compagnies et institutions travaillant à la prévention environnementale, à la lutte antipollution et au traitement des déchets, notamment des sociétés qui produisent des outils de dépollution, des technologies de recyclage de résidus pétroliers, des transporteurs de marchandises dangereuses, des plateformes de services digitaux et de l'économie numérique.

16.1.1 L'État et les réformes des politiques publiques

Les États ont naturellement le droit souverain d'exploiter leurs ressources naturelles selon leur politique en matière d'environnement et conformément à leur obligation de protéger et de préserver le milieu marin (article 193 de la Convention des Nations Unies sur le droit de la mer). À cet égard, ils ont des obligations précises de :

- prendre des mesures adaptées visant toutes les pollutions qu'elles soient d'origine tellurique, qu'elles proviennent des navires ou d'engins d'exploration et d'exploitation des fonds marins (article 194) ;
- informer les autres États et les organisations internationales en cas de danger imminent du fait d'une pollution, coopérer sur le plan opérationnel et rédiger des plans d'urgence conjoints avec les États concernés, coopérer en matière de recherche scientifique (articles 198, 199, 200) ;
- observer, mesurer, évaluer et analyser les effets sur l'environnement des activités envisagées ou en cours (article 208) ;
- prévenir, réduire et maîtriser la pollution du milieu marin d'origine tellurique et harmoniser leurs politiques de lutte contre les pollutions, au niveau régional approprié (articles 207 et 208).

Il importe également que les États puissent définir des politiques et projets consensuels de planification stratégique en faveur de l'économie bleue, et ce, de manière inclusive. Plusieurs pays africains, bien qu'ils soient peu nombreux, ont défini des politiques et stratégies en faveur de l'économie bleue. Toutefois, des démarches plus globalisantes et intégrées, au plan sous-régional ou continental, devraient être entreprises.

À cet égard, l'Afrique pourrait suivre l'exemple de la Commission européenne qui en 2007 adoptait un livre bleu proposant une politique maritime intégrée (PMI) pour l'Union européenne, surtout après la première phase accomplie par la Commission économique des Nations Unies pour l'Afrique avec son guide initial sur l'économie bleue publié en 2017.

La politique maritime intégrée de l'Union européenne

La Politique maritime intégrée de l'UE est un cadre d'action qui vise à promouvoir le développement durable de toutes les activités liées à la mer et des régions côtières en améliorant la coordination des politiques qui concernent les océans, les mers, les îles, les régions côtières et ultrapériphériques et les secteurs maritimes, et en élaborant des outils transversaux. Les principaux objectifs et domaines d'action correspondants de la PMI sont les suivants :

- maximiser une exploitation durable des mers et des océans, afin de permettre la croissance des régions maritimes et côtières en ce qui concerne la navigation, les ports maritimes, les chantiers navals, les emplois maritimes, l'environnement et la gestion de la pêche;
- la mise en place d'un socle de connaissances et d'innovation pour la politique maritime au moyen d'une stratégie européenne globale pour la recherche marine et maritime [ex: la directive-cadre «stratégie pour le milieu marin» (2008/56/CE) et le programme Horizon 2020 (2.4.5)] ;
- l'amélioration de la qualité de vie dans les régions côtières en favorisant le tourisme côtier et maritime, en créant une stratégie européenne de prévention des catastrophes et en développant le potentiel maritime des régions ultrapériphériques et des îles de l'Union ;
- la promotion de la position de chef de file de l'Union dans les affaires maritimes internationales au moyen d'une coopération renforcée au niveau de la gouvernance internationale des océans et, à l'échelle européenne, au moyen de la politique européenne de voisinage et de la dimension septentrionale ;
- l'accroissement de la visibilité de l'Europe maritime au moyen de l'application internet « Atlas européen des mers », instrument permettant de mettre en évidence le patrimoine maritime commun à l'Europe, et de la célébration d'une Journée maritime européenne le 20 mai.

Source : [En ligne]. URL : <https://www.europarl.europa.eu/ftu/pdf/fr/FTU_3.3.8.pdf>.

L'enjeu majeur pour l'Afrique émergente serait de construire une vision ambitieuse, structurée, mobilisatrice et inclusive en vue de renforcer le développement durable de l'économie maritime continentale, de promouvoir des chaînes de valeur transformationnelles et de mieux valoriser le milieu marin tout en le protégeant.

Les processus de démocratisation entraînent une modification du rôle de l'État au fur et à mesure que les gouvernements se sont désengagés des entreprises publiques et d'autres secteurs productifs pour s'intéresser davantage aux choix des grandes orientations de développement et aux arbitrages sociopolitiques et économiques qui en découlent. Les États commencent à centrer leur action sur la fourniture de biens et services d'intérêt public et à l'amélioration des conditions de vie.

Les mesures nécessaires pour éradiquer la pauvreté sont aujourd'hui mieux appréhendées, mais sans une véritable volonté politique et un pilotage stratégique des réformes en faveur de l'économie bleue et verte, aucune action transformationnelle ne pourra durablement aboutir. Les individus et les groupes peuvent faire beaucoup pour combattre la pauvreté, mais l'efficacité de leur action dépend de l'environnement créé par les pouvoirs publics.

L'État a donc un rôle essentiel à jouer de par son activité propre et par l'influence qu'il exerce sur les autres composantes de la société dans la lutte contre la pauvreté et la réalisation des objectifs de développement durable. Heureusement, de nombreux

États agissent actuellement dans l'intérêt commun, en prenant un certain nombre de mesures favorisant l'inclusivité et la résilience des populations. L'expérience a montré qu'une stratégie visant à consolider les fondements de la croissance et de la transformation structurelle nécessite un État vigoureux et actif. Et cette vigueur doit être utilisée pour renforcer les piliers de la croissance et du développement endogène et ainsi favoriser la création d'opportunités et de nouvelles capacités aux bénéfices des citoyens.

L'Afrique n'a pas d'autre choix que celui de rétablir à la fois l'accès aux services publics et la productivité des fonctionnaires, pour relancer ou consolider une croissance dynamique et améliorer sa compétitivité. Les soins de santé de base, l'éducation et la formation professionnelle, l'approvisionnement en eau, la vulgarisation agricole et le développement de l'économie verte et bleue sont des conditions nécessaires pour permettre aux populations de produire aujourd'hui et d'accroître leur productivité demain. En outre, améliorer la gestion du secteur public demeure un objectif majeur pour l'avenir, mais cela va probablement au-delà de ce que les réformes structurelles peuvent, à elles seules, accomplir.

Les populations pauvres bénéficieront davantage d'une augmentation de la croissance et des opportunités de développement si, d'une part, les investissements en matière de valorisation des ressources humaines sont protégés durant les périodes de transition et si, d'autre part, les mesures appliquées contribuent à éliminer, sur les marchés de l'emploi et de l'économie bleue, les distorsions qui leur sont défavorables.

Un des tout premiers défis pour le développement de l'Afrique constitue l'amélioration du capital institutionnel et des ressources humaines qui appelle autre chose qu'un simple changement de politique. En effet, cette priorité requiert un effort soutenu d'investissement et de renforcement institutionnel, notamment en ce qui concerne la consolidation du cadre de gouvernance, la promotion d'un « méta-management » public et le développement de prestations accessibles aux populations, notamment les plus démunies.

Les gouvernements africains doivent être le fer de lance des efforts tendant à faire reculer la pauvreté dans leurs pays et à relever les défis pour l'atteinte des objectifs en matière de développement durable. Afin de renforcer la capacité des pouvoirs publics à planifier et à mettre en œuvre les mesures tendant à permettre une dynamique de développement humain durable, il conviendrait d'accorder une attention toute particulière au renforcement d'un certain nombre de pratiques et d'aptitudes :

- La consolidation des cadres de bonne gouvernance au sein desquels figurent les éléments clés que sont l'obligation redditionnelle, la détermination des orientations stratégiques et la prévisibilité des actions de l'administration publique, la transparence dans la diffusion d'informations fiables et la primauté du droit qui permet aux agents économiques de mener leurs activités sans risquer d'être victimes d'une action arbitraire de l'État.
- L'établissement de politiques et stratégies cohérentes et ciblées en direction de la lutte contre la pauvreté et du développement bleu au sein desquelles les actions de mobilisation de ressources et les moyens institutionnels sont tout particulièrement consolidés.

- L'institutionnalisation de systèmes efficaces pour observer les différentes dimensions du développement humain et orienter les politiques et stratégies en faveur de l'économie bleue.
- La consolidation des capacités des pouvoirs publics à planifier et à exécuter des programmes ciblés qui visent à éliminer les difficultés particulières que connaissent certains groupes parmi les plus vulnérables en veillant à les associer aux processus de formulation et à la mise en œuvre des programmes et projets. L'analyse participative, qui tient compte des points de vue des acteurs de l'économie bleue, peut fournir une information utile sur la façon dont les acteurs perçoivent les changements apportés à leur mode de vie et sur les services et programmes destinés à les aider.

16.1.2 L'État et la promotion de l'économie bleue

La question du rôle de l'État est centrale à la fois pour conforter la vision à long terme, mais aussi pour valoriser les avantages comparatifs de son économie, les spécialisations multisectorielles, les chaînes de valeur compétitives, ses champions nationaux, etc.

Les États doivent également renforcer leurs capacités de collecte et d'analyse de l'information stratégique. À cet égard, leur rôle se décline selon trois axes :
- La nécessité d'organiser la gestion de l'information économique mais aussi écologique et environnementale, afin d'aider les entreprises engagées dans la concurrence internationale et soumises à la concurrence étrangère sur leur propre marché domestique. Il s'agit d'accroître leur potentiel d'analyse et de leur permettre ainsi d'ajuster leurs stratégies aux défis du marché.
- Le besoin de veille et la protection du patrimoine économique et technologique, notamment des entreprises situées sur des créneaux stratégiques pour l'économie nationale bleue et verte.
- La mobilisation des gisements d'information de l'administration, notamment de leur diplomatie, afin de définir une vision stratégique globale ainsi qu'une hiérarchie de priorités et des axes d'intervention par zones géographiques.

À ce titre, l'État et les administrations sont appelés à jouer un rôle essentiel dans l'appui aux entreprises, en particulier aux PME-PMI, confrontées aux formes multiples de la concurrence internationale, en lien avec l'économie bleue.

Sur le plan interne, l'offre publique de données relatives à l'économie bleue s'organise selon les sources de divers départements ministériels, tels que ceux du plan, de l'économie et des finances, du commerce, de l'industrie, de l'agriculture, des mines, de la recherche scientifique, de l'économie maritime et de l'environnement, etc. Ces départements fonctionnent souvent selon leur propre logique administrative, ce qui rend la communication stratégique peu opérationnelle. Et, cette dispersion s'accentue lorsqu'il s'agit du dispositif de collecte et de diffusion de l'information à l'étranger.

La mauvaise coordination des informations disponibles conduit donc à l'insuffisance d'informations directement opérationnelles pour les entreprises et les secteurs stratégiques de l'économie bleue.

En Guinée, l'interministérialité s'est remarquablement construite depuis le début de la transition en cours et augure d'une meilleure performance et efficacité de l'appareil d'État, y compris en ce qui concerne l'environnement et l'économie bleue.

16.2 Le processus préparatoire des stratégies nationales de l'économie bleue

Ce processus complexe, mobilisateur, et nécessairement inclusif, appelle, d'une manière générale, à la conception d'une démarche itérative, adaptée au processus endogène de planification stratégique des pays considérés.

Il est important de sensibiliser les esprits à l'intérêt même du concept d'économie bleue de manière élargie et inclusive. Idéalement, ce dialogue doit être initié au plus haut niveau de l'État (Présidence ou Primature), afin de constituer un signal essentiel pour rallier la volonté et l'engagement des acteurs politiques et, surtout, des différents départements ministériels. Ce dialogue doit être également ouvert à un maximum de parties prenantes représentatives, issues du secteur privé, de la société civile, des collectivités locales, des syndicats, des médias, des universités et des centres de recherches.

Il importe également d'avoir une bonne connaissance des ressources liées à l'économie bleue, qu'il s'agisse du capital naturel ou humain. Pour le capital naturel, cela passe par des campagnes extensives de recensement des ressources dans les milieux aquatiques et marins. En corollaire, il convient de procéder à la capitalisation des connaissances en partant des bases de données actuelles en identifiant les lacunes existantes et les besoins essentiels, en créant des partenariats scientifiques nationaux et internationaux pour y remédier. Cette appréciation induit la nécessité d'instituer des équipes de recherche et développement dédiées à l'économie bleue.

Les informations de référence peuvent provenir de recherches et d'études analogues, conduites dans d'autres pays, d'Afrique ou d'ailleurs, en intégrant les archives des données géologiques et les données écosystémiques des instituts de recherche maritime et des organisations internationales.

La coordination interministérielle doit constituer le maître mot du processus de formulation de la politique et de la stratégie de l'économie bleue. Elle peut s'instituer à travers une instance chargée de cette coordination transsectorielle.

L'organe chargé de coordonner l'intégralité du processus doit être investi d'un pouvoir de mobilisation suffisant, jouir d'une autonomie opérationnelle et disposer de ressources adaptées. Sa légitimité sera d'autant plus grande qu'il permettra de représenter tous les points de vue et d'assurer l'interministérialité indispensable pour l'efficacité de l'action publique.

La responsabilisation des acteurs clés du processus de formulation de la politique de l'économie bleue est cruciale pour forger un sentiment d'appropriation. Pour ce faire, les institutions publiques doivent collecter, stocker, actualiser et diffuser toutes les informations utiles, de manière transparente et en temps opportun. Par ailleurs, les opérateurs privés doivent tenir l'opinion publique régulièrement informée sur les impacts environnementaux et sociaux de leurs activités.

Les processus consultatifs impliquant de multiples parties prenantes exigent forcément d'ajuster les différents intérêts et perceptions des valeurs en jeu et de les ajuster consensuellement. La réussite du processus de formulation de la politique de l'économie bleue dépendra, au final, de l'aptitude à faire converger ces visions et perspectives.

La qualité des consultations avec toutes les parties prenantes est la clé du succès du processus de formulation de la politique de l'économie bleue. Elles doivent permettre la convergence des points de vue et une bonne compréhension des opportunités et des enjeux découlant de l'exploitation de son potentiel.

La conception de la politique de l'économie bleue et sa mise en œuvre exigent l'élaboration de lignes d'orientations stratégiques et d'un cadre d'application et de réglementation. Le corpus d'informations doit servir de base aux nouvelles lois ou à la réforme des lois en vigueur.

Lorsque les cadres institutionnels existants ne sont pas propices à un déploiement abouti de l'économie bleue, une étape de réforme institutionnelle doit être envisagée. Le processus d'élaboration de la politique doit prévoir une phase de consultation pour identifier la nature des recommandations nationales sur le plan législatif et réglementaire.

Le lancement à haut niveau de la politique de l'économie bleue doit s'assurer du soutien et de l'adhésion politiques. Il doit constituer un signal fort confirmant ce soutien, la pertinence des orientations, l'adhésion et le droit d'appropriation de ce processus dès ses premières étapes.

Une analyse des capacités et des compétences institutionnelles est vitale pour définir les domaines clés d'intervention relevant de cette politique et pour s'assurer de la prise en compte des enjeux du management public et de la mobilisation sociétale.

Seule une évolution des mentalités, reposant sur une approche globale et solidaire de l'aménagement du territoire et du développement économique, permettra de rendre l'économie bleue opérationnelle. Le processus de formulation de la politique doit donc aller de pair avec des actions de sensibilisation de toutes les parties prenantes, afin qu'elles acquièrent de nouveaux modes de pensée tout en respectant les dimensions culturelles du développement.

De plus, la conception et le déploiement d'une stratégie efficace de communication et de diffusion sont essentiels pour le succès du processus de formulation et de mise en œuvre de la politique de l'économie bleue. Cette stratégie de communication peut et doit jouer un rôle clé pour mobiliser concrètement les parties prenantes dans l'élaboration et la diffusion des lignes d'orientations, des initiatives programmatiques et des modalités de valorisation des compétences, des savoir-faire et des résultats et impacts obtenus.

La communication doit porter sur des messages clés adressés à toutes les parties prenantes dans le but de renforcer la sensibilisation à l'économie bleue. Elle doit intervenir en temps voulu, de manière constante et durable, en fournissant des données susceptibles d'entretenir l'intérêt des parties prenantes pour la formulation, la mise en œuvre et le suivi-évaluation de la politique nationale.

Le document de politique orientant le processus de mise en œuvre doit définir clairement les rôles et les fonctions des institutions impliquées. La répartition des rôles doit tenir compte :
- des mandats et des capacités des institutions identifiées à accomplir les rôles assignés ;
- du caractère non redondant des rôles et fonctions ;
- des modalités pour accomplir conjointement les rôles et fonctions attendus ;
- de la structure de redevabilité ;
- des éventuelles synergies avec les mandats actuels des diverses institutions.

Les modalités de mise en œuvre de la politique de l'économie bleue doivent prévoir une série d'actions clairement définies pouvant conduire ou contribuer à l'atteinte de résultats quantifiables. Les rôles et responsabilités des différentes parties prenantes doivent être parfaitement identifiés, en tenant soigneusement compte des capacités et des ressources pouvant être mobilisées.

Le cadre politique doit instituer des jalons quantifiables adossés à des échéances claires et aux actions à mener pour y parvenir. L'effort de programmation stratégique est essentiel. Les points suivants doivent être considérés et pris en compte pour fixer ces échéances et jalons :
- la mesurabilité des cibles et des résultats obtenus en direction des cibles ;
- la possibilité de respecter les délais impartis pour atteindre les jalons ;
- la classification des cibles en fonction des workflows et des délais nécessaires (court, moyen et long termes) ;
- le recensement des moyens nécessaires pour franchir les étapes ;
- l'analyse des capacités nationales à concevoir et établir des partenariats effectifs et pourvoyeurs de ressources et d'assistance technique.

L'économie bleue recouvre de multiples secteurs dont chacun possède ses caractéristiques propres. Par conséquent, un dispositif institutionnel de management public et un cadre réglementaire spécifique sont essentiels pour veiller à la conduite transformationnelle des chaînes de valeur. La stratégie nationale doit certes englober tous les secteurs concernés mais privilégier en particulier ceux qui sont prioritaires. Ce processus doit être méthodique et objectif, fondé sur l'analyse des avantages comparés respectifs de chacun des secteurs.

La mise à jour régulière des informations sur les secteurs clés de l'économie bleue que sont les pêches, le transport maritime, l'exploitation minière sous-marine ou encore le développement des ressources énergétiques doit permettre d'identifier les problématiques de manière à intégrer de nouvelles idées et perspectives tout au long du processus de formulation de la politique y compris avec des techniques évoluées telles que l'intelligence artificielle. Un bilan annuel des principaux défis, enjeux et opportunités du pays et des contraintes doit constituer un moyen d'entretenir la dynamique des échanges autour de l'économie bleue.

Les documents de politique ainsi que la stratégie multisectorielle doivent présenter une évaluation initiale des moyens indispensables pour la promotion de l'économie bleue. Les rôles impartis aux secteurs public et privé, aux partenaires du secteur privé et aux bailleurs de fonds traditionnels et non traditionnels doivent être également clairement énonces.

Des perspectives novatrices de mobilisation des ressources doivent également être envisagées, en lien avec les financements innovants pour la résilience, le climat et l'atteinte des objectifs de développement durable. La stratégie 2050 de l'Union africaine met en exergue, à cet égard, une stratégie qui pourrait servir de référence pour le financement des stratégies en faveur de l'économie bleue.

L'examen périodique des avancées est un moyen utile de suivre le degré de mise en œuvre des cibles fixées par la politique. Le document de politique doit définir la structure et la nature du processus périodique d'examen, les rôles et fonctions assignés aux institutions, les mécanismes de suivi et la nature du processus de notification. Il doit également contenir des propositions relatives à la création éventuelle de mécanismes d'examen périodique entre institutions, dont les conclusions devront être diffusées, pour commentaires et rétroactions. Tout cela renforce le caractère multi-partenarial du processus de formulation de la politique de l'économie bleue et son appropriation par les groupes intéressés, permettant ainsi de procéder aux éventuels ajustements nécessaires.

Pour être efficace, un système de suivi doit définir les rôles et responsabilités des institutions impliquées. Il doit par conséquent tenir compte des méthodes en vigueur et reposer sur des indicateurs de performance fixés d'un commun accord, avec des plans d'action assortis de délais, des mécanismes d'examen périodique, des évaluations de mise en œuvre des rapports de suivi et d'évaluation et des mécanismes de responsabilité, axés sur les résultats et impacts.

Des grands acteurs publics issus de la Marine nationale, des administrations spécialisées et des organismes de recherche et universités jouent un rôle clé et déterminant dans la promotion d'une gouvernance inclusive et transformationnelle liée au secteur maritime au sens large. Mais aussi des acteurs de la société civile qui se sont organisés, ces dernières années, dans les domaines de l'économie bleue et dans la protection environnementale.

CHAPITRE 17

Le secteur privé et la valorisation de l'économie bleue

—

Mamadou BALDE
Président de la Chambre de commerce d'industrie
et ce l'artisanat de la République de Guinée

Mohamed ABBA
Économiste principal et team leader du cluster Gouvernance
et État de droit du PNUD

Introduction

L'un des objectifs généraux du Global Impact[1] était d'encourager la lutte contre la pauvreté par la croissance économique en favorisant le développement du secteur privé et les possibilités d'emploi productifs et décents. Aujourd'hui, dans la dynamique post-2015 du développement durable, il apparaît essentiel de soutenir l'initiative privée créatrice d'emplois décents et de valeur ajoutée à travers les objectifs du développement durable (ODD) en lien avec l'économie bleue. Pour cela, il apparaît indispensable d'établir un cadre législatif et financier approprié en vue de favoriser le développement des affaires, d'attirer les investissements étrangers et de développer l'entrepreunariat par un meilleur accès aux micro-financements et le renforcement ciblé des capacités pour la promotion économique de nouveaux entrepreneurs, notamment les femmes et les jeunes.

1 Le Global Impact, également connu sous le nom des Objectifs de développement durable (ODD), est un ensemble de 17 cibles mondiales pour le développement durable adoptées par les Nations Unies en 2015. Les ODD visent à éradiquer la pauvreté, à protéger la planète et à garantir la prospérité pour tous d'ici à 2030.

17.1 Le rôle du secteur privé et la promotion de l'économie bleue

Les approches et les pratiques de l'intelligence économique et stratégique appliquée à l'économie bleue peuvent être particulièrement utiles pour améliorer le pilotage stratégique des réformes nécessaires à la promotion du secteur privé, à sa compétitivité, aux modes plus efficients d'insertion de l'Afrique au marché mondial et aux dynamiques d'intégration régionale.

Pour cela, il convient de soutenir des équipes d'entrepreneurs, faire souffler l'esprit d'innovation, imaginer des formes d'organisation évolutives sans pour autant oublier l'esprit et la culture de l'entreprise.

Dans ces domaines, beaucoup doit être fait par et pour le secteur privé en lien avec l'économie bleue, dont :
- initier des politiques et des actions tendant à renforcer et à soutenir le rôle du secteur privé et la mise à niveau des entreprises des pays les moins avancés ;
- établir des mécanismes appropriés de financement des entreprises pour soutenir les secteurs et chaînes de valeur ;
- favoriser la constitution de réseaux d'entrepreneurs pouvant servir de catalyseur pour encourager l'initiative privée, susciter des vocations dans les secteurs bleus et disséminer des expériences régionales, notamment en lien avec les opportunités offertes par la ZLECAf ;
- attirer les investissements étrangers et nationaux dans ces nouveaux secteurs.

L'attitude des gouvernements envers les marchés et la libre entreprise ainsi que l'efficacité de leur fonctionnement sont également des éléments très importants : la lourdeur bureaucratique, les réglementations excessives, etc. ont des coûts économiques importants pour le monde des affaires et ralentissent le processus de développement économique, social, culturel et environnemental.

Les gouvernements des pays émergents peuvent atténuer les risques pour les investisseurs privés en mettant en place des politiques et des cadres institutionnels qui encouragent une bonne gouvernance et améliorent le climat des affaires.

Le coût des affaires, généré par l'incertitude réglementaire, la faiblesse des institutions, ou les perturbations des marchés, affecte les calculs du rapport risque/rendement et augmente le taux de rendement minimal pour les investisseurs. Il en résulte que de nombreux investissements, pourtant commercialement profitables et économiquement attractifs, ne se matérialisent pas. La fiabilité des réglementations et des institutions est donc un élément essentiel pour l'atténuation des risques liés à l'investissement privé, et pour la promotion d'une gouvernance incitative favorable à l'émergence des pays du continent.

17.2 La stratégie de promotion du secteur privé

La promotion du secteur privé en Guinée est une priorité consacrée par le gouvernement au sein du Plan de référence intérimaire (PRI-2022-2025) afin de stimuler la croissance économique, favoriser l'emploi et encourager l'investissement privé.

Elle comprend plusieurs axes d'action :

- La création d'un environnement favorable aux affaires : le gouvernement guinéen s'efforce d'améliorer le climat des affaires en simplifiant les procédures administratives, en renforçant la transparence et la gouvernance, en protégeant les droits de propriété et en réduisant la corruption. Des réformes ont été entreprises pour faciliter la création d'entreprises, l'obtention de permis et licences, et la résolution des différends commerciaux.
- Le renforcement des infrastructures : le gouvernement investit dans le développement des infrastructures, telles que les routes, les ports, les aéroports, les réseaux d'électricité et de télécommunications, afin de faciliter les activités commerciales et d'attirer les investissements privés. Ces infrastructures sont essentielles pour la compétitivité des entreprises et la connectivité régionale et internationale.
- La promotion des investissements : des mesures sont prises pour attirer les investissements nationaux et étrangers. Des incitations fiscales, des facilités douanières, des garanties de protection des investissements et des services d'accompagnement sont proposés aux investisseurs. Des forums et des événements sont également organisés pour promouvoir les opportunités d'investissement dans les différents secteurs de l'économie, dont l'économie bleue.
- L'accès au financement : des initiatives sont mises en place pour faciliter l'accès au financement pour les entreprises, en particulier les petites et moyennes entreprises (PME). Des programmes de financement et de soutien aux PME sont développés, tels que des fonds de garantie, des lignes de crédit spécifiques, des programmes de formation et d'assistance technique pour renforcer leurs capacités financières et opérationnelles. La chambre de commerce, d'industrie et de l'artisanat ainsi que le patronat guinéen se sont mobilisés pour accompagner cette dynamique porteuse de transformation. Ces acteurs clés du secteur privé accompagnent et soutiennent la dynamique engagée autour de la stratégie nationale de l'économie bleue en Guinée.
- La promotion des secteurs stratégiques : le gouvernement a identifié les secteurs clés de l'économie guinéenne, tels que l'agriculture, les mines, l'énergie, l'industrie, les services et le tourisme, et met en place des politiques et des programmes de promotion spécifiques pour stimuler leur développement. Cela comprend la création d'infrastructures économiques, l'encouragement de partenariats public-privé, la facilitation de l'accès aux ressources naturelles et la promotion des chaînes de valeur locales, dont celles liées à l'économie bleue.
- Le renforcement des capacités entrepreneuriales : des programmes de formation, d'encadrement et de mentorat sont développés pour renforcer les compétences entrepreneuriales et techniques des entrepreneurs guinéens. Cela inclut des formations en gestion d'entreprise, en marketing, en innovation et en accès

aux marchés, afin de promouvoir l'entrepreneuriat et de favoriser l'émergence de nouvelles entreprises.

La stratégie de promotion du secteur privé en Guinée vise à créer un environnement favorable aux entreprises, à encourager l'investissement, à renforcer les capacités entrepreneuriales en vue de promouvoir les secteurs stratégiques de l'économie.

Rappelons que la Guinée possède d'importantes ressources naturelles, notamment des gisements de bauxite, de fer, d'or, de diamants et de pétrole. Ces ressources offrent des opportunités d'investissement dans les secteurs minier, énergétique et agricole. Le pays dispose également de vastes terres agricoles propices à la production alimentaire et à l'agriculture commerciale, y compris l'agro-industrie. Des projets d'infrastructure majeurs sont en cours de développement, tels que la construction de routes, de ports, d'aéroports et d'infrastructures énergétiques. Ces développements créent des opportunités pour les entreprises de construction, de logistique et de services associés.

La Guinée fait partie de la Communauté économique des États de l'Afrique de l'Ouest (CEDEAO), ce qui lui donne accès à un marché régional de plus de 300 millions de consommateurs et le marché commun continental (ZLECAf) élargit encore plus les perspectives économiques et commerciales. Cela constitue un avantage réel pour les entreprises souhaitant étendre leurs activités dans la région.

En Guinée, les investissements privés en faveur de l'économie bleue sont encore relativement limités, mais il y a un potentiel important à exploiter, notamment :
- Les investissements dans l'aquaculture et la pisciculture qui peuvent contribuer à augmenter la production de poissons d'élevage, réduire la pression sur les ressources halieutiques naturelles et créer des emplois. Cela pourrait inclure des projets d'élevage de poissons d'eau douce et d'élevage de crevettes.
- La Guinée possède une riche biodiversité marine, y compris des ressources telles que les algues, les coquillages et les crustacés. Les investissements dans l'exploitation durable de ces ressources peuvent soutenir la croissance économique tout en préservant l'environnement marin.
- Elle dispose par ailleurs d'un potentiel significatif en matière d'énergie renouvelable maritime, notamment d'une hydroélectricité à dimension sous-régionale. Les investissements dans ces secteurs et technologies peuvent contribuer à la transition énergétique du pays et réduire sa dépendance aux combustibles fossiles.
- Les investissements dans la collecte, le recyclage et le traitement des déchets marins peuvent aussi contribuer à préserver les écosystèmes marins et à réduire la pollution. Cela peut inclure des initiatives de collecte des déchets plastiques en mer et sur les côtes, ainsi que des projets de recyclage des matériaux récupérés.

En outre, la Guinée possède de magnifiques côtes et des sites naturels remarquables. Les investissements dans le tourisme côtier et maritime durable peuvent créer des emplois et stimuler l'économie locale tout en préservant les écosystèmes marins et côtiers. À cet égard, le gouvernement guinéen a défini une politique et une stratégie de développement du secteur touristique.

Pour promouvoir ces investissements privés, le gouvernement guinéen s'attache à renforcer la gouvernance publique et institutionnelle, le management public et sa modernisation et à favoriser la transparence et la promotion d'une coopération entre les acteurs publics et privés pour garantir la durabilité des investissements et maximiser les bénéfices pour l'économie bleue en Guinée.

17.3 Les partenariats public-privé en faveur de l'économie bleue

Il est important de saluer les orientations du Plan de référence intérimaire de la Guinée, qui inclut des mesures spécifiques pour promouvoir le secteur privé et la transformation structurelle en renforçant les capacités entrepreneuriales et les réformes législatives et réglementaires visant à faciliter les activités commerciales et l'accès aux marchés

Les partenariats public-privé (PPP) peuvent jouer un rôle important dans le développement de l'économie bleue en permettant une collaboration efficace entre les secteurs public et privé. Ils peuvent offrir la possibilité d'attirer des investissements privés pour financer des projets d'envergure dans l'économie bleue, tels que la construction d'infrastructures maritimes, le développement de parcs aquacoles ou l'exploitation d'énergies renouvelables marines et hydroélectriques. Ils peuvent contribuer à apporter leur expertise spécialisée dans des domaines tels que la gestion des ressources marines, la technologie maritime, la gestion des déchets ou le tourisme côtier.

Les PPP peuvent permettre de répartir les risques et les responsabilités entre les partenaires publics et privés. Cela peut inclure le partage des coûts d'investissement, la répartition des revenus générés par les activités économiques ou la gestion conjointe des projets.

Il est important que les PPP dans l'économie bleue soient fondés sur des principes de transparence, de responsabilité sociale et environnementale, ainsi que sur une participation active des parties prenantes, y compris les communautés locales. Cela garantit que les partenariats contribuent de manière durable au développement de l'économie bleue tout en préservant les ressources marines et en améliorant les conditions de vie des populations locales.

CHAPITRE 18

Le rôle de la société civile, des municipalités et des collectivités territoriales au service du développement de l'économie bleue

—

Mamadou Saliou DIALLO
Expert formateur et consultant dans les domaines de l'environnement et du développement, représentant de l'ONG Guinée Écologie

Mohamed ABBA
Économiste principal et team leader du cluster Gouvernance et État de droit du PNUD

Introduction

Le rôle et la contribution de la société civile, des municipalités et des collectivités territoriales sont essentiels. Ils connaissent un engouement majeur dans les processus démocratiques et institutionnels de l'Afrique. En Guinée, une dynamique de forte mobilisation est observée et d'excellentes perspectives se profilent à l'horizon, soutenues par une décentralisation mobilisatrice des pouvoirs.

Dans le cadre des processus d'élargissement des opportunités de développement mais aussi sur les domaines stratégiques et transformationnels de l'économie bleue, un rôle important est dévolu à la société civile dans l'établissement et l'examen des priorités et actions à inscrire dans les politiques et programmes de développement humain et de lutte contre la pauvreté. À ce titre, le rôle et la contribution de la société civile sont essentiels à la fois dans la conduite des grandes réformes, dans la transformation des modes de production et de consommation, mais aussi dans la mobilisation inclusive des parties prenantes à l'action de développement. Bien que dynamique, la société civile en Afrique subsaharienne a besoin de capacités et de soutiens pour contribuer efficacement à la planification, aux initiatives de changement des comportements ainsi qu'au suivi et à l'évaluation des politiques et programmes de développement humain durable.

À cette fin, les parties prenantes à l'action de développement doivent encourager le renforcement des capacités pour la compréhension des évolutions, l'acceptabilité de l'innovation et de la recherche ainsi que l'analyse indépendante des politiques et stratégies favorables à l'économie bleue. Il importe également de soutenir le renforcement des organisations non-gouvernementales et de leurs réseaux afin de les voir servir de force de proposition et de contre-pouvoirs. En ce domaine, l'adoption d'une démarche d'assistance en faveur de la société civile devrait avoir pour objectif de responsabiliser réellement les acteurs locaux et de leur permettre d'acquérir un véritable potentiel d'intervention en faveur du développement.

Au total, les étapes et actions clés devant relever de l'impulsion à donner au pilotage stratégique, à la conduite et à la mise en œuvre de la politique, comme de la stratégie de l'économie bleue, peuvent s'établir de la manière suivante :
- Fournir des orientations pour la formulation de la politique en faveur de l'économie bleue afin de faire émerger une vision consensuelle à long terme de développement durable.
- Lever les freins à l'élaboration et à la mise en œuvre de la politique et des stratégies interconnectées à travers des procédures de mobilisation des parties prenantes.
- Coordonner et faciliter les processus de prise de décisions tout au long de la formulation de la politique en s'assurant de la participation de la société civile.
- Proposer des indicateurs de performance associés à des objectifs et des délais d'application et de suivi de la mise en œuvre.
- Constituer des partenariats et établir des liens à l'échelon régional et international.
- Établir une programmation stratégique des investissements publics et concevoir et agréger le pipeline des programmes et projets liés à l'économie bleue.
- Analyser et surveiller la mise en œuvre de la politique et sa performance.
- Recourir aux médias sociaux pour élargir le processus de consultation inclusif.
- Lever les financements nationaux et d'origine extérieurs, essentiels, en faveur de l'économie bleue.
- Faire en sorte d'obtenir des succès rapides et communiquer autour des résultats obtenus.

18.1 Le rôle de la société civile et des organisations communautaires pour le développement de l'économie bleue

Une intelligence des territoires mobilisant les acteurs au niveau décentralisé et au plan de la coopération transfrontalière est également fondamentale et tout particulièrement dans les domaines de l'économie bleue. Quels que soient leurs efforts, les populations démunies sont difficilement en mesure de résoudre à elles seules et simultanément les problèmes de restauration de l'environnement et de promotion du développement durable. À cet égard, l'aide extérieure, sous la forme de ressources financières et d'expertise technique et l'implication des organisations non gouvernementales, demeure essentielle.

La pauvreté n'évolue pas dans un vide social. Il faut tenir compte des considérations culturelles, de l'évolution des relations sociales ainsi que de la participation des communautés pour conduire des démarches appropriées et inclusives de lutte contre la pauvreté. En dépit des tendances à la démocratisation qui se font jour dans un grand nombre de pays africains, la majorité des pauvres ont, encore, peu d'influence sur les décisions qui touchent à leur existence.

Les approches en faveur de l'économie bleue peuvent permettre d'accroître les opportunités socio-économiques et politiques des plus démunis, afin que leurs opinions et leurs préoccupations puissent être prises au sérieux par leurs interlocuteurs, en général, et les pouvoirs publics, en particulier.

L'accès à l'information pour tous le droit des groupes et communautés à s'organiser pour l'avènement de concertations attentives aux différences entre les sexes, aux liens et équilibres intergénérationnels et à la définition d'une vision consensuelle à long terme des sociétés sont des dimensions essentielles pour favoriser un cadre de gouvernance propice à la lutte contre la pauvreté et une plus grande habilitation des populations. Dans le domaine de l'économie bleue, il conviendrait de :

- Consolider les démarches nationales en faveur du développement humain susceptibles de favoriser l'éducation du public et d'élargir les débats sur les causes de la pauvreté et de la mauvaise gouvernance.
- Accorder une attention soutenue aux moyens permettant d'assurer une plus large déconcentration des pouvoirs de l'État à l'échelon local, et permettre une participation véritable et active des communautés en les encourageant à former des organisations civiques et d'auto-assistance, contrepartie dynamique et indispensable des pouvoirs publics à la base.
- Encourager dans les processus en cours de décentralisation la participation des collectivités locales et des groupes communautaires à la définition des politiques et stratégies de développement à la base en utilisant les outils et instruments que promeut l'économie bleue.

Une mobilisation soutenue de la société civile et des communautés peut contribuer à :

- Accroître la production et la productivité par une utilisation plus efficace des ressources humaines et matérielles disponibles.
- Renforcer la disponibilité et l'accessibilité aux services sociaux essentiels et appuyer le développement des infrastructures sociales, au niveau communautaire, grâce au développement de l'économie bleue.
- Favoriser la mobilisation des ressources et leur gestion rationalisée au niveau décentralisé.
- Améliorer la résilience communautaire et la durabilité des écosystèmes et la gestion durable des ressources naturelles par une planification participative.
- Offrir le cadre d'une action concertée pour développer des plates-formes interactives permettant de valoriser les expériences et savoirs liés à l'économie bleue en créant les outils digitaux et de l'économie numérique.

Les approches et pratiques de l'économie bleue peuvent être particulièrement utiles, voire déterminantes, pour améliorer la gouvernance et le pilotage stratégiques des réformes, mais aussi pour renforcer les modes efficients de l'insertion au marché mondial, de la compétitivité et de la responsabilité sociétale, fondements du développement durable.

18.2 Les expériences entreprises par les ONGs, les associations et les syndicats

Il existe de nombreuses ONGs internationales et nationales qui œuvrent dans les secteurs de l'économie bleue, des ONGs de référence qui en accompagnent les défis et priorités :

- World Wildlife Fund (WWF) est une organisation mondiale qui se consacre à la conservation de la nature et à la protection de la biodiversité, y compris des écosystèmes marins.
- Conservation International travaille à la préservation de la nature et des ressources naturelles, y compris les océans, en partenariat avec des gouvernements, des entreprises et des communautés locales.
- The Nature Conservancy vise à protéger les terres et les eaux pour préserver la diversité biologique et promouvoir le développement durable.
- Ocean Conservancy se concentre sur la protection des océans et des littoraux, la lutte contre la pollution marine et la promotion de la durabilité des ressources océaniques.

Il convient de noter que cette liste n'est pas exhaustive et qu'il existe de nombreuses autres ONGs internationales et nationales qui jouent un rôle important dans la protection de l'environnement et la promotion de l'économie bleue et verte.

Chaque pays a également ses propres ONGs qui se concentrent sur les enjeux environnementaux spécifiques à leur région. En Guinée, il existe des syndicats, des associations et des ONGs qui œuvrent spécifiquement dans les secteurs de l'économie bleue et verte, y compris dans le secteur halieutique. À ce titre, il est intéressant de mentionner :

- Le Syndicat des pêcheurs de Guinée (SPG) qui représente les intérêts des pêcheurs en Guinée et travaille pour promouvoir la durabilité de la pêche artisanale et industrielle, la gestion responsable des ressources halieutiques et la protection des écosystèmes marins.
- L'Association des femmes dans la pêche en Guinée (AFPG) qui vise à autonomiser les femmes travaillant dans le secteur de la pêche en Guinée, en mettant l'accent sur la valorisation des produits de la mer, le développement durable et la protection de l'environnement marin.
- L'Association guinéenne pour la promotion de l'aquaculture (AGUIPA) qui se concentre sur la promotion de l'aquaculture durable en Guinée, en encourageant l'élevage de poissons et d'autres organismes aquatiques dans le respect de l'environnement.

- L'Association pour la valorisation de l'environnement et du développement durable en Guinée (AVED-Guinée) qui travaille sur la conservation de la biodiversité, la gestion durable des ressources naturelles et la promotion de l'économie verte en Guinée.
- L'Association guinéenne pour la promotion des énergies renouvelables qui se concentre sur la promotion et l'utilisation des énergies renouvelables en Guinée, notamment l'énergie solaire, éolienne et hydroélectrique, dans le but de favoriser une transition vers une économie verte.
- L'Association guinéenne pour le développement durable (AGDD) qui travaille sur le développement durable en Guinée, en mettant l'accent sur la gestion des ressources naturelles, la conservation de la biodiversité et la promotion de l'économie verte.
- Le Réseau des organisations de la société civile pour l'environnement et la lutte contre les changements climatiques en Guinée (ROSEL-Guinée) qui rassemble plusieurs organisations de la société civile travaillant sur des questions environnementales, y compris la gestion durable des ressources marines et l'économie verte.
- L'Association guinéenne de défense de l'environnement (AGUIDE) qui œuvre pour la protection de l'environnement et la promotion de l'économie verte en Guinée, en sensibilisant les acteurs communautaires sur les enjeux environnementaux et en collaborant avec les parties prenantes pour des solutions durables.

Il est important de noter que la liste ci-dessus est naturellement indicative et qu'elle ne couvre pas toutes les organisations actives dans les secteurs de l'économie bleue et verte en Guinée. D'une manière générale, ces organisations peuvent être impliquées dans diverses activités, allant de la conservation marine à la promotion des énergies renouvelables, en passant par la valorisation des ressources naturelles.

18.3 Le rôle et la contribution des municipalités en faveur de l'économie bleue

18.3.1 Les municipalités, moteurs du développement de l'économie bleue

Les municipalités jouent un rôle crucial dans le développement de l'économie bleue et verte. En tant qu'échelon de gouvernance local, elles sont souvent les plus proches des problématiques environnementales et des ressources naturelles, et peuvent avoir un impact direct sur le développement durable au niveau communautaire.

Elles sont souvent associées à l'élaboration des plans d'aménagement du territoire qui intègrent des objectifs et des mesures de développement durable, y compris en lien avec l'économie bleue et verte. Cela peut inclure la définition de zones marines protégées, la promotion de l'aquaculture durable, la préservation des écosystèmes côtiers, etc.

Elles jouent également un rôle non négligeable dans la gestion des ressources naturelles marines et terrestres au niveau local. Cela peut impliquer la mise en place de réglementations pour la pêche durable, la gestion des déchets, la protection des écosystèmes, la conservation de la biodiversité, etc.

De plus, elles mènent ou sont souvent impliquées dans les campagnes de sensibilisation et d'éducation auprès de la population locale sur les enjeux environnementaux initiées par les programmes et projets. Elles peuvent être des acteurs clés de la valorisation des bonnes pratiques de l'économie bleue et verte pour la préservation des ressources naturelles. Ce qui peut contribuer à créer une culture de durabilité au niveau local.

Les municipalités peuvent encourager et soutenir les initiatives entrepreneuriales locales dans les secteurs de l'économie bleue et verte. Cela peut se faire par le biais de programmes d'incubation, de formations professionnelles, de subventions ou de facilitation de l'accès aux financements. Elles peuvent également établir des partenariats avec d'autres acteurs locaux, tels que les entreprises, les ONGs, les associations de pêcheurs, les communautés locales, les centres de recherche, etc. Cela favorise la collaboration et le partage des connaissances pour mettre en œuvre des projets et des initiatives communautaires de développement durable.

Pour ce faire, il est important qu'elles bénéficient du soutien des autorités nationales et régionales pour renforcer leurs capacités et disposer des ressources nécessaires. Une coordination entre les différents niveaux de gouvernement est essentielle pour assurer une approche intégrée et cohérente du développement durable, notamment de l'économie bleue et verte, au niveau local.

18.3.2 La responsabilité des municipalités

La responsabilité des municipalités est centrale sur le plan de la mise à l'échelle des initiatives et meilleures pratiques de développement local. Celle-ci peut concerner les secteurs suivants :

- La gestion des déchets : elles sont chargées de la collecte, du traitement et de l'élimination des déchets. Elles peuvent mettre en place des programmes de tri sélectif, de compostage et de recyclage, ainsi que des installations de traitement des déchets respectueuses de l'environnement.
- La gestion de l'eau : elles peuvent être responsables de la gestion des systèmes d'approvisionnement en eau potable, de l'assainissement et du drainage des eaux pluviales. Elles peuvent promouvoir l'utilisation efficace de l'eau, la conservation des ressources hydriques et la prévention de la pollution des cours d'eau.
- La planification urbaine durable : elles jouent un rôle clé dans la planification et l'aménagement du territoire. Elles peuvent promouvoir des pratiques de construction durable, la préservation des espaces verts et des zones naturelles, la création de zones piétonnes et cyclables, et l'intégration de principes de durabilité dans les projets d'urbanisme.
- La protection de la biodiversité : elles peuvent prendre des mesures pour préserver et restaurer la biodiversité au niveau local. Cela peut inclure la création de parcs et de réserves naturelles, la sensibilisation à la protection de la faune et de la flore locales, et la promotion de pratiques agricoles respectueuses de l'environnement.
- La promotion des énergies renouvelables : elles peuvent encourager l'utilisation des énergies renouvelables en mettant en place des incitations, des réglementations et des politiques favorables. Elles peuvent également faciliter l'installation de panneaux solaires, de systèmes de récupération de l'énergie et d'autres technologies propres.
- La sensibilisation et l'éducation citoyenne des communautés : elles ont un rôle important dans la sensibilisation et l'éducation des citoyens sur les enjeux environnementaux et les pratiques durables. Elles peuvent organiser des campagnes de sensibilisation, des programmes éducatifs et des événements communautaires pour promouvoir la protection de l'environnement.
- La collaboration et la promotion des partenariats : elles peuvent collaborer avec d'autres acteurs locaux, tels que les entreprises, les ONGs, les universités et les communautés locales, pour mettre en œuvre des initiatives de développement durable. La création de partenariats permet de partager les connaissances, les ressources et les bonnes pratiques pour une action collective plus efficace.

18.4 Le rôle des communautés territoriales dans le développement de l'économie bleue

La planification du développement durable offre une perspective d'inclusion sociale et communautaire avec l'avènement, ces dernières années, des plans locaux de développement.

Le Plan de référence intérimaire de la Guinée (2022-2025) consacre cet élan qui figurait déjà dans les orientations du Plan national de développement économique et social 2016-2020 (PNDES).

Rappelons qu'en Guinée, ce sont les plans locaux de développement élaborés au niveau des collectivités territoriales décentralisées, telles que les communes, qui visent à orienter les actions de développement local en intégrant les principes du développement durable.

Les plans locaux de développement mettent souvent l'accent sur la participation des citoyens et des parties prenantes locales dans le processus d'élaboration. Cela permet d'identifier les besoins, les priorités et les aspirations de la communauté, et de favoriser la propriété et l'engagement des acteurs locaux.

En raison de sa richesse en ressources naturelles, la Guinée accorde une importance particulière à la gestion durable des ressources. Les plans locaux de développement intègrent donc souvent des mesures de préservation de la biodiversité, de gestion des déchets, de protection des cours d'eau et de l'environnement, ainsi que de promotion de l'utilisation durable des ressources naturelles.

Ils visent généralement à améliorer les infrastructures et les services de base au niveau local, tels que l'accès à l'eau potable, à l'électricité, à l'assainissement, aux services de santé et d'éducation. Ces améliorations contribuent à la qualité de vie des citoyens et à leur bien-être.

Ils s'attachent enfin à stimuler le développement économique local en favorisant l'entrepreneuriat, l'investissement, la création d'emplois et la diversification des secteurs économiques. Cela peut inclure des initiatives de promotion de l'agriculture durable, du tourisme, de l'économie verte et de l'économie bleue.

La Guinée est confrontée à des défis liés aux changements climatiques, tels que la sécheresse, l'élévation du niveau de la mer et l'érosion côtière. Les plans locaux de développement intègrent donc souvent des mesures d'adaptation aux changements climatiques, telles que la gestion durable des ressources en eau, la promotion de pratiques agricoles résilientes et la sensibilisation aux risques climatiques.

Il convient de noter à cet égard que les approches et les priorités des plans locaux de développement peuvent varier en fonction des spécificités de chaque collectivité territoriale et des besoins locaux identifiés. Il est important que ces plans, alignés sur les politiques nationales de développement durable, bénéficient d'un soutien adéquat en termes de ressources financières, de capacités institutionnelles et de coordination entre les acteurs concernés.

Conclusion et perspectives

Le gouvernement guinéen s'efforce de conduire un programme ambitieux et réformateur pour mobiliser la société civile et accompagner la mise en œuvre de la décentralisation. L'objectif est de contribuer à renforcer le processus de décentralisation et le cadre juridique par le biais d'études nationales, d'une assistance technique et d'un renforcement des capacités locales.

Aux niveaux national, régional et préfectoral, le gouvernement mobilise ses compétences, notamment celles du ministère de l'Administration du territoire et de la Décentralisation (MATD) mais aussi celles des principaux ministères sectoriels dont les fonctions sont déléguées aux niveaux décentralisés.

Au niveau préfectoral, des appuis significatifs sont apportés aux services techniques locaux en vue de :
- la mobilisation des recettes locales et leur affectation ;
- la coordination du développement local avec les services régionaux et des districts avec le concours des ministères sectoriels, notamment par la mise à jour des bases de données sur le développement local, la contribution à la programmation sectorielle et à l'élaboration des cadres de dépenses à moyen terme, ainsi qu'au suivi de l'exécution du budget d'investissement ;
- le renforcement des capacités de la fonction publique territoriale ;
- le développement urbain ;
- les sujets transversaux tels que le genre et l'inclusion sociale, ainsi que la gestion du climat et des risques de catastrophe dans le contexte du développement local.

L'engagement des citoyens et du système communautaire d'alerte précoce et d'intervention (EWRS) est organisé pour l'intensification et l'amélioration de l'engagement des citoyens en faveur des activités de protection civile et d'inclusion sociale.

L'enjeu est également de promouvoir des mécanismes d'engagement citoyen, dans le but de favoriser au niveau local la transparence, la responsabilité, la participation communautaire et la supervision de la gestion publique, y compris dans les domaines de la gouvernance bleue et verte.

La planification et la budgétisation participatives vont être étendues à l'échelle nationale afin de mieux intégrer les voix des citoyens rassemblés dans le processus de planification, de programmation et de suivi-évaluation à l'échelle locale. La maîtrise d'ouvrage locale sera renforcée, les technologies et investissements seront mis en valeur par l'économie numérique et la collecte de données mobiles, y compris la géolocalisation des investissements et des petites infrastructures au niveau local.

Ces reformes visent à faciliter :
- la collecte de données précises et rapides et la supervision des services et infrastructures clés au niveau des collectivités locales ;

- la gestion transparente des investissements de l'Agence nationale de financement des collectivités (ANAFIC) au niveau local en publiant les données sur un site web accessible au public ;
- la prise de décisions éclairées et la planification du développement durable, au niveau décentralisé.

La gouvernance locale en Guinée est aujourd'hui promue et doit continuer de bénéficier d'une attention toute particulière pour valoriser le formidable potentiel du pays, mais aussi, et surtout, pour permettre aux communautés de bénéficier des retombées de la croissance économique et des opportunités offertes par les chaînes de valeur liées à l'économie bleue.

CHAPITRE 19

La coopération internationale et régionale en faveur de l'économie bleue

—

Dansa KOUROUMA
Président du Conseil national de la transition de la République de Guinée

Rose Pola PRICEMOU
Ministre du Plan et de la Coopération internationale de la République de Guinée

Luc-Joël GREGOIRE
Représentant résident du Programme des Nations Unies pour le développement en République de Guinée

Introduction

L'économie bleue et son développement reposent sur une coopération internationale essentielle, la mobilisation de partenariats divers et articulés et par des investissements nationaux et étrangers de grande envergure. Les priorités de politique en faveur de la coopération internationale et régionale, orientées en direction de l'économie bleue, se précisent progressivement en Afrique, et tout particulièrement en Guinée.

Les activités sectorielles de l'économie bleue sont mentionnées dans des instruments de politique continentale plus spécifiques tels que la Vision africaine dite « Stratégie de l'économie bleue de l'Afrique sur l'exploitation minière » 2009; la Charte (révisée) du transport maritime en Afrique de 2010 et la Zone de libre-échange continentale africaine (ZLECAf) pour la circulation des biens et des services sans restriction dans les États membres de l'Union africaine.

Les composants naturels de l'économie bleue sont, quant à eux, inclus dans la Convention africaine sur la conservation de la nature et des ressources naturelles de 1969 (révisée en 2017) et intégrés aux trois conventions sur les mers régionales (Abidjan, Nairobi et Djeddah). C'est un cadre juridique et coordonné à l'échelle régionale qui renforce la capacité des pays à protéger, gérer et développer leur environnement côtier et marin.

La composante de recherche de l'économie bleue est principalement représentée au sein de l'Agence spatiale africaine, en raison de l'importance de l'observation par télédétection des océans et des étendues d'eau, dans le contexte du changement climatique et dans le cadre du développement de centres d'excellence africains pour la pêche et l'aquaculture en Afrique, initié en 2018.

L'économie bleue reçoit également une attention particulière de l'AUDA-NEPAD (Agence de développement de l'Union africaine - Nouveau partenariat pour le développement de l'Afrique) avec l'élaboration du programme sur l'économie bleue qui vise à orienter l'aide de l'agence aux États membres de l'Union africaine et aux communautés économiques régionales (CER). Certaines CER, telles que l'IGAD et la SADC, développent, avec d'autres organisations telles que la COI (Commission de l'océan Indien) et l'IORA (Association de l'océan Indien), leur propre stratégie pour l'économie bleue.

Les petits États insulaires en développement (PEID) africains sont également engagés, avec la feuille de route de SAMOA, dans le processus de développement de leur économie océanique.

Dans la Déclaration de Nairobi sur la transformation des politiques environnementales par le biais de solutions innovantes aux défis environnementaux en Afrique, adoptée, le 19 septembre 2018, les gouvernements ont convenu d'exhorter les États à promouvoir une croissance bleue durable et à soutenir l'intégration de la biodiversité aquatique et du secteur océanique dans tous les secteurs productifs en vue d'une exploitation durable de l'économie bleue.

19.1 Les priorités de la politique de coopération internationale

19.1.1 L'Union africaine

L'Union africaine est considérée comme le moteur du développement économique de la région et ses organes et institutions sont les principaux cadres qui permettent de faire progresser une économie bleue ou océanique. Cependant, peu de ses stratégies ou plans mettent l'accent sur la croissance commerciale et économique qui pourrait être tirée des ressources côtières et marines de la région.

L'Union africaine (UA) doit jouer un rôle crucial dans le déploiement et la mise en œuvre de la politique de l'économie bleue continentale. Pendant la dernière décennie, la Commission de l'UA a élargi à l'échelle de l'Afrique le consensus quant au rôle critique que l'économie bleue peut jouer pour impulser la transformation structurelle du continent au cours de la prochaine décennie. Elle est au cœur de la Stratégie maritime intégrée de l'Afrique (SMIA 2050), qui qualifie l'économie bleue de « nouvelle frontière de la renaissance africaine ».

L'économie bleue occupe de même une place centrale dans l'Agenda 2063 de l'UA, où elle a été unanimement déclarée comme « le futur de l'Afrique » et reconnue comme catalyseur de la transformation socio-économique. En 2015, l'UA a lancé, lors de la 22e session ordinaire des chefs d'État et de gouvernement, l'adoption et la mise en œuvre de la SMIA 2050 ainsi que la Journée africaine des mers et des océans, désormais célébrée le 25 juillet, et la Décennie des mers et des océans 2015-2025, symboles de ralliement à la cause de l'économie bleue.

19.1.2 Le Nouveau Partenariat pour le développement de l'Afrique (NEPAD)

Le cadre politique et la stratégie de réforme du Nouveau Partenariat pour le développement de l'Afrique (NEPAD) pour la pêche et l'aquaculture en Afrique offrent à la région « la possibilité de faire passer ses pêcheries à la productivité, à la durabilité et à la rentabilité, avec des options pour une meilleure gestion régionale collaborative des ressources communes ».

Le cadre stratégique fait appel à plusieurs approches, notamment des approches d'ordre économique, écosystémique, social et sociétal. Le cadre demeure un document autonome, isolé et non intégré aux cadres existants sur l'économie bleue ou océanique. Depuis le 29 juillet 2019, le NEPAD est devenu l'Agence de l'Union africaine pour le développement.

19.1.3 L'Agenda de l'Union africaine à l'horizon 2063

L'Agenda à l'horizon 2063, adopté en 2015 par l'Union africaine, est une manifestation concrète de la manière dont le continent vise à assurer un développement inclusif et durable. Il recense les principaux programmes et projets phares, ainsi que les principales activités à entreprendre dans le cadre de son plan décennal de mise en œuvre pour la période 2014-2023.

Parmi les principaux programmes phares identifiés, aucun n'est lié à l'économie marine, côtière, océanique ou bleue. Toutefois, le sixième objectif du plan décennal de mise en œuvre stipule qu'une économie bleue ou océanique accélérera la croissance économique, et les domaines prioritaires identifiés pour cet objectif sont les ressources et l'énergie marines, les opérations portuaires et le transport maritime.

19.1.4 L'accord établissant la zone de libre-échange continentale africaine

L'accord établissant la zone de libre-échange continentale africaine appuie l'affirmation de nombreux responsables politiques selon laquelle une économie bleue ou océanique pourrait apporter une forte contribution au développement économique sur l'ensemble du continent.

L'accord, entré en vigueur le 30 mai 2019, établit la plus grande zone de libre-échange en termes de pays participants depuis la création de l'Organisation mondiale du commerce et crée un marché continental unique des biens et services, avec une libre circulation des personnes et des investissements. Les ressources côtières et marines offrent divers biens et services qui seront stimulés par le commerce intra-africain. L'accord devrait également améliorer la compétitivité de l'industrie et des entreprises en exploitant les possibilités de production à grande échelle, mais aussi l'accès aux marchés continentaux et une meilleure réaffectation des ressources.

19.1.5 La Stratégie africaine intégrée pour les mers et les océans à l'horizon 2050

Le domaine maritime de l'Afrique est de plus en plus dominé par les discussions sur la piraterie et les vols à main armée en mer. Les acteurs africains, notamment les États membres de l'Union africaine, leurs mécanismes régionaux de prévention, de gestion et de règlement des conflits et leurs communautés économiques régionales, se sont jusqu'ici davantage concentrés sur les politiques relatives à la sécurité que sur celles qui concernent l'économie. La nécessité de corriger ce déséquilibre a conduit à l'élaboration et à l'adoption de la Stratégie africaine intégrée pour les mers et les océans à l'horizon 2050.

La Stratégie africaine intégrée pour les mers et les océans à l'horizon 2050 a été définie avec l'ambition de construire une stratégie continentale pour la gestion du domaine maritime du continent mais aussi pour favoriser l'implication de la Force africaine en attente (FAA) dans les efforts de promotion de la sécurité et de la sûreté maritimes.

Cette stratégie met l'accent sur la dimension socio-économique et vise à favoriser la création de richesses accrues à partir des océans et des voies navigables intérieures de l'Afrique en développant une économie maritime prospère et en tirant pleinement parti du potentiel des activités maritimes, y compris au sens écologique.

En conséquence, le plan d'action pour la mise en œuvre opérationnelle de la stratégie énonce les objectifs indispensables, qui couvrent les projections relatives aux nouvelles institutions nécessaires, la création de richesses ainsi que le développement des ressources humaines pour le renforcement des compétences en faveur de la gouvernance maritime et celle de l'économie bleue.

La stratégie précise en outre qu'il ne peut y avoir de développement social durable sans paix et sécurité. Par conséquent, pour renforcer la viabilité maritime en s'appuyant sur le lien entre la sécurité et le développement social, la stratégie a insisté sur la nécessité de mettre en place un groupe de travail intersectoriel sur la prospective stratégique maritime (SFMTF), et ce, pour évaluer le large éventail des activités marines et leurs liens avec le commerce international et régional.

Pour ce faire, la stratégie africaine prône le développement des secteurs présentant le plus grand potentiel de croissance (tels que le transport maritime et les ports, l'aquaculture, les énergies renouvelables, les télécommunications sous-marines, le tourisme et les biotechnologie marines) ainsi que la durabilité et la sécurité de l'approvisionnement énergétique de l'Afrique non seulement en hydrocarbures mais aussi en ressources marines renouvelables, qui pourraient contribuer au développement économique et à la création d'emplois durables.

Les défis auxquels se heurte la mise en œuvre de la stratégie résident principalement dans la manière d'assurer la cohérence dans la lutte contre les menaces de grande ampleur qui pèsent sur la sécurité maritime tout en cherchant à assurer la sûreté maritime. Cette stratégie a abouti à l'adoption d'une charte contraignante sur la sécurité et la sûreté maritimes, à Lomé, en 2016.

19.1.6 La Charte de Lomé sur la sûreté et la sécurité maritime et le développement en Afrique

La Charte de Lomé vise à promouvoir une économie bleue et océanique florissante et contient des mesures pour l'exploitation durable des ressources marines et l'optimisation des opportunités de développement des secteurs liés à la mer. La Charte fait également référence à la sécurité et à la sûreté de l'économie bleue. Elle vise à prévenir et à réprimer la criminalité nationale et transnationale, en particulier le terrorisme, la piraterie et les vols à main armée contre les navires, ainsi que toutes les formes de trafic en mer. Elle vise également à protéger l'environnement en général et plus particulièrement l'environnement maritime dans les États côtiers et insulaires, ainsi qu'à renforcer la coopération sur le terrain.

L'article 5, au chapitre II de la charte, mentionne expressément la création d'emplois le long des côtes, en encourageant la pêche artisanale, la transformation locale des produits de la pêche et en facilitant leur commercialisation, aux niveaux national, sous-régional et international.

Le chapitre IV de cette charte est consacré au développement d'une économie bleue et comprend des articles sur l'exploitation du domaine maritime africain, la pêche et l'aquaculture, la richesse et la création d'emplois, la stratégie intégrée des ressources humaines et l'amélioration de la compétitivité. L'article 21, sur la richesse et la création d'emplois, encourage le fait que chaque État partie doive promouvoir le tourisme côtier et maritime en tant que secteur clé, qui génère des recettes considérables, en tenant dûment compte des dimensions environnementales, mais aussi du développement durable de nombreuses activités connexes.

La cohérence entre la Charte de Lomé et la Stratégie africaine intégrée pour les mers et les océans à l'horizon 2050 appelle une volonté politique de haut niveau dans l'exercice des responsabilités qui incombent aux États et promeut un engagement stratégique des gouvernements africains à développer une économie bleue, inclusive et porteuse de transformation.

Les obligations de la charte se traduisent par des exigences nationales en matière de doctrine, de formation, d'équipement, de logistique ainsi que de technologie et de R&D.

En lien avec la Conférence des Nations Unies, dite de Rio+20, quatre organisations internationales de l'ONU (l'UNESCO, l'Organisation maritime internationale, la FAO et le PNUD) ont élaboré un « plan pour la durabilité de l'océan et des zones côtières ». Ce plan et les initiatives onusiennes qui ont suivi au cours des Conférences des parties (COP) déclinent des lignes d'orientations et des mécanismes ayant plusieurs objectifs :

- La promotion de l'économie bleue.
- La conduite des réformes politiques, juridiques et institutionnelles en faveur d'une gouvernance efficace de l'océan.
- La mobilisation inclusive des parties prenantes dans le respect du droit international, des savoirs, notamment autochtones, et des meilleures pratiques scientifiques.
- La restauration de la structure et des fonctions des écosystèmes marins ainsi que les habitats et la biodiversité, au sens large.
- La promotion d'un partenariat mondial pour les océans, avec le concours de la Banque mondiale en valorisant l'initiative mobilisatrice du Forum mondial sur les océans, les côtes et les îles.

Concernant ce dernier axe, la Charte de Lomé comme la Stratégie africaine intégrée pour les mers et les océans à l'horizon 2050 encouragent la mobilisation des organisations régionales chargées de la gestion des océans en renforçant leurs capacités et leur coopération, et en améliorant la coordination et l'efficacité du Système des Nations Unies sur les questions océaniques et de l'économie bleue.

L'Organisation des Nations Unies a pour sa part introduit le développement des océans au nombre de ses objectifs de développement durable (ODD), notamment l'ODD 14 qui a pour priorité de « conserver et exploiter de manière durable les océans, les mers et les ressources marines aux fins du développement durable ». Toutefois, il est essentiel de noter que l'économie bleue concerne de manière transversale, par de multiples connexions, la plupart des ODD.

La Décennie des sciences océaniques vise à fournir un système de connaissances nécessaires aux politiques et aux actions en faveur du développement durable. Cette décennie s'attache à valoriser l'océan comme entité centrale et nécessaire pour l'avenir du monde. Cette stratégie se focalise sur sept résultats au total :

1. Identifier les sources de pollution et les réduire ou les supprimer.

2. Contribuer à l'établissement d'un océan sain et résilient où les écosystèmes marins sont compris, protégés et restaurés.

3. Obtenir un océan productif, capable de réagir à l'évolution des conditions océaniques.

4. Obtenir un océan prédictif où la société comprend et peut répondre aux conditions océaniques changeantes.

5. Veiller à un océan sûr, où la vie et les moyens de subsistance sont protégés des dangers liés à l'océan.

6. Avoir un océan accessible, avec un accès ouvert et équitable aux données et aux informations.

7. Créer un océan inspirant et engageant où les sociétés le comprennent et le valorisent en relation avec le bien-être humain et le développement durable.

19.2 Les orientations de l'intégration africaine en faveur de l'économie bleue

La coopération régionale et Sud-Sud catalyse le dialogue et crée les bases d'une conception commune, articulée et complémentaire d'un développement inclusif et transformateur au bénéfice des pays et de l'Afrique.

L'économie bleue offre une occasion de renforcer des partenariats s'appuyant sur les mécanismes de coopération existant dans les domaines maritimes, fluviaux et lacustres, y compris les espaces côtiers.

Ces partenariats sont en capacité de conduire à un bond significatif en termes de croissance et de transformation structurelle, mais aussi au plan qualitatif, en permettant de valoriser le capital humain et les dimensions culturelles du développement.

Ces partenariats peuvent aussi permettre des économies d'échelle afin que les pays du continent puissent combler certaines contraintes ou lacunes techniques et financières mais aussi les insuffisances infrastructurelles qui les empêchent d'exploiter pleinement le potentiel de leurs ressources aquatiques ou marines. À cet égard, il est important de rappeler que l'exploitation durable des ressources non biologiques, y compris des fonds marins et du sous-sol du plateau continental, est un aspect crucial de l'essor d'une économie souhaitant valoriser son potentiel maritime, en particulier pour les États côtiers et insulaires.

19.2.1 Les cadres régionaux de coopération et les communautés économiques régionales

Les communautés économiques régionales - qui ont pour principaux objectifs l'intégration régionale et la promotion du développement social et économique - promeuvent la dimension engagement en faveur de l'économie bleue.

- Dans la Communauté de l'Afrique de l'Est (CEAC), par exemple, le protocole consacré à la mise en valeur durable du bassin du lac Victoria, qui a désigné le bassin comme zone de croissance économique, dispose que les États doivent coopérer pour conserver et maintenir les ressources du bassin, notamment dans les domaines de l'utilisation des ressources en eau, des pêches, des pratiques agricoles, des ressources forestières, des zones humides et du développement industriel.
- Le protocole de la Communauté de développement de l'Afrique australe (SADC) sur la pêche - qui concerne la gestion de la pêche dans les zones économiques exclusives - prône à la fois, la valorisation du potentiel et la protection des ressources.
- La Commission de l'océan Indien (COI) reconnaît que la coopération en matière de développement économique est essentielle pour créer un environnement propice à la croissance économique, aux investissements du secteur privé, à la sécurité alimentaire et au développement responsable des pêches en faveur d'une économie bleue ou marine résiliente.
- L'Autorité intergouvernementale pour le développement (Intergovernmental Authority on Development, IGAD) est un groupement régional créé le 21 mars 1986 et associant sept pays est-africains (Djibouti, Éthiopie, Kenya, Somalie, Soudan, Soudan du Sud et Ouganda) qui reconnaît que la pêche est un volet essentiel de la sécurité alimentaire dans la corne de l'Afrique, et qui concentre ses priorités sur la valorisation du potentiel économique et la protection des ressources naturelles et de l'environnement.

La plupart des communautés économiques régionales sont en mesure de s'occuper de la gestion des ressources naturelles et de la durabilité de l'environnement, mais manquent encore de mécanismes appropriés et de moyens dédiés pour faire progresser l'économie bleue ou océanique.

Il convient également de mentionner plusieurs autres instances et organisations régionales techniques, notamment :

- La Convention d'Abidjan, un programme pour les mers régionales qui met l'accent sur la prévention et la réduction de la pollution marine, ainsi que sur la lutte contre cette dernière et sur la création de zones protégées pour les écosystèmes fragiles et les espèces menacées.

- La Conférence ministérielle sur la coopération halieutique entre les États africains riverains de l'océan Atlantique (COMHAFAT), qui vise à promouvoir et renforcer la coopération régionale en matière de développement halieutique ainsi que la coordination et l'harmonisation des efforts et des capacités des parties prenantes pour ce qui concerne la conservation et l'exploitation des ressources halieutiques.
- La Commission sous-régionale des pêches (CSRP), le Comité des pêches du centre-ouest du golfe de Guinée (CPCO) et la Commission régionale des pêches du golfe de Guinée (COREP), qui assurent un rôle consultatif en ce qui concerne la promotion de la coordination et de la coopération des États concernant la gestion des pêches, en particulier pour ce qui a trait à la lutte contre la pêche illicite, non déclarée et non réglementée.

19.2.2 Les outils de gestion par zone (OGZ)

Il existe également les outils de gestion par zone qui comprennent les outils spatiaux ou non-spatiaux qui permettent à une zone déterminée de bénéficier d'une meilleure protection de ses abords en raison de la réglementation plus sévère appliquée à une activité humaine, à plusieurs d'entre elles ou à l'ensemble de ces activités.

Ces outils mis en exergue par le Partenariat pour la gouvernance régionale des océans (PROG), à travers son rapport visant à « renforcer la gouvernance régionale des océans pour la haute mer » publié en janvier 2019 sont d'ordre divers. Ils comprennent : la planification de l'espace marin (PEM), les aires marines protégées (AMP), les zones maritimes particulièrement sensibles (ZMPS) établies par l'Organisation maritime internationale. À cela, il convient d'ajouter, les zones présentant un intérêt écologique particulier (APEI, par son acronyme en anglais) établies par l'Autorité internationale des fonds marins (AIFM), ainsi que les fermetures des écosystèmes marins vulnérables (*Vulnerable Marine Ecosystems* (VME) à la pêche de fond.

Naturellement, comme le rappelle de manière régulière le Centre mondial de surveillance de la conservation de la nature du Programme des Nations Unies pour l'environnement (CMSC-PNUE), ces outils peuvent être utilisés de manière adéquate et sont de plus en plus combinés au sein des zones géographiques spécifiques en lien avec la protection et la valorisation du potentiel de l'économie bleue.

Au total, il importe de voir ratifiés et mis en œuvre les instruments internationaux et régionaux relatifs à la sécurité et à la protection du domaine marin ou relatifs à la lutte contre les pratiques illégales et de consolider les processus visant à harmoniser les législations nationales et leur mise en application, conformément à leurs dispositions idoines.

Il est également essentiel de renforcer les mécanismes de coopération continentale, régionale et transnationale autour des enjeux de l'économie bleue et de promouvoir une diplomatie préventive et médiatrice en vue de maintenir la paix et la cohésion sociale au niveau transfrontalier mais aussi au plan de la sécurité internationale.

19.3 Les stratégies nationales de mobilisation des financements pour le développement de l'économie bleue

Des politiques rigoureuses d'économie bleue dépendent d'une bonne compréhension des océans du continent et des écosystèmes marins et d'eau douce, mais aussi de la manière dont ils réagissent à l'impact cumulé de l'activité humaine et de la manière dont leurs ressources peuvent être utilisées à bon escient.

Le commerce international est un facteur économique important pour les pays africains, dont plus de 90 % des importations et des exportations transitent par la mer.

Les pays africains doivent par conséquent renforcer leurs investissements dans l'économie bleue ou océanique et mettre en œuvre des politiques visant à attirer les investisseurs. Ces cadres de référence encourageront le renforcement des infrastructures et des capacités existantes afin de garantir la réalisation de diverses priorités, notamment la sécurité maritime et la protection des côtes.

Le deuxième impératif consiste à établir des partenariats, notamment des modèles de financement innovants, idéalement pilotés par le secteur privé, à l'effet de favoriser et de renforcer un environnement idoine pour l'investissement. Le renforcement des opportunités et leur capitalisation effective dans les cadres existants de gouvernance des océans et de l'économie bleue sont essentiels pour la réalisation de l'économie bleue ou océanique.

19.3.1 Les approches en faveur des partenariats

La trajectoire suivie actuellement pour établir les partenariats en faveur de l'économie bleue doit mettre davantage l'accent sur la participation, la responsabilité et l'appropriation. Elle doit aussi considérer les différentes formes de collaboration entre les types de partenaires, les disciplines considérées et entre les secteurs pour donner naissance à une approche plus globale.

Les partenariats en place pour l'économie bleue doivent aussi surmonter les problèmes liés à l'adoption d'une vision commune, à la mise en place de mécanismes de collaboration et de coordination, mais aussi à l'instauration de processus de facilitation et d'une gestion articulée des mécanismes de financement mobilisé.

Les aspects novateurs et durables des cadres de partenariat et de coopération doivent être pleinement considérés et inscrits dans les processus politiques et stratégiques de planification et de gestion des ressources humaines, techniques et financières. L'économie bleue offre des perspectives de coopération Sud-Sud et triangulaire qui pourraient aider les États africains désireux de s'atteler aux enjeux du développement et de promouvoir le progrès économique, social et culturel.

À l'échelon international, des institutions comme les banques de développement (la Banque mondiale, la Banque africaine de développement, la Nouvelle Banque de développement [ex-Banque de développement des BRICS], etc.), les partenaires bilatéraux et multilatéraux ainsi que les agences du Système des Nations Unies (UNESCO, PNUE, FAO, OMI, ONUDI et le PNUD) doivent pouvoir jouer un rôle central dans la mobilisation des ressources et la consolidation des partenariats.

L'économie bleue est l'occasion de mettre en place différentes formes de coopération et de collaboration, y compris des partenariats public-privé (PPP). Les États comme la République de Guinée doivent envisager les options et approches permettant d'installer des partenariats efficaces, novateurs et durables au service d'un développement humain ancré autour de l'économie bleue. Ils doivent pour ce faire concevoir des processus et initiatives en lien avec l'économie bleue (sommets, conférences, démarches programmatiques conjointes ou plateformes interactives bleues, vertes, sociales et culturelles) et renforcer les interactions avec les parties prenantes et les institutions clés dans ces domaines.

19.3.2 La promotion des financements bleus internes et les opportunités de la finance climatique, écologique et environnementale

La finance climatique et l'économie bleue présentent des opportunités synergiques pour promouvoir le développement durable, la résilience climatique et la conservation des écosystèmes marins. À cet égard, la transition vers des sources d'énergie propre et renouvelable est essentielle pour réduire les émissions de gaz à effet de serre et atténuer les effets du changement climatique. La finance climatique peut soutenir le développement de projets d'énergies renouvelables marines tels que l'énergie éolienne offshore, l'énergie hydrolienne ou l'énergie hydroélectrique en fournissant des ressources financières et techniques.

La finance climatique peut soutenir les initiatives visant à promouvoir une gestion durable des ressources marines dans le cadre de l'économie bleue. Cela inclut des investissements dans des projets de pêche durable, d'aquaculture responsable, de préservation des écosystèmes marins et de protection de la biodiversité marine.

La finance climatique peut être utilisée pour soutenir le développement du tourisme côtier durable, en finançant des infrastructures respectueuses de l'environnement, des programmes de formation pour les acteurs du secteur, et des initiatives de sensibilisation à la conservation marine. Cela contribue à la fois à la croissance économique et à la protection des écosystèmes marins.

Les communautés côtières sont particulièrement vulnérables aux effets du changement climatique, tel que l'élévation du niveau de la mer, les tempêtes plus fréquentes et l'acidification des océans. La finance climatique peut être utilisée pour financer des projets d'adaptation, tels que la construction de digues, la restauration des mangroves, la mise en place de systèmes d'alerte précoce et la formation des communautés pour faire face à ces défis.

La finance climatique englobe les mécanismes et les outils utilisés pour mobiliser et allouer des ressources financières afin de soutenir les actions liées à la lutte contre le changement climatique, l'adaptation aux impacts et la promotion du développement durable.

Les principaux mécanismes et outils de la finance climatique qui peuvent faciliter la mobilisation des ressources et des compétences sont :

- Les fonds climatiques internationaux : il existe plusieurs fonds climatiques internationaux qui mobilisent des ressources financières pour soutenir des projets et des programmes liés au climat. Parmi les plus connus figurent le Fonds vert pour le climat (FVC), le Fonds d'adaptation, le Fonds pour l'environnement mondial (FEM) et les financements mobilisés par le Programme des Nations Unies pour le développement (PNUD).
- Les mécanismes de financement basés sur le carbone : ces mécanismes visent à inciter les réductions d'émissions de gaz à effet de serre en créant des mécanismes de marché pour le commerce des crédits carbone. Les mécanismes les plus connus sont le mécanisme de développement propre (MDP) du protocole de Kyoto et le mécanisme de réduction des émissions provenant de la déforestation et de la dégradation des forêts (REDD+).
- Les fonds d'investissement climatique : il s'agit de montages financiers qui mobilisent des capitaux privés et publics pour investir dans des projets liés au climat. Par exemple, la Banque mondiale gère le Fonds d'investissement climatique (CIF) qui finance des projets dans les pays en développement pour atténuer les émissions de gaz à effet de serre et renforcer leur résilience face aux changements climatiques.
- Les instruments financiers innovants : il existe une gamme d'instruments financiers innovants qui peuvent être utilisés pour la finance climatique, tels que les obligations

vertes, les obligations climatiques, les mécanismes de partage des risques, les fonds de garantie, les fonds de pension climatiques, les prêts à taux préférentiels, etc. Ces instruments permettent de mobiliser des capitaux privés pour des investissements climatiques.

À cela s'ajoutent les contributions des gouvernements et des institutions financières bilatérales et multilatérales qui jouent un rôle essentiel dans le financement climatique en fournissant des subventions, des prêts concessionnels et des garanties pour soutenir des projets et des programmes liés au climat dans les pays en développement.

Enfin, le financement participatif, également connu sous le nom de crowdfunding, est de plus en plus utilisé comme mécanisme pour mobiliser des ressources financières pour des initiatives climatiques. Des plateformes de financement participatif permettent aux organisations et fondations de contribuer financièrement à des projets spécifiques liés au climat.

Naturellement, ces mécanismes et outils de la finance climatique sont complémentaires et peuvent être utilisés de manière combinée pour mobiliser des ressources financières à grande échelle et soutenir la transition vers une économie bas carbone et résiliente aux changements climatiques.

Il est important de noter que le niveau de financement climatique réellement mobilisé jusqu'à présent n'a pas atteint l'objectif de 100 milliards de dollars américains par an fixé pour 2020. Cependant, des efforts sont en cours pour accroître la mobilisation des financements et tenir les engagements pris dans le cadre de l'Accord de Paris. Le suivi et la transparence des financements climatiques font l'objet d'une attention particulière, notamment des pays africains, pour assurer une mobilisation adéquate, conforme aux promesses mondiales, et une utilisation efficace des ressources financières allouées.

Il est important de noter que les données et statistiques spécifiques sur la mobilisation des financements extérieurs consacrés à l'économie bleue ainsi qu'à l'adaptation climatique en Afrique peuvent varier en fonction des sources et des rapports disponibles.

L'Afrique a bénéficié de financements extérieurs pour soutenir des initiatives liées à l'économie bleue, notamment dans les secteurs de la pêche, de l'aquaculture, du tourisme côtier, des énergies marines renouvelables, etc. Néanmoins, des données précises sur le montant total mobilisé pour l'économie bleue en Afrique sont difficiles à obtenir.

19.4 Les fondements de la politique guinéenne en faveur de la coopération triangulaire et Sud-Sud pour l'économie bleue

La coopération Sud-Sud et triangulaire est une approche de collaboration entre pays en développement, qui vise à renforcer leurs capacités mutuelles, à échanger des connaissances et des ressources, et à promouvoir le développement durable. En Afrique, ces formes de coopération revêtent une importance particulière en raison des nombreux défis économiques et sociaux auxquels le continent est confronté.

La Guinée a été l'un des pays les plus engagés dans la promotion de cette coopération qui figure au cœur de son Programme pour la relance de la diplomatie, de la coopération internationale et de l'intelligence stratégique (PRODEIC). Elle a par ailleurs présidé le G77 - où siégeait également la Chine - en 2021 qui regroupe 123 pays valorisant ainsi son rôle et sa contribution à la coopération Sud-Sud.

Cette coopération Sud-Sud et triangulaire se base sur le principe de l'égalité des partenaires, où les pays participants sont considérés comme ayant des capacités et des connaissances à partager, ainsi que des besoins communs. Cette forme de coopération repose sur le respect de la souveraineté des pays participants, en évitant toute ingérence dans leurs affaires internes.

Elle promeut également la solidarité entre les pays en développement, en favorisant des partenariats complémentaires et mutuellement bénéfiques. Elle vise également à aborder les défis communs tels que le changement climatique, la sécurité alimentaire, la santé publique, les conflits, et autres problèmes régionaux spécifiques.

L'une des principales priorités, en lien avec l'économie bleue, est le renforcement des capacités des pays africains, notamment dans les domaines de l'éducation, de la santé, de l'agriculture, de l'infrastructure et de la gouvernance.

La coopération Sud-Sud et triangulaire vise à favoriser l'échange de connaissances et de bonnes pratiques, notamment entre les pays africains, en mettant l'accent sur les expériences réussies dans des domaines tels que la réduction de la pauvreté, la gestion des ressources naturelles et le développement durable. La coopération économique est également une priorité pour le continent et la Guinée avec un accent sur la promotion du commerce intra-africain, des investissements mutuels et du transfert de technologies appropriées.

Il est important de noter que ses priorités peuvent varier en fonction des besoins spécifiques de chaque pays et de chaque région en Afrique. La flexibilité et l'adaptabilité sont des caractéristiques clés de ce type de coopération pour garantir des résultats durables et bénéfiques pour tous les partenaires impliqués.

La coopération Sud-Sud dans l'économie bleue présente plusieurs avantages et opportunités pour les pays participants, dont la Guinée :

- Le partage des connaissances et des bonnes pratiques : les pays peuvent collaborer pour échanger des connaissances et des expériences dans le domaine de l'économie bleue. Cela peut inclure des stratégies de gestion durable des ressources marines, des techniques de pêche responsable, des pratiques d'aquaculture innovantes, des approches de développement touristique côtier durable, etc.

- Le renforcement des capacités : les pays peuvent s'entraider mutuellement en renforçant leurs capacités dans les secteurs liés à l'économie bleue et à l'adaptation au changement climatique. Cela peut se faire par le biais de programmes de formation, de transfert de compétences et de technologies, de soutien institutionnel, de mentorat et de partenariats dans la recherche et le développement.
- L'accès aux marchés et à la promotion du commerce : la coopération Sud-Sud peut faciliter l'accès aux marchés pour les produits issus de l'économie bleue. Les pays participants peuvent à cet égard collaborer pour promouvoir le commerce intra-régional des produits de la mer, en mettant en place des accords commerciaux favorables, en renforçant les infrastructures de transport et de logistique, et en facilitant les échanges commerciaux.
- Le développement durable et la conservation des ressources marines : la coopération Sud-Sud dans l'économie bleue peut contribuer à la conservation des ressources marines en promouvant des pratiques de pêche durable, en encourageant la gestion intégrée des zones côtières, en soutenant la recherche scientifique marine pour mieux comprendre les écosystèmes marins et en mettant en œuvre des mesures conjointes et transfrontalières de protection de l'environnement marin.
- La création d'emplois et la réduction de la pauvreté : l'économie bleue favorise les investissements et les initiatives économiques dans ce secteur permettant la coproduction et la remontée des chaînes de valeur, ce qui aura un impact positif sur la productivité, l'emploi et le développement local.

Il est important de noter que la coopération Sud-Sud dans l'économie bleue comme verte doit être guidée par des principes de durabilité environnementale, sociale et économique, en veillant à la préservation des ressources pour les générations futures. Sur ces plans, la République de Guinée est significativement engagée et sa diplomatie économique parfaitement mobilisée

Conclusion et perspectives

—

Safiatou DIALLO
Ministre de l'Environnement et du Développement durable

Charlotte DAFFÉ
Ministre de la Pêche et de l'Économie maritime

Au terme des analyses qui précèdent, il est proposé, que la stratégie nationale de développement d'une économie bleue sécurisée et multisectorielle en Guinée repose sur les piliers suivants :

- un ancrage institutionnel clair pour garantir coordination et cohérence des orientations de politique ;
- une gouvernance renouvelée faisant place aux outils nécessaires pour traiter au mieux des questions marines et littorales, qui font encore défaut à ce jour ;
- un impératif de sûreté et de sécurité tant pour les eaux marines que continentales ;
- un choix de durabilité pour préserver les ressources hydriques exceptionnelles du pays et intégrer l'urgence de la lutte contre le changement climatique ;
- la définition de priorités sectorielles intégrées au Plan de référence intérimaire (PRI) à reprendre dans le PNDES-II, au premier rang desquelles l'hydroélectricité, mais aussi des activités aussi variées que la pisciculture, la protection/gestion de la mangrove et le stockage de carbone bleu, ou la saliculture solaire pour remplacer la saliculture ignigène et les importations ;
- dans la mesure où une stratégie se définit à la fois par les priorités sectorielles qu'elle retient et les activités qu'elle laisse de côté, il faut préciser que certains

secteurs présentant en Guinée des perspectives insuffisantes de développement à moyen terme n'ont pas été retenus : tel est le cas, à ce stade, de l'algoculture, des énergies marines renouvelables, des biotechnologies marines et de l'exploitation des fonds marins ;
- un effort de transformation des ports de Guinée vers davantage de durabilité ;
- une coopération renforcée entre universités et industries pour élever la compétitivité des secteurs de l'économie bleue guinéenne.

Ces propositions sont formulées sous la forme d'axes stratégiques de développement de l'économie bleue guinéenne, et ouvrent la voie à des avancées de nature différente : elles devraient, après validation politique, donner lieu, ultérieurement et en liaison avec le PNDES-II, à un exercice programmatique permettant ancrage institutionnel, ancrage législatif, investissements matériels, investissements en capital humain et valorisation de l'information et des connaissances liées à l'économie bleue.

Au total, sept axes stratégiques ont été définis par les autorités nationales.

Axe stratégique 1
Assurer l'ancrage institutionnel de la promotion de l'économie bleue dans la durée

Recommandation 1
Mettre en place une instance responsable du développement de l'économie bleue (délégué interministériel ? Haut Conseil de l'économie bleue ?)

Instance de coordination interministérielle mais aussi d'arbitrage, cette structure légère gagnerait à être rattachée à la Primature. Elle jouerait un rôle de validation de projets et initiatives présentés aux bailleurs de fonds, en assurant la cohérence et en garantissant leur contribution effective à la promotion de l'économie bleue. Dans le cadre du suivi-évaluation, elle ferait un rapport annuel sur les progrès et les difficultés constatés dans le développement de l'économie bleue guinéenne et formulerait des propositions d'amélioration.

Recommandation 2
Assurer l'implication de toutes les autorités et parties prenantes concernées à travers la création
- d'une part, d'un comité permanent de développement de l'économie bleue où les principales parties prenantes siégeront et pourront s'exprimer, dans un contexte de transparence ; ce comité instituerait des points focaux dans tous les ministères et structures étatiques centrales et décentralisées ;
- d'autre part, une plate-forme nationale de l'économie bleue, de niveau technique serait instituée, dont le secrétariat serait confié au ministère du Plan et du Développement économique. Cette plate-forme inclurait les points focaux désignés, le secteur privé et la société civile.

Axe stratégique 2
Mettre en place une gouvernance adaptée au développement de l'économie bleue assurant son ancrage législatif

Recommandation 3
Adopter une législation rendant obligatoire la réalisation d'une planification spatiale maritime de la ZEE guinéenne

Les jalons posés dans le cadre du projet Mami Wata de la Convention d'Abidjan devraient permettre de s'acheminer rapidement vers l'élaboration d'une loi affectant le domaine maritime guinéen à ses différents usages, faisant place à la pêche, aux transports, aux zones récréatives et au tourisme, aux aires marines protégées, etc.

Recommandation 4
Promouvoir la gestion intégrée des zones côtières dans le cadre d'une loi littorale

Il s'agit de répondre à différents problèmes induits par l'intensification et la densification croissante des activités humaines, problèmes exacerbés sur le littoral, comme l'urbanisation, la périurbanisation, les activités portuaires, le tourisme, la dégradation des milieux naturels alors même que la montée du niveau de la mer semble inéluctable.

Le concept de gestion intégrée des zones côtières, reconnu au Sommet de la Terre de Rio en 1992, soutenu par la Convention d'Abidjan depuis 2019 (protocole de Pointe-Noire), doit avoir force de loi, par exemple dans le cadre de la loi littorale.

Recommandation 5
Instaurer un Conservatoire guinéen du littoral renforçant le projet de planification côtière de 2018

Cet établissement public serait créé pour être un instrument de politique foncière, assurant des fonctions stratégiques, de veille, d'acquisition, de valorisation, de conseil et de communication dans une perspective de durabilité de l'espace littoral, rare et convoité. Cette initiative pourrait également faire partie de la loi littorale, ou donner lieu à une expérimentation sur un territoire à déterminer qui pourrait couvrir la façade insulaire ou la façade estuarienne (par exemple dans le cadre du plan Restauration de la mangrove guinéenne, suggéré recommandation 16).

Recommandation 6
Procéder sans délai à la ratification des derniers protocoles

Nous parlons ici des protocoles dits de Pointe-Noire et de Calabar, de la Convention d'Abidjan, qui doivent être considérés comme une opportunité (permettant une gestion intégrée des zones côtières et une gestion durable de la mangrove) et non une contrainte.

Leur ratification et leur mise en œuvre rapides donneraient une assise juridique cohérente et complète, conforme aux normes internationalement reconnues, pour ces éléments nécessaires à une économie bleue, durable et prioritaire, sous l'angle du changement climatique.

Axe stratégique 3
Garantir sûreté et sécurité, prérequis de l'essor de l'économie bleue

Recommandation 7
Renforcer le rôle, l'autorité et les moyens de la préfecture maritime

Les plus hautes autorités politiques doivent impérativement assurer, conformément à la loi, que la préfecture maritime Guinée (PREMARGUI) perçoive les fonds de cotisation acquittés au titre des contributions à la lutte contre l'insécurité maritime.

Une autre priorité est d'assurer conformément au décret D/2016/016/prg/SGG du 18 janvier 2016 le déploiement des bureaux côtiers de la PREMARGUI qui doivent constituer des éléments cruciaux de la surveillance de l'espace maritime.

Pierre angulaire de la sûreté et de la sécurité maritime, la PREMARGUI doit pouvoir bénéficier en priorité d'un renforcement de ses capacités, tant en moyens humains que matériels (recommandations n°10 et 11).

Recommandation 8
Assurer sûreté et sécurité des eaux continentales de Guinée

En s'inspirant de l'action du Centre de protection du milieu marin et des zones côtières (CPMZC) dans l'espace maritime et côtier. En effet, peu documentée, l'action de l'État en faveur de la sûreté et de la sécurité des eaux continentales est un préalable nécessaire à sa valorisation. La réalisation d'une étude spécifique sur ce thème est recommandée pour bâtir dans un second temps une politique dédiée en appui à la valorisation des eaux continentales (pêche, aquaculture, tourisme, transport fluvial).

La création d'une police maritime et des eaux continentales, au-delà des postes de police existants dans quelques débarcadères à Conakry, pourrait utilement y contribuer en étant chargée de missions de prévention, de surveillance, de contrôle et de répression, en liaison avec les bureaux côtiers de la PREMARGUI.

Recommandation 9
La bauxite

Mettre en place, sous l'égide de la PREMARGUI, en liaison avec le CPMZC et le secteur minier, un dispositif de mesure, de contrôle et de réduction de la déperdition de bauxite en mer liée au *barging*.

Sans légiférer à ce stade, cette initiative pourrait avoir lieu sur base d'un accord entre les parties prenantes précitées dont la PREMARGUI prendrait l'initiative.

Recommandation 10
Les moyens aéronautiques et navals

Renforcer les moyens aéronautiques et navals de l'action de l'État en mer à la lumière des déficits constatés, pour mettre à niveau capacités théoriques et capacités effectives, soit quatre vedettes (gendarmerie maritime et CNSP), trois avions légers (Armée de l'air) et un patrouilleur/intercepteur (Armée de mer).

Recommandation 11
Sureté et sécurité

Définir un programme de renforcement de capacités dont bénéficieraient les personnels de la PREMARGUI et de la Marine marchande en matière de sûreté/sécurité (à réaliser après un audit des besoins à moyen/long terme, en tenant compte du déploiement des bureaux côtiers de la PREMARGUI).

Recommandation 12
Le conflit guinéen-sierra-léonais

Résoudre par la négociation le conflit guinéen-sierra-léonais sur l'étendue du plateau continental, en s'inspirant des solutions trouvées dans des cas similaires, où des accords de gestion conjointe ont été mis en place, par exemple entre Maurice et les Seychelles pour le plateau continental des Mascareignes.

Axe stratégique 4
Assurer la durabilité de l'économie bleue

Recommandation 13
Le bon état écologique des eaux

- Reconnaître dans la législation environnementale l'objectif de bon état écologique des eaux marines et continentales sous la responsabilité du ministère de l'Environnement, des Eaux et des Forêts (MEEF).
- Contrôler en permanence le bon état écologique des eaux marines à partir des six descripteurs proposés : contaminants, biodiversité, qualité des eaux de baignade, eutrophisation, déchets marins et érosion côtière.
- Étudier comment la notion de bon état écologique des eaux continentales pourrait être définie et en assurer le contrôle de manière pérenne.

Recommandation 14
La prévention des pollutions

Revoir la législation en matière de prévention des pollutions et donc la législation des installations classées protection de l'environnement (ICPE) de manière à la faire évoluer dans le contexte international (Conventions de Bâle, Stockholm et Rotterdam) et en fonction des nouvelles connaissances (substances ignorées par la législation en vigueur en Guinée).

Cette priorité au titre de l'économie bleue découle de la localisation sur le littoral de 70 % des installations industrielles.

Recommandation 15
Le traitement des eaux

Étudier comment une amélioration du traitement des eaux urbaines et industrielles résiduaires pourrait contribuer à l'amélioration de l'état écologique de la mer et des eaux continentales, moyennant, à terme, des investissements massifs en matière d'assainissement.

En parallèle, la création d'une police de salubrité publique pourrait opportunément reprendre les anciennes missions de la garde républicaine que l'armée guinéenne ne semble pas en mesure d'assurer.

Recommandation 16
Protection et gestion durable de la mangrove

Reconnaître un caractère prioritaire à la protection et à la gestion durable de la mangrove conformément au protocole additionnel à la Convention d'Abidjan dit de Calabar (*cf.* recommandation 6).

Un plan Restauration de la mangrove guinéenne, revitalisant les bonnes intentions exprimées par plusieurs pays africains en 2009, devrait pouvoir séduire les bailleurs de fonds en raison de sa parfaite cohérence avec la lutte contre le changement climatique.

Axe stratégique 5
Définir des priorités sectorielles porteuses

Les recommandations formulées dans le cadre de cet axe ne concernent pas les activités liées à la pêche – activité cardinale de l'économie bleue guinéenne à ce jour – tant elles ont fait l'objet de multiples notes conceptuelles, plan d'investissement et projet d'appui au développement, essentiellement sous l'égide du ministère des Pêches, de l'Aquaculture et de l'Économie maritime (MPAEM). Les recommandations se concentrent ainsi sur les secteurs émergents ayant donné lieu à des analyses complémentaires et qui sont considérés comme prometteurs.

Recommandation 17
Amplifier les efforts de développement de l'aquaculture (pisciculture)

La pisciculture est une filière de l'aquaculture pour laquelle il existe un marché domestique et régional dynamique et pour laquelle la Guinée possède des ressources, d'une partie des technologies nécessaires, d'une expérience opérationnelle et de l'expertise de l'Agence nationale de l'aquaculture de Guinée (ANAG), du Centre national des sciences halieutiques de Boussara (CNHSB) et du Centre d'études et de recherches scientifiques de Conakry-Rogbané (CERESCOR). Son développement, qui est encouragé par les institutions de financement du développement, partenaires de la Guinée, aurait un impact sur la sécurité alimentaire et nutritionnelle des populations, la création d'emplois et les comptes extérieurs. Le développement de la filière exige un certain nombre d'actions et d'investissements qu'il est vivement recommandé de mettre en place au plus vite : les sites potentiels de production doivent être identifiés, la chaîne de valeur doit être structurée, en particulier au niveau de l'approvisionnement et de la production d'intrants, de la formation des aquaculteurs (formation spécialisée) et de la valorisation des produits. La programmation de ces investissements (incluant des partenariats public-privé) doit avoir un caractère prioritaire dans la stratégie de promotion de l'économie bleue.

Recommandation 18
Accélérer le déploiement de l'énergie hydraulique, fer de lance de l'économie bleue guinéenne

Malgré un fort potentiel d'énergie hydroélectrique estimé à 6000 MW, les capacités énergétiques installées sont encore limitées à 530 MW majoritairement produits par des dispositifs thermiques. Ce potentiel est reconnu par le PNDES et documenté par une étude de 2015 réalisée à la demande du ministère de l'Énergie et de l'Hydraulique[1], par l'atlas du potentiel hydroélectrique de Guinée (AECOM, 2017) qui recense près de 200 sites potentiels connus et plus de 100 nouveaux sites potentiels de plus de 1 MW, et par la Lettre de politique de développement du secteur de l'énergie.

Les projets sont de différentes échelles, en fonction des technologies et des sites (petite hydroélectricité hors réseau et grandes centrales connectées au réseau). Leur mise en œuvre est susceptible de remplir différentes fonctions, comme l'électrification rurale et urbaine, l'approvisionnement énergétique des sites miniers, ou encore l'alimentation du réseau électrique régional (réseau d'interconnexion électrique avec les pays membres de l'Union du fleuve Mano, de l'Organisation pour la mise en valeur du fleuve Gambie et de l'Organisation de mise en valeur du fleuve Sénégal).

Le développement de la filière hydroélectrique, consubstantielle du développement de l'économie bleue en Guinée, doit toutefois surmonter plusieurs obstacles structurels.

- le financement des travaux d'infrastructure et des équipements nécessaires. Il est recommandé de solliciter les bailleurs de fonds sensibles à la problématique du changement climatique puisque l hydroélectricité peut se substituer aux dispositifs thermiques existants ;
- la qualification de la main-d'œuvre assurant fonctionnement et maintenance. Il est recommandé de prévoir des formations adaptées ;

1 « Définition d'une stratégie de développement du potentiel hydroélectrique en Guinée », Tractebel, 2015.

- l'évaluation environnementale et sociale des projets doit être menée avec rigueur et transparence, y compris pour ses aspects transfrontaliers. Il est recommandé d'y accorder une importance particulière tant au niveau des plans et programmes que des projets individuels.

Recommandation 19
Promouvoir un programme de stockage de carbone bleu, une opportunité qui s'inscrit dans la lutte contre le changement climatique

Le stockage du carbone bleu ne correspond pas à une filière industrielle mais constitue une source de revenus internationaux résultant de la valorisation et de la préservation des espaces marins et côtiers.

La Guinée, où la restauration et la valorisation des mangroves s'imposent déjà pour des raisons écologiques, doit profiter de cette dynamique favorable en promouvant des projets en zone côtière, avec l'appui des centres de recherche et des ONGs impliqués. Une contrainte majeure pour la filière est la disponibilité en ressources humaines adéquatement qualifiées. Les projets devront donc être conçus en incluant une importante dimension de renforcement des capacités. Le plan Restauration de la mangrove suggéré en recommandation 16 devrait ainsi inclure un volet spécifique au développement du stockage du carbone.

Recommandation 20
Mettre en place une stratégie nationale de saliculture solaire

L'Institut de recherches et d'applications des méthodes de développement (IRAM) a publié en 2016 un rapport sur l'activité salicole traditionnelle en mangrove guinéenne et l'alternative par production de sel solaire ; il contient un diagnostic des enjeux et des défis ainsi que des recommandations sur les moyens de moderniser la filière salicole par la promotion de la technique du sel solaire.

Compte tenu de la dépendance de la Guinée vis-à-vis des importations, de l'impact catastrophique pour l'environnement et la lutte contre le changement climatique de la saliculture ignigène, et de l'importance du sel pour la sécurité alimentaire et nutritionnelle de la population, la promotion d'une filière domestique de saliculture solaire devrait faire l'objet d'une stratégie nationale à intégrer dans le PNDES-II (ou d'un plan quinquennal de dissémination des techniques de production de sel solaire) et le développement de l'économie bleue. Un objectif de production de 70000 à 100000 tonnes par an correspondrait aux besoins de la consommation domestique et un circuit de commercialisation – soutenu par des centres d'enrichissement du sel en iode et des magasins de stockage) – devrait être mis en place.

De plus, comme il n'existe pas de filière régionale de la saliculture mais que la demande en sel existe dans toute la région, des débouchés internationaux pourraient être recherchés tout comme des transferts de technologie intrarégionaux.

Recommandation 21
Mettre en place un plan de relance du transport fluvial dans une perspective multimodale

La Guinée ne dispose pas d'une stratégie spécifique pour le développement du transport fluvial. Les documents de référence pour la politique des transports du pays sont le Plan national des transports (PNT), établi en 2002, et le Plan sectoriel routier (PSR), établi en 2005. Ces documents, qui traitent des infrastructures et de la gouvernance, couvrent tous les sous-secteurs des transports, le PNT couvrant celui des transports maritimes et fluviaux.

Pourtant, la topographie du pays, parcouru d'un vaste réseau fluvial, offre non seulement les infrastructures naturelles au développement de ce mode de transport, mais constitue une alternative au développement d'autres modes de transport plus coûteux et moins adaptés au territoire, comme le transport routier. Il existe ainsi une nette décorrélation entre le potentiel du secteur et le sous-investissement chronique qu'il a subi.

Cette situation s'explique par la priorité traditionnellement donnée au transport routier et par la complexité de mise en œuvre du transport fluvial, dans un contexte d'assèchement et d'ensablement croissant des cours d'eau sous l'effet du changement climatique.

Au-delà du coût des opérations de dragage et de réhabilitation des infrastructures, le défi à long terme du transport fluvial en Guinée est celui de la maintenance opérationnelle, qui comprend des enjeux de régulation (signalisation, sécurité, etc.) et d'entretien du réseau fluvial. Alors que l'État semble s'être progressivement retiré de cette stratégie de transport, une dynamique de marché tend à en réactualiser l'intérêt dans une perspective multimodale. Plusieurs sociétés minières investissent dans le développement de sections fluviales en vue d'acheminer plus efficacement les marchandises, et des institutions comme la Marine marchande réalisent d'importants efforts proactifs d'adaptation en matière de formation du personnel navigant.

Ces projets de petite échelle pourraient être accompagnés par l'État et lui fournir l'occasion de réinvestir stratégiquement le transport fluvial, notamment dans le cadre d'une nouvelle stratégie de l'économie bleue, ce mode de transport étant en outre favorable à l'inclusion spatiale des populations pauvres.

Recommandation 22
Miser sur l'avenir des TICs marines à moyen terme

Le progrès de la connexion à Internet et le renforcement de sa pénétration dans l'économie et la société forment un enjeu critique pour l'Afrique et la Guinée. L'expansion d'Internet pourrait permettre au continent de réaliser des gains de productivité du fait des transformations qu'elle occasionnerait dans six secteurs en particulier : les services financiers, l'éducation, la santé, le commerce, l'agriculture et la gouvernance.

Le principal obstacle au déploiement de la fibre optique en Afrique est financier. Alors que le coût d'exploitation est relativement faible une fois les câbles installés, le développement de l'infrastructure du réseau national présente un coût important de travaux de génie civil – la pose de câbles terrestres de fibre optique était estimée à 22 000 dollars américains par km en 2015.

Pour rentabiliser la connexion aux câbles sous-marins, l'action de l'État s'inscrit à deux niveaux : promouvoir la commercialisation de services de qualité et abordables par les fournisseurs, et encourager l'utilisation d'Internet chez les populations.

Enfin, la Guinée, en tirant parti de son accès maritime et de la proposition de transformation du PAC en éco-port avec accès facile à l'hinterland, a une opportunité supplémentaire de rentabiliser les investissements dans l'infrastructure du réseau national en assurant une continuité vers le Mali et le Burkina Faso. Ces pays enclavés, pour qui l'accès au réseau central fourni par les câbles sous-marins est tout aussi nécessaire, peuvent ainsi devenir des clients du réseau d'atterrissement sur lesquels transitent les télécommunications qui leur sont acheminées. Auprès du Sénégal et de la Côte d'Ivoire, la Guinée pourrait se classer comme un hub de transit pour une partie de la dorsale régionale de télécommunications.

Face au défi crucial de régulation et de gouvernance du secteur, l'expérience d'autres pays africains ayant eux aussi déployé un réseau national de fibre optique (Bénin, Côte d'Ivoire, Congo, etc.), et qui ne parviennent toujours pas à trouver un modèle de gouvernance favorable à son opérationnalisation, sème l'incertitude sur l'avenir des TICs marines en Guinée. Dans ces conditions, le pays aurait tout intérêt à étudier plus en profondeur les raisons de l'insuccès dans ces pays, ainsi que les facteurs de succès dans d'autres pays comme Djibouti ou l'Égypte.

Ces incertitudes quant au marché et aux conditions institutionnelles des TICs marines en Guinée invitent à une certaine prudence. Toutefois, dans la mesure où les infrastructures de base sont déjà installées, et dans la mesure où le développement du secteur favoriserait la modernisation et la transformation de l'économie, il est proposé que cette filière soit retenue dans le cadre du PNDES II et de la stratégie de développement de l'économie bleue pour une réflexion plus approfondie et une veille technologique dans la durée.

Axe stratégique 6
Des outils portuaires durables pour la Guinée

Recommandation 23
Une transition écologique adaptée pour le port de Conakry

Les ports à l'échelon régional sont en compétition en termes de coûts, de compétitivité, de services, mais aussi de performances environnementales. Compte tenu des contraintes propres au PAC, en particulier dans la zone extra-portuaire caractérisée par la densité de l'urbanisation et du peuplement, et par une mobilité anarchique, obtenir le label ÉcoPorts au sens de la Fondation ECOSLC paraît hors d'atteinte. Pourtant, neuf points environnementalement sensibles ont été diagnostiqués dans le PAC pour lesquels des actions pragmatiques de gestion des risques ont été formulées.

Il est donc proposé d'étudier les critères qui permettraient d'établir un label ÉcoPorts Light, dont il conviendrait d'assurer la crédibilité et la reconnaissance internationale, et qui donnerait acte de performances environnementales aussi bonnes que le permet le contexte extra-portuaire. Ce travail pourrait être mené par exemple dans le cadre de la CEDEAC ou de la Convention d'Abidjan et se développer à l'échelon régional.

De plus, s'agissant de la zone extra-portuaire, il est proposé dès à présent l'opérationnalisation de la voie ferrée reliant le PAC au port sec de Kagbélen et la mise en application du plan de déplacements urbains (PDU) qui a défini un plan d'investissement pour la mise en œuvre d'un système de transport en commun de grande capacité reposant sur l'aménagement des lignes ferroviaires traversant la ville et la création d'un réseau de bus rapides circulant en site propre (« Bus Rapid Transit » ou BRT).

Recommandation 24
Réduire les redondances sécuritaires au PAC

La situation constatée est celle d'une profusion institutionnelle se présentant sous la forme de redondance structurelle et fonctionnelle. C'est cet aspect que semble revêtir la fonction de directeur général de la sécurité du port autonome. Sa création incite à s'interroger sur la plus-value que cette structure peut apporter dans un port au bord de la saturation en effectifs sécuritaires, avec 120 policiers et 80 gendarmes doublement supervisés, d'une part, par leur encadrement professionnel et, de l'autre, par huit PFSO (*Port Facility Security Officer*/agents de sûreté de l'installation portuaire) et un PSO (*Port Security Officer*/agent de sûreté portuaire). Cet effectif ne tient pas compte de la présence de l'escouade de douaniers attelés, il est vrai, à des tâches d'une autre nature, mais qui peuvent éventuellement servir de renfort.

Il a donc été recommandé de revoir l'organisation sécuritaire du PAC afin d'optimiser son efficacité.

Recommandation 25
Amorcer la création d'un réseau d'éco-ports en Guinée

Outre le PAC, le réseau portuaire guinéen compte d'autres composantes dont Kamsar et d'autres ports miniers qui présentent un risque indéniable de pollution du milieu hydrique. Ceux-ci ne souffrent pas des mêmes contraintes que le PAC en termes de relation ville-port, disposent de certaines marges d'aménagement de leur corridor logistique et de leur interconnexion avec l'arrière-pays. Il est ainsi proposé d'engager une étude complémentaire pour confirmer les possibilités de transformer en éco-port les autres ports guinéens, en évaluer les coûts et les bénéfices en tenant compte de toutes les externalités positives qui vont de pair avec des performances environnementales améliorées.

Axe stratégique 7
Renforcer les capacités et promouvoir le capital humain

Recommandation 26
Développer l'information sur l'économie bleue

Le thème de l'économie bleue semble suffisamment nouveau en Guinée pour justifier un effort général d'information sur son contenu et sur ce que le pays peut en attendre. Il s'agirait de montrer à la fois la sous-exploitation des ressources existantes et les opportunités à portée de main de faire non seulement plus, mais mieux, dans une perspective de durabilité. Il est donc recommandé d'initier une campagne d'information, liée par exemple à l'adoption du nouveau PRI et aux préparatifs du futur PNDES II. Cette action d'information devrait viser à la fois les administrations publiques, centrales et décentralisées, qui mettront en œuvre la future stratégie, mais aussi les acteurs économiques et le public, afin de forger un consensus autour de cette nouvelle approche et de mobiliser les énergies.

Une sensibilisation d'un groupe de décideurs publics aux succès de l'économie bleue dans des pays comme le Kenya, l'Éthiopie et Djibouti (économie bleue liée aux eaux marines et eaux douces), d'une part, et de Maurice et des Seychelles (économie bleue quasi exclusivement maritime), d'autre part, pourrait s'avérer décisive.

Recommandation 27
Cartographier les métiers bleus et programmer des formations spécifiques

Au-delà de l'information, la stratégie devrait conduire à réaliser une étude des besoins en formation des secteurs de l'économie bleue, à partir d'une cartographie des métiers de tous les secteurs concernés. À titre d'exemple, il nous a été indiqué que les pilotes du port de Conakry sont habituellement formés soit au Maroc, soit au Ghana. La pré-stratégie identifiait des besoins propres aux forces de l'ordre. Il serait donc utile d'identifier toutes les activités où le manque de capacités constitue un obstacle majeur aux progrès de l'économie bleue. Des besoins prioritaires ont déjà été mis en évidence en matière de sûreté et de sécurité, pour la filière piscicole, l'hydroélectricité, le stockage de carbone bleu, la saliculture ou les activités portuaires.

L'étape suivant la cartographie serait de mettre en place les filières de formation, techniques, technologiques, professionnelles ou académiques en appui des développements attendus, en mobilisant les universités et les centres de recherche guinéens, en recherchant au besoin tous les partenariats possibles à l'étranger, et en formant des formateurs spécialisés.

Recommandation 28
Encourager les transferts de technologies et les transferts de compétences dans le cadre de la coopération université/industrie

Le potentiel des coopérations université/industrie a fait l'objet d'une évaluation en Guinée. Compte tenu du manque de maturité du système d'innovation guinéen, qui traduit essentiellement sa vétusté et son manque de moyens financiers, matériels et humains, ce potentiel présente actuellement des lacunes malgré une relance significative des budgets alloués à la recherche scientifique et technologique en Guinée. Il est proposé de promouvoir la coopération université/industrie non pas filière par filière mais pour deux groupes de filières.

Au vu des dynamiques de l'innovation dans le monde, qui reposent en grande partie sur les partenariats public-privé, il paraît nécessaire de revitaliser le système d'innovation national, en impulsant l'attribution de moyens et en tirant profit de l'intérêt du secteur privé à coopérer.

Il est proposé de concevoir ces coopérations université/industrie selon une approche programmatique qui regrouperait, sous une forme thématique, plusieurs filières aux problématiques comparables, notamment en termes d'espace opérationnel : les transferts de technologie (pisciculture, saliculture, carbone bleu), d'une part, et les transferts de compétences (hydroélectricité, transport fluvial, TICs marines), d'autre part. Cette approche, fondée sur la cohérence des deux types de problématique de filières, permettrait d'adopter une politique réaliste et graduelle en faveur de la revitalisation et de la consolidation du système d'innovation, tout en répondant aux enjeux factoriels de ces filières de l'économie bleue.

La révolution digitale en cours en Guinée depuis 2021-2023 pourrait également soutenir la performance managériale des institutions nationales et de l'appareil d'État mais aussi l'efficacité des secteurs clés de l'économie bleue.

ANNEXE

Les grandes conventions internationales liées à l'économie maritime

—

Nations Unies

- Convention de Genève, 1958
- Convention des Nations Unies sur le droit de la mer, 1982
- Convention des Nations Unies sur les conditions d'immatriculation des navires, 1986
- Convention sur la diversité biologique, conservation de la biodiversité, 1992

Organisations maritimes internationales

- Convention internationale pour la sauvegarde la vie en mer (SOLAS - Safety Of Life At Sea), 1914
- Convention sur la prévention des pollutions des mers résultant de l'immersion des déchets, dite Convention de Londres, 1972
- Convention sur le règlement international pour prévenir les abordages en mer, 1972

- Convention internationale pour la prévention de la pollution par les navires (MARPOL : acronyme de l'anglais Marine Pollution), 1973
- Initiative pour la sécurité des conteneurs, (CSI), 2002
- Convention de Hong Kong relative au recyclage sûr et écologiquement rationnel des navires, 2009

Union européenne (UE)

- Convention de Berne relative à la conservation de la vie sauvage et du milieu naturel de l'Europe, 1979
- Directive stratégique du milieu marin (DCSMM), 2007

Organisation internationale du travail (OIT)

- Convention cadre sur le travail maritime, 2006

Organisations internationales

- Traité concernant le Spitzberg, signé à Paris, 1920
- Traité sur l'Antarctique, signé à Washington, 1959
- Convention relative aux zones humides d'importance internationale, particulièrement comme habitats des oiseaux d'eau, dite Convention de Ramsar, 1971
- Convention pour la conservation de la faune et la flore marines de l'Antarctique (CCAMLR), 1980
- Convention de Bâle sur le contrôle des mouvements transfrontaliers de déchets dangereux et de leur élimination, 1989

Organisations régionales

- Convention pour la protection du milieu marin et du littoral de la Méditerranée, dite Convention de Barcelone, 1976 modifiée en 1995
- Convention pour la protection et mise en valeur du milieu marin dans la région des Caraïbes, dite Convention de Carthagène, 1983
- Convention pour la protection, la gestion et la mise en valeur de l'environnement marin et des zones côtières de la région de l'Afrique orientale et protocoles y relatifs, dite Convention de Nairobi, 1985
- Accord concernant la coopération en matière de lutte contre la pollution de la mer du Nord par les hydrocarbures et autres substances dangereuses, dit Accord de Bonn, 1983
- Convention pour la protection du milieu marin de l'Atlantique nord-est, dite Convention OSPAR, 1992
- Convention pour la protection, la gestion et le développement de l'environnement marin et côtier de la côte Atlantique de l'Afrique de l'Ouest, centrale et australe, qui

couvre une zone marine allant de la Mauritanie à l'Afrique du Sud pour un littoral d'un peu plus de 14 000 km, dite Convention d'Abidjan, 1981

> Protocole additionnel à la Convention d'Abidjan relatif à la coopération en matière de protection et de mise en valeur du milieu marin et côtier de la région de l'Afrique occidentale, centrale et australe contre la pollution due aux sources et activités terrestres, dit protocole de Grand-Bassam, 2012

> Protocole additionnel à la Convention d'Abidjan relatif aux normes et standards environnementaux liés aux activités pétrolières et gazières offshores, dit protocole de Malabo, 2012

> Protocole additionnel à la Convention d'Abidjan relatif à la gestion intégrée de la zone côtière, dit protocole de Pointe-Noire, 2019

> Protocole additionnel à la Convention d'Abidjan relatif à la gestion durable des mangroves, dit protocole de Calabar, 2019

Sigles et Abréviations

ADPIC	Aspects des droits de propriété intellectuelle relatifs au commerce
AEM	Action de l'État en mer
AEP	Approche écosystémique des pêches
AGETIPE	Agence guinéenne d'exécution des travaux d'intérêt public pour l'emploi
AGEXPHA	Association nationale des exportateurs de produits halieutiques
AGUIPE	Agence guinéenne pour la promotion de l'emploi
AIFM	Autorité internationale des fonds marins
AIZC	Aménagement intégré des zones côtières
AMP	Aire marine protégée
ANAFIC	Agence nationale de financement des collectivités locales
ANAG	Agence nationale de l'aquaculture de Guinée
ANIES	Agence nationale d'inclusion économique et sociale
ANVJ	Agence nationale du volontariat jeunesse
APDRA	Association pisciculture et développement rural en Afrique
APIP	Agence de promotion des investissements privés
APP	Accord de partenariat de pêche
ARSTM	Académie régionale des sciences et techniques de la mer
BAD	Banque africaine de développement
BRICS	Brésil, Russie, Inde, Chine et Afrique du Sud (South Africa)
CCNUCC	Convention-cadre des Nations Unies sur les changements climatiques
CDB	Convention sur la diversité biologique

CDL	Conservatoire du littoral
CE	Commission européenne
CEA	Commission économique pour l'Afrique
CEEAC	Communauté économique des États de l'Afrique centrale
CEDEAO	Communauté économique des États de l'Afrique de l'Ouest
CENUA	Commission économique des Nations Unies pour l'Afrique
CER	Communauté économique régionale
CEREF	Centre de recherche et de valorisation des produits forestiers
CERESCOR	Centre d'études et de recherches scientifiques Conakry Rogbané
CGG	Commission du golfe de Guinée
CIC	Centre interrégional de coordination
CLPC	Commission des limites du plateau continental
CMAP	Commission ministérielle africaine
CNRD	Comité national du rassemblement pour le développement
CNRFEREV	Centre national de recherche et de formation sur les énergies renouvelables et l'économie verte
CNSHB	Centre national des sciences halieutiques de Boussoura
CNSP	Centre national de protection et de surveillance des pêches en Guinée
CNUCED	Conférence des Nations Unies sur le commerce et le développement
CNUDM	Convention des Nations Unies sur le droit de la mer
CNUED	Conférence des Nations Unies sur l'environnement et le développement
COI	Commission de l'océan Indien
COI-U	Commission océanographique intergouvernementale de l'Unesco
COM	Centre opérationnel maritime
COP	Conférence des Parties
CPMZC	Centre de protection du milieu marin et des zones côtières
CROC	Centre de recherche océanographique de Conakry
CONAPEG	Confédération nationale des pêcheurs et exportateurs de Guinée
CRESMAC	Centre régional de sécurité maritime de l'Afrique centrale
CRESMAO	Centre régional de sécurité maritime de l'Afrique de l'Ouest
DNMM	Direction nationale de la Marine marchande
DOCPA	Document cadre de politiques de pêches et de l'aquaculture

DPM	Domaine public maritime
DSRP	Document de stratégie nationale de réduction de la pauvreté
EDG	Électricité de Guinée
EIE	Évaluation des impacts environnementaux
EMR	Énergies marines renouvelables
ENAE	École nationale de l'agriculture et de l'élevage
FAO	Organisation des Nations Unies pour l'alimentation et l'agriculture
FEM	Fonds pour l'environnement mondial
FENAPAG/AC	Féderation nationale des pêcheurs artisans de Guinée et activités connexes
FMI	Fonds monétaire international
FNDL	Fonds national de développement local
FONIJ	Fonds national pour l'insertion des jeunes
GIEC	Groupe intergouvernemental d'experts sur l'évolution du climat
GIZC	Gestion intégrée des zones côtières
GNL	Gaz naturel liquéfié
HASSMAR	Haute Autorité chargée de la coordination de la sécurité maritime, de la sûreté maritime et de la protection de l'environnement marin (Sénégal)
IGAD	Autorité intergouvernementale pour le développement
INS	Institut national des statistiques
IRAG	Institut de recherche agronomique de Guinée
ISAV	Institut supérieur agronomique et vétérinaire
ISSME	Institut supérieur des sciences de la mer et de l'environnement
ISMGB	Institut supérieur des mines et de la géologie de Boké
ISSMV	Institut supérieur des sciences et médecine vétérinaire
MDP	Mécanisme de développement propre
MEEDE	Ministère de l'Environnement, de l'Écologie, du Développement durable et de l'Énergie
MEEF	Ministère de l'Environnement, des Eaux et Forêts
MOLOA	Mission d'observation du littoral ouest-africain
NEPAD	Nouveau partenariat pour le développement de l'Afrique
NTIC	Nouvelles technologies de l'information et des télécommunications
ODD	Objectif de développement durable

OIT	Organisation internationale du travail
OMC	Organisation mondiale du commerce
OMI	Organisation maritime internationale
OMT	Organisation mondiale du tourisme
OMVG	Organisation pour la mise en valeur du fleuve Gambie
OMVS	Organisation pour la mise en valeur du fleuve Sénégal
ONG	Organisation non gouvernementale
ONT	Office national du tourisme
ONU	Organisation des Nations Unies
ONUDI	Organisation des Nations Unies pour le développement industriel
PAC	Port autonome de Conakry
PAEG	Programme d'appui à l'entrepreneuriat des jeunes en Guinée
PAEJF	Projet d'appui à l'entrepreneuriat des jeunes et des femmes en Guinée
PAGP	Plan d'aménagement et de gestion des pêcheries
PANA	Programme national d'adaptation au changement climatique
PAP	Plan d'action prioritaire
PEM	Planification de l'espace maritime
PFSO	*Port Facility Security Officers*
PIB	Produit intérieur brut
PIE	Petits États insulaires
PMA	Pays les moins développés
PMI	Politique maritime intégrée
PNIA	Plan national d'investissement agricole
PNDES	Plan national de développement économique et social
PNUD	Programme des Nations Unies pour le développement
PNUE	Programme des Nations Unies pour l'environnement
PRAO	Programme régional des pêches en Afrique de l'Ouest
PRCM	Partenariat régional pour la conservation de la zone côtière et marine
PREMARGUI	Préfecture maritime de Guinée
PRI	Plan de référence intérimaire
PRODEJE	Projet de développement de l'entrepreneuriat et de l'emploi des jeunes
PPP	Partenariat public-privé

PSDT	Plan stratégique de développement durable du tourisme
REDD	Réduction des émissions causées par le déboisement et la dégradation des forêts
SAMOA	Modalités d'action accélérée des petits États insulaires en développement
SMIUA	Stratégie maritime intégrée de l'Union africaine
SNAPE	Service national des points d'eau
SOLAS	*Safety Of Live At Sea* (Sauvegarde de la vie humaine en mer)
STCW	*Standards of Training, Certification and Watch Keeping*
UA	Union africaine
UE	Union européenne
UEMOA	Union économique et monétaire ouest-africaine
UICN	Union internationale pour la conservation de la nature
UNECA	Commission économique pour l'Afrique des Nations Unies
UNESCO	Organisation des Nations Unies pour l'éducation, la science et la culture
UNEP	Programme pour l'environnement des Nations Unies
UNPAG	Union nationale des pêcheurs artisans de Guinée
ZEE	Zone économique exclusive
ZLECAf	Zone de libre-échange continentale africaine

Remerciements

—

L'élaboration du présent ouvrage a bénéficié de la confiance et du soutien du Président de la transition de la République de Guinée, Mamadi Doumbouya, qui a mis en exergue, dès l'origine du projet, les défis et les enjeux d'une réflexion stratégique et multidimensionnelle sur l'émergence de la République de Guinée et la valorisation de son patrimoine lié à l'économie bleue et verte. Nous tenons à lui témoigner toute notre reconnaissance.

Une mention toute particulière doit être faite également à son Excellence Monsieur le Premier ministre Bernard Goumou et aux membres du gouvernement qu'il dirige pour l'attention et le soutien indéfectibles apportés, au niveau interministériel, à ce grand chantier de l'économie bleue.

Nous souhaitons enfin remercier l'administrateur du Programme des Nations Unies pour le Développement (PNUD), Mr Achim Steiner et la directrice de la région Afrique du PNUD, Mme Ahunna Eziakonwa, pour la confiance qu'ils nous ont témoigné et pour leur engagement en faveur de la valorisation des potentialités de l'économie bleue pour le continent et le monde.

La réalisation du présent ouvrage a été rendu possible grâce à l'appui et aux contributions de nombreuses personnalités, membres d'institutions nationales et internationales, notamment de l'Honorable Président du Conseil national de la transition, le Dr Dansa Kourouma ; de SEM Aboubacar Sidiki Camara, ministre d'État, ministre de la Défense nationale ; de SEM Bachir Diallo, ministre d'État, ministre de la Sécurité et de la Protection civile ; de SEM Morissanda Kouyaté, ministre des Affaires étrangères, de l'Intégration africaine et des Guinéens établis à l'étranger ; de SEM Alphonse Charles Wright, garde des Sceaux, ministre de la Justice et des Droits de l'homme ; de SEM Mory Condé, ministre de l'Administration du territoire et de la Décentralisation ; de SEM Madame Rose Pola Pricemou, ministre du Plan et de la Coopération internationale ; de SEM Alpha Bacar Barry, ministre de l'Enseignement technique, de la Formation professionnelle et de l'Emploi ; de SEM Madame Diaka Sidibé, ministre de l'Enseignement supérieur, de la Recherche scientifique et de l'Innovation ; de SEM Ousmane Gaoual Diallo, ministre des Postes, des Télécommunications et de l'Économie numérique ; de SEM Moussa Cissé, ministre de l'Économie et des Finances ; de SEM Lanciné Condé, ministre du Budget ; de SEM Felix Lamah, ministre des Transports ; de SEM Madame Louopou Lamah, ministre du Commerce, de l'Industrie et des Petites et Moyennes Entreprises ; de SEM Alpha Soumah, ministre de la Culture, du Tourisme et de l'Artisanat ; de SEM Madame Aminata Kaba, ministre de l'Information et de la Communication ; de SEM Aly Seydouba Soumah, ministre de l'Énergie, de l'Hydraulique et des Hydrocarbures ; de Monsieur Gabriel Curtis, ancien ministre en charge des investissements et des partenariats publics-privés ; de Monsieur Thierno Mamadou Bah, conseiller personnel du président de la République ; de Monsieur Mamadou Balde, président de la Chambre de commerce et d'industrie ; de Monsieur Ansoumane Kaba Guiter, président de la Confédération générale des entreprises de la Guinée ; de Madame Diana Kouyaté, directrice générale de l'Agence de promotion des investissement privés ; ainsi que Monsieur Amadou Sow, ancien chef d'état-major de l'Armée de mer et actuel préfet maritime de la République de Guinée.

Les coordonnateurs de l'ouvrage remercient tout spécialement Monsieur Claude Philippe Rouam, coordonnateur principal de l'équipe internationale et nationale d'experts chargés des travaux d'élaboration de la stratégie nationale de l'économie bleue de la République de Guinée.

Que soient enfin remerciées les différentes catégories de personnel du Programme des Nations Unies pour le développement (PNUD), en raison de leurs apports multiples et de leur engagement sans faille au service de la République de Guinée et des chantiers novateurs qu'elle ouvre : Mesdames et Messieurs, Boureima Younoussa, directeur du programme et des opérations ; Mohamed Abba, économiste principal et team leader du cluster Gouvernance et État de droit ; Naima Pages, team leader du cluster Transformation structurelle et développement durable ; Mamadou Ciré Camara, chargé du programme Environnement et Développement durable ; Aboubacar Youla, expert en changement climatique et gestion durable des terres ; Emmanuel Kourouma, expert national en géomatique, système d'information géographique et de télédétection ; Julienne Kuiseu, spécialiste en planification et gestion de projet sur l'adaptation au changement climatique ; Konsa Camara, chargé du programme de gouvernance de la sécurité humaine ; Mamadou Sarifou Diao Diallo, économiste national ; Mamadou

Kalidou Diallo, responsable suivi-évaluation et contrôle de conformité du programme Environnement ; Bakary Cissoko, assistant chargé de la communication environnementale ; Ousmane Bocoum, responsable de l'unité de mobilisation des ressources et de la promotion des partenariats ; Moussa Dioubaté, expert national en charge des questions d'emploi et de formation professionnelle des jeunes ; Mamadou Saliou Diallo, responsable du programme Culture, Patrimoine et Communication ; Aboubacar Mariam Sylla, chargé du programme Transformation économique inclusive ; Safiatou Kaba Camara, chargée de programme pour l'autonomisation des femmes et des personnes vulnérables ; Sylvain KI, responsable de l'unité chargée du suivi-évaluation ; Yolande Fleur Bekoa, point focal Genre et assistante du représentant résident ; Romaric Ahoudji, responsable du département en charge des acquisitions ; Mamadou Tounkara, chargé de l'unité du PMSU ; Bangaly Kaba, responsable de l'unité en charge des technologies de l'information et de la communication ; Mianfing Condé, spécialiste du Laboratoire d'innovation et de développement durable ; Thierno Malick Kanté, volontaire du Programme des Nations Unies chargé de communication ; Aissatou Ousmane Baldé, assistante au programme Environnement et Djenaba Sory Baldé, assistante de l'unité stratégique et économique.

Les coordonnateurs de l'ouvrage remercient : Mesdames et Messieurs, Mouna El Jaouari, responsable du bureau de la coordination du Système des Nations Unies en Guinée ; Léandre Basso é, représentant résident de la Banque africaine de développement ; Alpha Bacar Diallo, représentant résident de la Banque islamique de développement ; Gualbert Gbehounou, représentant de la FAO ; Ansoumane Berete, représentant de l'ONUDI ; Dian Diallo, représentant de l'UNESCO ; Adama Daou, représentant de l'UNOPS ; Carlos Barry, représentant du Fonds d'équipement des Nations Unies ; Omar Ismael, économiste-conseiller du coordonnateur résident du Système des Nations Unies en Guinée ; Thierno Ibrahima Diallo, coordonnateur national du projet de gestion intégrée des ressources naturelles dans le paysage du Bafing Falémé ; Mamadou Lamarana Diallo, coordonnateur national du projet de renforcement des systèmes d'information climatique et d'alerte précoce ; Ibrahima Bayo, coordonnateur national du projet d'appui à l'élaboration du plan national d'adaptation et Amadou Bailo Diallo, coordonnateur national du projet d'appui au développement de l'aquaculture en Moyenne et Haute Guinée.

Les informations statistiques communiquées dans le présent ouvrage proviennent des bases de données et des documents stratégiques du gouvernement de la République de Guinée, mais aussi de la Banque africaine de développement (BAD), de la Banque mondiale (BM), de la Commission des Nations Unies pour l'Afrique (CEA), de l'Organisation des Nations Unies pour l'alimentation et l'agriculture (FAO), du Fonds monétaire international (FMI), de l'Organisation de coopération et de développement économique (OCDE), de la division des statistiques du département de l'information économique et sociale et de l'analyse des politiques (ONU), de l'Organisation mondiale de la santé (OMS), de l'entité des Nations Unies pour l'égalité des sexes et l'autonomisation des femmes (ONU-FEMMES), du Fonds des Nations Unies pour la population (UNFPA), du Fonds des Nations Unies pour l enfance (UNICEF) et bien sûr, du Programme des Nations Unies pour le développement (PNUD).

Les analyses et les recommandations faites dans cet ouvrage ne reflètent pas nécessairement les vues du Programme des Nations Unies pour le développement, de son conseil exécutif ou de ses États membres. Elles renvoient à des options qui découlent d'un travail collectif concernant un contexte et une situation, spécifiques. Il en est de même pour les désignations territoriales utilisées. De fait, la publication de ces analyses et recommandations ne signifie pas que le PNUD ou les Nations Unies, de manière générale, souscrivent aux options qui y sont exprimées.

Avertissement

Le contenu de cet ouvrage ne résulte pas de la connaissance et de l'expérience des auteurs dans les domaines traités, mais d'un important travail d'analyse et d'exploitation documentaire, réalisé à partir de sources multiples, intégrant les rapports de consultants du Programme des Nations Unies pour le développement, dont les droits de propriété intellectuelle appartiennent au PNUD. Ces travaux ont fait l'objet d'un processus de mise en discussion, d'échanges et d'arbitrage puis de validation par les autorités gouvernementales avant d'être repris sous la forme de contributions.

Les personnalités mentionnées sur la couverture de l'ouvrage sont les représentants statutaires des institutions. Les coordonnateurs de l'ouvrage sont également mentionnés en début de manuscrit. Les personnalités indiquées en qualité de contributeurs sont des parties prenantes qui bénéficient d'une présentation individuelle.

Les droits d'auteurs de cet ouvrage seront intégralement versés par l'éditeur à une entité guinéenne œuvrant dans le domaine de la protection de l'environnement en lien avec l'économie bleue.

Bibliographie et sources documentaires

—

Le contenu de cet ouvrage ne résulte pas de la connaissance et de l'expérience personnelles des auteurs dans les domaines traités. Il s'agit d'un travail documentaire réalisé à partir de sources disponibles, ayant fait l'objet de publications et qui sont citées ci-dessous. Ce travail a également été complété par de nombreux entretiens.
Cet ouvrage met à la connaissance du public une vision exhaustive de l'économie bleue en Guinée et de ses enjeux.

Abe J., Brown B., *Towards a Guinea Current Large Marine Ecosystem Commission*, 2020.

Abe J., Brown B., Ajao E., Donkor S., *Local to regional polycentric levels of governance of the Guinea Current Large Marine Ecosystem*, 2016.

Actes CIEA de la Conférence internationale sur l'émergence de l'Afrique, Abidjan, Côte d'Ivoire, 2015.

AFD, *Le Verdissement des investissements énergétiques de la Chine en Afrique : enjeux et défis*, 2022.

AFD, *L'Emploi dans un avenir « zéro émission de CO2 » au Costa Rica : les énergies renouvelables porteuses d'espoir pour le pays*, 2022.

African Union-Inter-African Bureau for Animal Resources, *Report of the Meeting to Create Awareness on the Importance of Fisheries, Aquaculture and Blue Economy to Africa's Socio-economic Development Amongst 15th Stakeholders*, 2022.

Agbemabiese L., Nyangon J., Lee J. C., Byrne J., *Enhancing climate finance readiness: A review of selected investment frameworks as tools of multilevel governance*, 2018.

Agenda 2063, *L'Afrique que nous voulons*, Addis-Abeba, Union africaine, 2e édition, 2014.

Ajavon A. L., « La Croissance verte : quels défis pour les pays de l'UEMOA », 40e anniversaire de la Banque ouest africaine de développement, Lomé, Togo, 2013.

Alcamo J., Flörke M., Märker M., *Changements futurs à long terme dans les ressources en eau forcés par les changements climatiques et socio-économiques*, 2007.

Allah-Kouadio R., Cissé B., Grégoire L.-J., *Développement durable et émergence de l'Afrique*, Éditions Grandvaux, 2015.

Alhéritière D., *Marine pollution control regulation - Regional approaches*, 1982.

Allan C., Xia J., Pahl-Wostl C., *Climate change and water security: challenges for adaptive water management*, 2013.

Ambec D., Lanoie P., *Performance environnementale et économique de l'entreprise, économie et prévision*, 2009.

Amoako K.Y., *Les Défis du développement en Afrique au* XXIe *siècle, Commission économique pour l'Afrique*, 2009.

Arnell N. W., *Climate change and global water resources: SRES emissions and socio-economic scenarios*, 2004.

Association ORÉE, *L'Économie circulaire, au service de la préservation des ressources et du climat - Une approche flux et filières vers un écosystème territorial*, 2015.

Banque africaine de développement, *Rapport sur le développement en Afrique 2020*, 2020.

Banque européenne d'investissement, *La Propreté des océans et l'économie bleue*, 2021.

Behnassi M., *Tourisme durable : fondements, indicateurs et apport au développement des pays du Sud*, 2008.

Bennett N. J., Cisneros-Montemayor A. M., Blythe, J., Silver J. J., Singh G. *et al.*, *L'Économie bleue en Afrique : Guide pratique, Nations Unies, Commission économique pour l'Afrique*, 2016.

Benoit-Cattin M., Bricas N., *L'Afrique : quelles stratégies de sécurité alimentaire ? Enjeux et prospective*, 2012.

Billon P., Lister J., Rocío de la Lama, McKinley E., Scholtens H., Ann-Magnhild Solås, Sowman M., Talloni-Álvarez N., Lydia L. Teh, Voyer M., Sumaila U.R., *Towards a sustainable and equitable blue economy*, 2019.

Bose A., *Climate finance and financial gradients: perspectives and methods*, 2011.

Bowen A., *Raising climate finance to support developing country action: some economic considerations*, 2011.

Brander L. M., Beukering P. van, Nijsten L., McVittie A., Baulcomb C., Eppink F. V., Cado A., *The global costs and benefits of expanding Marine Protected Areas*, 2020.

Camara A., *Rapport d'étude sur la planification spatiale maritime de la Guinée*, PNUD, Conakry, 2021.

Camara S., Bangoura A., *Valorisation des ressources en eau en Guinée en vue d'un développement économique et social durable*, 2017.

Camara S., Diallo T., Fiblet L., *Rapport d'étude sur les impacts environnementaux et la mise en place d'un dispositif d'évaluation et de gestion du bon état écologique de la mer et de la lutte contre les pollutions industrielles dans le cadre de l'économie bleue*, PNUD, Conakry, 2020.

Canonico G., *Global Observational Needs and Resources for Marine Biodiversity*, 2019.

Carr M.H., *Marine protected areas: challenges and opportunities for understanding and conserving coastal marine ecosystems*, 2000.

Carr G., Blöschl G., Loucks D. P., *Evaluating participation in water resource management: A review*, 2012.

Carrasco De La Cruz P. M., *The Knowledge Status of Coastal and Marine Ecosystem Services - Challenges, Limitations and Lessons Learned From the Application of the Ecosystem Services Approach in Management*, 2021.

CEA-UA, *L'Afrique a-t-elle besoin d'États développementistes ? : Les opportunités et les défis, rapport économique sur l'Afrique*, 2011, Addis-Abeba, Éthiopie.

Chitaka T. Y., *Environmentalism or greenwashing? Responses of South African value chain actors to plastic straw marine pollution*, 2021.

Chukwuone N. A., Ukwe C.N., Onugu A., Ibe C. A., *Valuing the Guinea current large marine ecosystem: Estimates of direct output impact of relevant marine activities*, 2009.

CMAP/ UA/ UNEP, *Promouvoir l'économie bleue/océanique en Afrique*, 17e session CMAP, note du secrétariat, 2019.

Claudet J., Pelletier D., *Marine protected areas and artificial reefs: A review of the interactions between management and scientific studies*, 2004.

Commission de la CEDEAO, *Stratégie maritime intégrée de la CEDEAO*, 2014.

Commission européenne, Communication « La croissance bleue : des possibilités de croissance durable dans les secteurs marin et maritime », 2012.

Commission européenne, *Staff Working Document*, Report on the Blue Growth Strategy. Towards more sustainable growth and jobs in the Blue Economy, 2017.

Commission de l'océan Indien/CEA, Plan d'action régional pour l'économie bleue, 2021.

Commission de l'Union africaine, Stratégie africaine intégrée pour les mers et les océans – horizon 2050, 2014.

Conférence des ministres africains chargés de l'environnement, Mise en valeur de l'économie circulaire en Afrique, 2019.

Conférence générale ONUDI, Activités de l'ONUDI relatives à l'économie circulaire : Rapport du directeur général, 2021.

Conférence ministérielle africaine sur l'environnement (CMAE, UA, UNEP), Promouvoir l'économie bleue/océanique en Afrique, 2019.

Courade G., Suremain C.-E. de, *Inégalités, vulnérabilités et résilience : les voies étroites d'un nouveau contrat social en Afrique subsaharienne*, 2021.

Daya B. et Souza K. de, *Guide pratique de l'économie bleue en Afrique - L'intégration du concept d'économie bleue dans les réglementations et politiques nationales et régionales en Afrique*, 2018.

Dépoues V., *Changement climatique : passer des coûts de l'inaction, aux besoins pour l'action*, 2022.

Diallo T., *Élaboration d'une pré-stratégie nationale d'économie bleue, multisectorielle et sécurisée, rapport socio-économique*, PNUD, Conakry, 2020.

Dopavogui S., *Dimension sécuritaire de l'élaboration d'une pré-stratégie de l'économie bleue en République de Guinée*, PNUD, Conakry, 2020.

Doumbouya A., *Élaboration d'une pré-stratégie nationale d'économie bleue, multisectorielle et sécurisée, rapport ressources en eau et environnement*, PNUD, Conakry, 2020.

Droogers P., Immerzeel W. W., Terink W. , Hoogeveen J., Bierkens M. F. P., Beek L. P. H. van , Debele B., *Water resources trends in Middle East and North Africa towards 2050*, 2012.

Dube N., *Political Economy of Climate Finance in Africa*, 2022.

Duda A. M., Sherman K., *A new imperative for improving management of large marine ecosystems*, 2002.

Failler P., Karani P., Gilau A., Hamukuaya H., Thiam Diop S., *Stratégie de l'économie bleue de l'Afrique : plan de mise en œuvre de l'économie bleue 2021-2025*, 2020.

FAO et CIHEAM, *Zéro gaspillage en Méditerranée. Ressources naturelles, alimentations et connaissances*, 2016.

FAO, *Gouvernance des océans et conclusions de la Conférence Rio+20, Comité des pêches*, 2012.

FAO, *The State of of Mediterranean and Black Sea Fisheries*, 2016.

FIDA, *Garantir la sécurité alimentaire en Afrique subsaharienne grâce à l'agriculture de conservation : comment l'agriculture de conservation peut-elle contribuer à l'atteinte de la sécurité alimentaire en Afrique subsaharienne ?*, 2012.

Fonds mondial pour la nature et BAD, *Rapport sur l'empreinte écologique de l'Afrique – Infrastructures vertes pour la sécurité écologique de l'Afrique*, 2012.

Forum des marchés émergents, *Afrique 2050, réaliser tout le potentiel du continent*, 2015.

Fusco L. M., Schutter M. S., Cisneros-Montemayor A. M. *Oil, Transitions, and the Blue Economy in Canada*, 2022.

Gameren V. van, Weikmans R., Zaccai E., *L'Adaptation au changement climatique*, 2014.

García M. A., Castro-Díaz L., Villamayor-Tomas S., Lopez M. L., *Are large-scale hydroelectric dams inherently undemocratic?*, 2021.

Gao T., Bobylev N., Gadal S., Lagutina M., Sergunin A. Erokhin V., *Planning for Sustainability: An Emerging Blue Economy in Russia's Coastal Arctic?*, 2021.

Georgeson L., Maslin M., Poessinouw M., *The global green economy: a review of concepts, definitions, measurement methodologies and their interactions*, 2017.

Giraud J. P., Lafitte A., Fosse F., *Vers une économie bleue pour une Méditerranée durable*, 2018.

Gomina F., Diawara M. Diallo I., *Rapport d'étude sur le projet de transformation du port autonome de Conakry en éco-port - Préalables d'une ambition sociétale d'économie bleue et de logistique verte*, PNUD, 2021.

Goulden M., Conway D., Persechino A., *Adaptation au changement climatique dans les bassins fluviaux internationaux en Afrique : une revue*, 2009.

Goumou B., Premier ministre, chef du gouvernement, Déclaration de politique générale du gouvernement, 2022.

Gourbesville P., *Challenges for integrated water resources management*, 2008.

Gousset P., *La Lutte contre les pollutions et les nuisances : prospective, moyens légaux, résultats*, 2015.

Grasso M., *An ethical approach to climate adaptation finance*, 2010.

Grégoire L.-J., Haïdara D., Lensing-Hebben C., *Emploi et politiques de développement en Afrique*, Éditions Belin, 2011.

Grégoire L.-J., Kane A. R., Kacou A., *L'Afrique et les défis de la gouvernance*, Paris, Éditions Maisonneuve & Larose, 2009.

Grégoire L.-J., *Mondialisation et pauvreté : défis et stratégies au plan international, régional et national*, Symposium international sur les sources de croissance dans le contexte de la mondialisation et de la régionalisation, Ouagadougou, 1999.

Groupe d'experts intergouvernemental sur l'évolution du climat (GIEC), « Changements climatiques 2007 : impacts, adaptation et vulnérabilité », contribution de groupe de travail II au 4e rapport d'évaluation du GIEC, 2007.

Guinée, Document de projet : *Appui à l'intensification de la pisciculture pour l'amélioration de la sécurité alimentaire et nutritionnelle des communautés vulnérables en Haute et Moyenne-Guinée*, 2021.

Guinée, Programme de référence intérimaire de la transition, 2022-2025, gouvernement de la république de Guinée, 2022.

Guivarch C., Rozenberg J., *Les Nouveaux Scénarios socio-économiques pour la recherche sur le changement climatique*, 2013.

Hodge B.C., Pendleton D. E., Ganley L. C., O'Brien O., Kraus S. D., Quintana-Rizzo E., Redfern J. V. , *Identifying predictors of species diversity to guide designation of marine protected areas*, 2022.

Hogarth J. R., *Journal of Sustainable Finance & Investment*, 2014.

Idelhakkar B., *Economic Instruments to Fight against Risk of Marine Pollution*, 2013.

IIED, « Gouvernance des hautes mers : priorités pour les pays les moins avancés », Briefing, 2017.

Issa A., Khatra B., Bello N., AbdoulKarim A., «*Experimenting a capacity development approach and a toolkit for monitoring and evaluation within climate change adaptation initiatives*», 2011.

Kankwenda M., Grégoire L.-J. et al., *La Lutte contre la pauvreté en Afrique subsaharienne*, Paris, Éditions Economica, 1999.

Karani P., Failler P., Gilau A.M., Ndende M., Diop S.T., *Africa Blue Economy Strategies Integrated in Planning to Achieve Sustainable Development at National and Regional Economic Communities* (RECs), 2022.

Kim U., Kaluarachchi J. J., *Climate Change Impacts on Water Resources in the Upper Blue Nile River Basin*, Ethiopia, 2009.

Kindsvater H. K., Marc Mangel M., Reynolds J. D., Dulvy N. K., *Ten principles from evolutionary ecology essential for effective marine conservation*, 2016.

Kissinger G., Gupta A., Mulder I., Unterstell N., *Climate financing needs in the land sector under the Paris Agreement: An assessment of developing country perspectives*, 2019.

Klinga H., Stanzela P., Fuchs M., *Regional assessment of the hydropower potential of rivers in West Africa*, 2016.

Le Clerc S., Galet-Lalande N., Enoumba H. C., Yansane A. B., *La Définition de la gestion hydraulique du barrage de FOMI (Guinée) en regard de ses impacts environnementaux*, 2020.

Levrel H., Fossat J., Pelletier D., *Les Indicateurs de biodiversité marine et côtière - État des lieux institutionnel*, 2010.

Lewis, A., S. Estefen, J. Huckerby, W. Musial, T. Pontes, J. Torres-Martinez, *Ocean Energy*, 2011.

Lilyblad C. M., *Decentralizing Development Finance through Capital Markets Integration. The Emergence of Cabo Verde's Blue Sustainable Finance Exchange*, 2022.

Lin Y., *Coupling analysis of marine ecology and economy: Case study of Shanghai*, China, 2020

Loudière D., Gourbesville P., *Rapport mondial des Nations Unies sur la mise en valeur des ressources en eau 2020. L'eau et les changements climatiques*, 2020.

Ma C., Zhang X., Chen W., Zhang G., Duan H., Ju M., Li H., Yang Z., *China's special marine protected area policy: Trade-off between economic development and marine conservation*, 2013.

Magnan A, Duvat V., Garnier E., *Reconstituer les « trajectoires de vulnérabilité » pour penser différemment l'adaptation au changement climatique*, 2012.

Marchand M., *Les Pollutions marines accidentelles. Au-delà du pétrole brut, les produits chimiques et autres déversements en mer*, 2003.

MEEF, République de Guinée, Politique nationale de l'environnement, Conakry, 2011.

MEEF, République de Guinée, avec le concours du PNUD, *Stratégie nationale du développement durable en république de Guinée*, Conakry, 2019.

MEEF avec le concours du PNUD, *Étude de vulnérabilité et d'adaptation au changement climatique en zone côtière guinéenne, vol. 3.2 : Plan de gestion environnemental et social et vol. 3.1 : Étude de Faisabilité technique et économique*, 2021.

Méral P., *Le Concept de service écosystémique en économie : origine et tendances récentes*, 2012.

Méral P., Pesche D., *Les Services écosystémiques - Repenser les relations nature et société*, 2016.

Miller K. A., Belton V., *Water resource management and climate change adaptation: a holistic and multiple criteria perspective*, 2014.

Ministère délégué de l'environnement, Direction nationale de l'assainissement et du cadre de vie, *Politique nationale de l'assainissement en république de Guinée*, 2021.

Ministère en charge de l'hydraulique, *Politique nationale de l'eau*, République de Guinée, Conakry, 2018.

Ministère de la Pêche et de l'Économie maritime, République de Guinée, *Étude de faisabilité du projet de développement de la pisciculture en Guinée*, Conakry, 2017.

Ministère du Tourisme et de l'Artisanat/PNUD, *Stratégie nationale de développement durable du tourisme*, Conakry – République de Guinée, Conakry.

Molobela I. P., Sinha P., *Management of water resources in South Africa: A review*, 2011.

Morgan *et al.*, *Data-driven approach for highlighting priority areas for protection in marine areas beyond national jurisdiction*, 2020.

Mungai E. M., Ndiritu S. W., Da Silva I., *Unlocking Climate Finance Potential for Climate Adaptation: Case of Climate Smart Agricultural Financing in Sub Saharan Africa*, 2021.

Nairobi Conference, The Nairobi Statement of Intent on advancing the Global Sustainable Blue Economy, 2018.

Nakhooda S., Norman M., *Climate finance: is it making a difference? A review of the effectiveness of Multilateral Climate Funds*, 2014.

Nations Unies, Convention des Nations Unies sur le droit de la mer, Montego Bay, 1982.

Nations Unies/UNEP, Convention relative à la coopération en matière de protection et de mise en valeur du milieu marin et des zones côtières de la région de l'Afrique de l'Ouest et du Centre, Abidjan, 1981.

Newell S. L., Nagabhatla N., Doubleday N. C. and Bloecker A. *The Potential for Locally Managed Marine Area (LMMAs) as a Participatory Strategy for Coastal and Marine Ecosystems - The Global Commons*, 2019.

Ngwenya N., Simatele M. D., *The emergence of green bonds as an integral component of climate finance in South Africa*, 2020.

Nwafor N., Walker T. R., *Plastic Bags Prohibition Bill: A developing story of crass legalism aiming to reduce plastic marine pollution in Nigeria*, 2020.

O'Connor M. P., Faucheux S., *Économie circulaire & solidaire : l'opportunité africaine*, 2018.

OCDE, *L'Économie de la mer en 2030*, Éditions OCDE, 2016.

Office national du tourisme, Potentialités touristiques de la République de Guinée, 2021.

O'Hara C. C., Villaseñor-Derbez J. C., Ralph G. M., Halpern B. S., *Mapping status and conservation of global at-risk marine biodiversity*, 2019.

ONU, Document final de la troisième Conférence internationale sur le financement du développement : Programme d'action d'Addis-Abeba, 2015.

ONU Environnement, PAM, Plan Bleu, Tourisme durable en Méditerranée : État des lieux et orientations stratégiques, 2017.

ONUDI, La croissance verte, de la productivité de la main-d'œuvre à celle des ressources. Exemples de bonnes pratiques, initiatives et alternatives politiques, 2014.

Palumbi S. R., Sandifer P. A., Allan. D *et al.*, *Managing for ocean biodiversity to sustain marine ecosystem services*, 2013.

Perthuis C. de, Hallegatte S., Lecocq F., *Économie de l'adaptation au changement climatique*, 2010.

Piante C., Ody D., *Blue Growth in the Mediterranean Sea: the Challenge of Good Environmental Status*, MedTrends Project. WWF France, 2015.

Picone F., Buonocore E. Claudet J., Chemello R., Russo G.F., Franzese P.P., *Marine protected areas overall success evaluation (MOSE): A novel integrated framework for assessing management performance and social-ecological benefits of MPAs*, 2020.

Plan Bleu, Analyse économique et sociale des écosystèmes marins et côtiers méditerranéens, Rapport technique, 2015.

Plan Bleu, Blue economy for a healthy Mediterranean- Measuring, Monitoring and Promoting an environmentally sustainable economy in the Mediterranean region, Scoping study, 2016.

Plan Bleu, « Tourisme durable en Méditerranée : État des lieux et orientations stratégiques », *Cahier du Plan bleu n°17*, 2017.

PNUD, Realising Human Potential in a Period of Emergence: Trends and Options for sub-Saharan Africa, Communication CIEA, 2015.

PNUE, Vers une économie verte : les chemins du développement durable et de l'éradication de la pauvreté, 2011.

PNUE/PAM/PAP, Protocole relatif à la gestion intégrée des zones côtières de la Méditerranée, Split, Programme d'actions prioritaires, 2008.

Rahaman M. M., Varis O., *Integrated water resources management: evolution, prospects and future challenges*, 2017.

République de Guinée - Institut géographique national, Projet de cartographie topographique à grande échelle pour le développement durable de la ville de Conakry et ses environs, 2016.

Revéret J. P., Dancette R., *Biodiversité marine et accès aux ressources : Pêche et autres biens et services écologiques sous pression extrême*, 2010.

Rhazaoui A., Grégoire L.-J., Mellali S., *L'Afrique et les objectifs du millénaire pour le développement*, Paris, Éditions Economica, 2005.

Ricard P., *Le Nouveau Paradigme de l'économie bleue. Les entreprises et autres opérateurs privés au secours de la protection de la biodiversité marine*, 2021.

Rockström J. Water *Resources Management in Smallholder Farms in Eastern and Southern Africa: An Overview*, 1999.

Rocle N., *L'Adaptation des littoraux au changement climatique : Une gouvernance performative par expérimentations et stratégies d'action publique*, 2017

Rouam C. P., Élaboration d'une pré-stratégie de développement de l'économie bleue en Guinée, PNUD, Conakry, 2020.

Rousset N, Arrus R., *Économie de l'adaptation au changement climatique et agriculture dans le Bassin méditerranéen*, 2004.

Rufai A., Curbing *Piracy in the Gulf of Guinea for Improved Maritime Security: Prospects for Nigeria*, 2021.

Sachs J. D., Woo W. T. Yoshino N., Taghizadeh-Hesary F., *Importance of Green Finance for Achieving Sustainable Development Goals and Energy Security*, 2019.

Sagno M., Rapport d'étude sur l'intérêt pour la Guinée d'un dispositif innovant et inclusif équivalent au Conservatoire du littoral (CDL), en tant que structure dédiée à la gestion intégrée du foncier des zones côtières, et capable d'apporter un soutien efficace à l'économie bleue, PNUD, Conakry, 2021.

Saliou V., *Mers et océans, nouveaux eldorados énergétiques ?*, 2014.

Saliou V., *Défis africains de la lutte contre l'insécurité maritime dans le golfe de Guinée*, 2016.

Satia B. P., *An overview of the large marine ecosystem programs at work in Africa today*, 2016.

Schalatek L., *Gender and Climate Finance: Double Mainstreaming for Sustainable Development*, 2009.

Shahzad S. M., *Economic Opportunities for Islamic Financing - From Green to Blue Economy*, 2020.

Schiavetti A., Manz J., Cleverson Zapelini dos Santos, Magro T. C., Pagani M. I., *Marine Protected Areas in Brazil: An ecological approach regarding the large marine ecosystems*, 2013.

Shiiba N., Wu H. H., Huang M. C., Tanaka H., *How blue financing can sustain ocean conservation and development: A proposed conceptual framework for blue financing mechanism*, 2020.

Show T.M., *La Gouvernance des ressources naturelles après 2015 en Afrique : l'agence africaine et les initiatives transnationales pour faire progresser les États de développement*, 2015.

Schnurr R. E. J., Alboiu V. Chaudhary M., Corbett R. A., *et al.*, *Reducing marine pollution from single-use plastics (SUPs): A review*, 2018.

Silver J. J., Gray N. J., Campbell L. M., Fairbanks L. W., Gruby R. L., *Blue Economy and Competing Discourses in International Oceans Governance*, 2015.

Sowers J., Vengosh A., Weinthal E., *Climate change, water resources, and the politics of adaptation in the Middle East and North Africa*, 2010.

Sridharan V., Broad O., Shivakumar A. *et al.*, *Resilience of the Eastern African electricity sector to climate driven changes in hydropower generation*, 2019.

Stakhiv E.Z., *Policy implications of climate change impacts on water resources management*, 1998

Staples D. J., Hermes R., *Marine biodiversity and resource management - what is the link?*, 2012.

Strzepek K. M., *Economic and Social Adaptations to Climate Change Impacts on Water Resources: A Case Study of Egypt*, 1996.

Swatuk L. A., *A Political Economy of Water in Southern Africa*, 2008.

Temm G. R., *En quête de durabilité : l'infrastructure écologique africaine, moteur de la transformation rurale en Afrique - perspectives pour un développement durable*, 2013.

Tonin S., *Citizens' perspectives on marine protected areas as a governance strategy to effectively preserve marine ecosystem services and biodiversity*, 2018.

Townsend M., Davies K., Hanley N., Hewitt J. E., Lundquist C. J., Lohrer A. M., *The Challenge of Implementing the Marine Ecosystem Service Concept*, 2018.

Traore D. L., Camara Y., Sakouvogui A., Keita M., *Evaluation Of The Hydro-energetic Potential Of The Fall From Kalako To Dabola, Guinea*, 2019.

Tregarot E., Touron-Gardic G., Cornet C. C., Failler P., *Valuation of coastal ecosystem services in the Large Marine Ecosystems of Africa*, 2020.

Turner S. W. D., Jia Yi Ng, Galelli S., *Examining global electricity supply vulnerability to climate change using a high-fidelity hydropower dam model*, 2017.

UICN/CNSHB, Gouvernance des territoires et des patrimoines littoraux - Appui au processus de planification côtière en république de Guinée, Conakry, 2010.

Ukwe C. N., Ibe C. A., Nwilo P. C., Huidobro A., *Contribution au WSSD Targets on Oceans and Coasts in West and Central Africa: The Guinea Current Large Marine Ecosystem Project*, 2006.

UNEP (DEPI)/CAR WG, L'économie bleue durable - Une solution cruciale pour un futur durable dans les Caraïbes, 2021.

UNEP (DEPI)/MED, Décision IG.21/3 relative à l'approche écosystémique comportant l'adoption des définitions du « bon état écologique » (BEE) et des cibles, 2014.

UNEP (DEPI)/MED, Décision IG.22/2 Stratégie méditerranéenne pour le développement durable 2016-2025, 2016.

UNEP (DEPI)/MED, IG 22/28 - Décision IG.22/5 - Plan d'action régional sur la consommation et la production durables en Méditerranée, 2016.

UNEP, FAO, IMO, UNDP, IUCN, WorldFish Center, GRID-Arendal, Green Economy in a Blue World, UNEP, 2012.

Union Africaine/ACP, Conférence sur le thème « L'économie bleue et l'Agenda 2030 pour le développement durable », Nairobi, 2018.

Union africaine, Stratégie de l'économie bleue de l'Afrique ; Annexe 1 : Pêche, aquaculture, conservation et écosystèmes aquatiques durables dans le contexte de l'économie bleue de l'Afrique, Bureau interafricain des ressources animales, 2019.

Union africaine, Stratégie de l'économie bleue de l'Afrique ; Annexe 2 : Navigation/transports maritimes, commerce, ports, sécurité maritime, sûreté en mer et application des réglementations dans le contexte de l'économie bleue de l'Afrique, Bureau interafricain des ressources animales, 2019.

Union africaine, Stratégie de l'économie bleue de l'Afrique ; Annexe 3 : Tourisme côtier et marin, résistance aux changements climatiques, environnement et infrastructure dans le contexte de l'économie bleue de l'Afrique, Bureau interafricain des ressources animales, 2019.

Union africaine, Stratégie de l'économie bleue de l'Afrique ; Annexe 4 : Énergie durable, ressources minérales et industries innovantes dans le contexte de l'économie bleue de l'Afrique, – Bureau interafricain des ressources animales, 2019).

Union africaine, Stratégie de l'économie bleue de l'Afrique ; Annexe 5 : Politiques, institutions et gouvernance, emploi, création d'emplois et éradication de la pauvreté, financements innovants dans le cadre de l'économie bleue de l'Afrique, Bureau inter africain des ressources animales, 2019.

Union africaine, Stratégie africaine intégrée pour les mers et les océans – horizon 2050, 2012.

Union africaine, Stratégie de mise en œuvre du Plan d'action pour le développement industriel accéléré de l'Afrique, Addis-Abeba, 2008.

Union africaine, Africa blue economy strategy, Bureau interafricain des ressources animales, 2019.

Union pour la Méditerranée, Vers une économie bleue durable dans la région méditerranéenne, 2021.

Viard E., *Afrique subsaharienne : comment favoriser le développement des filières agricoles et agro-industrielles*, 2012.

Wang Z. L., Jiang T., Xu L., *Toward the blue energy dream by triboelectric nanogerator networks*, 2017.

Wang X., Zhang J., Shahid S., Guan, E., Wu Y., Gao J., He R., *Adaptation to climate change impacts on water demand*, 2014.

Warland L., Michaelowa A., *Can debt for climate swaps be a promising climate finance instrument? Lessons from the past and recommendations for the future*, 2015.

Wenhai L., Cusack C., Baker M., Tao W., Mingbao C., Paige K., *Successful Blue Economy Examples With an Emphasis on International Perspectives*, 2019.

Weigert M., Ngom A., *Rapport d'étude sur les activités émergentes à fort contenu technologique et sur le potentiel de coopération université/industrie dans le cadre de l'économie bleue en Guinée*, PNUD, Conakry, 2020.

Ye Y., *Climate Finance, Africa and China's Rôle*, 2014.

Yoshino N., Schloesser T., Taghizadeh-Hesary F., *Social funding of green financing: An application of distributed ledger technologies*, 2020. Clause de non-responsabilité

Biographie des auteurs

Mohamed ABBA

Économiste principal et team leader du cluster Gouvernance et État de droit du PNUD en République de Guinée, Mohamed Abba a été chef de l'unité des politiques et stratégies du bureau-pays du PNUD de 2016 à 2019, et conseiller pour la relance post-Ebola auprès du bureau du coordonnateur résident du Système des Nations Unies entre 2015 et 2016. Il a également été planificateur stratégique auprès du Fonds de développement des capacités d'urgence du PNUD au Yémen de 2014 à 2016 et directeur exécutif du Centre mauritanien d'analyse des politiques publiques (CMAP de Nouakchott), cofinancé par la Banque mondiale. Mohamed Abba a, par ailleurs, occupé les fonctions de coordonnateur du Programme national de renforcement des capacités du secteur public mauritanien de 2002 à 2006 et de vice-ministre et commissaire adjoint aux droits de l'homme, à la réduction de la pauvreté et à l'insertion économique de 1998 à 2002. Mohamed Abba est diplômé de l'École nationale de la statistique et de l'administration économiques (ENSAE) de Paris et du Centre européen pour la formation des économistes statisticiens des pays en développement (CESD, Paris-France). Il est aussi titulaire d'un diplôme d'études approfondies en finance et économie internationale de l'Université Paris Dauphine.

Mamadou BALDÉ

Président de la Chambre de commerce, d'industrie et d'artisanat de la République de Guinée, Mamadou Baldé a été élu en 2022, pour concevoir et faciliter la réglementation, le contrôle et le commerce des produits de consommation et pour permettre un dialogue constructif entre l'État et le secteur privé national. Mamadou Baldé est président directeur général et fondateur de Royal Motors et de la société Nafa Diama Construction (NDC) spécialisée dans les bâtiments et travaux publics. Le nouveau président de la Chambre de commerce et d'industrie, élu pour un mandat de quatre ans renouvelable, a impulsé des réformes significatives pour faire avancer le secteur privé guinéen dans des domaines tels que l'économie bleue et verte, l'artisanat et les services, mais aussi pour valoriser les enjeux de la responsabilité sociétale des entreprises en République de Guinée.

Alpha Bacar BARRY

Ministre de l'Enseignement technique, de la Formation professionnelle et de l'Emploi de la République de Guinée, depuis novembre 2022, Alpha Bacar Barry a été ministre de l'Enseignement technique et de la Formation professionnelle dans le premier gouvernement de la transition. Diplômé d'études supérieures en lettres modernes de l'université Gamal-Abdel-Nasser de Conakry et diplômé en management des universités de Stirling en Écosse et de Cambridge en Angleterre, Alpha Bacar Barry a été consultant de l'Organisation des Nations Unies pour le développement industriel (ONUDI) en Afrique. En 2011, il a participé au programme américain YAL (Young African Leaders) et a décidé, la même année, de créer sa propre entreprise : une plateforme d'accompagnement et d'assistance aux jeunes entrepreneurs (Jatropha). Précédemment, il avait participé à la rédaction de la Déclaration de Casablanca sur les jeunes et le développement durable adoptée par l'ONU en 2003 et il a, en outre, travaillé à la Radio télévision guinéenne (RTG) en qualité de journaliste.

Faya François BOUROUNO

Secrétaire général du ministère de la Culture, du Tourisme et de l'Artisanat de la République de Guinée depuis novembre 2022, Faya François Bourouno est un économiste spécialisé en finances et en analyse économique de programmes et projets. Expert en planification et en évaluation des politiques publiques et des programmes de développement, il a travaillé pendant plus de dix ans pour plusieurs organisations internationales, notamment la Banque mondiale, la Banque africaine de développement, le Système des Nations Unies, l'Agence belge de développement et Expertise France. Faya Francois Bourouno a travaillé en qualité de consultant international sur les questions d'emploi, d'insertion socio-économique, d'économie verte et bleue, ainsi que sur le développement durable dans plusieurs pays, notamment la Belgique, le Burkina Faso, le Burundi, le Canada, le Niger, le Tchad, le Maroc, la Mauritanie, la République centrafricaine, la République démocratique du Congo et la Tunisie.

Aboubacar Ahmadou CAMARA

Directeur adjoint du bureau de stratégie et de développement au ministère de l'Agriculture et de l'Élevage de la République de Guinée, Aboubacar A. Camara a assuré la coordination de plusieurs programmes et projets nationaux dans les domaines de la production alimentaire d'urgence, de l'appui au développement agropastoral et du zonage agro-écologique. Il a par ailleurs occupé les fonctions de directeur général de l'Agence nationale des statistiques agricoles et alimentaires de 2019 à 2022 et de directeur du Centre régional de recherche agronomique de la Guinée maritime de 2015 à 2019. Il a aussi été consultant pour de grandes institutions dont l'AFD, la BAD, le CIRAD, la FAO et le PNUD et pour des sociétés de référence telles que la Société des mines de fer de Guinée, mais aussi Alcoa, Rio Tinto et Alcan. Aboubacar A. Camara est titulaire d'un doctorat de géographie de l'Université d'Avignon et des pays du Vaucluse et d'une spécialisation en agronomie de l'Université de Montpellier (France). Il est l'auteur d'une dizaine d'articles dans des revues internationales spécialisées.

Ibrahima Sory CAMARA

Directeur national de l'Hydraulique et coordonnateur stratégique de la structure focale de l'Autorité du Bassin du Niger au ministère de l'Énergie, de l'Hydraulique et des Hydrocarbures de la République de Guinée, Ibrahima S. Camara est également coordonnateur du programme Intégré de développement et d'adaptation au changement climatique, un programme sous-régional qui couvre neuf pays riverains du bassin du fleuve Niger. Diplômé d'ingénierie chimique de l'université Gamal-Abdel-Nasser de Conakry, Ibrahima S. Camara a développé une expertise de haut niveau dans les domaines de l'administration et de la gestion des ressources en eau, y compris transfrontalières et de l'aménagement des bassins fluviaux. Point focal de la Commission Nations Unies-Union européenne et de la Convention sur la protection des eaux transfrontalières, il a été l'un des principaux acteurs œuvrant à l'opérationnalisation du Fonds national de l'hydraulique et à la mise en œuvre de la politique nationale de gestion des ressources en eau. Il a également participé à l'élaboration de la stratégie nationale de l'économie bleue et à l'étude stratégique environnementale et sociale de la réforme du secteur minier en République de Guinée.

Konsa CAMARA

Chargé de programme et responsable du département Sécurité humaine au sein du PNUD en République de Guinée, Konsa Camara a plus de quinze ans d'expérience professionnelle dans le secteur de la gouvernance sécuritaire. Depuis 2010, il a accompagné au niveau stratégique le contrôle parlementaire des forces de défense et de sécurité (FDS), ainsi que le processus de réforme dudit secteur, au niveau de la présidence de la République, du Parlement et des ministères, en apportant des contributions majeures à l'élaboration des stratégies et politiques sectorielles, ainsi qu'à la révision des textes législatifs et réglementaires indispensables à l'amélioration de la gouvernance sécuritaire, de la protection civile, de la prévention du terrorisme et de la police technique et scientifique. Depuis 2019, il dirige le programme-cadre en faveur de la sécurité humaine du PNUD, ainsi que plusieurs initiatives du Fonds de consolidation de la paix des Nations Unies en Guinée. Konsa Camara est titulaire d'un master en économie rurale et de certificats spécialisés dans les domaines de la sécurité humaine.

Lama You CAMARA

Directeur général du Centre national de protection du milieu marin et des zones côtières, institution relevant de la responsabilité du ministère de l'Environnement et du Développement durable de la République de Guinée, Lama You Camara est à la fois géographe et spécialiste de l'environnement marin. Diplômé de l'université Gamal-Abdel-Nasser de Conakry, Lama You Camara a occupé successivement les fonctions de chargé d'études de 2005 à 2020 et de chef de division au sein du Centre national de protection du milieu marin et des zones côtières de 2020 à 2021. Il a œuvré activement à la formulation des politiques et stratégies de protection de l'environnement et en particulier, à la définition de la stratégie nationale en faveur de l'économie bleue et verte.

Mamadou Ciré CAMARA

Chargé de programme Environnement et Climat au sein du Programme des Nations Unies pour le développement de 2016 à 2023, Mamadou Ciré Camara est un expert confirmé qui cumule plus de vingt-cinq ans d'expérience dans le développement de la gestion des programmes et projets de résilience et d'adaptation au changement climatique. Il a occupé les fonctions d'expert national en biodiversité, de 2014 à 2015, et de chargé des opérations au sein du programme conjoint du Système des Nations Unies en Guinée forestière, de 2007 à 2014. Il a été, par ailleurs, chef de bureau du projet du Centre canadien d'étude et de coopération internationale et responsable de la gestion de l'environnement dans les zones d'accueil des réfugiés à Dabola et Kissidougou, de 2001 à 2004. Il a, en outre, été chercheur associé au Centre d'études et de recherche en environnement de l'Université de Conakry (1999-2001). Titulaire d'un diplôme d'études approfondies en sciences de l'environnement du Centre d'études et de recherche en environnement de l'université Gamal-Abdel-Nasser de Conakry et d'une maîtrise en sciences de l'environnement de l'Université du Québec à Montréal (Canada), il est également titulaire d'un diplôme d'ingénieur en eaux, forêts et environnement de l'Institut supérieur agronomique et vétérinaire de Faranah (Guinée).

Mohamed Lamine CAMARA

Directeur général du bureau de stratégie et de développement du ministère de la Pêche et de l'Économie maritime de la République de Guinée, Mohamed Lamine Camara est un expert de haut niveau, membre de la Commission mondiale des aires protégées et du groupe de travail sur les indicateurs écosystémiques en mer (Indiseas) dirigé par l'UNESCO. Chercheur biologiste des pêches, il a occupé de 2005 à 2017 le poste de responsable du suivi et de l'évaluation du programme régional des pêches en Afrique de l'Ouest pour la Guinée (PRAO-GN) financé par la Banque mondiale et le Fonds pour l'environnement mondial. Il a, en outre, été enseignant-chercheur au Centre national des sciences halieutiques de Boussoura de 2017 à 2021. Mohamed Lamine Camara est titulaire d'un diplôme d'ingénieur d'État en halieutique de l'Institut agronomique et vétérinaire Hassan-II de Rabat (Maroc), d'un master 2 et d'un doctorat en écologie fonctionnelle et développement durable de l'Université de Montpellier (France).

Mahmoud CONDÉ

Conseiller principal du ministre de l'Enseignement technique, de la Formation professionnelle et de l'Emploi de la République de Guinée, Mahmoud Condé met en pratique ses compétences multidisciplinaires pour contribuer activement au développement éducatif et professionnel de la République de Guinée. Au cours de sa carrière, il a occupé des postes clés, notamment celui d'expert en suivi-évaluation au Programme des Nations Unies pour le développement, mais aussi celui de responsable national chargé de la capitalisation des savoirs et de la gestion des connaissances au sein de l'ONG Aide et Action internationale, actuellement dénommée Action Éducation. Mahmoud Condé est un spécialiste des initiatives d'éducation et de développement local. Titulaire d'un diplôme d'études supérieures (DES) spécialisé en psychopédagogie, Mahmoud Condé est également qualifié MPDI (manager en projet de développement international) et dispose d'une expertise de plus de vingt ans dans les domaines de l'andragogie, de la gestion des ressources humaines de la conception et de la gestion des programmes et projets de développement durable.

Charlotte DAFFÉ

Ministre de la Pêche et de l'Économie maritime depuis octobre 2021, Charlotte Daffé a fait ses études supérieures à l'université Gamal-Abdel-Nasser de Conakry. Elle est titulaire d'un diplôme d'études supérieures en gestion et possède un parcours professionnel riche de près de vingt ans d'expérience. Charlotte Daffé a travaillé chez Exxon Mobil Guinée de 2002 à 2005 en qualité de responsable du service client avant de rejoindre la compagnie Total Energies à la suite de la fusion entre Exxon et Total en 2006, où elle a occupé successivement les fonctions de responsable monétique et du contrôle de crédit et de directrice du contrôle interne et de la conformité. Précédemment, elle a occupé Précédemment, elle a occupé les postes de responsable de l'administration des ventes et de responsable du réseau national. Au sein du département ministériel de la Pêche et de l'Économie maritime, Charlotte Daffé a engagé des réformes stratégiques dans le secteur halieutique et œuvré à un renforcement des capacités nationales parfaitement mis en valeur dans la stratégie nationale en faveur de l'économie maritime dont elle a assuré la formulation.

Amirou DIALLO

Professeur et directeur général du Centre d'études et de recherche en environnement de l'université Gamal-Abdel-Nasser de Conakry, Amirou Diallo a participé comme enseignant-chercheur aux travaux sur les écosystèmes côtiers et montagnards du plateau central du massif du Fouta-Djallon et sur les savanes soudaniennes de la Haute-Guinée. Il a dirigé le département de biodiversité et d'aménagement du territoire de 2001 à 2007 et a enseigné à l'université Nangui-Abroga (Côte d'Ivoire) puis à l'Université d'Andalousie (Espagne). Précédemment, il a travaillé en Guinée-Bissau comme assistant technique à l'Institut de la biodiversité et des aires protégées (IBAP) et a notamment participé aux inventaires de la biodiversité du Cameroun, du Ghana et de la Moyenne et Haute-Guinée (1998-2002). Détenteur d'un doctorat (PhD) en sciences biologiques de l'Université d'État de Saint-Pétersbourg (Russie), Amirou Diallo est directeur de thèse au programme doctoral interdisciplinaire en sciences de l'environnement.

Mamadou Saliou DIALLO

Expert formateur et consultant dans les domaines de l'environnement et du développement durable, Mamadou Saliou Diallo a occupé des fonctions de conseiller pédagogique au sein des ministères de l'Éducation et de la Culture en Guinée. Depuis 1995, il a dirigé des missions de consultation pour des projets nationaux et internationaux auprès de la Banque mondiale, de l'Union européenne, du PNUD, ou encore de l'USAID. Il a en outre coordonné la préparation des stratégies et plans d'action pour le renforcement du cadre institutionnel et juridique des structures en charge de l'environnement et du développement durable. En tant que cofondateur de l'ONG Guinée Écologie, Mamadou Saliou Diallo a œuvré pour la protection de l'environnement en coordonnant des études d'impact environnemental et social et en travaillant avec les communautés locales pour la gestion durable des ressources naturelles et la conservation de la biodiversité. Diplômé en lettres modernes et linguistique de l'Université guinéenne, il a également suivi des formations spécialisées en économie de l'environnement.

Mariama DIALLO

Directrice générale adjointe du Centre national des sciences halieutiques de Boussoura depuis avril 2022, Mariama Diallo est chargée de coordonner les activités scientifiques de cette importante institution de recherche de la République de Guinée. Biologiste environnementaliste et chercheure au CNSHB, elle est experte depuis plus de quinze ans en conservation et gestion des écosystèmes côtiers et marins. Elle a notamment participé à plusieurs projets de recherche sur le domaine bioécologique des ressources marines et côtières, l'évaluation des écosystèmes côtiers et les études d'impact environnemental et social dans le contexte guinéen. Elle s'est également spécialisée dans l'aménagement des ports minéraliers en Guinée maritime, ainsi que la conservation des écosystèmes de mangrove et les défis de l'économie bleue. Elle est titulaire d'une maîtrise en biologie et d'un doctorat en sciences de l'environnement de l'université Abdel-Gamal-Nasser et de l'Université de Québec à Montréal (Canada). Enfin, elle a enseigné et encadré des travaux de recherche au sein de l'Institut supérieur des sciences et de médecine vétérinaire de Dalaba en Guinée.

Safiatou DIALLO

Ministre de l'Environnement et du Développement durable depuis novembre 2022, Safiatou Diallo est ingénieure géologue et spécialiste de l'assainissement et de la gestion du milieu de vie. Depuis 2004, elle a occupé plusieurs postes de direction au sein de l'administration guinéenne, notamment ceux de directrice nationale de la Maîtrise de la qualité de vie (2004-2008), de directrice nationale de l'Assainissement et du cadre de vie (2008-2010), de directrice nationale de l'Environnement (2010-2011) et de directrice nationale de l'Assainissement et du Cadre de vie (2011-2016), avant de devenir secrétaire générale du ministère de l'Environnement et du Développement durable (2021-2022). En tant que ministre, elle a engagé des réformes majeures en faveur de l'environnement, de l'adaptation au changement climatique et de la coordination des initiatives en faveur de l'économie verte et bleue. Safiatou Diallo est titulaire d'un diplôme spécialisé en étude de la minéralisation argentifère de Roc Blanc de l'École nationale supérieure de l'industrie minérale de Rabat (1982) et d'un diplôme d'études supérieures en géologie de l'Institut supérieur des mines et de la géologie de Boké (1980). Au cours de sa carrière, elle a coordonné des études nationales et des travaux de recherches dans les domaines de la prospection minière et notamment de l'uranium, de la gestion des déchets solides, de la biosécurité et des écosystèmes terrestres.

Madina DIAWARA

Directrice nationale adjointe des Transports terrestres au sein du ministère des Transports depuis mars 2023, Madina Diawara a activement contribué à la définition de la politique nationale du secteur des transports terrestres. De février 2014 à janvier 2023, elle a été cheffe de division en charge du suivi-évaluation et des statistiques du ministère des Transports. Elle a grandement contribué aux actions de planification, de gestion des programmes et projets, notamment d'investissement au sein de ce ministère. Madina Diawara a, par ailleurs, été consultante en gestion de techniques portuaires et a proposé un cadre d'orientation stratégique pour faire du port autonome de Conakry un éco-port. Elle a joué un rôle majeur auprès du comité permanent pour la coopération économique et commerciale de l'OCI dans le domaine des transports et a, en outre, été responsable adjointe du projet d'appui à la gouvernance du secteur minier (PAGSEM-Banque mondiale) et consultante auprès d'ONU-Habitat pour le projet SANITA Villes Durables, en tant que statisticienne et analyste informatique. Madina Diawara est titulaire d'une maîtrise en méthodes informatiques et statistiques appliquées à l'économie de l'université Gamal-Abdel-Nasser de Conakry et d'une certification universitaire en gestion des projets de développement de l'Université Laval à Québec (Canada).

Moussa DIOUBATÉ

Responsable de programme, chargé de l'employabilité, de la formation professionnelle et de l'entrepreneuriat au sein du PNUD en République de Guinée, Moussa Dioubaté cumule trente ans d'expérience professionnelle avec des organisations non gouvernementales de développement, dont treize avec le Système des Nations Unies, en particulier le Bureau international du travail (BIT) et le PNUD. Moussa Dioubaté est un spécialiste de l'inclusion économique des personnes vulnérables qui a contribué activement à la formulation et à la mise en œuvre des programmes phares pour l'emploi, la formation et l'entrepreneuriat des jeunes en Guinée. Il a coordonné le Programme d'appui à l'emploi des jeunes (PEJ), le Programme d'insertion socioéconomique des jeunes (PNISEJ), l'initiative YouthConnekt et le Programme d'intégration socioéconomique des jeunes sur l'axe Conakry-Labé (INTEGRA, composante ENABEL-PNUD-UNCDF). Moussa Dioubaté est titulaire d'une maîtrise de l'Institut des sciences agronomiques de Foulaya (Université de Conakry).

Sébastien DOPAVOGUI

Consultant en sécurité intérieure, Sébastien Dopavogui est un ancien contrôleur général de la Police nationale guinéenne, devenu expert dans les stratégies de modernisation de la police technique et scientifique et dans les défis de la sûreté et de la sécurité dans le domaine maritime. De février 2013 à août 2016, il a été secrétaire général du ministère de la Sécurité et de la Protection civile, fonction occupée cumulativement avec celle de président du comité technique sectoriel de réforme de la police et de la protection civile. De mai 1993 à janvier 1997, il a occupé les fonctions d'inspecteur général de la police et de la Garde républicaine puis de conseiller Sécurité du ministre de l'Intérieur et de la Décentralisation. De février 1990 à mai 1993, il a été directeur des Renseignements généraux. Au plan international, Sébastien Dopavogui a été officier en charge de la réforme et de la restructuration au sein de l'état-major de la mission des Nations Unies au Burundi puis chef de secteur au sein de la mission des Nations Unies en République démocratique du Congo. Il est titulaire d'un diplôme d'études supérieures en économie, finances et droit de l'École supérieure d'administration de l'Institut polytechnique Gamal-Abdel-Nasser de Conakry.

Alkaly DOUMBOUYA

Directeur de recherche au Centre national des sciences halieutiques de Boussoura, institution relevant du ministère de la Pêche et de l'Économie maritime, Alkaly Doumbouya est consultant pour des institutions internationales telles que la FAO et le PNUD et pour des sociétés de référence telles que les sociétés minières Axis Mineral, Eurasia et Dynamic Mining. Après des études doctorales en Allemagne, il a été administrateur et directeur général de la société mixte de pêches Nouvelle SOGUIPECHE. Chercheur senior, directeur de thèses et membre des réseaux régionaux et internationaux en charge de l'environnement, depuis plus de vingt ans, Alkaly Doumbouya s'est spécialisé dans la recherche halieutique, la gestion des pêcheries, l'aménagement du littoral et la gestion intégrée des zones côtières et marines. Il est président de l'ONG PREM en charge des partenariats et de la recherche pour l'environnement et membre de la Commission mondiale des aires protégées de l'Union mondiale pour la nature (UICN).

Oumou DOUMBOUYA

Directrice nationale adjointe en charge des pollutions, des nuisances et du changement climatique au sein du ministère de l'Environnement et du Développement durable, Oumou Doumbouya est également point focal national de la Convention-cadre des Nations Unies sur les changements climatiques, depuis 2020. Outre ses responsabilités actuelles, Oumou Doumbouya a représenté la Guinée au sein des instances internationales et a été négociatrice notamment à l'occasion des différentes Conférences des Parties (COP) notamment depuis celle de Paris en 2015, mais aussi lors de la Convention-cadre des Nations Unies sur les changements climatiques. Elle a par ailleurs joué un rôle clé dans la définition des priorités liées à la lutte contre les pollutions marines et à la promotion de l'économie bleue en Guinée. Oumou Doumbouya est titulaire d'un master en sciences de l'environnement du Centre d'études et de recherche en environnement (2018) et d'un diplôme d'études supérieures en génie mécanique de l'université Gamal-Abdel-Nasser de Conakry (1992).

Luc-Joël GRÉGOIRE

Représentant résident du Programme des Nations Unies pour le développement (PNUD) en République de Guinée depuis juillet 2019, Luc-Joël Grégoire a été, auparavant, à partir de 2013, représentant résident et directeur pays en Côte d'Ivoire. Au sein des Nations Unies, il a été en poste dans différents pays dont le Burundi, la RCA, le Burkina Faso, le Mali et le Sénégal, renouant durant trois décennies avec le continent qui l'a vu naître. Spécialiste de la finance internationale, des dettes souveraines et des questions de développement, il a exercé les fonctions de responsable de la zone Afrique à la division des risques d'une grande banque internationale puis a dirigé les comités internationaux de renégociation de la dette du Club de Londres, de 1988 à

1992. Au sein du PNUD, il a occupé différentes responsabilités, notamment celle de directeur exécutif de la réforme des Nations Unies, en 2011 et 2012 et d'économiste principal. Il a participé à l'organisation de plusieurs grandes conférences internationales sur le développement et a été co-rapporteur du Sommet du millénaire et de la Conférence OMD + 5 de New York. Il a, en outre, contribué aux travaux préparatoires du Sommet mondial sur le changement climatique, coordonné les publications consacrées au développement durable et à l'émergence de l'Afrique, assumant également la responsabilité de la co-organisation des trois grandes conférences internationales sur l'émergence de l'Afrique en 2015, 2017 et 2019. Luc-Joël Grégoire est l'auteur d'une vingtaine de livres et d'une centaine d'articles sur l'économie, les finances internationales, les questions environnementales et la lutte contre la pauvreté.

Joachim HABA

Directeur général adjoint du Bureau de stratégie et de développement du ministère de l'Énergie, de l'Hydraulique et des Hydrocarbures depuis 2021, Joachim Haba dispose d'une expérience de plus de quinze ans dans le secteur de l'énergie, notamment de la planification et de l'exécution des programmes et projets du secteur de l'électricité. Il a été de 2016 à 2021 chargé du suivi-évaluation des programmes et projets du secteur de l'électricité de la Guinée et a participé aux travaux de coordination des partenaires techniques et financiers du secteur de l'énergie. Enfin, il a contribué à la définition de la stratégie nationale d'électrification rurale et a été le superviseur du projet national d'implantation des lampadaires solaires photovoltaïques pour l'éclairage public et a contribué aux travaux sur l'économie bleue et verte en République de Guinée.

Amara Camara KABA

Secrétaire général du ministère de la Pêche et de l'Économie maritime nommé par un décret présidentiel du 1er décembre 2021, Amara Camara Kaba a été successivement chargé d'études au Bureau de stratégies et développement du ministère de 2005 à 2008, directeur national à la direction nationale des Pêches maritimes de 2019 à 2021 puis directeur national par intérim des Pêches maritimes (2016-2019). Il a également été le président du comité de coordination de la Commission sous régionale des pêches (2016-2018) après avoir occupé les fonctions de chef de division Suivi-évaluation et statistiques au BSD (2010-2016) et de responsable de la coopération bilatérale au sein du ministère des Pêches, de l'Aquaculture et de l'Économie maritime de 2008 à 2010. Amara Kaba a également été point focal de la République de Guinée notamment au sein de la Commission internationale pour la conservation des thonidés de l'Atlantique (ICCAT) et de la Conférence ministérielle sur la coopération halieutique de l'océan Atlantique (COMHAFAT). Titulaire d'un diplôme d'études supérieures en droit privé de l'université Gamal-Abdel-Nasser de Conakry, Amara Kaba a bénéficié de formations de haut niveau de la Banque mondiale et du Système des Nations Unies sur le renforcement des capacités pour la gouvernance des océans et le droit de la mer.

Safiatou KABA

Chargée du programme Genre et Développement humain au sein du cluster Transformation structurelle et Développement durable du PNUD Guinée, Safiatou Kaba dispose d'une expérience de près de vingt ans au sein des Nations Unies, ayant travaillé sur les questions de genre, d'inclusion sociale et d'appui aux personnes vivant avec un handicap. Elle a par ailleurs œuvré au sein du bureau de la coordination des affaires humanitaires des Nations Unies sur les défis de la lutte contre Ebola. Elle a, en outre, précédemment travaillé au ministère de l'Administration du territoire, notamment au sein du bureau national chargé de la coordination des réfugiés. Safiatou Kaba est titulaire d'une maîtrise en sociologie de l'université Gamal-Abdel-Nasser de Conakry et d'un certificat d'études avancées en matière de genre et de développement humain du Graduate Institute de Genève (Suisse).

Sidiki KEITA

Directeur général de l'Agence nationale de l'aquaculture en Guinée (ANAG) depuis 2018, Sidiki Keita est un ingénieur du ministère des Pêches et de l'Aquaculture, qui a travaillé de 1997 à 2000 dans la mise en œuvre de plusieurs projets pilotes de sécurité alimentaire, principalement en pisciculture. De 2000 à 2012, Sidiki Keita a occupé le poste de directeur régional de la Pêche et de l'Aquaculture en Guinée forestière, participant à la création des 23 services déconcentrés. Il a par ailleurs dirigé plusieurs initiatives intégrées de développement avec le soutien de partenaires techniques comme le PNUD, la FAO, l'AFD, la BAD et l'Agence japonaise de coopération. Il revendique au nom de la Guinée la paternité du modèle de « pisci-riziculture » intégré, environnemental et sanitaire ».

Dansa KOUROUMA

Président du Conseil national de la transition de la République de Guinée, acteur de la société civile, médecin et expert en ingénierie électorale, le docteur Dansa Kourouma est un défenseur des droits humains, des valeurs républicaines et un grand promoteur de la paix, de l'unité et de la cohésion nationale. Panafricaniste de renommée internationale, il est partisan d'un changement de paradigme sociopolitique pour tenir compte des réalités historiques, culturelles et sociologiques de l'Afrique. Considéré comme une référence nationale et internationale pour sa forte implication dans les questions d'intérêt géneral et dans les processus démocratiques et électoraux, le docteur Dansa Kourouma dispose d'une large audience auprès des communautés, des autorités et d'une solide légitimité notamment dans la sous-région ouest-africaine. Expert en matière de droits socioéconomiques et culturels, il est, depuis août 2023, docteur honoris causa en leadership du Triune Biblical University (États-Unis). Il a également été distingué en 2019 par le prix de la Performance décerné par la coordination des organisations non gouvernementales pour la promotion de l'excellence. Le docteur Dansa Kourouma est ancien boursier des programmes International Visitor Leadership Program aux États-Unis (IVLP) et du Centre des études stratégiques pour l'Afrique (CESA).

Emmanuel KOUROUMA

Spécialiste de cartographie numérique et de télédétection, Emmanuel Kourouma conçoit, met en œuvre et intègre les systèmes d'information géographique au sein des services de l'État et auprès des collectivités locales, dans le cadre des programmes et projets relatifs à la gestion des ressources environnementales et au développement du secteur des transports. Avec plus de huit ans d'expérience au sein du PNUD, il a su promouvoir l'utilisation de programmes et de progiciels pour la modélisation géologique, la planification minière et la prévention et la gestion des crises. Il a été précédemment consultant auprès d'ONU-HABITAT et a travaillé à la direction nationale de l'Aménagement du territoire et de l'urbanisme en Guinée. Emmanuel Kourouma a également œuvré au sein de l'ONG GeoSynapse Guinée et a été superviseur SIG au sein du projet Secondary City financé par le gouvernement américain et exécuté en collaboration avec l'Association américaine de géographie (AAG). Il est titulaire d'un diplôme d'ingénieur en pêche et aquaculture de l'Institut de Dalaba (ISSMV/D).

Julienne KUISEU

Volontaire internationale des Nations Unies et spécialiste en management de projets, Julienne Kuiseu a apporté des contributions majeures à la mise en œuvre des programmes et projets relatifs à l'énergie rurale et au développement des biodigesteurs en Guinée. Elle a par ailleurs contribué à l'inventaire national de la faune et de la flore et, depuis 2020, a apporté des contributions essentielles aux travaux et ateliers nationaux consacrés à l'économie bleue et verte, à l'économie circulaire et à la mobilisation des femmes et des jeunes dans les initiatives en faveur de la protection environnementale. Elle a en outre contribué à la mobilisation des ressources consacrées à la finance climat et aux défis écologiques et environnementaux de la Guinée. Julienne Kuiseu est titulaire d'un doctorat en sciences de la nature, d'un diplôme d'études approfondies en sciences de l'environnement et d'une maîtrise ès-sciences naturelles de l'université Cheikh-Anta-Diop de Dakar. Elle est aussi titulaire d'un diplôme d'études spécialisées en administration des entreprises de l'IFACE de Dakar (Sénégal).

Naïma PAGES

Cheffe du cluster en charge de la transformation structurelle et du développement durable du PNUD en République de Guinée, Naïma Pagès est économiste du développement et gestionnaire de programmes avec plus de vingt années d'expérience internationale dans la gestion de projets et la conduite de services de conseils et d'assistance technique, notamment en Afrique et en Asie. Elle a débuté sa carrière en dirigeant des programmes de recherche et en enseignant dans des universités. Elle a ensuite travaillé à l'Organisation internationale du travail (OIT) en tant que spécialiste de l'emploi, conseillère technique et responsable du programme de formation à Genève (Suisse) et à Turin (Italie). Avant de rejoindre le PNUD, elle a travaillé en qualité d'experte au sein de l'Union européenne et de la Banque mondiale. Docteur en économie du développement de l'Université Paris-X (France), Naïma Pagès a dirigé des travaux de recherches sur les politiques d'emploi et les défis du développement durable et a publié divers articles, manuels de formation, guides et boîtes à outils techniques.

Rose Pola PRICEMOU

Ministre du Plan et de la Coopération internationale de la République de Guinée depuis novembre 2022, Rose Pola Pricemou occupait précédemment la fonction de ministre de l'Information et de la Communication. Experte en technologies, et anciennement directrice du Bureau de stratégie et de développement du ministère en charge des investissements et des partenariats publics-privés, Rose Pola Pricemou a travaillé pendant dix ans dans le secteur privé international, notamment pour le groupe industriel Alliance dans l'État d'Oklahoma (États-Unis) et précédemment en qualité de cheffe de file du département des technologies de la firme ETI S.A. Elle a par ailleurs assumé les responsabilités de l'analyse fonctionnelle, de l'assurance qualité et de la formation auprès des ministères canadiens du Transport, de la Culture, de la Communication et des Conditions féminines. En outre, elle a été conseillère en développement de systèmes informatiques dans le cadre du programme TOKTEN et coordinatrice du projet de mise en place d'une plateforme informatique permettant la collecte des données statistiques sur les activités minières en République de Guinée. Rose Pola Pricemou est détentrice d'une maîtrise en informatique appliquée à la gestion de l'université du 7-Novembre à Carthage (Tunisie), d'un master en informatique de l'Université de Montréal et d'une maîtrise en administration des affaires et en gestion des technologies de l'information de l'Université Laval (Canada).

Karim SAMOURA

Secrétaire général du ministère de l'Environnement et du Développement durable depuis novembre 2022, Karim Samoura a précédemment occupé le poste de chef de cabinet au sein de ce même ministère en 2021 et a initié une série de réformes qui ont permis d'amorcer des changements positifs dans le département et dans le secteur de l'environnement, en particulier dans le champ de l'économie bleue en Guinée. De 2018 à 2021, il a été consultant international pour l'élaboration de cadres institutionnels et réglementaires, la réhabilitation des sites miniers ainsi que la conduite d'évaluations environnementales au Burkina Faso, au Bénin, au Togo, en Haïti et en Mauritanie. Il a été par ailleurs chargé de cours à l'Université du Québec à Montréal (Canada) et directeur général de l'Association québécoise pour l'évaluation des impacts (AQÉI). De 2006 à 2012, Il a occupé la fonction de directeur général du Secrétariat international francophone pour l'évaluation environnementale (SIFEE). Karim Samoura enseigne, depuis plus de quinze ans, les méthodes et outils de planification participative, de consultation du public et d'analyse environnementale et encadre des recherches actives et participatives. Il est titulaire d'un doctorat en sciences de l'environnement de l'Université du Québec à Montréal et d'un master en gestion de l'environnement de l'université Senghor d'Alexandrie.

Seydou Bari SIDIBÉ

Conseiller principal du ministère de l'Environnement et du Développement durable de la République de Guinée, Seydou Bari Sidibé est un juriste spécialisé en légistique et analyse des mutations juridiques et institutionnelles liées à l'environnement et à la gestion des ressources biotiques et abiotiques. Il a occupé précédemment les fonctions de chef de division et de chef du service Législations, réglementations et normes environnementales au sein du Centre de gestion de l'environnement des Monts Nimba-Simandou (CEGENS) et du Bureau de stratégie et de développement (BSD) du ministère de l'Environnement et du Développement durable. Il a également été directeur général du bureau guinéen d'étude et d'évaluation environnementale et secrétaire général du ministère de l'Environnement, des Eaux et Forêts. Enfin, il a contribué activement à l'harmonisation des politiques et législations forestières des États de l'Union du fleuve Mano (Sierra Leone, Libéria, Guinée, Côte d'Ivoire) en vue de la conservation des forêts et parcs transfrontaliers et a représenté la République de Guinée aux principales rencontres internationales consacrées aux questions environnementales, fauniques ou floristiques. Après des études universitaires à la Faculté de droit et des sciences économiques de l'université Gamal-Abdel-Nasser de Conakry, Seydou Bari Sidibé devient docteur en droit international de l'environnement de l'Université de Limoges (France).

Ahmed Tidiane SOUARÉ

Ancien Premier ministre, chef du gouvernement en 2008 et conseiller spécial du président de la République de Guinée en 2011, SEM Ahmed Tidiane Souaré a été ministre d'État chargé du développement social et culturel, ministre de l'Enseignement supérieur et de la Recherche scientifique en 2006 et ministre des Mines et de la Géologie en 2005. Il a été par ailleurs inspecteur général des finances en 2002, chef de cabinet successivement de trois départements ministériels de 1994 à 2002 (le ministère de l'Économie et des Finances, le ministère délégué auprès du Premier ministre chargé du budget et de la restructuration du secteur parapublic et le ministère du Contrôle économique et financier) puis coordonnateur du Bureau de suivi et d'évaluation à la présidence de la République en 1990. Doyen de la Faculté des mines et géologie de Boké en 1979 et professeur de géologie agricole et d'hydrogéologie à l'Institut d'agronomie de Faranah en 1975, Ahmed Tidiane Souaré a également présidé les conseils d'administration de plusieurs grandes entreprises nationales et sociétés parapubliques en Guinée (SOTELGUI, OPG, GUINOMAR). Ahmed Tidiane Souaré est ingénieur géologue diplômé de l'Institut des mines et de la géologie de Boké, titulaire d'un diplôme d'études approfondies en géologie appliquée et d'un doctorat en métallogénie de l'université Cadi-Ayyad de Marrakech (Maroc).

Amadou SOW

Préfet maritime de la République de Guinée depuis 2022, Amadou Sow a commencé sa carrière comme officier de marine. Il est titulaire d'un diplôme de l'Académie navale de Baku (Ex-URSS) et a occupé, à l'état-major de la Marine, les postes de commandant en second à bord du patrouilleur P-328 (1993-2004), de commandant en second à bord de la canonnière A-720 (1998-1999), de cartographe au bureau des opérations et des instructions (2004-2007), de commandant de la division des ressources humaines de la Marine (2010) et enfin, de chef d'état-major de l'Armée de la Marine en 2021. Outre son brillant parcours au sein de la Marine nationale guinéenne, Amadou Sow a participé à différentes missions onusiennes et a été notamment chef d'état-major de la mission des Nations Unies pour l'organisation d'un référendum au Sahara occidental (MINURSO de décembre 2018 à décembre 2021).

Fassou THEA

Conseiller en charge de l'environnement, du développement durable et de l'assainissement auprès de SEM le Premier ministre depuis 2021, Fassou Thea est un haut fonctionnaire spécialiste des enjeux environnementaux et des défis climatiques. En 2022, il a dirigé des recherches à l'Université de l'Arizona sur la mitigation des impacts négatifs des grands projets d'infrastructures et d'hydroélectricité sur le fleuve Konkouré en République de Guinée. De novembre 2020 à novembre 2021, il a travaillé comme expert d'appui à la mission permanente de la République de Guinée auprès des Nations Unies, à New York. Il a également occupé des fonctions d'expert au niveau déconcentré et de conseiller spécial auprès du ministre de l'Environnement de 2011 à 2021. Il est diplômé en langue anglaise de l'Université de Kankan, a obtenu un master en management de l'environnement et du développement durable de l'université Aube Nouvelle de Ouagadougou (Burkina Faso), puis d'un master Track en développement durable de l'Université de Michigan à Ann Arbor (États-Unis).

Mamoudou TOURÉ

Secrétaire général du ministère du Plan et de la Coopération internationale depuis janvier 2023, Mamoudou Touré est un haut fonctionnaire guinéen en charge de la planification du développement et du dispositif national de coordination des financements et de l'aide publique au développement. Il a occupé précédemment la fonction de rapporteur de la mission d'appui à la mobilisation des ressources internes (MAMRI) de la présidence de la République. Économiste, spécialiste des questions de planification du développement et de gouvernance économique et financière, Mamoudou Touré a une très bonne connaissance de l'administration publique et possède plus de quinze ans d'expérience dans l'enseignement supérieur, la recherche scientifique et la consultance, aussi bien en Guinée qu'à l'international. Titulaire d'un doctorat en économie de l'Université de Strasbourg (France), il dispense des cours de politique économique à l'université Général Lansana Conté de Sonfonia (Conakry). Il est par ailleurs l'auteur de plusieurs publications scientifiques dans les domaines des politiques de stabilisation macroéconomique et de la gestion des finances publiques.

Fatoumata TRAORÉ

Directrice nationale de la promotion féminine et du genre au ministère de la Promotion féminine, de la Protection de l'enfance et des Personnes vulnérables depuis 2022, Fatoumata Traoré a été précédemment directrice des centres d'autonomisation et de l'entrepreneuriat des femmes de Guinée. Elle a coordonné la formulation de la politique nationale en faveur du genre et a institué, en 2021, la première plateforme nationale interactive en faveur de l'autonomisation des femmes et de l'entrepreneuriat féminin. Elle a également œuvré à l'institutionnalisation du COCOFGUI, le Compendium des compétences féminines de Guinée. Fatoumata Traoré a par ailleurs dirigé les initiatives urgentes en faveur de la lutte contre la pandémie de la COVID-19, en mobilisant le concours des centres d'autonomisation des femmes pour la protection des communautés.

Aboubacar YOULA

Expert en charge des défis du changement climatique et de la gestion durable des terres au sein du bureau du PNUD depuis 2014, Aboubacar Youla a travaillé précédemment au bureau guinéen d'études et d'évaluation environnementale du ministère en charge de l'environnement et du développement durable. Aboubacar Youla a contribué activement à l'élaboration des politiques et stratégies de la Guinée notamment la stratégie nationale sur le changement climatique, la stratégie nationale du développement durable et le plan national d'électrification rural (PNER). Il a par ailleurs participé à l'actualisation du Code de l'environnement de la République de Guinée, à la révision de la contribution déterminée au niveau national (CDN 2021) et au plan d'action national de gestion intégrée des ressources en eau (PAGIRE). Avec plus de dix-sept ans d'expérience dans la gestion des ressources écologiques, Aboubacar Youla participe aux efforts nationaux de mobilisation des ressources en faveur de la gestion durable de l'environnement, de l'adaptation et de l'atténuation au changement climatique. Aboubacar Youla est un spécialiste des eaux et forêts diplômé de l'Institut supérieur agronomique et vétérinaire Valéry-Giscard-d'Estaing de Faranah.

Structures éditoriales du groupe L'Harmattan

L'Harmattan Italie
Via degli Artisti, 15
10124 Torino
harmattan.italia@gmail.com

L'Harmattan Hongrie
Kossuth l. u. 14-16.
1053 Budapest
harmattan@harmattan.hu

L'Harmattan Sénégal
10 VDN en face Mermoz
BP 45034 Dakar-Fann
senharmattan@gmail.com

L'Harmattan Cameroun
TSINGA/FECAFOOT
BP 11486 Yaoundé
inkoukam@gmail.com

L'Harmattan Burkina Faso
Achille Somé – tengnule@hotmail.fr

L'Harmattan Guinée
Almamya, rue KA 028 OKB Agency
BP 3470 Conakry
harmattanguinee@yahoo.fr

L'Harmattan RDC
185, avenue Nyangwe
Commune de Lingwala – Kinshasa
matangilamusadila@yahoo.fr

L'Harmattan Congo
67, boulevard Denis-Sassou-N'Guesso
BP 2874 Brazzaville
harmattan.congo@yahoo.fr

L'Harmattan Mali
ACI 2000 - Immeuble Mgr Jean Marie Cisse
Bureau 10
BP 145 Bamako-Mali
mali@harmattan.fr

L'Harmattan Togo
Djidjole – Lomé
Maison Amela
face EPP BATOME
ddamela@aol.com

L'Harmattan Côte d'Ivoire
Résidence Karl – Cité des Arts
Abidjan-Cocody
03 BP 1588 Abidjan
espace_harmattan.ci@hotmail.fr

Nos librairies en France

Librairie internationale
16, rue des Écoles
75005 Paris
librairie.internationale@harmattan.fr
01 40 46 79 11
www.librairieharmattan.com

Librairie des savoirs
21, rue des Écoles
75005 Paris
librairie.sh@harmattan.fr
01 46 34 13 71
www.librairieharmattansh.com

Librairie Le Lucernaire
53, rue Notre-Dame-des-Champs
75006 Paris
librairie@lucernaire.fr
01 42 22 67 13

www.ingramcontent.com/pod-product-compliance
Lightning Source LLC
LaVergne TN
LVHW080925071026
849535LV00013B/4103
* 9 7 8 2 3 3 6 4 3 1 3 4 5 *